思索
사색은 나라를 생각하고(思) 나를 찾자(索)라는 뜻이다.

생각하는 사람의 벗이 될 사색

김흥호 사상 전집 · 월간 사색

생각하는 사람의 벗이 될 사색

제1권

김흥호

월간사색출판위원회 편

현재鉉齋 김흥호金興浩
(1919 - 2012)

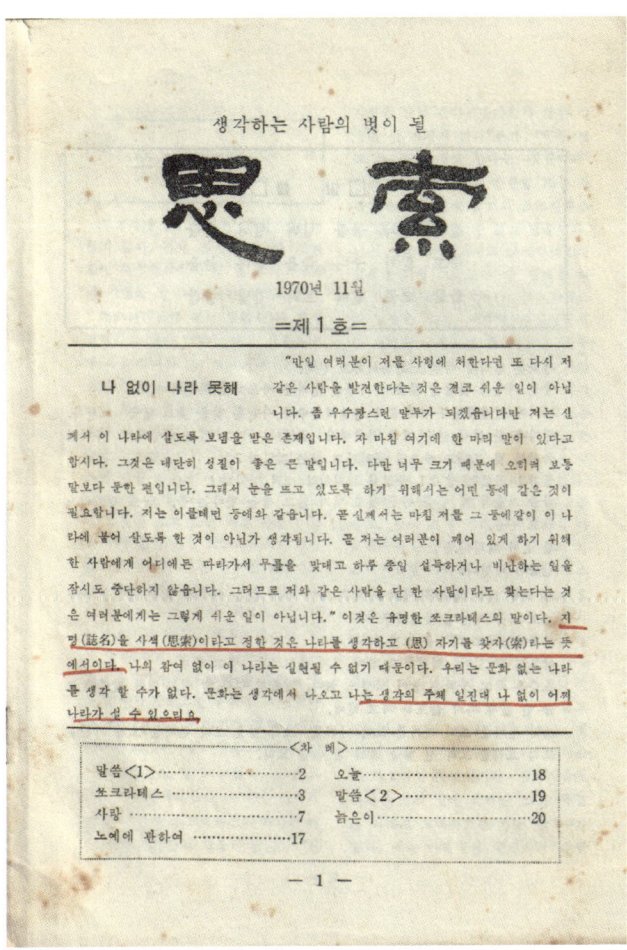

1970년 발행된 월간 사색 제1호

책머리에

나에게는 새로운 명령, 새로운 율법이 부과되었다.

그것은 일식, 일좌, 일인, 일언이라는 것이다. 아침에 일좌一坐, 낮에 일인一仁, 저녁에 일식一食, 밤에 일언一言이라는 나의 일이관지一以貫之의 도道가 실천되기 시작했다.

그것은 1954년 3월 17일 오전 9시에 받은 천명이요, 단언 명령이다. 3월부터 이식二食이 시작되어 9월 1일부터는 일식一食이 시작된다. 세는 나이로 36세요, 만 35세다.

내가 유영모 선생을 만난 것이 1948년, 세는 나이로 30세요, 만 29세였다. 유영모 선생님을 따라다니며 십자가의 의미와 부활의 의미를 찾아 믿음 얻기를 갈망했는데 6년 만에 십자가는 '단단무위斷斷無爲'가 되고 그것은 일식으로 바뀌었으며, 부활은 '하늘밑에 숨긴 마음(天命)'이 되고 일언으로 바뀌게 되었고, 성육신으로 '햇빛은 물위에, 달힘은 나무가온'이 되어 일좌 일인이 되었다.

믿음은 나에게 새로운 삶의 율법이 되었으며, 나는 이 길을 실천하기 위해서 12년의 훈련기간을 두었다. 36세에서부터 48세까지를 잡은 것이다.

처음에는 일식을 하는데 3년을 잡았다. 식욕을 극복하는 싸움이 쉽지 않았다. 나는 이화대학 앞 버스 정거장에서 학교에 오는 데도 여러 번 쉬어야 할 정도로 쇠약해졌다.

1956년 이화여대 강당을 짓고 기념으로 감리교 학교를 기독화 하는 부흥운동이 전개되고 이대학생 750명이 세례를 받는 광경을 영화로 찍은 것이 있는데 그 속에 나오는 내 모습은 거의 해골에 가깝다. 나는 배고픔을 이길 수 없어 과식하고 설사하는 연약한 인생이었다.

나에게 내일이면 죽는다 하는 날이 온다. 집에 먹을 것을 쌓아두고 온가족을 버리고 죽느냐, 새 율법을 포기하고 사느냐 하는 절박한 시간을 만나게 된다. 결국 나는 천명에 순복하고 죽는 길을 택한다. 그런데 죽음을 결심하고 잠든 나는 기적처럼 그다음 날 깨어 일어나게 되었다. 사선死線을 넘은 것이다. 내 뜻을 버리고 하늘 뜻을 따를 때 주어지는 새로운 생명이다.

차차 일식에 요령이 생겼다. 해골에 살이 붙기 시작하여 다시 건강이 회복되면서 몸은 새 살과 새 피로 충만하게 되었다. 하루에 두 번 보현봉에 오르내려도 숨이 차지 않고, 힘도 들지 않는 기체가 된 것이다. 3년의 세월이 걸려서 겨우 안정이 된 것이다.

이와 동시에 나는 성경을 구약부터 신약까지 여러 번 통독을 하고 성경의 핵심이 무엇인지 파고들었다. 구약은 '하나님의 이름을 거룩하게 하는 것'이고, 신약은 '나라이 임하는 것'이고, 신구약 합해서 '뜻이 하늘에서 이룬 것 같이 따에서 이루어지이다' 하는, 하나, 둘, 셋을 눈치 채게 되었다.

그 후 일좌一坐의 연습도 쉽지 않았다. 앉으면 언제나 무릎을 굴하고 앉는다. 처음에는 5분 앉는 것도 쉽지 않았다. 훈련의 훈련은 계속되어 한 시간, 두 시간 그리고 몇 시간이라도 앉을 수 있는 연습이 진행 되는 데도 3년이 걸렸다.

이와 동시에 3년에 걸친 불경佛經 읽기가 시작된다. 맨 처음에 법화경을 읽고 벽암록을 공책에 필사해가면서 선禪의 핵심을 파고든다. 금강경을 읽고, 무문관을 읽고, 조주록, 임제록 등 불교의 핵심이 무엇인지를 공부하느라고 3년이 지나갔다.

불교 공부와 동시에 일좌 공부는 지행일치를 이루기 위한 공부요, 훈련이다. 교종敎宗과 선종禪宗의 핵심을 찾고, 일좌는 그들이 말하는 삼매三昧와 참선參禪에 해당된다고 할 수 있다. 참선 없는 불교 공부와 불경을 모르는 참선은 다 무의미하다고 생각되었기 때문이다.

그다음 일인一仁은 걸어 다니며 가르치는 일이다. 걸어 다닌다는 것은 우리의 민중을 이해하는 데 가장 좋은 방법이요, 가르친다는 것은 민중을 계몽하는 첩경이다. 서울 안에서는 버스나 전차를 타지 않기로 하고, 3년 동안 될 수 있는 대로 많이 가르치기로 한다. 학생들을 위하여 특강을 열고, 고전을 가르치고, 교회에서는 장년들에게 성경을 가르친다. 이 기간 중에 유교 경전을 다시 읽어간다. 시경, 서경, 주역, 논어, 맹자, 중용, 대학, 근사록, 전습록 등을 읽으며 주자의 성리학性理學의 내용과 양명의 심리학心理學의 내용이 무엇인지를 깊이 파들어간다. 이렇게 3년이 지나간다.

마지막으로 일언一言과 노자, 장자 사상으로 3년을 보내게 된다. 일언은 남녀관계를 끊는 일과 노장사상은 무위자연 사상을 공부하는 일이다. 노자의 번역을 시도하고 장자의 이해를 시도한다. 노자는 노자익을 통하여 공부하고, 장자도 장자익을 통하여 공부해간다. 노자익은 유영모 선생님과 1년 동안 같이 공부한 것이며, 장자는 장자독본을 통해서 해독해간다. 일언이나 무위자연도 쉬운 일이 아니다. 가장 어려운 일인지도 모른다. 그러나 그것은 나에게 천天의 계시이기 때문에 꼭 해내야 하는 단언 명령이요, 실천이성이다. 이렇게 12년이 흘러가서 나의 행익 시대가 지나갔다.

나는 앞으로 가르치는 시대를 준비하기 위하여 4년 동안 선생님들과 고전 읽기를 시작한다. 법화경을 읽기로 하고 김선숙, 이남덕, 이효재, 박순경 선생들이 동참하였다. 학생들에게 퇴계의 언행록, 율곡의 동호문답東湖問答 육조계六條啓, 만언봉사萬言封事 등 방학 때마다 2주일씩 강독이 이루어졌다. 퇴계 강독 시에는 경상도 학생들이 대거 참가하여 450명의 청중이 2주일간의 강독을 이끌어갔다. 율곡 때도 150명의 청중이 있었다.

그리고 52세부터 64세까지 12년『사색』을 발간하게 된다. 많은 학생들의 도움으로 맨 처음에 선언했듯이 144호를 출간하여 매월 2,000부씩 학생들에게 배부되었다. 학생들의 지지는 계속되어 12년의 세월은 흘러갔다. 나는 동시에 10년 동안 이화의 교목이 되고 대학교회 담임목사가 되어 설교집 4권이 나오게 된다. 이러한 문서 운동은 나로 하여금 많은 것을 배우게 하였다. 100여 명의 동서양 철학자들의 생애와 사상을 알게 해주었다. 다시 플라톤을 읽고, 아리스토텔레스를 읽고, 칸트, 헤겔, 키르케고르, 하이데거 등 나에게 폭넓은 상식을 안겨주었다.

나는 내가 알았다고 생각되는 것만 글로 적었다. 내가 모르는 것은 다 빼버렸다. 그래서『사색』잡지는 대중들에게 상식을 심어주는 데는 도움이 되었으리라고 생각한다.

정년퇴임을 하기까지 나의 생활은 눈코 뜰 새 없이 바쁜 생활이었다. 나에게는 언제나 사람의 짐과 하나님의 짐이 지워졌다. 학교선생은 사람의 짐이요, 12년의 고행과 12년의 사색은 하나님의 짐이다. 나에게는 하나님에 대한 사랑과 사람에 대한 사랑은 끊으려야 끊을 수 없는 것이었다.

30년의 교수생활에서 병을 앓아본 적이 없다. 나의 35세 이전의 생은 가난과 병마에 쪼들리는 생활이었다. 그러나 35세 이후의 삶은 여유 있고 건강한 삶이었다.

'나알알나'라는 지행일치가 내 삶의 격률이 되고, 그것이 내 신앙생활의 기초가 되었다. 나는 열심히 공부하여 학생들을 가르쳐보려고 애를 썼다.

    나의 종교는 절대자와 부딪쳐 입장을 얻고, 과학과 철학과 종교와 예술을 가르치는 것이 나의 사명임을 알게 되었다. 나는 많이도 모르고 깊지도 않지만 모르면 모르는 대로, 얕으면 얕은 대로 내가 안다고 생각되는 것만 가르친다. 그런 의미에서 내 말에는 거짓이 없다. 그것이 일인一仁이라는 것이다.

2010년 10월

김흥호「회고록」중에서

차례

저자 사진   4
1970년 발행된 월간 사색 제1호   5

책머리에   6

제1호 1970년 11월

나 없이 나라 못해   21
유영모의 말씀(1)   23
소크라테스   25
사랑: 플라톤의 『심포지움』   33
노예에 관하여   52
오 - 늘   54
유영모의 말씀(2)   56
노자 제1장   58

제2호 1970년 12월

인간은 죽어도 인간성은 못 죽어 61
유영모의 말씀 63
서양 철학사 65
나라 73
노자 90
오 - 늘 96
노자 제2장 98

제3호 1971년 1월

아니 땐 굴뚝에 연기 날까 101
유영모의 말씀 103
철학개론 105
플라톤 113
에픽테토스『어록』 128
오 - 늘 136
노자 제3장 138

제4호 1971년 2월

사람은 누구나 저 잘난 맛에 산다   141
유영모의 말씀   143
공자   145
소크라테스의 변명   153
스토아 철학   168
오 - 늘   176
노자 제4장   178

제5호 1971년 3월

세월에는 세월이 없다   181
유영모의 말씀   183
대학   185
비판철학   193
루터   201
오 - 늘   216
노자 제5장   218

제6호 1971년 4월

하늘에는 하늘이 없다   221
유영모의 말씀   223
중용   225
칸트   233
에밀   248
오 - 늘   256
노자 제6장   258

제7호 1971년 5월

봄바람이 영원히 불어간다   261
유영모의 말씀   263
석가   265
실천이성비판   280
베다   288
오 - 늘   296
노자 제7장   298

제8호 1971년 6월

내가 책을 보는 것이 아니라 책이 나를 보아야 한다 301
유영모의 말씀 303
인간학 305
우파니샤드 313
토인비 321
오 - 늘 336
노자 제8장 338

제9호 1971년 7월

마음에 집착이 없으면 일이 일이 아니다 341
유영모의 말씀 343
원효 345
판단력비판 353
바가바드기타 368
오 - 늘 376
노자 제9장 378

제10호 1971년 8월

엉터리가 엉터리만은 아니다   381
유영모의 말씀   383
태극기   385
고대와 중세의 자연관   393
샹카라   408
오 - 늘   416
노자 제10장   418

제11호 1971년 9월

하나님은 어디나 평범한 곳에 계시다   421
유영모의 말씀   423
간디   425
계시와 개시   433
근대의 자연관   441
논어 학이   449
오 - 늘   457
노자 제11장   459

제12호 1971년 10월

나는 불, 너는 기름   463
유영모의 말씀   465
현대의 자연관   467
하이데거   475
논어 위정   490
오 - 늘   498
노자 제12장   500

편집후기   502

일러두기

1. 이 책은 현재鉉齋 김흥호 선생의 개인 철학월간지 『사색』 144호(1970년 11월~1982년 10월) 중 첫 1년간의 12호를 묶어서 출간한 것이다.

2. 매달 발간되었던 이 책자는 총 20쪽의 국판형(A5 [148×210mm]) 크기였다. 이번에는 같은 국판형이지만 활자를 키워서 편집하였다.

3. 매달 발간되던 각 호에는 차례가 있었는데 이 책에서는 그것을 모두 앞으로 모았다. 대신에 각 글의 첫 시작에, 해당되는 호수와 쪽수를 밝혀놓았다.

4. 맞춤법, 띄어쓰기, 외래어 표기법은 현대 표준 출판법에 맞추어 교정을 다시 보았다.

5. 이 월간 『사색』지는 현재鉉齋 김흥호 선생께서 소천하셨던 2012년 12월에 재발간을 시작하여 2022년 3월, 113호가 발간되었다. 재발간은 초판의 20쪽과 활자크기, 판형을 그대로 유지하여 발간되고 있으며 2024년 10월 144호로 끝날 것이다. 앞으로 1년 본씩 총 12권이 출간될 예정이다.

생각하는 사람의 벗이 될

1970년 11월
제 1 호

나 없이 나라 못해

*"만일 여러분이 저를 사형에 처한다면 또다시 저 같은 사람을 발견한다는 것은 결코 쉬운 일이 아닙니다. 좀 우스꽝스런 말이 되겠습니다만 저는 신께서 이 나라에 살도록 보냄을 받은 존재입니다.

자, 마침 여기에 한 마리 말이 있다고 합시다. 그것은 대단히 성질이 좋은 큰 말입니다. 다만 너무 크기 때문에 오히려 보통 말보다 둔한 편입니다. 그래서 눈을 뜨고 있도록 하기 위해서는 어떤 등에 같은 것이 필요합니다. 저는 이를테면 등에와 같습니다. 곧 신께서는 마침 저를 그 등에 같이 이 나라에 붙어살도

*1호-1쪽

록 한 것이 아닌가 생각됩니다. 저는 여러분을 깨어있게 하기 위해 한 사람을 어디에든 따라가서 무릎을 맞대고 하루 종일 설득하거나 비난하는 일을 잠시도 중단하지 않습니다. 그러므로 저와 같은 사람을 단 한 사람이라도 찾는다는 것은 여러분에게는 그렇게 쉬운 일이 아닙니다." 이것은 유명한 소크라테스의 말이다.

지명誌名을 사색思索이라고 정한 것은 나라를 생각하고(사思) 나를 찾자(색索)라는 뜻에서이다. 나의 참여 없이 이 나라는 실현될 수 없기 때문이다. 우리는 문화 없는 나라를 생각할 수가 없다. 문화는 생각에서 나오고, 나는 생각의 주체일진대 나 없이 어찌 나라가 설 수 있으리오.

> 유영모의 말씀(1)
>
> | 생각 | 생각 | 곰곰 | 일러 | 일러 | 콜콜 |
> | 주고 | 받기 | 주다 | 죽음 | 늘다 | 늙음 |
> | 콜콜 | 코곪 | 깰때 | 보리 | 산빛 | 참삶 |

*생각은 진리에 대한 그리움이라고 한다.

추운 겨울에 햇볕을 찾듯이

사람은 진리를 사모하게 마련이다.

날씨가 쌀쌀해질수록, 마음이 쓸쓸해질수록

사람은 빛을 찾고 볕을 그린다.

생각은 한없이 넓은 허공 사이에서

태양처럼 끝없이 달리고 있는데

우리의 속알은

빛보다도 빠르게 흘러가고 있는 것일까.

생각! 끝없는 생각! 무엇이 그리워서 그리 달리나!

곰곰, 겨울의 몇 달을 아무것도 먹지 않고

잠을 잔다는 곰.

곰도 생각하느라고 곰곰.

---

*1호-2쪽

흰 눈이 내린다.
말씀이 내린다.
흰 눈에 덮여, 말씀에 덮여 만물은 잠이 들고
깊은 사색에 콜콜 말씀을 듣느라고
너무 긴장된 탓일까.
생각하느라고 피곤을 느꼈을까.
이르고 또 일러, 일러주고 받아
생각 주고받기, 주고 주다.
스승은 죽고 생각은 늘어 학생도 늙다.
말씀의 깊은 숨 쉬고 쉬어 말씀의 코곪.
한없이 자기 싫도록 자고 깰 때,
보리. 진리를 보리. 자기를 보리. 나라를 보리.
빛을 보리. 존재를 보리. 기쁨을 보리.
보리를 보리. 산 빛을 보리. 참삶을 보리.

김흥호 풀이

소크라테스

*소크라테스의 일생은 거의 알려져 있지 않다. 세 번 출전出戰한 것과 한 번 참정원 의원이 된 일, 그리고 기원전 399년에 사형에 처하여졌다는 정도이다.

소크라테스에 관한 일화는 꽤 많이 전해지고 있다. 그의 아내 크산티페가 욕을 하다가 그것도 시원치 않아 청소하던 물을 소크라테스에게 퍼부었더니 소크라테스가 하는 말이 "뇌성벽력이 대단하더니 종래 비가 오고야 마는군" 하였다든가, 어느 날 소크라테스가 길을 가는데 어떤 악한이 소크라테스를 조롱하며 뒤에서 돌을 던지니 그것을 보고 있던 다른 사람이 참을 수가 없어 만일 소크라테스가 가만있으면 자기가 대신 복수를 하겠다고 나서자 "당신은 개가 짖으면 같이 짖고, 나귀가 차면 같이 차겠느냐"고 했다는 이야기라든가, 소크라테스가 하도 좁은 방에 산다

*1호-3쪽

고 사람들이 흉을 보니까 "이 방에라도 꽉 찰 수 있는 좋은 친구가 있었으면 좋겠다"고 말했다는 등 여러 가지 이야기가 전해지고 있지만 그것이 어느 정도로 믿을 만한 이야기인지 알 수가 없다.

다만 플라톤이나 크세노폰에 의하여 전해지는 말 가운데 소크라테스와 하나가 되어 떨어지지 않는 말들이 있다. "너 자신을 알라"든가, "음미되지 않은 인생은 살 가치가 없다"든가, "아무것도 모른다는 것을 안다는 것뿐이다"라든가.

소크라테스의 반문법 또는 산파술과 같은 말들은 거의 소크라테스와 끊으려야 끊을 수 없다. 나는 이런 말들을 가지고 소크라테스의 일생을 다시 그려보는 수밖에는 다른 길이 없다고 생각된다.

소크라테스의 일생은 그의 마지막 재판정에서 한 변명을 들어보면 한마디로 활동적인 일생이었다. 그는 한시도 가만히 있을 수가 없었다. 페르시아를 이기고 희랍세계의 패권을 잡은 아테네는 해가 떠오르는 듯이 국력이 오르고 있었다. 소크라테스는 올라가는 나라와 같이 그 자신도 오르고 있었다. 유복한 가정에서 태어난 그는 부모를 믿고, 당시 세계 문화의 중심지인 아테네에서 스승을 믿고, 전 세계의 지도력이 있던 나라를 믿고, 올라갈 대로 오르고, 발전할 대로 발전하였으리라.

우리는 어떤 곳에서도 그의 제1기에 해당하는 어린 시절과 학생시절을 더듬어볼 근거를 찾을 수가 없다. 다만 후세에 나타난 그의 성격으로 보아 진지한 그가 가만히 있었을 리도 없고, 뒤떨어졌을 리도 만무하였으리라는 것을 넉넉히 추측할 수 있다.

그다음은 제2기인 청년시기다.『심포지움』에 나타난 그의 말에 의하면 그가 무엇을 바라고 노력하였는가를 알 수 있다. 때는 아테네의 전성시기, 황금시대라고 하는 페리클레스 시대다. 그도 역시 마음을 조이면서 저 유명한 페리클레스의 민주주의에 대한 예찬을 얼마나 가슴 깊이 들었을까. 이미 아테네의 문화가 절정에 달했을 때, 소크라테스의 소망도 역시 절정에 도달했다. 그에게 일어난 맨 처음의 소망은 아름다움에 대한 소망이었다.

그에게도 봄볕이 스며들기 시작했다. 살얼음이 봄바람으로 녹아버리고, 꽃은 피고 나비는 춤추기 시작하였다. 소크라테스도 나비가 되어 육적인 아름다움을 찾아서 이곳저곳으로 방황하였다. 그러나 얼마 안 가서 꽃은 지고 나비는 수시렁이가 되었다.

여름이 왔다. 소크라테스의 소망은 또다시 달라진다. 이번에는 여름바람이다. 아테네의 폭풍이 세계를 호령하고, 아테네의 문물이 세계를 덮을 때 아테네 시민인 소크라테스는 세계국가의 시민으로서 충실하게 직업 활동에 종사하였다. 마치 개미나 된 것처럼 있는 힘을 다하여 자기 직장에서 나라와 민족을 위하여 최선을 다하였다.

시간은 흘러서 더위도 가고 가을바람이 불기 시작한다. 소크라테스의 소망은 또다시 달라진다. 차차 밖의 세계에 흥미를 잃고 서늘한 가을바람이 부는 밤에 홀로 달구경에 여념이 없었다.

군에 같이 갔던 알키비아데스는 소크라테스가 어느 날 아침 일찍 막사에서 나와 동편을 향해 서서 눈을 감은 지 몇 시간이 지나도 꼼짝도 않는 모습을 보았다고 한다. 식사를 권하러 갔던 친구들은 어떻게 되나 하고 기다려보기로 하였다. 아침이 지나 저녁이 되어도 그는 돌아올 생각을 하지 않았다. 병사들은 자리를 가지고 뒷산으로 올라가 소크라테스를 지켜보기로 하였다. 다음 날 아침이 되어 해가 떠올랐다. 해 뜨는 것을 본 소크라테스는 그제야 막사로 돌아왔다고 한다.

소크라테스가 그 당시에 일어난 새로운 지식에 얼마나 흥미를 느꼈을지는 짐작하고도 남음이 있다. 자연철학이 지나가고 인생철학이 시대를 풍미할 때 그도 역시 소피스트에 끼어서 아리스토파네스가 그의 작품 「구름」에서 젊은 소크라테스를 풍자하듯이 그는 하늘 위에, 땅 아래 사람들이 상상도 못할 이상한 소리를 했을지도 모른다.

하여튼 그는 어느 틈에 그 당시의 소피스트로서 모르는 것이 없었으리라. 익을 대로 익은 과일처럼 커져 하늘 높이 올라있던 소크라테스는 스파르타와 싸우다 몰락하는 아테네의 운명처럼 다가올 찬 서리에 그의 지식도 땅에 떨어지고 만다. 그리고는 흰 눈이 내리고 찬바람이 불어온다.

소크라테스의 소망은 이제 완전히 땅에 떨어져서 한없는 고난의 눈물을 먹으면서 영원을 찾아서 헤매는 소망만이 그의 바람이 된다. 흰 눈이 내리고 물은 얼어버린다. 나는 어디서 와서 어디로 가는 것인가? 나의 앞길은 어떻게 되는 것이며 나의 운명은? 생의 목적은 무엇이며 인생은 죽으면 그만인가?

소크라테스는 자기도 모르게 인생의 가장 근원적인 물음에 부딪치게 된다. 추운 겨울에도 양말과 구두를 신지 않은 채 맨발로 얼음을 밟고, 인생의 살 안을 파고드는 찬바람을 온 몸과 마음에 느끼면서 자기를 붙들어주는 구원의 손길에 자기 자신을 맡겨보려 한다.

그리하여 하늘처럼 믿고 가슴 깊이 자리 잡은 델포이의 신전으로 찾아가게 된 것이다. 그러나 지식과 학문의 신 아폴로는 미소를 지은 채 아무 표정도 없이 소크라테스를 내려다 볼 뿐 아무것도 보여주지 않았다. 아폴로 신상에 작별하고 나오는 소크라테스에게 다만 신전 문짝에 적혀있는 한마디, "너 자신을 알라"만이 그에게 무엇인가 말해주는 것 같았다. 그는 아폴로를 하직하고 자기 속을 깊이 돌여디보기 시작하였다. 내 속에 무엇이 있는가? 있다!

나를 괴롭히는 무엇이 꿈틀거리고 있다. 마치 땅 속에 묻힌 열매처럼, 어린애를 가진 어머니처럼 소크라테스는 자기 속에 꿈틀거리는 어떤 생명이 자기의 피와 살을 갉아먹고 있는 것을 발견하였다. 나를 한없이 괴롭히는 무엇이 있다. 그는 자기 속을 몇 번이고, 몇 번이고 들여다보았다. 알 수 없는 신비가 몇 천, 몇 만 겹으로 자기 속에 도사리고 있음을 알 수 있었다. 자기로서는 도저히 알 수 없는 존재가 자기 속에 붙어있었다.

날씨는 더욱 차져서 모든 물은 얼어붙었다. 그리고 모든 물음도 얼어붙었다. 생각도, 말도, 모든 지식이 얼어붙었다. 아무것도 알 수가 없었다. 마치 경도가 없어진 수태한 여자처럼 지식의 샘은 얼어붙은 채 흰 눈만이 쌓이고 쌓이었다.

소크라테스는 아무것도 모르게 되었다. 만일 아는 것이 있다면 모른다는 것을 안다는, 얼음에 비치는 햇빛뿐이다. 소크라테스에게는 이상한 소리가 들리기 시작하였다. 자기가 고민에 시달릴 때마다 자기도 모르는 어떤 소리가 귓전을 스치고 지나갔다. 찬바람이 말라빠진 소크라테스라는 나뭇가지를 흔들고 지나가는 모양이었다. 소크라테스는 일체 외적인 것을 단념하고 이제부터는 오로지 자기의 속을 돌보기로 하였다. 그리고 자기의 속알을 포근히 싸주는 흰 눈에 대하여 고마움을 금할 수가 없었다.

아폴로는 신이 아니다. 신은 여럿이 아니며 하나인 것이다. 하늘도 땅도 흰 눈에 덮인 우주처럼 하나의 신이 있을 뿐이다. 일체는 신의 은총 가운데 있다. 나도, 나의 운명도 마치 눈에 덮인 씨앗에는 죽음이 없듯이, 신에 덮인 인생에는 죽음이 없다. 인격은 불멸이다. 소크라테스는 자기 속알이 클 대로 크고, 자리 잡힐 대로 잡힘을 깨달았다. 음미된 인생은 허무가 아니고 알찬 것이었다.

소크라테스의 마음에는 어느덧 봄바람이 불기 시작하였다. 곧 봄이 올 것 같은 기분이었다. 마른 나뭇가지처럼 신비에 떨던 몸도 다시 돌보아져야 한다. 건강한 정신에는 건강한 육체가 필요하다. 오랜 고민에서 깨어나 다시 밥맛을 찾기 시작한다. 이것이 산파술이다. 어린애를 돌보기 위해서는 산모를 잘 돌보아야 한다. 건강한 육체에 건강한 정신이 있기 때문이다. 육체와 영혼을 돌보는 일은 쉬운 일이 아니다.

    소크라테스는 때가 되기까지 이 일을 계속하여야 했다. 때는 왔다. 아름다운 봄이 왔다. 소크라테스의 속알은 땅 속에만 묻혀 있을 수가 없었다. 산파의 신경은 극도로 예민해졌다. 봄볕에 씨앗이 싹트듯이 싹이 트고 말았다. 자기가 깬 것이다. 어머니 뱃속의 어린애는 대지 위에 서게 되었다. 산파의 수고가 이만 저만이 아니다. 소크라테스의 속알이 나온 것이다. 소크라테스는 자기가 어린애를 들여다보는 아버지처럼 환희에 넘쳐서 자기의 어린애를 들여다보고 있었다. 그것은 자기의 얼굴이었다. 자기 영혼의 모습인 동시에 자기 자신이었다. 소크라테스는 비로소 자기 자신을 알게 되었다. 거울에 비친 상像이 아니고, 자기 속에서 나온 산 얼굴, 즉 관觀이었다. 새싹은 소크라테스에게는 영원한 생명이었다. 그 속에는 힘이 있었다. 모든 소망과 바람은 오로지 이 새싹에 있다. 소크라테스의 모든 소망은 이것으로 끝났다. 이것을 위하여 자기의 온갖 노력을 다하였다. 소크라테스는 비로소 자기가 산 보람을 느꼈다. 그는 영원한 봄을 보았기 때문에 웃었다. 그의 마음에는 젊음뿐이었다.

    그는 아테네의 젊은이들을 찾아 나섰다. 여기에 제3기가 시작된다. 자기 자신을 아는 일이 인생에 있어서 가장 가치 있는 일이라고 소크라테스는 생각하여 만나는 사람마다 너 자신을 알라고 외친 것이다. 소망의 시기가 끝나고 사랑의 시기가 시작된 것이다. 그가 얼마나 세상을 사랑하였는지는 30여 편에 걸친 플라톤의 작품이 만고에 그 빛을 빛내고 있는 것으로 알 수 있다.

소크라테스는 만나는 청년마다 "그 속에 속알이 들었나" 하고 침을 찔러 본다. 이것이 반문법이다. 그리고 그들 속에 속알이 들었을 때에는 경도가 끊어진 수태한 여인처럼 자기는 아무것도 모른다는 것을 아노라고 말하게 한다. 무지無知의 지知라는 고백이다.

그 후에는 그의 영혼을 돌보는 일이 필요하다. 이것을 그는 생의 음미라고 한다. 영원한 생명이 세상에 탄생하려고 할 때 사람에게는 산파술이 필요하고, 탄생한 후에는 자기 자신을 알게 된다.

소크라테스의 일생은 믿음의 소년기를 거쳐 소망의 청년기를 보내고, 사랑의 장년기를 보냈다. 나서 죽기까지 올라만 간 사람이 소크라테스이다.

사 랑: 플라톤의 『심포지움』

*사랑을 말하는 책이 많겠지. 어떤 의미로는 이 세상의 모든 책이 다 사랑의 주해註解라고 할 수 있겠지만 나는 플라톤의 작품 가운데서 소크라테스의 사랑을 생각해보고자 한다.

소크라테스의 사랑에 관한 해설은 『심포지움』(잔치, 향연 - 사실은 토론회)이라는 플라톤의 작품에 나타나있다. 플라톤이 우리에게 남겨놓은 저서가 30여 권 있는데 그 가운데서 가장 아름답고 재미있는 책이 이 책이라고 한다. 우리나라에서도 여러분들이 번역을 해놓았고, 세계고전 전집 중 『플라톤』이라는 대중판에도 들어 있다.

사랑(에로스)은 본래 희랍의 신神이다. 플라톤의 학교인 아카데미에도 이 신을 모셨다고 한다. 그 이유는 에로스라는 종교적인 신을 소크라테스가 철학적인 관념으로 바꾸어 놓았기 때문이다. 『심포지움』에서는 당시의 철학사상을 대표하면서도 아직 종교적인 신화에서 벗어나지 못한 소크라테스 이전의 에로스의 사

*1호-7쪽

상을 다섯 명의 연사를 통하여 대변시킨다. 그리고는 마지막으로 소크라테스의 에로스에 대한 새로운 해석으로 옛것을 반박하고 철학적 개념인 새로운 에로스를 내어놓는다.

그 후 소크라테스의 제자요, 군인이었던 알키비아데스가 에로스의 실천자라고 할까, 화신이라고 해도 좋을 그런 사람이 바로 소크라테스라고 말한다. 말이 끝나자 다시 술상이 벌어지고 잔으로 마시던 술이 대접이 되어 폭음을 하게 되어 세 사람을 남긴 채 모조리 쓰러진다. 그러나 새벽이 되어서는 그 가운데 두 사람도 그만 녹아 떨어지고 만다. 아무리 술을 마셔도 취하지 않는 사람, 그는 소크라테스였다. 소크라테스는 모두 쓰러지자 툭툭 털고 일어나 찬물에 목욕하고 그 자리를 떠났다는 것으로 이 책은 끝을 맺는다.

간단히 줄거리를 기록하고 이 책에서 가장 재미있었다고 생각되는 두어 곳을 인용하여 해설을 붙여본다.

기원전 416년 아테네에서 열린 문학 콩쿠르에서 젊은 비극작가 아가톤이 당선되어 삼만여 군중에게 환영을 받는 경사가 일어난다. 그 후 며칠 동안 아가톤의 집에서는 잔치가 벌어진다. 아마 여기 나오는 사람들이 모인 것은 둘째 날쯤 되는 모양이다. 거기에는 소크라테스를 위시해서 극작가 아리스토파네스, 의사 에뤽시마코스, 시인이고 주인이며 고르기아스의 제자였던 아가톤, 군인 알키비아데스, 프로타고라스의 추종자였던 파우사니아스, 웅변가 파이드로스, 그밖에 여러 사람이 모였을 것이다.

맨 처음에 파이드로스가 입을 연다. 사랑(에로스)이 가장 근원적인 신이며 사랑의 힘은 죽음보다도 강하다. 아무리 비겁한 자도 애인 앞에서는 용감무쌍하게 되니 애인을 가진 젊은이만 싸우러 나가면 전쟁은 반드시 승리할 것이라는 만담조의 웅변을 털어놓는다.

둘째는 파우사니아스, 에로스의 여신에는 두 분이 있는데 하나는 판데모스고, 하나는 우라니오스다. 판데모스는 속된 사랑을 표시하고, 우라니오스는 정신적 사랑을 대표하여 남녀의 사랑은 전자前者에 속하고 사제師弟의 사랑은 후자에 속한다고 교육의 신성을 역설한다.

셋째로 에뤽시마코스는 과연 의사답게 사랑은 인간의 문제일 뿐만이 아니라 자연의 모든 상대성 원리가 그대로 사랑의 원리이며 마찬가지로 신의 원리도 사랑에 의하여 움직이는 것이니, 우주만물이 사랑 아닌 것이 없다고 수상한다.

넷째로 아리스토파네스는 희극작가답게 남녀가 사랑하는 이유를 이렇게 말한다. 남녀는 이 세상에 태어나기 전에는 남자와 여자는 한 몸으로 되어 있었다. 눈도 네 개고 팔다리도 여덟 개로 날쌔고 빠르기가 비수 같고, 보는 것도 예리하여 신들이 자기들의 영역이 침범 당할까봐 두려워할 정도였다. 신들은 마침내 자기들의 안전을 위하여 사람을 잡아 절반으로 잘라 병신을 만들어서 세상에 내려 보냈다. 그래서 남자와 여자는 모두 반편이 되어 남자는 여편을 그리워하고, 여자는 남편을 그리워한다고 희극조로 대사를 편다.

다섯째로 주인 아가톤이 신의 속성을 찬양하며 모든 아름다운 형용사를 동원하여 신을 찬미한다. 이때에 소크라테스가 나와 너희들이 말하는 신이나 사랑은 추상적이며 신화적인 것이라고 반박하고, 사랑은 너희들이 말하는 것 같은 그런 환상적인 아름다운 것이 아니라 추하다면 한없이 추한, 그러나 그의 대상만은 언제나 미화美化하는 빈천한 페니아와 부귀의 신 포로스의 아들이라고 말한다. 그는 어머니를 닮아서 언제나 궁핍하고 또 아버지를 닮아서 언제나 행복하다고 말한다. 그리고 사랑에는 네 가지 단계가 있어서 이 단계를 올라간 사람만이 참으로 사랑을 말할 수 있는 자격을 가진 사람이라고 말한다.

끝으로 알키비아데스가 나타나 그러한 자격을 가진 사람이 다름 아닌 소크라테스라고 말하는 것으로 『심포지움』은 끝이 난다. 나는 내가 가장 재미있다고 생각되는 곳을 한 두어 곳 인용한 후에 각각 해설을 붙이기로 한다.

"그래서 만일 어떤 사람이 이 땅의 것에서 출발하여 소년에의 바른길을 통하여 상승하면서 저 아름다움을 보기 시작했다면 그 사람은 거의 마지막 목적에 이른 셈이지요. 왜냐하면 혼자의 힘으로 또는 남에게 이끌려 사랑의 신비에 이르는 올바른 길이란 다음과 같기 때문이지요.

곧 이 땅의 가지가지의 아름다운 것으로부터 출발하여, 끊임없이 가장 높은 아름다움을 목적으로 하여 높이 올라간다는 것, 마치 사다리의 층계를 올라가듯 하나의 아름다운 육체에서 아름다운 두 육체로, 아름다운 두 육체에서 아름다운 모든 육체로, 그리고 아름다운 육체에서 아름다운 여러 가지 직업 활동으로, 직업 활동에서 여러 가지의 아름다운 학문으로, 나아가 여러 가지 학문에서 다름 아닌 바로 그 아름다움 자체의 학문에 이르러, 여기서 곧 그는 드디어 아름다움의 본질을 알기에 이른다는 것을 의미하지요.

인생이 여기에 이를 때, 즉 그 아름다움을 보게 될 때 사람에게는 살 보람이 있는 거예요. 한번 아름다움을 본다면 당신은 벌써 황금이나 화려한 옷 따위, 또는 아름다운 소년이나 청년 따위를 생각하지 않게 될 거예요. 지금 당신은 그 청소년들을 보고 세 정신을 잃고, 또 당신이나 다른 사람들도, 사랑하는 소년을 보면서 항상 함께 있을 수 있다면, 먹는 일, 마시는 일 다 잇고 오직 그를 바라보고 그와 함께 있기를 바라지요. 하지만, 만일 어떤 사람이 아름다움 그 자체를 순수하게, 뚜렷하게, 그리고 깨끗하게, 인간의 육체나 색色이나 그밖에 죽어서 없어질 하잘 것 없는 것으로 더럽혀지지 않은 모습을 볼 수가 있다면, 오히려 그 성스러운 아름다움을 항상 같은 형상을 가진 모습으로 본다면, 우리는 그 사람의 심경을 어떻게 생각해야 할까요?

(……) 그의 눈이 그 아름다움을 향하고, 합당한 기관(마음의 눈)으로 보고, 또 그와 함께 살 때, 그 사람의 생활은 비참한 것이

되리라 생각하나요? 혹은 오히려 당신은 필요한 기관(마음의 눈)을 가지고 그것을 보는 사람이 장악한 것은 덕의 환상이 아니라 참다운 덕임을 생각지 못하나요? 또 그가 낳은 것은 덕의 환상이 아니라 참다운 덕임을 생각지 못하나요? 그리고 참다운 덕을 낳고 그것을 키우기 때문에 그 사람은 신께 사랑을 받는 사람이 되지 않겠어요? 또 감히 사람이 죽지 않는 자가 될 수 있다면 그야말로 그 특권을 받지 않을까요?"

(『플라톤』 한국 자유교양 추진회, 1970, pp. 281~83)

  소크라테스의 말에 의하면 소크라테스의 사랑은 아름다움 자체에 대한 사랑이다. 이 아름다움 자체에 도달하기 위하여 그는 육체로부터 직업 활동을 거쳐 학문에 이르렀다가 종당은 아름다움 자체에 도달한다. 이 아름다움 자체를 마음의 눈으로 본 사람은 다른 것에 대한 모든 애착은 다 끊어지고 참말로 산 보람을 느낀다. 그리고 덕을 낳아 기르고 신께 사랑받는 사람이 되고, 죽어도 죽지 않는 사람이 된다.

  소크라테스가 말하는 아름다움 자체란 무엇일까? 그것은 자기 자체다. 내가 참이요, 좋은 이요, 아름다움이기 때문에 자기 자체를 보는 것처럼 아름다운 것은 없다. 플라톤은 자기 자체를 그려 놓았다. 그것이 아무리 자세하게 그려졌다고 해도 자기 자체를 보지 못한 사람에게는 온통 짐작이 안 갈 것이다.

  그러나 누구든지 인생의 지知의 절정에 오르면 플라톤이 말하는 것보다 더 아름다움을 볼 수가 있을 것이다. 인생의 정상은 35세에 도달하는 것이 보통이다. 플라톤은 왜 자기 자신을 그렇게 아름다움이라고 표현했을까? 그것은 그 당시의 철학이 자기 자신을 셋으로 갈라 보았기 때문이다. 첫째로 우주관, 둘째로 세계관, 셋째로 인생관이다. 우주와 세계와 인생을 직관直觀한다는 말이다.

작년에 우주인들이 달나라에 가서 지구를 보고 그 아름다움에 놀랐다는데 우리의 마음의 눈으로 우주 전체를 보면 얼마나 아름다울까. 한번 상상해보기 바란다.

본문으로 들어가서 '아름답다'는 말은 물론 객관적으로 표현된 사랑의 내용이다. 만일 이것을 객체적客體的으로 표현한다면 매력魅力이라고 할 수 있겠지. 소크라테스가 육체의 아름다움이니, 직업 활동의 아름다움이니, 학문의 아름다움이니, 아름다움 자체의 아름다움이니 하는 것은 모든 육체나 이성이 주는 매력, 직업 활동이나 사회적 명성이 주는 매력, 학문이나 지식이 주는 매력, 아름다움 자체, 즉 자기의 본체가 주는 매력이라고 할 수 있을 것이다.

이 매력이라는 말을 다시 주관적으로 고쳐 보면 이성에 대한 그리움 혹은 애착愛着, 명성에 대한 갈구, 지식에 대한 동경憧憬, 자기 자신에 대한 회의懷疑, 즉 도대체 나는 누굴까 하는 수수께끼에 대한 무한한 관심일 것이다.

이 그리움이라는 말을 다시 주체적으로 고쳐 말해 보면 이성을 찾아가고, 이성을 위하여 자기 생명까지라도 아낌없이 바친다는 헌신적 사랑, 국가와 사회를 위하여 봉사하고 헌신하는 희생적 사랑, 진리를 탐구하고 지식을 사랑하여 일생을 연구에 바치고 인류의 행복을 위하여 노력하는 진리에 대한 사랑, 그리고 자기 자신을 찾아서 사색하고 명상하고 금식하고 고행苦行하는 무아無我의 사랑, 이러한 모든 주체적인 현실참여를 말할 것이다. 소크라테스의 사랑이란 이러한 모든 의식意識 활동을 총괄해서 말하고 있다.

객관적인 관조觀照, 객체적인 매력, 주관적인 갈구, 주체적인 참여, 이 모든 것을 합해서 사랑이라고 말한 것이다. 사람은 누구나 사춘기가 되면 자연발생적으로 이성에 대한 매력을 느끼고 아무리 못난 상대라고 할지라도 그렇게 아름답게 느낄 수가 없다. 머리가 길면 긴 대로, 짧으면 짧은 대로 모두 멋이 있고 아름다운 법이다. 상사병이라고 할 만큼 상대방을 그리워 애모愛慕하게 되고 연모戀慕한 나머지 생명조차 부정하고 자기 자신을 불살라버리는 현상까지도 나타날 수 있다. 명성, 지식, 자아탐구에 있어서는 인간 의식이 높아질수록 더 심각하고 고상해지는 것이 인간의 상정常情이다.

사람은 누구나 이성에 대한 그리움에서 처음으로 자아를 발견하게 될 것이다. 사회에 대한 직업 활동과 명성에서 자아의 자발적인 투지鬪志를 발견할 수도 있을 것이고, 학문과 지식의 탐구에서 자아의 무한한 가능성을 찾아내어 한없는 기쁨에 잠길 수도 있으리라. 그리고 인간은 자아의 탐구에서 인간의 영원한 신비에 한없는 존엄성을 깨달을 수 있으리라.

사람은 누구나 맨 먼저 성性에 눈을 뜨고, 사회에 눈을 뜨고, 학문에 눈을 뜨고, 자아에 눈을 뜬다. 마음의 눈이다. 소크라테스의 이 4계단은 가장 평범한 모든 사람들의 경험일 것이다. 역시 이러한 경험을 치르지 않고서는 인생을 감히 살았다고 할 수 없을 것이다.

세계적으로 보아 자아의 눈을 뜬다는 마지막 단계는 인생의 정상인 35세라고 하였거니와 그 이유는 인생을 70년으로 잡을 때 35세는 인생의 절반이 되기 때문이다. 그리고 이 절정絶頂에 올라본 사람은 누구나 세상의 모든 부귀영화보다 자기 자신이 훨씬 가치가 있다고 느끼게 될 것이다. 그것은 자기 자신의 가치가 온 세계와도 바꿀 수 없다는 것을 비로소 깨닫게 되기 때문이다. 이 가치를 발견한 이후의 생활은 그야말로 빛과 힘에 찬 평범한 생활이다.

소크라테스의 말을 빌리면 덕을 낳아 기르는 시기라고 한다. 쉽게 말하여 남에게 자기를 보여주는 시기일 것이다. 인생의 절정에서 우주와 세계와 인생의 방향을 본 사람만이 다른 사람의 참고가 될 수 있기 때문이다. 철인이 왕이 되든지, 왕이 철학을 배우든지 하는 유명한 플라톤의 말도 이러한 뜻을 의미한 것으로 생각된다. 이 절정에 올라왔다는 것을 동양 사람들은 깨닫는다고 한다. 깨달은 사람을 각자覺者라고 하는데 철학에서는 철인

哲人이라고 한다. 자기를 안 사람이란 자기를 본(觀)사람이란 뜻이다.

소크라테스는 일생 "너 자신을 알라"고 외쳤지만 소크라테스야말로 자신을 안 사람이다. 자신을 알아야 자기가 되고, 자기가 되어야 자기를 살고, 자기를 사는 것이 자기를 사랑하는 것이라면 소크라테스의 사랑은 참 자기에 대한 사랑이라고 할 수 있다.

그다음 『심포지움』에서 재미있는 곳은 소크라테스의 애제자 愛弟子 알키비아데스의 입을 빌려 고백하는, "소크라테스는 에로스 자체, 즉 사랑 자체요, 사랑의 화신化身"이라고 하는 연설이다. 그의 연설의 한 토막은 이렇게 쓰여져있다.

"여러분, 나는 소크라테스를 비유로 들어 칭찬합니다. 아마도 이 사람은 그것을 우스갯소리로 삼기 위한 것으로 생각할 거요. 그러나 그 비유는 진실을 위한 것이며, 웃음거리를 만들려는 게 아닙니다. 나는 이렇게 주장하오.
이 사람은 조각가의 제작장에 웅크리고 있는 저 실레노스의 좌상과 꼭 같소. 작가들은 그 좌상에 통소와 피리를 가지게 하였소. 좌상을 양쪽으로 열면 내부에는 신들의 상이 간직되어 있소. 또한 나는 주장하오. 이 사람은 사튀로스의 마르쉬아스와 비슷하오. 그렇게 소크라테스와 용모가 비슷하다는 점은 소크라테스 자신도 아마 반대할 수는 없을 거요. 그런데, 그밖에 다른 점으로도 당신은 비슷해요. 자, 이야길 들으시오. (……) 당신은 사람을 우롱하는 이요. 그렇지 않아요? 만일 당신이 인정하지 않는다면 증인을 내세우겠소.

그리고 피릿군이 아니라고요? 그렇지요. 저 마르쉬아스보다 훨씬 훌륭한 피릿군이지요. 마르쉬아스 쪽으로 말하면, 그는 악기를 사용하여 입에서 나오는 힘으로 사람들을 혹하게 만들었지만 거기엔 악기가 필요했어요. 오늘도 피리로 그의 곡을 부는 사람은 지금도 그렇게 하지요. (……) 이를테면 올림포스가 분 곡은 그의 스승 마르쉬아스의 작곡으로 나온 거라고 주장합니다. 그런데 그의 곡을 연주하는 이가 훌륭한 피릿군이든, 엉터리 여자 피릿군이든, 그의 곡만이 청중을 황홀하게 하고 또 스스로 성스럽기 때문에 신과 밀의密儀를 요구하고 있는 사람들이 누구인가를 분명하게 하지요. 그런데 당신도 꼭 같은 것을 하지만 다른 점은 악기 없이 산문으로 한다는 점이요. 적어도 우리 경험에 비추어 보면 어떤 사람이 아무리 훌륭한 웅변을 토할지라도 당신과 다른 말을 할 때 별다른 인상을 받지 못해요.

그런데 당신이 직접 이야기하는 것을 들을 경우는 물론, 혹은 당신의 이야기를 제삼자를 통하여 들을 경우도 아주 서툴더라도 청중이 여자든, 남자든, 소년이든, 우리는 놀라고 마음을 빼앗기고 맙니다.

여러분, 내가 몹시 취해 있지 않다고 생각하신다면 내 자신이 사람의 언론으로 어떤 처지에 빠졌는지, 또 지금도 빠지고 있는지 맹세하고 여러분에게 말하겠소. (……) 사실 그 말을 들으면 내 심장은 비의秘儀를 축하하는 열광적인 고르반테스보다도 훨씬 격심하게 뛰어 놀고 그 사람의 말에 이끌려 눈물을 흘리지요. 그 외에도 많은 사람들이 이와 꼭 같은 경험을 한 것을 보았소. 그런데 페리클레스나 다른 웅변가들의 이야기를 들을 때엔 참 말을 잘하는군 하고 생각하지만 지금 말한 그런 느낌은 전혀 느껴질 못했소. 내 가슴이 벅차오르지도 않았고, 또 마치 노예상태에 빠진 때처럼 노여운 기분이 된 적도 없었소.

이와 반대로 여기 있는 이 마르쉬아스는 현재의 나처럼 이런 생활은 더 참을 수 없다는 생각을 몇 번이나 일으켰소. 소크라테스, 당신은 진실이 아니라고 할 수 없겠지요. (……) 지금도 난 잘 알 수 있어요. 이 사람에게 귀를 기울이자 난 저항할 수 없이 그런 처지에 빠지지 않을 수 없었어요. 왜냐하면 이 사람은 나 자신 아직 부족한 곳이 많으면서도 자신을 희생하여 아테네의 나라 일을 하고 있다고 어쩔 수 없이 인정하게 만들기 때문이죠. 그래서 나는 마치 노래로 사람을 매혹시키는 사이렌에게서 도망치듯 억지로 귀를 막고 도망치지요. 노인이 되기까지 여기서 그에게 붙어있고 싶지 않으니 말이오. 그런데 나는 이 사람에게만은 아마 아무도 내게 기대하지 않는 그런 기분을 경험합니다. 곧 그것은 사람에게 대한 수치요, 나는 이 사람 앞에서만 부끄러워하오. 그것은 곧 내게 당신이 명하는 것을 할 필요가 없다고 반박할 수는 없다는 것, 그리고 이 사람을 떠나자마자 많은 사람들의 존경을 얻으려는 욕망에 압도된다는 것을 잘 자각하고 있기 때문이오.

그래서 나는 이 사람을 벗어나 도망치오. 하지만 다시 그를 만나면 앞서 이 사람에게 한 양보를 돌아보고 부끄러워하지요. 한때는 그래서 이 사람이 이 세상에서 사라진다면 얼마나 좋을까 하고 생각한 일조차 있었소.

그렇긴 하나 만일 그런 것이 사실이 된다면 나는 훨씬 더 괴로워할 것도 잘 알고 있소. 그러니까 이 사나이를 어떻게 다루어야 좋을지 나는 모르겠소."(앞책, pp. 290~92)

위의 말을 통해서 소크라테스가 얼마나 매력적인 인간이었는지를 알 수 있다. 사랑의 화신化身이란 말은 소크라테스는 이제는 사랑을 하는 자라기보다는 사랑을 받는 사람이 되었다는 말이다. 소크라테스는 플라톤이나 알키비아데스의 사랑의 대상만이 아니다. 그 후 많은 소크라테스 학도들에게 존경의 대상이 되었으며 오늘날은 온 인류에게 사랑의 대상이 되고 말았다.

에로스는 소크라테스 당시에는 하나의 신이었다. 희랍의 민족신이었다. 그러나 민족신 에로스는 이미 생명을 잃고 하나의 우상이 되었었다. 소크라테스는 이것을 보고 가만있을 수가 없었다. 소크라테스는 신의 위치에 있던 에로스를 인간의 위치로 바꾸었고, 에로스를 신과 동물 사이의 중간 존재인 정신으로 고쳐놓았다. 이리하여 에로스는 철학적인 생명으로 다시 살게 되고,

철학을 민족적이고, 국가적인 것으로 삼게 되었다. 그렇게 되기 위해서 소크라테스는 철학의 자리에 앉은 희랍의 신들에게 대하여 회의를 품기 시작하였다. 호메로스의 민족신은 신이 아니다. 하나의 관념이요, 우상이다. 소크라테스에 의하면 신은 관념이 될 수 없다. 동시에 신은 국가적인 신이 될 수가 없다. 국가는 철학의 대상이지, 종교의 대상은 아니다. 종교가 민족종교로 될 때 그것은 참다운 종교라고 할 수 없다. 종교는 세계적인 것이다. 그리고 신은 살아계신 실재다. 국가적, 민족적인 탈을 쓴 신들은 민족의지의 표상은 될지언정 신은 될 수가 없다. 그는 민족종교를 비난하고 다신교적 신관에 불만을 품었다.

소크라테스에 의하면 신은 한 분이요, 온 세계의 섭리자이신, 한없이 높고 살아계신 실재이다. 그는 그 당시의 사람들이 생각하던 신들에 대한 개념을 한없이 높은 곳으로 끌어올리는 동시에 아테네 사람들이 신이라고 생각했던 그 자리에 '정신(다이몬)'이라는 새로운 존재를 가져다 놓았다. 그 당시 사람들에게 있어서 신이었던 에로스가 소크라테스에 의하여 생각하는 '정신'이 된 것이다. 그는 희랍의 민족종교가 차지했던 자리를 철학으로 바꾸어 놓은 것이다. 이리하여 민족신이 올라앉았던 자리에 철학정신인 에로스가, 그리고 그의 화신인 철인이 그 자리를 채우게 된 것이다.

에로스는 종교의 대상이 아니라 철학의 대상이 되었다. 지금까지 아름다움과 추함, 착한 것과 악한 것, 참과 거짓, 신적인 것과 동물적인 것으로 갈라졌던 깨어진 세계가 에로스라는 중간 존재를 통하여 다시 화합하기 시작하였다. 또 다시 조화된 인간, 조화된 세계, 조화된 우주가 나타나게 되었다. 사랑은 분열된 인격의 완성이요, 단절된 세계의 통일이요, 깨어진 우주의 화합인 것이다.

소크라테스는 언제나 자기를 중간자로서 자각하였다. 그는 모든 것을 다 아는 사람도 아니요, 그렇다고 아무것도 모르는 사람도 아니다. 모르는 것을 비관하고 끝없이 알려고 노력하는 중도자中道者이다. 알려고 노력함을 애지愛知라고 한다. 모르는 것을 애용함은 무지의 자각이라고 한다. 혹은 무지無知의 지知, 즉 아무것도 모른다는 것을 깨닫고 분발한다라는 뜻이다. 그런고로 적극적인 표현인 애지와 소극적인 표현인 무지의 지는 모두 중도자로서 에로스의 별명이라고 할 수 있을 것이다.

철학사는 지식의 소유자도 아니고, 지식이 아주 없는 자도 아니다. 애지, 즉 지식을 갈구하고 지식을 사랑하는 사람이다. 그런 의미에서 굳어버린 학자도 아니요, 교만한 소피스트도 아니다. 끊임없이 찾아가는 탐구자이다. 지식을 쌓아 놓고 팔아먹는 소피스트처럼 교만하고 굳어버린 우상이 아니다. 언제나 굶주린 독수리 새끼처럼 먹어도 먹어도 배부를 줄 모르는 젊음이요, 산 정신이다.

애지자는 결코 지자도 아니고 무지자도 아니다. 자기가 아무것도 모른다는 것을 깨닫는 것이다. 깨달았다는 말은 가만히 있는 것이 아니라 노력하는 상태이다. 땅 속의 보물을 만사 제쳐놓고 파들어가는 사람이다. 다른 사람을 돌아볼 겨를도 없이 다른 사람도 모르게, 다른 사람이야 무엇이라고 하든 어떤 때에는 조소도 받고, 박해도 받고, 또는 목숨을 잃는 어려움을 당하면서도 힘있게 탐구하는 사람이다. 그런 의미에서 애지는 탐구자의 정신이다. 소크라테스도 애지자였다. 그런데 어느 날 그는 보물을 찾고야 말았다. 이 보물을 찾은 사람이 소크라테스다. 소크라테스를 에로스의 화신이라고 본 플라톤의 직관은 날카로웠다.

알키비아데스는 소크라테스를 황금의 신상神像이 간직된 실레노스라고 표현하고, 소크라테스의 말을 사튀로스의 하나인 마르쉬아스의 피리라고 비유한다. 함께 다니는 몸은 말이요, 머리는 사람으로서 코가 납작한 대머리의 노인이다. 황금의 신상은 빛나는 지혜를 상징한다. 허름한 겉차림에 지혜를 간직하고 있는 사람, 가장 어리석은 것 같은데 가장 현명한 소크라테스, 자기 자신은 아무것도 모른다는데 델포이 신탁神託은 이 세상에서 소크라테스보다 현명한 사람은 없다고 한다. 어째서 이러한 일이 있을까? 그것은 소크라테스가 처음으로 엄밀한 의미에 있어서 철학자이기 때문이다. 아직도 철학과 과학이 구별되지 않았을 때 소크라테스는 그것을 처음으로 알아낸 사람이다.

철학은 자연의 탐구가 아니다. 외부세계의 탐구가 아니다. 인생의 탐구요, 내부세계의 탐구다. 사물을 아는 것이 아니라 자기를 아는 일이요, 자기 정신을 아는 일이다. 자연을 아는 면에 있어서는 소크라테스는 실레노스에 불과하다. 아무것도 모르는 어리석은 바보였다. 소크라테스가 찾아가는 학자 소피스트마다 소크라테스보다 월등하게 아는 것이 많았다. 소크라테스는 인문과학이나 자연과학이나 사회과학이나 어떤 면에 있어서도 소피스트의 경쟁자가 아니었다. 그러한 의미에서 소크라테스는 머리는 사람이요, 몸은 말이요, 발은 염소요, 꼬리는 뱀이라고 하는 희랍신화의 반신반수半神半獸인 어리석게 생긴 노인임에 틀림이 없다.

그러나 실레노스의 석상石像안에는 황금의 신상인 자기를 안다는 철학이 있다. 거기에는 자기가 있다. 자기의 입장이 있다. 이 입장에 서면 아무리 거친 세파世波도 이 반석을 무너뜨릴 재간이 없다. 황금의 신상은 영원불변하는 지혜의 빛을 가지고 있다. 영원을 비추는 철학의 빛이 캄캄한 인간의 마음을 비추기 시작한 것이다.

소크라테스는 자기를 알았다. 아는 것이 힘이었다. 소크라테스는 자기 속에서 한없는 힘이 용솟음쳐 나오는 것을 느꼈다. 소크라테스는 이 힘을 가지고 아테네의 운명을 바로잡으려고 무한히 애를 쓴 사람이었다. 소크라테스는 거리로 뛰쳐나갔다. 그의 힘은 말씀이 되어 끝없이 흘러나왔다. 소크라테스가 갖고있는 말의 힘, 그것은 웅변가, 페리클레스도 갖지 못한 강한 것이었다. 그 말에는 힘이 있었다. 이 힘에 아테네의 젊은이들이 끌리기 시작하였다. 알키비아데스도 이 말의 힘에 끌리었다. 그는 희랍신화의 마르쉬아스의 매혹적인 피리를 소크라테스 말의 매력에 비교한다.

　마르쉬아스는 사튀로스의 일종으로 피리를 발명한 반신반수이다. 사튀로스는 실레노스의 졸도卒徒로 머리는 사람이요, 몸은 염소라서 실레노스보다 조금 작은 괴물이다. 그는 언제나 실레노스와 같이 디오니소스 신을 모시고 다니면서 디오니소스 신의 시중을 든다. 마르쉬아스는 특히 음악으로 시중드는 사튀로스의 하나로 그 피리 소리에 매혹되지 않은 이가 없었다. 플라톤은 소크라테스의 인격을 황금신상을 가진 실레노스에 비하고, 그 말의 매력을 마르쉬아스의 피리에 비교한 것이다.

　이러한 철인, 소크라테스를 만나 본 그 시대의 젊은이들은 얼마나 다행이었을까. 플라톤이 소크라테스를 얼마나 사숙私淑하고 존경하고 앙모하였는지는 플라톤이 신에 드린 네 가지의 감사 속에서 넉넉히 짐작할 수 있다. 그는 마지막 감사에서 소크라테스와 같은 시대에 태어났다는 것을 무한한 영광으로 생각하였다.

　오늘 그는 가고 바람에 갈리고 비에 씻긴 그의 석상石像이 남아있다. 고대 조각의 유물로 우리에게 전래된 소크라테스의 흉상을 보면 비록 성인이라는 선입관념을 가지고 볼지라도 그리 잘생긴 모습은 아니다. 머리는 버스러지고, 얼굴은 크고 둥글며, 눈은 우묵하고 번쩍이며, 코는 너부죽하여 여러 만찬회에서 그 코값을 한 것으로 생각되는 바, 그 외모야말로 가장 유명한 철학자의 얼굴이라기보다는 어떤 집 하인의 얼굴로 보아도 좋을 것이다.

그러나 다시 한 번 자세히 들여다보면 그 석상의 조잡한 모습을 통하여 말할 수 없이 친절한 인간미人間味와 끝없는 겸양과 단순함이 드러나 보인다. 아테네의 가장 훌륭한 청년들로 하여금 진정을 다하여 사랑하고 존경하게 한 대大 선생 소크라테스, 우리가 비록 그에 대하여 아는 것이 태무하다 할지라도 그러나 귀족적 플라톤과 학자적 아리스토텔레스에 대해서보다는 훨씬 더 친근하게 알고 있을 것이다.

2300년을 격한 오늘의 우리도, 언제나 때 묻은 옷에 유유히 광장을 거닐며 온갖 정치적 소요에 흔들림 없이 만나는 사람과 더불어 이야기하며 젊은이와 학자들을 모아 신전회랑神殿廻廊의 그늘진 모퉁이에서 그들이 쓰는 말의 뜻을 새기고 있는 소크라테스의 호화롭지 못한 모습을 더듬어 볼 수 있는 것이다.

노예에 관하여

*어떤 사람이 "신을 기쁘시게 하는 식사는 어떤 것일까요?" 하고 에피크테토스에게 물어 보았을 때 그는 이렇게 대답하였다.

"만일 당신이 똑바로 지혜롭게, 마음 놓고 알맞게, 질서 있게 밥을 먹는다면 그것이 신을 기쁘게 하는 식사가 되겠지요. 그러나 당신이 숭늉 한 그릇을 명했을 때 하인이 그 소리를 못 들었을 때도 있을 것이고, 또 들었지만 미지근한 숭늉을 가져왔을 때도 있고, 또는 하인이 집에 없을 때도 있을 것입니다. 그럴 때 당신이 치밀어 오르는 화를 꾹 참고 잘 시키면 그것이야말로 훨씬 더 신을 즐겁게 하는 식사가 될 수 있을 것입니다."

"그러나 어떻게 그런 놈을 용서해 줄 수 있습니까?" 하고 말하였을 때 그는 "좁아터진 놈아! 너는 같은 종자에서 나온 식물처럼, 같은 신에서 나온 하나님의 후예後裔인 너의 형제를 용납하지 못하고 일단 명령하는 위치에 놓이면 곧 변하여 사악한 폭군이 되어야만 하느냐? 너는 도대체 누구며, 너는 누구를 지배하

*1호-17쪽

고 있는 것인지 생각해본 일이 있는가? 그들을 볼 때 네 형제요, 동포요, 같은 하나님의 아들들임을 보지 못하는가?"

"그러나 내가 돈 주고 산 것인데."

"그래, 그렇다면 좋다. 도대체 네가 가는 길은 어떤 길이냐? 하늘을 향하여 가는 것이냐? 파멸을 향하여 가는 것이냐? 신의 법을 따르는 것이냐? 혹은 무상한 인간들이 만든 하찮은 율법에 매이는 것이냐? 도대체 네 눈에는 신의 율법이 보이지 않는 거냐? 너 자신이 되기 싫은 것을 남에게 되라고 하지 마라. 네가 노예가 되기 싫다면 남도 네 노예로 만들지 마라. 만일 네가 노예를 가지고 싶다면 너는 무엇보다도 너 자신을 노예로 만든 후에야 노예를 가질 수 있을 것이다. 만일 덕이 악과는 하등 인연이 없다면 자유도 노예가 되는 일과는 하등 관계가 없는 것이기 때문이다. 건강한 사람은 병자에게서 도움받기를 싫어할 것이고, 또한 병자와 같이 살기도 원하지 않을 것이다. 마찬가지로 자유를 사랑하는 사람은 노예에게 도움받기를 싫어할 것이고, 또 자기와 같이 생활하는 이가 노예 됨을 용납할 수가 없을 것이다."

【오 – 늘】

▶ 1970년 10월 30일 잡지를 낼 생각을 하다. 지명을 파리玻璃, 사색, 그리움, 길, 여러 가지로 생각해본다.

▶ 10월 31일 『사색』으로 정하다. 나라를 생각하고(사思) 나를 찾자(색索)라는 뜻이다.

▶ 11월 1일 표지에 플라톤의 『아폴로기아』(소크라테스의 변명)에서 한 절 인용하고, 2면에는 말씀을 싣기로 한다. 잡지 뒷면에는 『노자』를 한 장씩 싣기로 한다.

▶ 11월 2일 플라톤의 『심포지움』을 쉽게 풀어본다. 나는 지금까지 글 써본 일이 거의 없는 고로 글이 잘 써지지 않는다. 할 수 없이 『심포지움』의 원문을 몇 장 베낀다.

▶ 11월 3일 연세대 채플에서 〈나 없이 나라 못해〉로 이야기하다.

▶ 11월 4일 『심포지움』을 간단히 〈사랑〉이라는 제목으로 원고를 써 본다.

▶ 11월 5일 〈사랑〉의 원고를 마치다.

▶ 11월 6일 연세대에서 한 이야기를 〈복음과 율법〉이라고 하여 원고를 만들어 보니 44매.

▶ 11월 7일 이대 학생들에게 『사색』을 볼 희망자를 조사하다. 학생들에게 『심포지움』 특강을 하다.

*1호-18쪽

- ▶ 11월 8일 소사캠프에서 〈우리의 나아갈 길〉이라는 제목으로 이야기하다.
- ▶ 11월 9일 체육대학에서 〈실존〉이라는 제목으로 이야기하다.
- ▶ 11월 10일 총장선생님과 만나 잡지에 대한 조언을 듣다. 『사색』의 윤곽을 대체로 정했다. 페이지 수는 20페이지로 한다. 기간은 12년 동안을 잡는다. 매 달 출판한다. 내용은 서양사상과 동양사상을 쉽게 해설한다. 한 권에 반드시 작품 하나와 사상가 한 사람을 소개하고 간단히 철학사조, 철학사상을 소개할까 한다.
- ▶ 11월 11일 소크라테스에 관하여 원고를 쓰다.
- ▶ 11월 12일 출판사 김 선생님과 만나서 11월 25일 전으로 창간호를 내기로 하다.
- ▶ 11월 13일 학생처장 신생님의 조언을 듣디.
- ▶ 11월 14일 플라톤의 이상국가를 강의하다. 이상국가의 본질이 무엇이냐로 두 시간을 보냈다.
- ▶ 11월 16일 창간호 원고를 명숙이가 정리하다.
- ▶ 11월 17일 인쇄소로 원고를 넘기다.

> 유영모의 말씀(2)
>
> 참! 올로 풀려 마음으로 핀데 사람으로 김참.
> 김찬 사람 힘쓰는데 빨리 바로 일 없도록 일봐
> 일 없음.
> 김! 참 좋아요. 김 다 빠진데 애써선 뭘 하나요.
> 김 채우고 볼람! 김 채우기부터 맨 먼저 찾아요.

*참! 가득 차고 한없이 넓은 바닷물이 하늘로 올라 날씨가 풀려 구름으로 피어 비가 되어 기운차게 쏟아지면 메마르고 목말라 가슴 조이던 모든 초목이 다시 빨리 일어나고 바로 서서 문제가 없도록 일을 보니 할 일이 없어지고.

가득 차고 한없이 깊은 만물의 이치가 마음으로 올라와 생각으로 풀려 말씀의 꽃이 피고 글이 되어 힘차게 쏟아지면 메마르고, 목이 타고, 가슴 조이던 인생들이 다시 빨리 일어나고 바로 서서 걱정 없도록 일을 보니 할 일이 없어지고.

가득 차고 한없이 높은 말씀의 생명이 정신으로 올라와 행동으로 풀려 사명의 꽃이 피고 사업이 되어 힘차게 쏟아지면 메마르고 목이 타 가슴 조이던 나라들이 다시 빨리 일어나고 바로 서

*1호-19쪽

서 싸움 없도록 일을 보니 할 일이 없어져요.

김 참 좋아요. 삶의 고통은 김 차서 우주의 힘이 되고, 인생의 정신이 되고, 세상의 길이 되니 김 참 좋아요.

그러나 만일 김 다 빠지면 김빠진 사이다, 맥 빠진 강아지처럼 인생은 끝이 나니 애써선 뭘 하나요.

우선 김 채우고, 기운 차리고, 정신 차리고 볼일이지요. 김 채우기부터 먼저 찾아요. 김 찬 사람 되고, 힘도 쓰는 차림으로 나아갑시다.

김흥호 풀이

노자 제1장 　　　　　늙은이 1월

도가도道可道는 비상도非常道요 명가명名可名은 비상명非常名이라. 무명無名은 천지지시天地之始요 유명有名은 만물지모萬物之母라.
고故 상무욕이관기묘常無欲以觀其妙하고 상유욕이관기요常有欲以觀其徼라. 차양자此兩者 동출이이명同出而異名이니 동위지현同謂之玄이요 현지우현玄之又玄이 중묘지문衆妙之門이라.

길 옳단 길이 늘 길 아니고, 이를 만한 이름이 늘 이름 아니오라. 이름 없는 것은 하늘땅이 비롯고, 이름 있는 것은 만물의 어머니라.
그러므로 늘 하고잡 없에 그 야므짐이 뵈고, 늘 하고잡 있어 그 도라감이 뵈와라.
이 둘은 함께 나와서 달리 부르니 함께 일러 까맣고, 까맣고 또 까맣니 뭇 야므짐의 오래러라.

　　　　　　　　　유영모의 노자 해석

*진리란 진리는 진리가 아니고, 생명이란 생명은 생명이 아니다. 초월적인 진리에서 천지가 시작되고, 내재적인 생명에서 만물이 완성된다. 고로 정신이 통일되어야 실재가 파악되고, 육체가 단련되어야 현실을 움직인다. 실재와 현실이 둘이 아닐진댄

---
*1호-20쪽

욕심 없는 마음으로 사물에 부딪침이 우리들의 나아갈 길이 아닐까.

    늙은 씨앗이 터서 뿌리가 되고, 줄기가 뻗고, 가지가 자라고, 잎이 성하여 꽃이 피고, 열매가 맺고, 자라고 또 자라서 큰 나무가 된다.   김흥호 풀이

월간 사색 제1호
1970년 11월 20일 발행
2013년 1월 1일 재발행

생각하는 사람의 벗이 될

1970년 12월
제 2 호

**인간은 죽어도
인간성은 못 죽어**

*길을 닦고, 집을 짓고, 공장을 세우고, 광석을 캐다가 아깝게도 인간이 다치고 죽는 수가 있다. 바다가 넘치고, 강물이 넘치고, 바람이 불고, 땅이 터지고, 불이 나고, 병이 돌아 아깝게도 사람이 다치고 죽는 수가 있다. 싸움이 벌어지고, 원수가 쳐들어와 백성들이 몰리고 군대가 쫓겨 아깝게도 사람이 다치고 죽는 수가 있다.

그러나 그럴 때일수록, 어려움과 고통이 심할 때일수록 인간은 그 인간성을 상실해서는 안 된다. 큰 집에 불이 나서 모든 사

*2호-1쪽

람들이 목숨을 내걸고 불을 끄고 물을 뿌릴 때 그 틈을 이용하여 물건을 훔쳐내는 좀도둑처럼 나라를 위하여 온 겨레가 일심단결하여 앞으로 나아가고 원수와 싸울 때 그 틈을 이용하여 자기 이익과 사욕을 위하여 부정식품, 부정상품, 위조수표, 위조지폐, 우골탑, 도둑촌, 탈세하고 내통하는 등 국가를 좀 먹고, 국민을 죽이고, 젊은이의 피를 뽑고, 여성들의 몸을 팔고, 일꾼을 착취하고, 대중을 우롱하는 모리배, 협잡꾼, 정상배, 사기꾼, 밀수범, 간첩 등, 인간성 없는 인간을 그냥 두어서는 안 된다.

인간은 죽을 수 있으나 인간성은 죽을 수 없다. 우리가 애써 나라를 세우고 사회를 이룩함은 무엇 때문인가. 오로지 인간성을 살리기 위함 아닌가. 인간은 죽을지라도 인간성은 죽어서는 안 된다.

고귀한 생애에 있어서는 인간성을 위하여 인간이 죽는 수도 있다. 공자의 살신성인殺身成仁이 그 말이다.

인간은 죽어도 인간성은 죽지 않는다. 자기에게 사형을 언도하는 아테네 사람들에게 소크라테스는 이렇게 말했다.

"아테네 시민 여러분! 여러분은 소크라테스를 땅속에 묻을 때 소크라테스를 파묻는다고 생각하지 말고, 당신들 자신을 파묻는다고 생각하시오."

인간은 죽을 수 있으나 인간성은 죽을 수 없기 때문이다.

> 유영모의 말씀
>
> 예 에어, 계 가 닿, 께 보임.

앎, 삶, 됨. 예 에어 앎, 계 가 닿 삶, 께 보임 됨.

"배우고 또 익히면 또한 기쁘지 아니하랴. 벗이 있어 멀리서 찾아오니 또한 즐겁지 아니하랴. 사람이 나를 몰라주어도 화내지 아니하면 또한 군자가 아니랴." 논어 1장 1절에 나오는 공자의 말씀이다.

과학을 모르면 갈 수가 없고, 철학을 모르면 설 수가 없고, 종교를 모르면 쉴 수가 없다. 종교에서 안심을 얻고, 철학에서 설 자리를 얻고, 과학에서 방법을 얻어 인생은 쉬고, 서고, 갈 수가 있다. 깊이 사리를 탐구하고, 넓게 사물을 관찰하고, 높게 사람을 올려놓음이 학문이요, 지혜요, 사랑이라고 할 수 있을 것이다.

공자는 논어 끝 장 끝 절에서 이런 말을 한다. "말을 모르면 사람을 알 수 없고, 예의를 모르면 사람은 설 수 없고, 명을 모르면 군자가 될 수 없다." 믿음을 가진 인생, 할 말을 가진 인간, 도구를 가진 인류, 사람은 무엇을 알아야 한다. 사람은 같이 살아야

*2호-2쪽

한다. 사람은 종당 되어야 한다. 된 사람이 명을 아는 사람이요, 같이 살 수 있는 사람이 예를 아는 사람이요, 아는 사람이 말할 수 있는 사람이다.

    냉철한 이지와 따뜻한 온정과 강철 같은 의지가 하나로 통할 때 사람은 하나의 사람으로서 살 자격을 구비하게 되는 것이다. 사람을 인격이라 함도 이러한 뜻에서일까.

김흥호 풀이

서양 철학사

*간단히 서양 철학사를 개관하여 본다.

서양 철학사는 기원전 6세기를 그 시작으로 한다. 인류의 역사를 더듬어 볼 때 기원전 6세기처럼 인류의 마음에 찬란한 광명을 비쳐준 때는 없다.

동양에는 노자와 공자가 나오고, 인도에는 석가와 마하비라가 나오고, 희랍에는 탈레스와 헤라클레이토스가 나오고, 유대에는 이사야, 예레미야가 나온다. 이때처럼 인간의 존엄과 세계의 통일이 강조되는 때는 세계사 속에서 없었다.

이사야가 세계는 하나의 역사라고 주장하면, 탈레스는 너 자신을 알라 하고 외치고, 석가가 천상천하 유아독존天上天下 唯我獨尊을 내세우면, 공자는 평천하平天下를 부르짖는다. 2천 5백 년이 지난 오늘까지 우리들은 이들의 후광後光으로 살고 있는지도 모른다.

서양 철학사를 크게 나누어 보면 세 때로 구분된다. 기원전 6

---
*2호-3쪽

세기로부터 기원후 4세기까지 고대 천 년, 5세기로부터 15세기까지 중세 천 년, 16세기로부터 26세기까지 근대 천 년, 우리는 지금 20세기말에 살고 있으니 근대 천 년의 중반기에 접어들고 있다고 할 수 있을 것이다.

꼭 같은 시간이 흘러가고 있는데 왜 사람은 시대라는 것을 만들어서 생각하게 되는 것일까? 그것은 사람의 의식이 시간이 흘러감에 따라 변해가기 때문이다.

고대 사람들은 자연이라는 관념에서 무엇인지 이상한 것을 느꼈다. 자연이라고 해도 요사이 우리들이 생각하듯이 기계를 통해서 보는 자연이 아니다. 인간의 육안肉眼을 통해서 본 대자연이다. 특히 겨울밤의 별 하늘은 무엇인지 그들의 마음에는 어떤 신비가 속삭이는 듯하였다. 수억을 헤아리는 별 바다, 그 속을 점철點綴하는 웅장한 성좌, 북두칠성, 북극성, 견우직녀, 오리온, 모두 장엄한 그 모습에 옷깃을 여미고 경탄한 사람들이 얼마나 많았으랴. 일사불란이라고 할까. 질서정연이라고 할까. 계절을 따라 돌아가는 천체의 변화는 보는 사람으로 하여금 법칙의 오묘함과 섭리의 심오함에 경이驚異를 금할 수가 없게 하였다.

플라톤이 철학은 경이에서부터 시작한다고 하였거니와 우주에 대한 그들의 감탄은 고대철학의 길을 터놓게 되었다. 그들은 우주의 본질을 찾고, 대자연 속의 뼈대가 되는 법칙과 이치를 찾기 시작하였다. 탈레스가 우주의 본질을 물이라고 하였고, 헤라클레이토스가 우주의 법칙을 로고스라고 하였다는 이야기는 그

시대 사람들에게는 청천벽력이요, 또한 그들의 마음을 무한히 안위安慰해주는 속삭임이기도 하였다. 그들은 우주의 본질과 로고스를 모두 진리라고 하였다.

진리를 탐구한다 하는 이 한마디는 소년기의 인류정신에게 한없이 가슴 뛰게 하는 매력 있는 구호가 되었다. 고대 천 년에 태어난 사람들이 얼마나 많은지는 모르지만 그들에게는 진리를 위해서라면 물속에라도, 불 속에라도 뛰어 들어갈 수 있는 용기와 의지를 가지고 있었다. 진리에 대한 에로스, 얼마나 아름답고 매력 있는 말이냐! 그 속에서 플라톤이 자라고, 아리스토텔레스가 살았다.

고대 천 년이 지나가면서 인류의 정신도 역시 자란다. 로마를 중심하여 지중해 연안으로 하나의 세계가 이룩된다. 오랜 싸움과 다툼에 인류정신은 피곤을 느끼고, 그들에게는 고요한 지중해의 안바다처럼 평화와 안식을 구하게 된다. 하나의 보금자리가 필요했는지도 모른다.

산과 들을 뛰놀던 어린 소년도 이제는 철부지 소년이 아니다. 자기도 모르는 사이에 개성이 나타나 인성人性은 신성神性을 그리워하게 된다. 세계는 일가一家가 되고 인류의 정신은 신을 찾아서 한없이 깊은 잠 속으로 잠기게 되는 것이다. 봉건제도와 기사도, 농노와 교회, 이런 것들이 중세기를 말해주는 대표적인 낱말들이다. 당신의 품에 안기기까지 인간의 마음에는 평화가 없다는 어거스틴의 고백으로 시작하여 수많은 사람들이 신을 위해서 사막에 암자를 짓고 명상에 잠기는 사람들도 있었고, 예루살렘의 성지를 탈환하기 위하여 무고히 피 흘리는 사람들도 있었다. 토마스 아퀴나스나 둔스 스코투스라고 하는 사람들은 역시 이 시대의 사람들이었다. 천 년이 또 지나간다.

　16세기가 온다. 이때에 가장 대표되는 것은 문예부흥이다. 긴 잠으로부터 인류정신은 깨어나기 시작한다. 동녘 하늘이 트이기 시작한다. 닭이 운다. 계몽시대가 시작된다. 인류정신도 어느덧 장년기가 되어 손에 쟁기를 들고 일할 때가 왔다. 석탄을 캐서 불을 피우고, 쇠를 녹여서 연장을 만들고, 차를 타고 육지를 달리고, 배를 타고 바다를 달리고, 비행기를 타고 하늘을 달리면서 둥지에 갓 난 새끼를 두고 먹을 것을 찾는 날짐승처럼 혈안血眼이 되어 먹을 것을 찾는 제국주의 시대가 벌어진다.

　아담 스미스도 나타나고, 마르크스도 나타나고, 모조리 눈이 뻘개져서 바다 밑, 산골짜기, 심지어는 달과 별까지도 캐보기 시작한다. 무엇 때문일까. 모두 새끼 때문이다. 인간 때문이다. 새로운 인간이다. 나는 생각한다. 고로 나는 있다고 데카르트가 울부짖고, 인간은 목적이 되어야지 수단이 되어서는 안 된다고 칸트가 인권을 강조한다. 인간이 제일이다. 휴먼(인본人本)이 제일이다. 인간을 해방하라. 사방에서 아우성이 대단하다. 근대 천 년은 인권을 부르짖는 때요, 인간 해방을 외치는 때다. 인간이 무엇이냐? 오늘날처럼 인간에 대한 해석이 구구한 시대는 없다. 아직 인간이 무엇인지 확실한 해답은 없다. 프랑스 혁명은 장사꾼(시민(市民)이 사람이다. 공산주의는 장인바치(노동자勞動者)가 사람이다. 아직도 싸움은 상인과 공인들의 싸움이다.

이제 조금씩 농사꾼(식민지토인植民地土人)들이 고개를 들기 시작하여 흑인 해방이니 월남 전쟁이니 하고 야단들 친다. 모든 전쟁은 인간해석의 논쟁이요, 인간 해방의 싸움이다. 인간을 위해서는 생명을 바쳐도 아까운 데가 없다고 피를 흘린다.

고대가 우주를 쳐다보는 시대였다면 중세는 세계를 바라보는 때요, 근대는 인생을 찾아보는 시대라고 할 수 있을 것이다. 고대가 진리를 탐구하는 시대라면 중세는 신을 탐구하는 시대요, 근대는 인간을 탐구하는 시대라고 할 수 있다. 인류정신이 그만큼 자랐다고 할 수 있을 것이다.

만일 철학사를 두 토막으로 나누면 어떻게 될까. 기원전 6세기로부터 기원후 15세기를 한 토막으로, 그리고 16세기로부터 35세기를 한 토막으로 잘라 보아도 좋다. 이렇게 보면 철학사는 크게 2천 년의 하루를 보내고 이틀째인 대낮으로 접어들었다고 할 수 있다. 6시, 10시, 1시, 4시를 각각 이른 아침, 아침, 낮, 저녁으로 보면 기원전 6세기를 이른 아침, 기원전 4세기를 아침, 기원후 1세기를 낮, 3세기를 저녁 때, 그리고 5세기로부터 15세기를 밤이라고 할 수 있을 것이다.

기원전 6세기는 자연철학시대, 기원전 4세기는 인생철학시대, 기원후 1세기는 도덕철학시대, 3세기는 종교철학시대, 5세기에서 15세기까지는 종교시대라고 보아도 좋을 것이다. 물리物

理시대, 논리論理시대, 윤리倫理시대, 교리敎理시대라고 불러도 좋다. 이른 아침 산으로 들로 자연을 산책하고, 아침이 되어 사람과 사람이 서로 만나 이야기를 주고받고, 낮에 일하고, 만들고, 저녁에 장 보고, 집에 와서 밥 먹고 온 가족과 즐기다가 모두 꿈나라로 가는 밤이 된다.

고대 중세사도 마찬가지다. 이른 아침에 자연철학, 아침에 인생철학, 낮에 도덕철학, 저녁에 종교철학, 그리고 밤이 종교, 신앙시대다.

그렇다면 근대도 새로운 하루가 시작된 셈이다. 나침반이 발견되어 배를 타고 희망봉을 넘어서 인도양을 거쳐서 태평양을 횡단하고 대서양을 건너가던 시기가 새 하루의 이른 아침이라면 이상주의 철학이 나오고 낭만주의 물결이 휩쓰는 시기는 새 하루의 아침이라고 할 수 있을 것이다. 원자탄이 터지고 달나라에 가는 지금은 낮에 접어들었다. 앞으로의 시기는 여러분의 상상에 맡긴다. 다만 내가 말하고 싶은 것은 고대의 이른 아침과 근대의 이른 아침이 새로운 물리의 탐색시대라면 고대의 아침과 근대의 아침이 논리발전시대요, 고대의 낮과 근대의 낮은 윤리가 문제되는 시대라는 것이다.

고대의 자연 철학시대에는 아낙사고라스와 데모크리토스가 나오고, 근대의 물리시대에는 코페르니쿠스와 갈릴레오가 나온다. 고대의 인생철학시대에는 소크라테스와 아리스토텔레스가 나오고, 근대의 논리시대에는 칸트와 스펜서가 나온다.

고대의 도덕 철학시대에는 스토익이 나오고 에피큐리안이 나오고, 근대의 윤리시대에는 자유주의가 나오고, 공산주의가 나온다.
　고대의 자연시대가 밀레투스에서 막을 올리고, 근대의 자연시대가 이탈리아에서 시작된다. 고대의 인생시대가 도시국가에서 이루어지고, 근대의 인간 철학은 근대국가에서 시작이 된다.
　고대의 윤리시대가 도시국가의 파멸로 일어난 희랍문화의 이방에 대한 침투라면, 근대 윤리시대는 근대국가의 몰락으로 일어나는 서양문명의 이방민족에 대한 침투로 일어난다. 희랍의 벌거벗은 문화와 아랍의 덮어쓴 문화와의 충돌이 고대의 윤리문제를 야기하였다면, 근대의 윤리문제는 서양의 옷을 벗은 문화와 동양의 옷을 입은 문화의 충돌이라고도 할 수 있다. 또는 고대의 윤리문제가 로마의 힘과 유대의 사랑이 다투는 대결이었다면 근대는 서양의 힘과 동양의 자비의 대결이라고도 할 수 있을 것이다. 옛날에도 젊은 문명과 늙은 문화의 대립이요, 지금도 역시 젊은 문명과 늙은 문화의 대립이다. 십대의 몸부림치는 반항이 늙은 부모의 고민이며, 이 시대의 고민이라고 할 것이다.
　우리가 이 시대를 위기와 불안의 시대라고 부르는 것도 무리가 아니라고 생각된다. 앞으로도 더욱 이 문제는 계속될 것이다. 어린애가 철이 들기까지, 서양 문화가 성숙해질 때까지 우리는 기다리는 수밖에 길이 없다. 지금은 말도 안 듣고, 머리도 터지고 야단이지만 때가 오면 새로운 임을 기다리는 시대가 올 것이다.

윤리시대란 언제나 과도기이다. 불안과 공포가 우리 주변에서 사라질 때가 없다. 이런 때가 되면 될수록 우리는 역시 마음을 가라앉히고 새로운 시대를 바라보면서 우리의 할 일을 다 할 수밖에 길이 없는 것이다.

1971년도 멀지 않았다. 우리의 할 일이 무엇인지 찾아보기로 하자.

나라

*옛날부터 서양 속담에 "철학은 플라톤이요, 플라톤은 철학이다"라는 말이 전하여 왔다고 한다. 특히 미국의 유명한 사상가 에머슨이 "철학의 역사는 즉 플라토니즘의 역사다"라고 말하고 영국의 철학자 화이트헤드가 "유럽 철학의 전통은 플라톤에 대한 일련의 각주脚註로 성립되어 있다"고 말한 후 플라톤은 현대에 와서 더욱 관심을 끌게 되었다.

철학자는 시인이다. 극작가인 플라톤의 30여 편에 달하는 주옥같은 문장들은 인류의 언어요, 문화의 신품神品이요, 불후의 고전이라고 할 수 있을 것이다. 그 가운데서도 플라톤 사상의 집대성이요, 총결정이라고 볼 수 있는 『국가』, 희랍어로 '폴리테이아'는 하나의 경이驚異요, 영원히 참신한 인간 정신의 원천이라고 할 수 있을 것이다. 다행히 우리나라에도 번역이 나왔고(『플라톤』: 현대사상교양전집 제6권 1968), 몇 가지 해설판도 나와있다.

인류가 오래 전부터 가지고 있는 거의 모든 문제가 어떤 때

---
*2호-7쪽

는 신화 형식으로, 어떤 때는 문학 형식으로, 그리고 동시에 철학적인 사색으로 부각되는 것 같다. 『국가』는 플라톤의 사상과 인격이 가장 원숙한 경지에 이르기 시작한 50대에 쓰여진 것으로 보인다. 그의 대화편 중에서 단연 중심적 위치를 차지할 수 있는 대표작으로서 10권에 달하는 방대한 저술이다. 철인정치를 중심으로 하여 교육론, 심리학, 윤리학, 사회학, 예술론을 위시해서 이데아의 고답적인 철학이론이 나오는가 하면 처자의 공유론도 나오고 지배계급의 사유재산 폐지론도 나온다.

　국가론의 가장 핵심은 정의正義에 대한 본질 추구이다. 플라톤이 생각하는 정의란 한마디로 나를 위하는 것이 그대로 남을 위하는 것이 될 때에 거기에 정의가 성립된다. 제1권에서 정의가 모색되어 그 당시의 정의에 대한 두 가지 의견, 즉 정의란 "자기가 마땅히 갚아야 할 부채를 갚는 것이다"라는 남을 위하는 생각과 "정의란 강자의 이익에 불과하다"라는 자기를 위하는 생각을 논박하고, 제4권에 이르러 정의는 저마다 자기 할 일을 다 하고 남을 방해하거나 간섭하지 않는다는, 자기를 위하는 것이 그대로 남을 위하는 것이 된다는 소크라테스의 의견으로 통일되게 된다.

　이 세상에서 흔히 되어지는 꼴을 보면 자기를 위하면 남에게 손해가 가고, 남을 위하면 자기에게 손해가 간다. 즉 자기를 위하는 것과 남을 위하는 것은 언제나 정반대요, 모순되게 마련이다. 그러나 이 모순이 생겨나지 않고 하나로 통일이 되면 정의가 실현되는 것이다. 쉬운 예를 들면 어린애는 배가 고파서 어머니의 젖을 힘있게 빤다. 그때 어머니는 젖이 불어서 아프던 차에 어린애가 젖을 먹으니 시원해서 빙그레 웃으면서 어린애의 좋아하는 모습을 바라보고 있다. 빼앗고 빼앗기는 자가 피상적으로 보면 서로 원수요, 모순이지만 어머니와 아들이란 사랑 속에서는 이것이 기쁨이 되고 하나가 된다. 어린애를 위하는 것이 어머니를 위하는 것이요, 어머니를 위하는 것이 어린애를 위하는 것이다.

우리가 정의를 한마디로 사랑이라고 표현한다면 그 이상 할 말이 없다. 그러나 인간은 이성적 동물이다. 이 사랑이 지적知的으로 표현되기 전에는 만족할 수가 없는 것이다. 사랑을 지적으로 표현한다는 말 자체가 모순일지도 모른다. 그러나 이 모순을 통일할 수 있는 것, 그것이 인간이다. 그런고로 정의는 인간의 근본능력이다. 인간은 누구나 정의를 실현할 수가 있다. 개인에 있어서 이 능력이 실현될 때, 국가에 있어서도 이 능력은 실현될 수 있을 것이다.

플라톤의 이상국가는 공상이 아니다. 현실화될 수 있는 국가이다. 그런 의미에서 이상국가라기 보다는 영국식으로 '리퍼블릭'이라고 부르는 것이 좋을 것이다. 플라톤의 국가는 그 모습이, 가장 가까운 중세기의 기독교 국가에서 이루어졌다고들 한다. 그것이 어느 정도였는지는 확실하지 않지만 하여튼 현실성 있는 이상국가라고 할 수 있다.

플라톤이 이상국가를 쓴 것도 물론 소크라테스의 영향이었다. 그는 소크라테스의 인격에서 전혀 이질적인 두 요소가 하나로 뭉치어 아름답게 조화를 이루고 있는 것을 보았기 때문이다. 소크라테스는 진정으로 자기를 위하는 사람이었다. 그런데 자기를 위한 모든 것은 남과 국가를 위한 것이 되고 말았다. 플라톤은 소크라테스의 인격에서 하나의 기적을 보았다. 플라톤은 또다시 이 기적을 국가에서 시도해보려고 하는 것이다. 자기를 위하는 것이 어떻게 남을 위하는 것이 될 수 있을까? 나와 남은 어떻게 하나가 될 수 있나? 플라톤의 대답은 간단하다. 그것은 성숙이라는 것이다. 남자가 성숙하면 여자를 위하게 되고, 여자가 성숙하면 남자를 위하게 된다. 성숙만이 이질적인 것을 하나로 만드는 것이다. 소크라테스의 기적도 역시 그의 인격의 성숙에 있었다.

 소크라테스의 인격은 어떻게 성숙해졌을까? 이 비결은 아무도 모른다. 다만 성숙했다는 사실이 있을 뿐이다. 억지로 말해보면 그 시대가 그를 성숙하게 하였다고 할 수밖에 길이 없을 것이다. 육체의 성숙도 마찬가지다. 나이가 스무 살이 되니, 자기도 모르게 성숙해졌다고 할 수밖에 없지 않을까. 소크라테스도 하나의 시대의 아들이다. 그 시대가 소크라테스를 그렇게 성숙하게 하였다고 할 수밖에 없다. 국가도 마찬가지다.

 이상국가가 언제 실현될 것이냐? 아무도 모른다. 다만 때가 되면 이상국가가 될 것이라고 밖에 할 수가 없을 것이다. 때가 찰 때에 비로소 인류의 영원한 소망이 이루어질 것이다. 플라톤은 때가 찬다는 말을 철인이 나타난다는 말로 표현을 했다. "철인이 왕이 되든지, 혹은 왕이 철인이 되어야 한다." 이것이 제5권에 나오는 유명한 말이다.

"철인이 왕이 되든지 왕이 철학을 배우든지 하기 전에는 이 상국가는 이루어질 수 없을 것이다."

철인과 왕은 정반대되는 개념이다. 하나는 지혜의 상징이요, 하나는 권력의 상징이다. 하나는 이타주의의 극치요, 다른 하나는 이기주의의 극치다. 이 반대되는 두 극단이 하나가 될 때 이상국가는 실현이 된다.

플라톤은 제5권에서 이상국가가 실현되기 위해서는 세 가지 난관이 있는데 이것이 최대의 난관이라고 하였다. 사실 이 난관은 인간의 힘을 넘어서서 있을지도 모른다. 혹은 인간은 시대를 낳는다고 하였으니, 인간의 힘으로 이루어질 수 있는 것인지도 모른다. 솔직히 말하면 인간의 힘으로 되는 것은 아니나, 인간의 힘없이 되는 것도 아니다. 예를 들면 가르쳐서 인간이 되는 것일까? 안 된다. 왜냐? 말을 물가로 끌고 갈 수는 있지만 말에게 물을 먹일 수는 없다.

인간은 인간이 어떻게 할 수 없는 그 무엇이 있다. 인간의 개성이라고 할까, 존엄성이라고 할까. 그러나 이 개성과 존엄성이 배우지 않고 이루어질 수 있을까? 그것은 안 된다. 물 없이 씨앗은 자랄 수 없기 때문이다. 그렇다고 물만 주면 씨앗은 자라느냐 하면 또 그렇다고 할 수도 없다. 역시 봄이라고 하는 때가 와야지, 겨울에는 물을 줘봐야 아무 쓸 데가 없다. 물을 주어서 되는 것은 아니지만 물을 안 주어도 안 된다. 인간의 힘으로 되는 것은 아니지만 인간의 힘없이도 안 된다. 가르쳐서 되는 것은 아니지만 배우지 않고 되는 것도 아니다. 전통만으로 창작이 나오는 것은 아니지만 전통 없이 창작은 나올 수가 없다. 그런고로 플라톤은 가르쳐서 되는 것은 아니지만 가르치지 않을 수도 없다는 것이 그의 교육관이다. 이것은 덕을 가르칠 수 있느냐 하는 소크라테스의 유명한 물음이다.

그래서 그는 국민교육과 철인교육을 역설한다. 국민교육으로는 3권, 4권의 3계급의 교육이다. 산업계급과 방위계급과 지배계급이다. 이것은 개인의 육체에 비할 수도 있다. 배와 어깨와 머리가 이에 해당한다. 그는 심리학도 동원하여 정신의 세 가지 부분을 말하기도 한다. 정욕과 기개와 지성이라는 것이다. 플라톤은 그 위에 윤리학도 동원한다. 산업계급의 절개와 방위계급의 용기와 지배계급의 지식을 각각 배당한다. 전 국민에 대한 끈질긴 교육이 시작된다. 우선 20세까지 체조와 음악을 통하여 국민의 정신과 신체의 건강이 보장된다. 건강한 사람은 누구나 산업에 종사할 수 있다. 모든 국민 가운데서 우수한 자를 뽑아서 10년간 다시 특수교육을 한다. 그래서 국가를 지지할 수 있는 문관과 무관을 만든다. 그 후 다시 우수한 사람을 뽑아 또다시 10년을 교육한다. 이번에는 철학과 전공 지식이다. 40년 동안 교육을 받은 셈이다. 이리하여 지배계급이 나타나게 되는 것이다. 이 세 가지 계급은 모두 산업 부문에서, 방위 부문에서, 지배계급에서 가장 우수하고 실력 있는 사람들이다. 곧 절제와 용기와 지혜를 가진, 힘있는 사람들이 나타나게 된 것이다.

그러면 이것으로 이상국가는 성립할 수 있을까? 아니다. 여기 이 사람들과는 전혀 이질적인 다른 차원이 들어와야 한다. 지혜와 용기와 절제의 삼차원으로서는 국가가 성립 안 된다. 그것은 마치 수탉 없이 낳은 계란이 어미의 품에서 썩고 말듯이 절제 있는 산업계급과 용기 있는 방위계급과 지혜 있는 지배계급도 부정부패를 면할 길이 없다. 이유는 생명이 없는 까닭이다.

생명이 되기 위해서는 이질적인 요소가 들어와야 한다. 그것이 철인이다. 철인은 힘의 세계가 아니다. 힘과는 아주 이질적인 것, 그것은 빛이다. 진리다. 이데아다. 진리만이 자유를 낳게 한다. 진리만이 생명을 얻게 한다. 철인이 나라의 왕이 될 때 부패는 떠나가고 생명이 약동하는 정의의 국가가 된다. 그것은 오로지 철인이 왕이 될 때에만 가능한 것이다.

철인, 그는 지배계급도, 방위계급도, 산업계급도 아니다. 모든 계급을 계급답게 하는 이질적인 것이다. 철인은 어떤 의미로 인간의 힘에 의해서 나타난 존재가 아니다. 시대와 역사와 섭리의 창조다. 그런고로 아무리 교육을 중요시하는 플라톤도 교육을 통하여 쉽게 철인이 나오리라고는 생각하지 않았다. 철인은 비인간적인 방법으로 될 수밖에 길이 없다. 플라톤이 고작 말할 수 있는 것은 사회적인 역경逆境속에 밀어 넣는 것뿐이다. 그 속에서 죽이 되던 밥이 되던 인간으로서는 알 수 없는 교육이 시작된다.

그 가운데서 돌연 하나의 기적이 일어난다. 그것이 플라톤의 제7권 유명한 동굴의 비유다. 동굴이란 요샛말로는 영화관이다. 언제나 스크린만 보고 있는 사람들이 있다. 그들은 스크린에 비치는 영상을 정말이라고 알고 있다. 마치 현상세계를 실재라고 알고 있듯이. 현상세계는 감각으로 알려진 세계다. 그러나 실재 세계는 감각으로는 모른다. 순수성 혹은 영성으로만 알 수 있는 세계다. 이것은 현실에 대한 이해와는 전혀 다른 이질적인 차원의 인식 방법이다. 모든 사람들은 현상이 그대로 실재라고 믿고 살아간다.

그런데 여기 갑자기 세속적 인생에 만족을 못하고 이 세속을 박차고 스크린과는 전혀 반대 방향으로 나아가는 사람이 있다. 빛은 강하게 그 눈을 비추어 거의 소경이 될 지경이다.

그러나 모든 고난을 극복하고 그는 동굴 밖으로 나아간다. 그리하여 그는 참 빛과 참 실재를 알게 된다. 그는 플라톤의 선의 이데아를 보게 된다. 그리고 하나의 사도使徒처럼 또다시 자기의 동굴로 돌아간다. 그들을 깨우치기 위해서이다. 동굴 밖으로 나온 사람, 그가 철인이다. 다시 동굴 안으로 돌아간 사람, 그가 왕이다. 여기 비로소 철인 왕이 나타나게 된다.

어떻게 많은 사람 가운데서 이러한 이질적인 인간이 나오는 것일까? 모른다. 다만 현실적 고난 속에 떠밀어 넣고 10년 동안 세상을 경험하게 하는 구체적 교육이 이러한 가능성을 열 수 있는 길이라고 플라톤은 생각한다.

철인은 하나의 이질적인 존재다. 어떤 의미로는 신적인 존재다. 하나의 빛인 것이다. 이 빛과 계급적인 힘이 합할 때 국가는 살아난다. 그리하여 썩을 수 없고 죽을 수 없는 생명의 나라가 된다. 그것이 정의다. 지혜와 용기와 절제가 계급에 속해 있지만 정의는 오직 철인에게만 속한다. 철인 없이 정의는 없다. 철인과 계급이 하나가 된 곳에 정의는 성립한다. 철인은 마치 육체에 대한 영혼 같은 존재다.

플라톤은 영혼에 관하여는 제5권에서 서술했다. 영혼이 육체와 하나가 될 때 생명이 실현되고 정의가 실현된다. 그런 의미에서 정의는 어느 부분에 속하는 덕이 아니다. 전체에 속하여 부분을 살리고 조화시키는 덕이라고 할 수가 있을 것이다.

유명한 선장과 선원의 비유가 제6권에 있다. 모든 계급에 속하는 선원은 힘을 다하여 노를 젓는다. 다만 선장만이 바다와 우주에 관한 지식을 가지고 앞을 바라보면서 방향을 선정한다. 선장의 눈빛과 선원의 팔 힘이 합할 때 배는 바로 갈 수가 있다. 바로 가는 것이 정의다.

빛과 힘이 하나가 된 것, 거기에 정의가 성립한다. 소크라테스에게 있어서 지와 행이 일치하는 곳에 그의 아름다운 인격이 성립하는 것과 마찬가지다. 정의는 국가의 인격이요, 인격은 개인의 정의이다. 정의는 하나의 덕이 아니다. 덕과 이질적인 도가 하나가 될 때 나타나는 생명 형태가 정의인 것이다. 덕은 계급에 속하고 도는 철인에 속한다. 지知가 정신에 속하고 행行이 육체에 속하는 것과 마찬가지다. 이 둘이 하나가 될 때 생명이 되고, 나라가 되어 정의가 된다.

그런 의미에서 정의만이 발전하는 국가의 원동력이다. 정의가 깨지는 곳에 국가가 깨진다. 이것이 국가 8권, 9권에 나타나는 국가의 몰락 과정이다.

정의가 무엇이냐 하는 1권에서 시작하여 개인의 정의를 개인의 확대인 국가에서 찾아보자는 2권, 그리고 국민교육으로 국력을 기르자는 3권, 계급을 설정하는 4권, 그러나 힘으로만은 안 되고 다시 빛의 철인을 찾는 5권, 철학이 논의되는 6권, 철인 교육의 가능성을 말하는 7권, 그리고 왕정에서 폭군으로 정의가 깨져가는 8권, 그것이 다시 개인과 비교되는 9권, 마지막으로 시와 영혼을 논하는 10권으로 구성되어 있다.

좀 더 자세히 살펴보기로 하자. 원명 '폴리테이아'는 추상명사로서 반드시 한 뜻만을 표현하는 것이 아니기 때문에 라틴어로는 옛날부터 '레스퍼브리카'라고 번역되고, 영어로는 '리퍼블릭'이라고 불리어지나, 근대적 의미로 공화국이나 국가는 아니라고 하는 것이 옳을지도 모른다. 이것은 고대의 희랍 도시국가의 의미로 국가의 이상적인 모습을 논했다고 보아야 할 것이다.

플라톤의 『국가』는 그의 작품 가운데서 법률편 다음가는 대작으로 대화편에 있다. 그 희곡적 구조로 보면 어느 날의 대화를, 뒤에 소크라테스 자신이 다른 사람에게 이야기하는 것으로 되어 있다. 그 어느 날의 대화란 아테네로부터 약 20리 떨어진 항구

도시 피라이에우스에 사는 폴레마르코스 집에서 어떤 축제일에 이야기되는 것으로 대화의 인물은 소크라테스를 중심으로 하여 폴레마르코스, 트라시마코스, 아데이만토스, 글라우콘 등이다.

폴레마르코스의 늙은 아버지 케팔로스는 소크라테스와의 이야기 가운데서 바로 깨끗하게 사는 것이 얼마나 중요한지 모른다는 이야기를 하게 되는데 그는 그 후 축제를 보살피느라고 나가버리고 남은 사람들이 그의 말의 뒤를 이어 바로 산다는 것이 어떤 것인지, 즉 정의에 대한 개념을 밝혀보는 토론을 시작하게 된 것이다. 바르고 힘 있는 사람과 국가가 어떤 것인지를 생각하고, 바르고 힘차게 인간이 교육됨으로써 인류는 참으로 행복하게 될 수 있다고 결론이 내려지는 이 대화편은 다섯 부분으로 나눌 수 있다.

제1부(1권)는 두 가지 대화를 포함한다. 그 첫째 것은 폴레마르코스의 토론으로 남의 부채를 갚는 것이 정의라는 주장과 둘째는 트라시마코스의 토론으로 정의는 강자의 이익에 불과하다는 주장이 논의된다. 이상으로 1권이 끝나고 제1권 이하는 글라우콘 및 아데이만토스와 소크라테스의 대화다.

제2부(2, 3, 4권)에서는 바르고 힘찬 사람이 어떤 것인가를 연구한다. 그러나 한 개인은 작고 알기가 어렵고, 개인의 확대인 국가는 보기도 쉽고 알기도 쉬우니까 우선 바르고 힘찬 국가를 알아보고, 다음에 바르고 힘찬 개인이 어떤 것인지 알아보기로 한다. 그리하여 행복한 가정생활의 묘사로 시작되어 집이 합쳐 집

단이 되고 더 커져서 국가가 되면 국내의 통치와 외적의 방어가 필요하게 된다. 이리하여 국가에는 농업, 상업 기타 여러 가지 직업에 종사하는 산업계급과 나라를 지키고 세우는 방위계급과 나라를 다스리는 통치계급의 세 계급이 성립된다.

그리고 국가가 완전히 힘이 있으려면 어떤 덕이 있어야 하느냐 하면 통치자에게는 지혜가 있어야 하고, 방위계급에는 용기가 있어야 하고, 산업계급에는 절제가 필요하다는 것이다. 이 세 계급이 조화되고 바로 나가려면 최선의 통치자로 통일이 되어야 한다. 그리하여 각 계급이나 각 개인이 완전히 통일되어 각자의 기능을 최대로 발휘할 수 있을 때 이것을 정의라고 한다. 즉 정의는 '자기의 할 일을 다 하고 남의 일에 간섭하지 않는 것이다'라는 분업의 원리를 말한다. 이리하여 아름다운 나라란 지혜와 용기와 절제와 정의의 4덕을 구비한 나라를 말한다는 결론이 나온다.

그런 다음 정의의 사람이 밝혀진다. 사람의 영혼도 세 부분으로 나눌 수가 있는데 지혜를 사랑하는 부분과 용기를 사랑하는 부분과 이익을 사랑하는 부분이 하나가 되어 조화가 될 때 정의의 인간이 정의의 아름다운 나라처럼 규정된다.

제3부(5, 6, 7권)에는 바르고 힘찬 나라의 수호계급이 논의된다. 방위계급과 통치계급에서는 여자도 남자와 똑같이 활동한다. 그리고 수호계급이 사사로운 생각과 이기심을 떠나서 그들의 직책을 다하기 위해서는 재산과 부인과 자녀들을 공유한다는 어마

어마한 이론이 전개된다. 그리고 마지막으로 국가의 가장 중요한 통치자의 문제가 논의된다. 그는 수호자요, 동시에 애지자愛知者여야 한다. 애지자란 특수한 지식이 아니라 진리, 즉 이데아를 사랑하는 자다. 선善의 이데아다. 이 이데아만이 일체, 존재와 지식의 근원이다. 이데아를 궁극, 실재, 무가정원리無假定原理라고 한다.

인식의 대상에는 보이는 것과 생각되는 것이 있어, 생각되는 것은 이데아와 수학을 통하여, 보이는 것은 실물과 영상을 통하여 구분된다. 선의 이데아는 진리인 동시에 실재로서 이데아 계의 정점을 이루는 것으로 초월적인 것이다. 이것은 보이는 세계의 태양처럼 생각되는, 세계의 태양으로서 이 태양에 도달하기 위하여 동굴의 비유가 논의된다. 가상적可想的인 이데아의 세계를 대상으로 하는 학문이 변증법이요, 사람들의 영혼으로 하여금 감각적 인식을 벗어나 변증법에 들어가게 하는 것은 수학적 학문이며, 변증법을 잘하는 사람의 특징은 종합과 직관으로써 이성은 종種 혹은 특수의 이데아로부터 최근류最近類의 이데아로 나아가고, 그 끄트머리로 최고류最高類 혹은 보편적인 선의 이데아를 직관하게 되는 것이다.

이 원리를 보고 여기 부딪친 이성은 다음에는 다시 반대로 그 출발점으로 내려가게 되지만 그때에도 가시적可視的인 방법은 쓰지 않고 이데아에 의하여, 이데아를 통하여, 이데아로 끝을 맺게 되는 것이다.

이와 같이 『국가』는 이성의 변증법적 운동의 내려가는 측면도 말하지만 그 중점은 올라가는 측면이다. 우리는 그와 동시에 '아름다움 자체'라든가 '참 자체'라든가도 함께 생각하여야 한다. 또 여기서의 이데아론은 다만 존재학일 뿐만 아니라 가치학도 된다. 그렇지 않으면 통치자인 애지자가 이것을 배우게 되는 이유가 없어질 것이다.

제4부(8, 9권)는 대체로 부정, 불의의 국가를 대조적으로 보여준다. 이상적인 진, 선, 미의 철인정치가 깨어지면 차차 타락된 정치형태로서 우선 공명정치(티모크라티아)가 나타나서 특권계급이 국사를 농간하게 되고, 그다음에는 과두정치(올리가르키아)가 나타나서 금권으로, 그다음에는 민주정치(데모크라티아)가 우민愚民으로, 마지막 참주정치(티라니스)가 폭군에 의하여 국민은 착취되고 국가는 파멸되는 위기에 놓이게 된다. 이것은 마치 선량한 사람이 타락하여 명예에 잡히고, 재물에 빠지고, 치정에 휩쓸리고, 폭력의 노예가 되는 개인의 파멸과 대조된다. 동시에 정의의 인간과 불의의 인간의 행복됨도 평가된다.

그런데 이러한 이상국가가 실현될 수 있을까? 지상에서는 어디서도 찾아볼 수 없을 것이라는 글라우콘의 의견에 대하여 소크라테스는 이상으로 존재하는 이상, 이것을 보고 자기 자신을 세우려고 하는 사람에게는 언제나 표본이 될 수 있을 것이라고 한다. 이 책은 사실상 여기에서 끝나지만 개인에 있어서는 영혼의 불멸만이 인간의 정의를 뒷받침해줄것이라고 생각하여 제10

권이 추가된다.

제5부(제10권)의 절반은 예술론이다. 시와 같은 예술의 근본은 모방模倣으로서 그 작품은 이데아적인 실재로부터는 3단계나 떨어져 있는 그림자에 불과하고, 또한 덕의 입장에서 보아 교육적인 효과는 볼 것이 없다. 이리하여 그 당시의 저속한 예술은 모두 이상국가에서 추방된다.

끝으로 바르고 힘 있는 사람은 현세에서 행복할 뿐만 아니라 내세에서도 행복하게 된다는 엘의 신화로 이야기는 끝이 난다. 그러면 동굴의 비유 하나를 인용한다.

"동굴과 같은 지하의 거처에 사람들이 있다고 하세. 그 거처는 태양의 빛을 향해 열려있는 동굴의 폭만큼 길다란 입구를 가지고 있네. 그리고 그 사람들은 그 거처 안에 어렸을 때부터 손과 빌 그리고 목까지 묶여져 있네. 그 때문에 그들은 똑같은 곳에 머물러 있어서 전방만을 볼 수밖에 없네. 그들은 묶여져 있으므로 머리를 이쪽저쪽으로 돌릴 수 없기 때문이지. 그리고 또 이런 상상을 해보게. 그들을 위해서는 불빛이 그들의 후방의 높고 먼 곳에서 불타고 있네. 그 불과 수인囚人과의 사이에는 위쪽에 하나의 길이 있다고 하세. 그리고 이 길에 연하여 벽이 있네. 마치 두 인형사 앞에 구경꾼을 향해 그 위쪽에서 인형을 나타내는 칸막이벽이 마련되어 있듯이 말이네."

"네, 상상하겠습니다."

"그리고 다시 한 번 상상해 보게. 사람들이 이 작은 벽 위에 나와 있는 여러 가지 도구, 돌, 나무 기타의 재료로 만들어진 인간과 그밖에 동물의 상을 작은 벽을 따라 운반해가네. 그리고 이 운반해가는 사람들 가운데는 이야기를 하는 사람도 있고 잠자코 있는 사람도 있네."

"그것은 기묘한 비유, 기묘한 죄수이군요."

"우리들과 비슷한 자라네." 하고 그는 말했다. 그리고는, "그렇지만 자네는 이와 같은 사람들이 자기 자신이나 상호간에 동굴의 정면에 불로써 투사되는 그림자 이외에 그 무엇인가를 본 일이 있었으리라고 생각하는가?"

"그것은 도저히 불가능했을 것입니다."

"그러나 만일 사람이 그를 거기서부터 험한 오르막길을 억지로 끌어올려 태양 빛이 있는 곳에 내어놓기까지 놓아주지 않는다면 끌려가는 동안에는 고통스러워 화를 내고, 빛이 있는 곳에 나왔을 때에는 눈은 광선으로 가득 차서 현재 진실이라고 불리는 것을 하나도 볼 수 없으리라고는 생각하지 않는가?"

"네, 갑자기는 불가능하겠지요."

"그렇다면 익숙함을 필요로 한 것이라 생각하네. 만일 위쪽의 것을 보려고 한다면 말이네. 그리고 최초로 그가 손쉽게 볼 수 있는 것은 그림자이며, 그다음에는 물속에 비친 인간이나 그 밖의 것의 영상이며, 그다음이 진실이네. 또 그다음에는 하늘에 있는 것과 하늘 그 자체를 관찰하게 되는데 그것은 낮에 태양이나 태양 빛에 눈을 향하는 것보다 밤에 별이나 달빛에 향하는 편이 더욱 쉬울 것이네."

"네, 그것은 물론입니다."

"그리고 태양에 관해서인데 그것도 물속이라든가, 태양은 이역異域이라 할 수 있는 장소 등에 나타난 그의 상이 아니라 태양 그 자체를 그 자신의 국토에서 봄으로써만 그것이 어떤 것인가를 관찰할 수 있으리라 생각하네."

"그 말씀이 틀림없을 것입니다."

"그리고 그다음에는 이미 그 태양에 관해서, 그야말로 계절이나 연륜을 공급하는 것 또한 볼 수 있는 장소에 있는 모든 것을 관리하고, 또 어떤 의미로는 자기들이 보았던 그 일체의 것의 원인이기도 하다는 것을 추론할 수 있으리라 생각하네."

"물론이지요."

"그렇다면 밀이니, 그는 최초의 거치의 거기에서의 지혜와 그때 함께 속박되고 있던 사람들을 상기하여 자기는 그런 변화 때문에 행복하다고 생각하고 그 사람들을 동정할 것이라고는 생각하지 않는가?" 하고 그는 말했다.

나라 89

노자

노자는 기원전 7세기에 살고 간 사람이다. 그가 주周나라의 수도 낙양洛陽에서 도서관이나 박물관을 겸한 것 같은 수장실守藏室의 사관史官으로 있었으며 나이가 많아져 국경을 넘어 외국으로 망명한 사람이라는 정도가 알려져 있을 뿐이다. 이것도 공자가 낙양을 찾아가서 노자를 만났다고 해서 공자기록에 의하여 알려진 사실이며 노자가 망명했다는 것도 그가 국경도시인 함곡관을 넘어가려고 할 때 관윤이 간청하여 기록한 『노자 오천 마디』라는 책에 의해 알려진 것이다.

노자의 본명은 이이李耳였다고 한다. 초楚나라 사람으로 남쪽의 사상을 대표한 사람이며 그의 사상은 『노자오천언老子五千言, 도덕경道德經』이라는 책으로 남아 있다. 그 책의 중심사상은 무위자연無爲自然이다. 아무 속박도 없이 훨훨 날아다니는 기러기처럼 제 마음대로 살아보자는 것이다.

노자를 찾아간 사람들 가운데 공자는 특히 그의 눈에 든 사

*2호-16쪽

람이었다. 다른 사람들은 그 밑에서 몇 해를 배우기 전에는 좀처럼 인정해주지 않았다. 그러나 공자만은 만나자 곧 졸업이었다. 사람은 곧 사람을 알 수가 있었다. 공자는 선물로 기러기 한 마리를 가지고 갔고, 노자는 공자를 만나기 위해 집을 깨끗이 쓸게 하였다.

공자는 예절禮節에 관하여 물었다고 한다. 노자는 예절이란 고대 사람들이 만든 것인데 지금은 사람도 달라지고 시대도 달라졌으니 그런 것에 그리 관심을 가질 필요가 없다고 했다. 그것보다는 새 시대의 현실을 직시해야 한다. 이 시대는 너도 알다시피 어지러운 시대다. 난세에 있어서 사람은 무엇보다도 힘이 필요하다. 실력을 잔뜩 가지고 외모로는 없는 것처럼 대하라. 이것이 이 시대 사람들이 가질 예절이다. 있고도 없는 체 이것을 겸손이라고 한다. 노자가 공자에게 강조한 것은 모든 허례허식을 버리고 소박하고 간소하게 힘을 가지고 겸손히게 사는 것이었다.

공자는 노자에게 깊은 사의를 표하고 노자를 떠나갔다. 노자는 이별을 아쉬워하면서 이런 말을 했다고 한다.

"내 들으니 부귀한 사람은 남을 보낼 때 재물을 선사하고, 어진 사람은 남을 보낼 때 몇 마디 말을 증정한다고 한다. 내 이제 재물이 없으니 어진 사람을 흉내 내어 몇 마디 말로써 그대를 보내겠소.

우선 훌륭한 장사꾼은 상품을 깊이 안에 감추어놓고 밖에는 내어놓지 않는다 하오. 훌륭한 군자는 겉으로 보기에는 형편없는 듯하나 속에는 훌륭한 인격과 학문을 품어야 하오. 겉으로는 어리석은 사람처럼 보이는 것이 현명한 사람이오. 그대는 마땅히 교만한 기질과 욕심과 공연한 망상을 버리는 것이 좋을 거요. 이렇게만 된다면 도는 스스로 자기에게서 나타나는 법이요.

그리고 가끔 총명하고 사리를 잘 살피는 사람이 위험한 죽음에 부딪치게 되는 것은 남을 비방하기를 좋아하기 때문이요, 말을 잘하고 널리 통달한 사람이 자기 몸을 위험에 빠뜨리게 하는 것은 남의 악을 들추어내기 때문이오. 그러므로 사람의 자식 된 자는 부모를 섬기되 자신을 돌보지 말고 진심으로 부모를 섬겨야 하오. 남의 신하가 되어 임금을 모시는 자도 또한 제멋대로 해서는 안 될 것이오. 내 이 말로, 그대를 보내는 표시로 삼으니 부디 명심하고 잘 가시오."

공자는 노자의 말을 머리속 깊이 새기면서 감격 깊던 주나라의 서울 낙양을 떠나 귀국했다.

노나라로 돌아온 공자는 제자들에게 노자를 찬탄하며 이렇게 말했다.

"새는 하늘을 잘 나르나 화살로 쏠 수가 있고, 물고기는 물속에서 헤엄을 잘 치나 낚시로 낚을 수가 있으며, 길짐승은 잘 달리나 망으로 잡을 수가 있다. 그러나 용龍은 마음대로 바람과 구름을 타고 하늘을 날아 잡을 수가 없구나. 마치 노자는 용과 같은 인물이다."

용과 같은 노자를 문학적인 재질로 표현한 이는 장자莊子이다. 후세에 장도능이라는 사람이 도교라는 종교를 만들어 놓고 그의 개조로 노자를 모시게 되었다. 이리하여 노자는 도교의 교주가 되어 널리 중국의 민간신앙의 대상이 되었다. 물론 노자도 고대 중국의 춘추시대가 빚어낸 하나의 시대적 인물이었다. 다 쓰러져 가는 집과 같은 주나라를 공자는 다시 일으켜 세우려고 했다. 그러나 노자는 때는 이미 늦었으니 붙잡으려 하다가 도리어 쓰러져가는 집에 다치는 것보다는 차라리 밖으로 뛰어나가는 편이 낫다고 생각하였다. 그는 새장을 나간 새처럼 국경을 넘어 날아가 버리고 말았다. 오늘도 늙은 새는 어느 나무 가지에 앉아서 울고 있는지 귀 있는 사람은 들어보라고 그 이름을 이耳라고 했을까.

노자는 가고 지금 우리에게 남아있는 것은 도덕경 오천 마디 뿐이다. 노자의 근본사상은 도道다. 도란 사람의 마음이 고속도로 모양 확 뚫렸다는 말이다. 흔히 도통했다는 말을 쓰지만 아무것에도 걸리지 않는 자유자재自由自在의 경지다. 마치 용처럼 하늘을 날 수도 있고, 땅 위를 걸을 수도 있고, 바다 속을 헤엄칠 수도 있다. 가고 싶으면 가고, 있고 싶으면 있고, 깨고 싶으면 깨고, 자고 싶으면 잔다. 이러한 인간이 노자였다는 것이다.

노자가 제일 좋아한 것은 물이었다. 구름이 되어 날 수도 있고, 바다가 되어 쉴 수도 있고, 강물처럼 흘러 갈 수도 있고, 샘처럼 솟아날 수도 있는 자유자재하고 천태만상으로 변하는 물을 그는 제일 좋아하였다.

그다음에 노자가 좋아한 것은 정신이었다. 어떤 때는 생각이 되어 구름처럼 피어오르고, 말이 되어 물처럼 흘러가고, 글이 되어 바다처럼 천만 년을 쉴 수도 있는 정신을 그는 참 좋아하였다.

그다음에 그가 좋아한 이는 어머니다. 나를 품어 바다처럼 고요하게도 해주시고, 나를 업어서 구름처럼 날아가게도 해주시고, 나를 이끌어 물처럼 가게도 해주시는 어머니를 그는 제일 사랑하였다. 도교가 민간종교로서 뿌리 깊게 대지를 파고드는 것도 역시 노자의 소탈하고 평이한 그의 사상이 대중들에게 친밀감을 주기 때문일 것이다.

노자 사상을 간추려 보면 네 가지로 요약할 수 있을 것이다. 무위자연無爲自然, 겸하부쟁謙下不爭, 청정염담淸淨恬淡, 장생불사長生不死이다.

노자가 제일 좋아하는 것이 물이라고 하였거니와 무위자연이란 아무것도 하는 것 없이 훨훨 날아다니는 구름처럼 세상을 초월하고, 욕심을 끊고 자유자재하게 유희삼매遊戱三昧하는 것이 도인道人의 경지라는 것이다.

겸하부쟁이란 강물이 언제나 아래로 내려가서 낮은 데 처하지 절대 다른 것과 싸우며 높은 자리를 탐내지 않는 것처럼 도인은 지위와 명예에 아무런 관심이 없고 다만 민중을 사랑하고, 벗을 삼아 그들과 같이 즐기고 웃는 그런 경지를 말한다.

청정염담이란 깨끗한 물이 한없이 깊이 고여 호수같이 되고 바다가 되듯이 도인의 마음은 한없이 깨끗하고 그 생각이 끝없이 깊어 그의 사상이 맑은 호수와 같고, 깊은 바다와 같은 경지를 말한다.

끝으로 장생불사란 물이 겨울에 얼음이 되어 차고 빛나 북극과 남극에 몰려 영원히 녹지 않고 보존되듯이 도인의 인격은 어른이 되어 참되고 빛나 태극이 되고 무극이 되어 영원히 죽지 않고 멸하지 않는 것을 말한다.

【오 - 늘】

▶ 11월 18일 사색 제2호의 권두언으로 〈인간은 죽어도 인간성은 못 죽어〉를 싣기로 한다.
▶ 11월 19일 제2면에는 말씀을 싣는다. 제1호 19면에는 인쇄관계로 부득이 〈말씀〉 하나를 더 실었다. "김"이란 말씀이다. 김은 먹는 김도 있어 김 한 장에 계란 한 개의 영양가가 있다고들 하지만 이 김은 먹는 김이 아니라 한문자로 기氣라는 뜻이다. 기라는 것이 우리말에서 참 여러 가지로 쓰인다. 절기 기후라는 날씨를 비롯해서 기가 죽는다, 기가 막힌다, 기가 차다, 기승하다, 기가 장하다 등 사람의 마음에 관한 것들이 있다. 더 나아가서는 옛날 초패왕 항우의 힘은 산을 뽑고, 기는 세상을 덮는다라 했고 유명한 맹자의 호연지기浩然之氣에까지 도달하면 사회적이요, 우주적인 기분까지 든다. 맹자는, 호연지기가 무엇이냐고 물었을 때, 그것 참 말하기 어렵다고 했다. 지극히 강하고 지극히 큰 것이 기인데 펼치면 우주에 차고 접으면 내 가슴 한 구석으로 줄어드는 정기正氣라고나 할까, 의義에 주린 마음이라고나 할까 할 때의 기는 무엇인지 우리의 옷깃을 여미게 하는 엄숙한 의기義氣가 된다. 더욱이 이 기가 종교에서 쓰여질 때에는 신기神氣, 즉 성신의 역사 또는 성신 자체로 쓰여진다. 가

*2호-19쪽

장 거룩하고 한없이 깨끗하여 사람을 다시 살게 하고 유한한 생명에서 무한한 생명으로 바꾸어 놓는 자비의 사랑이다. 철학에서도 기라 하면 참 가지각색이다. 조선조 5백 년을 두고 수많은 우리 선배들이 생명을 걸고 싸운 이기설理氣說, 이기호발理氣互發이냐, 이승기발理乘氣發이냐 하고 퇴계, 율곡이 다투는가 하면 기일원론氣一元論을 주장하는 서화담도 나왔다. 인도철학에서 최고 실재 브라만은 우리말로 '바람'으로서 역시 기라는 말이다. 서양철학에서는 누구보다도 베르그송이 말한 생명의 약동이 기철학의 대표라고 할 수 있을 것이다.

▶ 11월 21일 플라톤 특강을 하다. 플라톤의 『국가』 중에서 선장의 비유를 중심해서 말하다. 사색 제2호 재교를 보다.

▶ 11월 22일 대신교회에서 추수감사절 설교를 하다. 과실果實의 밀씀을 듣다.

▶ 11월 23일 제1호 3교를 보고 제본하다. 덕성여대에서 노장사상 특강을 하다.

▶ 11월 24일 동대문병원 명년 봄 의대 졸업생들에게 〈행복이 어디에 있느냐〉로 이야기하다. 행복은 일 속에 있는 것이라고.

노자 제2장   늙은이 2월

천하개지天下皆知 미지위미美之爲美이나 사오이斯惡已,
개지선지위선皆知善之爲善이나 사불선이斯不善已니라.
고故로 유무상생有無相生하고 난이상성難易相成하며 장단상형長短相形하고 고하상경高下相傾하며 성음상화聲音相和하고 전후상수前後相隨하니
시이是以로 성인聖人은 처무위지사處無爲之事하고 행불언지교行不言之敎라.
만물작언이불사萬物作焉而不辭하고 생이불유生而不有하고 위이불시爲而不恃하며 공성이불거功成而不居라. 부유불거夫唯不居니 시이是以로 불거不去라.

세상이 이쁜 걸 이뻐할라고는 다 알지만 그게 못쓸 것만이고, 착한 게 착하다고는 다 알지만 그게 착하지 못하기만 하다. 므로 있단 없고 없단 있어 번갈며, 쉽고 어렵이 되돌고, 길고 짧은 이가 한꼴 채림, 높은 덴 아래로 기웃, 아래선 높은 데를 흘깃, 소리와 울림이 맞어 우름, 앞은 뒤 따라 뒤는 앞 따름. 이래서 씻어난 이는 하잡없이 일을 봐 내고 말 않고 가르쳐 가오라. 잘몬이 이는데 말 나지 않고 나나 가지지 않고 절 믿거라 아니하며 일 이룬데 붙어있지 않으오라. 그저 붙어있지 않을라 만에 그래서 떨어져가지를 않으오라.

유영모의 노자 해석

*한편에만 집착하지 말고 중도中道를 택하여 자기의 할 일만 하고 남의 일에 간섭하지 않는 것이 바른 길이니라. 중도란 중용中庸의 천하의 대본大本이요, 천하의 달도達道라 하는 말과 같은 말이다. 노자는 대본을 무위지사無爲之事라고 하였고, 달도를 불언지교不言之敎라고 하였다. 무위지사란 생명이란 말이요, 불언지교란 진리라는 말이다. 생명을 얻고 진리로 사는 사람이 성인이요, 자유인이요, 도인이다. 성인은 깨끗하고 거룩한 사람이기에 '씻어난 이'라고 한다. 깨끗은 깨끗하다는 뜻도 있지만 대각大覺이라는 '깨'와 인격人格의 완성完成이라는 '끗'을 합쳐서 '깨끗'이라고 한다. '깨끗'을 성聖이라고 하여 성인을 '씻어난 이'라고 한다.

김흥호 풀이

월간 사색 제2호
1970년 12월1일 발행
2013년 1월 1일 재발행

*2호-20쪽

생각하는 사람의 벗이 될

1971년 1월
제 3 호

**아니 땐 굴뚝에
연기 날까**

*"진리가 너희를 자유롭게 하리라" 하는 유명한 말이 요한을 통하여 전해지고 있는가 하면 "마음이 가난한 자가 복이 있다"고 마태가 우리에게 전해준다. 얼핏 보면 다른 것 같지만 자세히 들여다보면 같은 말이다. 꼭 같은 말을 바울은 믿음으로 구원을 받는다고 하였고, 어거스틴은 하나님의 품에 안기기까지는 내 마음에 평안이 없다고 하였다.

옛날 달마가 9년 동안 담벼락을 향하고 앉아 있는데 혜가가 찾아와서 하는 말이, 내 마음이 괴로워서 견딜 수 없으니 도와달

*3호-1쪽

라고 애걸하였다. 달마는 웃으면서 "그거야 못해 주겠느냐. 그러면 괴롭다는 그 마음을 가져오라"고 친절하게 일러주었다. 혜가는 기뻤다. 오늘이야말로 자기의 모든 문제가 해결되는 날이다. 혜가는 가져갈 마음을 찾았다. 그러나 막상 찾아보니 마음이 없다. 혜가는 하는 수 없이 마음이 없다고 하였다. 달마는 빙그레 웃으면서 하는 말이 "마음이 없으면 괴로움도 없겠지" 하고 대답하였다. 그때 혜가는 크게 깨달았다.

한국이 없으면 서울이 없고, 아버지가 없으면 아들이 없을 게다. 근원적인 문제가 풀리면 지엽적인 문제는 거저 풀린다. 자유를 찾기 전에 진리를, 구원을 찾기 전에 믿음을, 마음의 평안을 찾기 전에 하나님을, 천국을 찾기 전에 마음의 가난함을, 모두 같은 말이다. 이지적인 사람은 진리를 찾아야 하고, 정서적인 사람은 믿음을 얻어야 하고, 의지적인 사람은 마음을 비워야 한다. 길은 다르나 갈 곳은 같다. 증자는 지극히 좋은 곳이라고 하였고, 아리스토텔레스는 행복이라고 하였다. 새해에 만복을 빈다.

> **유영모의 말씀**
>
> 나위 빛깔 일음으로 우리 떠난 길이요
> 나위없이 빛월 돌려 일른대로 말씀이룸
> 아버지 아들 우리는 가르치킬 남니다.

*나위라도 좋고 따위라도 좋다. 땅 위에 나왔으니 그 따위요, 꼴 없이 생겼으니 볼 나위다. 보잘 것 없는 하찮은 존재다. 떨어진 건지, 던져진 건지 땅 위에 무엇이 나와 꿈틀거린다. 세상이 그대로 꿈을 꾸는 틀인지도 모른다.

모두 꿈을 꾸고 있다. 얼굴이 예쁘니, 빛깔이 고우니, 옷빛이 어떻고, 갈 집이 그렇고. 빗쟁이, 멋쟁이, 갈구리, 너구리, 멍텅구리, 쇠똥구리, 모두 이체만 저(자기自己)만이 아니다.

꿈속에 또 꿈을 꾼다. 이르러보니 별것 아니다. 번호 붙은 감옥살이요, 이름 붙은 모둠살이다. 싸우고, 미워하고, 화내고, 죽이고, 묻히고, 물살이요, 흙이 되어 흙살이다.

이것이 우리의 전부인지도 모른다. 그러나 우리는 이미 떠난 길이다.

더할 나위 없이 높은 데를 향하여 모든 영광을 아버지께 돌리고 모든 빛월을 근원자로 돌려서, 나는 아무것도 가짐 없는 빈

*3호-2쪽

마음으로 다만 진리가 이르신 대로 내 마음과 목숨을 돌려 말씀을 정성껏 이루어나간다. 우리는 땅에 붙은 아들이 아니다. 하늘에 계신 우리 아버지 아들이다. 우리는 가고, 가르치고, 키가 크고, 치켜 올라 활주로에서 가고 달리는 비행기처럼 치키고 오르다가 날아보련다. 날아(비飛)보는 납니다. 나라(국國) 보는 납니다. 나라(천국天國) 보는 납니다. 훨훨 날아(자유自由)보는 납(자재自在)니다.

김흥호 풀이

철학개론

*철학의 목적이 있다면 철인이 되는 것이다. 철인이란 철이 든 사람이다. 봄철이 들고, 여름철이 들고, 가을철이 들고, 겨울철이 든다. 철이 들면 철을 알 수가 있다. 봄철이 들면 봄을 알 수가 있고, 여름철이 들면 여름을 알 수가 있고, 가을철이 들면 가을을 알 수가 있고, 겨울철이 들면 겨울을 알 수가 있다.

그거야 봄이 오면 꽃이 피고 새가 우니 봄이 온 것을 알 수가 있고, 여름이 오면 비가 오고 참외, 토마토, 수박, 갖가지 과일이 나오니 여름이 온 것을 알 수가 있고, 가을이 오면 달이 뜨고 단풍이 드니 가을이 왔음을 알 수가 있고, 눈이 오고 찬바람이 불면 누구나 겨울이 온 것을 알 수가 있다.

사람도 마찬가지다. 사람에게도 봄이 있고, 여름이 있고, 가을이 있고, 겨울이 있다. 청춘을 구가하는 사람도 있고, 장년을 축하하는 사람도 있고, 노년을 비관하는 사람도 있고, 유년을 즐기는 사람도 있다.

*3호-3쪽

사람은 육체적인 변화를 따라 봄과 여름과 가을과 겨울을 맛보게 마련이다. 사람이 육체로만 구성이 되었다면 하나의 자연으로 꾀꼬리와 같이 봄을 즐기고, 귀뚜라미와 같이 가을을 서글퍼함으로써 아무 문제도 없었으리라. 그러나 사람에게는 마음이 있고, 정신이 있고, 신령이 있다. 마음은 마음대로 자기의 봄 여름 가을 겨울을 즐기고, 정신은 정신대로 봄 여름 가을 겨울을 가지게 되고, 신령은 신령대로 자기의 봄 여름 가을 겨울을 가지려고 한다.

철학이 문제가 되는 것은 정신이란 주체가 철이 들 때 생기는 현상이다. 그것은 지적갈망知的渴望으로 표현된다. 진리에 대한 에로스라고 해도 좋다. 대개 29세로부터 시작이 되어 52세까지 그동안에 봄을 거치고, 여름을 거치고, 가을을 거치고, 겨울을 거치는, 영어로 에스 자字 형식으로 발달되어간다. 이것이 우리 태극기 속에 들어있는 에스 자형의 곡선이다. 물론 사람에 따라 연령의 전후의 차이가 있다. 다만 내가 말하는 것은 대체로 누구나 경험할 수 있는 하나의 기본형을 말했을 뿐이다.

소크라테스나 석가나, 아무나 한 사람을 택해서 예로 들어봐도 좋다. 석가의 경우 29세에 출가를 하여 선생을 찾아 나간다. 그것이 석가의 여름의 시작이다. 35세 보리수 나무 밑에서 부처가 된다. 그리하여 석가의 여름이 끝난다. 36세로부터 가을이 시작되어 48세까지 가을이 계속된다. 49세로부터 겨울이 시작되어 52세에 겨울이 끝이 난다. 52세 이후의 석가는 다시 신령의 봄으로 들어간다. 그때는 석가는 철인이 아니요, 성인의 시대가 된다. 종교의 시대다. 예수처럼 29세에 출가하여 40일 동안의 깊은 사색의 춘하추동을 거쳐 30세부터 종교의 세계로 들어갈 수도 있지만 그것은 독특한 예라고 할 수 있다. 물론 어떤 사람은 80세가 되어도 정신의 철이 안 들고 헤매는 수도 있겠지만.

하여튼 철학에서 제일 중요한 것은 선생을 찾아나서는 출가出家와 진리를 깨달았다는 성도成道가 가장 중요하다. 플라톤은 소크라테스를 스승으로 모시게 된 것을 무엇보다도 감사해 했다. 선생을 만난다는 것이 인생에 있어서 얼마나 중요한지 모른다.

인생은 만남에서 이루어진다고 한다. 사실 좋은 아내를 만나고, 좋은 남편을 만나서 일생을 행복하게 사는 사람도 있지만, 좋은 스승을 만난다는 것도 좋은 아내나 좋은 남편을 만난 것 못지 않게 축복 받은 것이라고 할 수가 있다.

플라톤이란 말의 뜻은 '이께'리는 의미를 가지고 있는데 올림픽 경기에서 두 번씩이나 입상한 플라톤이 소크라테스를 못 만났으면 정말 어떻게 되었을까. 옛날부터 용마龍馬는 백락伯樂을 만나야 용마 구실을 한다고 했다. 자기를 정말 알아주는 스승이야말로 만고의 은인이요, 인류의 축복이라고 아니할 수 없다.

그러나 선생님만 가지고는 안 된다. 선생님의 말씀만 가지고는 안 된다. 과거의 전통만 가지고는 안 된다. 새로운 창작이 나와야 한다. 새로운 글이 나와야 한다. 꽃이 피어야 한다. 자각을 해야 한다. 자기를 알아야 한다. 부처가 되어야 한다. 도道를 통해야 한다. 봄이 되어야 한다.

철학에서 제일 중요한 것은 봄이다. 사시장춘四時長春이란 말이 있지만 봄이 제일 중요하다. 봄이란 사상적인 입장立場을 가지게 되는 것을 말한다. 어떤 사상이건 그 사상이 정립되기 위해서는 하나의 입장이 있다. 어떤 사람이건 자기의 의견을 주장하려면 하나의 입장을 가지게 된다. 부처가 되어 도에 통하느니, 자기 자신을 아느니, 하는 모든 것이 결국 자기의 입장을 가졌다는 말이다.

나는 이 세상에 자기의 입장을 가지지 않은 사람은 없다고 생각한다. 누구나 다 자기의 의견이 있고, 주장이 있고, 입장이 있다. 지렁이도 밟으면 꿈틀한다고 한다. 하물며 사람으로서 자기의 입장이 침해를 받을 때 가만 있을 사람이 어디 있을까. 자기의 입장을 지키고, 자기의 영토를 지키고, 자기의 나라를 지키고, 자기의 자아를 지키는 것은 누구나 다 하고 있는 일이다. 그런 의미에서 철인 아닌 사람도 없고, 철이 안 든 사람도 없다. 다만 우리가 나라를 유지하려면 적敵을 알아야 하고, 그 적에 대해서 능히 침해를 받지 않도록 국방력을 강화하고 무력을 길러야 하는 것처럼 우리가 남의 사상과 철학을 배우는 이유는 남을 알고 나를 지키자는 뜻이다. 특히 요사이는 냉전冷戰이요, 정보전情報戰이요, 사상전思想戰이어서 공산주의니 자유주의니 하는 말을 모르는 사람은 없게 되었으니 특히 철학을 이해하고 사상을 이해한다는 것은 얼마나 중요한 일인지 모른다.

사람은 옛날부터 이성적理性的 동물이라고 해왔다. 이성적 동물이란, 사람은 다른 동물보다는 훨씬 생각하는 능력이 발달되었다는 말이다. 조금 전에도 사람은 모두 철인 아닌 사람이 없다고 하였지만 사람은 누구나 생각할 줄 안다. 하나 둘 셋을 셀 수 있는 사람은 모두 생각할 수 있는 사람이다. 플라톤이 아카데미라는 자기 학원 문에다 "수학을 모르는 사람은 들어오지 말라"고 써 붙였다고 하지만 거창하게 수학이랄 것이 없다. 수를 셀 줄 모르는 사람은 들어오지 말라는 뜻이니 세상에 수를 셀 줄 모르는 사람이 어디 있으랴. 그런 의미에서 사람은 누구나 철학할 수 있는 것이다. 철학이라고 하니까 꼭 무슨 책을 읽어야만 하는 것처럼 생각하지만 그런 것이 아니다. 유명한 독일의 철학자 임마누엘 칸트는, 철학은 배우는 것이 아니라 생각하는 것이라고 하였다. 생각은 인간의 자연현상이라고 하겠다. 사람은 누구나 어떤 현실에 부딪히게 되면 생각을 안 할 수가 없다. 결혼 문제에 부딪히면 이성이라는 것이 무엇이냐 하고 생각하게 되고, 군대에 나가게 되면 국가가 무엇이냐 하고 생각하게 되고, 죽음에 부딪히면 인생은 무엇이냐 하고 생각하게 된다.

사실 세상에는 생각할 것이 너무나 많아 마치 거리에 차車가 밀려 오도 가도 못하게 되는 것처럼 사람은 너무 많은 생각 때문에 도리어 고민하게 되고, 절망하게 되어 그냥 있다가는 어디서 어떤 충돌을 일으켜 쓰러져 죽을지 모르는 위험상태에까지 떨어지게 된다.

이때 필요한 것이 교통순경이다. 손을 펴기도 하고, 들기도 하고, 손을 돌리기도 하여 가라고도 하고, 서라고도 하고, 돌라고도 한다. 이것을 우리는 교통정리라고 하지만 철학도 마찬가지다.

철학의 내용이 너무 많아서 좀 정리하는 것, 이것을 철학개론이라고 한다. 교통정리에도 세 가지가 있지만 철학개론에도 세 가지가 있다. 가라는 인식론認識論, 서라는 형이상학形而上學, 돌아가라는 윤리학倫理學, 이 세 가지 형태로 모든 철학을 정리해보는 것을 철학개론이라고 한다.

인식론은 보통 지식론 혹은 지식철학이라고 한다. 지식이란 자연과 인간과의 관계다. 인간은 지식과 도구를 통해서 자연을 정복하고 자연을 이용한다. 인식은 근대에 와서 자연과학과 더불어 시작된다.

흔히 칸트의 철학을 인식론이라고 하는데 칸트는 인식론을 통하여 자연과학의 뒷받침을 해주려고 한 것이다. 인식은 보통 주관과 객관의 이중관계로 성립된다. 인식하는 주관인 사람과 인식되는 대상인 자연과의 관계라는 뜻이다. 주관과 객관이 일치될 때를 참이라고 하여 진리란 말을 쓴다. 인식은 참이라는 가치를 찾는 학문이라고도 할 수 있다. 지식은 참되어야 한다. 허위는 이 지리智 속에서 그 자리를 발견할 수 없기 때문이다.

형이상학이란 나와 하나님과의 관계다. 형이상이란 본래 형체를 가지지 않은 존재를 말한다. 형체를 가지고 있는 형이하와는 반대되는 말이다. 감성적 경험으로는 도저히 알 수 없는 그 이상의 것을 형이상이라고 한다. 형이상을 연구하는 학문은 철학에 있어서 가장 근본적인 학문이요 원리적인 학문이다. 제일 최고의 철학이기에 아리스토텔레스는 제1 철학이라고 하였고, 그 후계자는 메타피직스라고 하였다. 메타는 초월이란 뜻이요 피직스는 자연이라는 뜻이다. 자연을 넘어서는 학문이란 말이다. 아리스토텔레스 자신이 제1 철학이라 할 때는 오로지 신학을 가리키는 것이었다. 현대의 형이상학은 그 중심을 역사성에 두고 있다. 현대의 역사적 위기에 처해 신의 계시를 역사성 위에서 찾자는 것이다.

윤리학은 사회에 있어서 사람과 사람과의 관계와 국가의 경제력을 뒷받침으로 하는 법률과는 달리 양심이나 사회의 여론, 습관 등을 기초로 하여 사람과 사람 사이에서 일어나는 모든 문제를 해결해보자는 것이다. 일반적으로 윤리학은 시대와 사회에 따라 사람들이 가지고 있는 상호의식이나 도덕관념을 이론적으로 체계화하는 학문이라고 할 수도 있다.

시대의 전환기마다 신구사상이 충돌하고 대립되어 언제나 윤리적인 문제가 일어나기 마련이다. 이기적인 인간들은 가정이나 사회에서 대립적인 사상이 충돌할 때 언제나 자기편을 보다 더 도덕적이라고 주장한다. 더욱이 국제간의 전쟁과 관련이 되면 언제나 인도人道, 양심, 정의 등을 자기들의 전매특허처럼 들고 나온다.

그러나 어떤 경우에 있어서도 윤리학은 올바른 도덕을 찾아내고, 살아있는 도덕의식의 근원을 마련하여 세계의 문제를 해결하려고 하는 것이다.

플라톤

*가을이 가면 겨울이 오고, 겨울이 지나가면 봄이 온다. 철학의 높은 달을 쳐다보던 고대가 지나가고, 신학의 흰 눈이 덮인 중세가 오는가 하면 중세 또한 지나가고, 꽃이 피고 밭을 가는 과학의 근대가 나타난다. 기원전 4세기 도시국가 아테네에서는 위대한 스승 세 사람을 인류문화사 위에 내어놓았으니 서양사상 최초의 철학자 소크라테스와 최초의 신학자 플라톤과 최초의 과학자 아리스토텔레스인 것이다.

철학은 자기를 보는 것이니 절대적이고, 신학은 신을 보는 것이니 초월적이고, 과학은 자연을 보는 것이니 상대적이다. 철학자 소크라테스에게는 무엇인지 자기 자신으로 만족하는 완성된 자아의 독특함이 있었다. 자신만만하게 독배를 기울이는 장엄한 모습이 서산에 넘어가는 붉은 해를 연상케 한다. 나와 나 자신으로 갈렸던 인간의 모순과 고민이 하나로 합쳐진 조화된 영靈의 세계요, 0의 세계다. 그러나 플라톤의 세계는 그의 앞에 나타

*3호-7쪽

났던 소크라테스의 인격이 너무 컸기에 플라톤은 자기도 모르게 자기를 낮추어 동화적인 신화의 세계로 몰아넣었다. 그리고 자기 자신(본체本體)을 한없이 이상화하여 높은 하늘에서 세계를 창조하고 모든 인식의 근원이 되는 선善의 이데아가 되고 1이 되어서 자기와 자기 자신은 영원히 단절된 이원二元의 신학자가 되고 말았다.

그 후 플라톤 밑에서 20년 동안이나 배우고 일하던 아리스토텔레스는 플라톤의 사상을 박차고 새로운 형상形相의 철학을 내놓았다. 그는 알렉산더 대왕의 스승으로서 소요학파의 주인이 되었고 만학의 아버지로 자처하면서 모든 만물을 내려다보며 위대한 과학자가 되었지만 알렉산더 대왕의 죽음과 함께 스타이게라에서 가엾은 최후를 마침으로써 희랍 문화의 끝을 맺는다.

소크라테스는 산파인 어머니와 석공인 아버지를 가지고 있었다. 그는 자기의 교육방법으로 어머니를 기념하여 산파술産婆術을, 아버지를 추억하여 반문법反問法을 그의 교육방법으로 택했다. 산파술이란 이미 되어 있는 어린애를 세상에 나오도록 돕는 일이다. 그것은 머리만 어머니 배에서 나올 수 있으면 몸과 손발은 거저 나오게 된다는 선지후행先知後行의 윤리설과, 이미 되어 있는 어린애처럼 이데아는 선재先在하여 모든 지식은 이미 알고 있으며 다만 절대계로부터 상대계로 떨어질 때에 잊었던(망각忘却) 것을 회상만 하면 된다는 회상설(아나무네시스)의 인식론을 포함한다. 플라톤은 어린애가 어머니에게서 나오듯 모든 만물의 생성발전生成發展의 근거로서 선善의 이데아를 선정하고, 선의 이데아를 마치 태양이 빛과 힘의 원천인 것처럼, 아는 것을 밝혀주는 인식의 근거와, 사는 것을 뒷받침해주는 실재의 근거로 삼았다. 그런고로 플라톤에게 있어서는 선의 이데아가 형이상학의 대상이 된 것이다.

소크라테스가 아버지 조각사를 닮아서 다른 사람의 허점을 찌르는 반문법을 발전시켜 석공이 돌을 쪼아 아름다움을 만들어내듯이, 아리스토텔레스는 이와 반대로, 인간은 탐구와 연구에 의하여 새로운 원리와 형상을 만들어낸다는 '형상의 철학'을 주장하며 정들었던 아카데미를 떠나 페리파테틱스(소요학파)라는 새로운 학교를 시작하게 된다.

유명한 독일의 철학자 프리드리히 슐레겔이 인간은 누구든지 날 때부터 플라톤주의로 태어나지 않으면 아리스토텔레스주의자라고 말한 것과 같이 플라톤은 이성철학의 하늘이 되고 아리스토텔레스는 현실철학의 땅이 되는 것이다. 플라톤과 아리스토텔레스는 서양 철학사를 통하여 여러 차례 사상적으로 되살아난다. 플라톤의 철학은 고대 말기의 네오플라토니즘을 위시해서 중세기 어거스틴의 신학, 스콜라 초기의 실념론實念論, 르네상스 초기의 신플라톤주의, 17세기 후반기에 영국의 케임브리지플라톤학파, 그리고 현대의 화이트헤드처럼 서양철학은 플라톤 철학의 각주에 불과하다는 말이 나올 정도로 플라톤은 여러 번 인류의 관심사가 된다.

여기서 신학자로서 플라톤이 짙은 신학적 색채를 띠게 되는 이유를 몇 가지 생각해 볼 수 있지만, 무엇보다도 그의 스승 소크라테스의 인격이 지니고 있던 신비적인 요소와 함께 플라톤이 망명 후 남쪽 이탈리아의 피타고라스학파에 가서 이삼 년을 묵는 동안 오르페우스 밀의密儀와 디오니소스 교단의 많은 영향을 받았다는 점을 들 수 있다. 특히 플라톤은 그가 살던 아테네가 멸망 직전에 사회적인 타락이 극도에 달했고, 이 사회적인 타락을 부채질해줄 뿐만 아니라 그것의 근거가 되기도 한 오르페우스 종교의 악용을 막아보자는 데 그 이유가 있었을 것이다.

언제나 사회의 발생과 몰락은 종교와 깊은 관계를 가지고 있다. 새로운 종교나 사상 없이 새로운 사회는 나올 수 없고, 사회의 부패와 몰락이 있는 한 유사종교와 종교의 악용은 사라지지 않는다.

빈사瀕死에 처한 아테네의 운명은 플라톤이 죽은 후 10년도 못 가서 망하고 만다. 역사가 투키디데스의 말대로 헬라 땅에는 모든 형태의 죄악이 발생하였다. 고귀한 성질의 가장 큰 바탕이 되는 소박함은 사람들에게 웃음거리가 되어 땅에서 사라지고 말았다. 화해를 가져올 적당한 말도 없고 꼭 지켜야 할 서약도 없이 악의에 찬 적의敵意만이 어디나 스며들고 있었다. 사람들은 일체를 믿을 수 없다는 확신만 강해져 자기의 안전을 구하는 것 외에는 다른 사람을 믿을 만한 마음의 여유를 가지지 못하였다.

지혜가 부족하고 재간이 모자라는 자가 무엇에나 승리를 거두었다. 왜냐하면 그들은 그들의 부족함을 알기 때문에 그들과는 비교할 수 없을 만큼 말재주가 있고, 그들의 음모를 간파할 수 있는 지혜를 가진 자를 보면 한꺼번에 상대방을 때려 눕혀서 그 재주와 지혜를 쓰지 못하도록 하였기 때문이다. 소인이 활보하는 시대가 오고 만 것이다. 이때 종교계라고 썩지 않을 이치가 없었다. 선남선녀의 등 뒤에서 무수한 악귀와 요정이 어두운 동굴의 박쥐처럼 불길한 웃음을 터뜨리고 지나간다. 말세가 온 것이다. 그처럼 찬란했던 페리클레스의 황금의 문명이 한꺼번에 그 영광을 거두어 버리자 아테네의 시민들은 좌충우돌左衝右突하고 암담한 정치 밑에서 마음魔音의 조롱을 받게 되었다.

그들의 눈앞에는 지옥 불에 타는 고기와 음부陰府에 젖은 남녀만이 가로막고 있을 뿐이었다. 이 두 가지 악독惡毒을 한꺼번에 만족시켜 주는 종교, 그것이 희랍반도를 휩쓸고 지나가는 타락된 오르페우스 종교였다. 술에 취해 산야를 누비며 야생동물을 찢어 피를 마시면서 땅 위에 쓰러져 남녀가 섞이어 혼란과 음탕에 빠지는 대 죄악이 종교의 미명 하에 공공연히 이루어진 것이다.

플라톤은 이것을 보고 가만있을 수가 없었다. 그렇다고 해서 오르페우스를 능가할 만한 종교를 내놓을 수도 없었다. 희랍의 아폴론 종교까지 오르페우스를 받아들이기 시작했다. 플라톤으로서 할 수 있는 일은 오르페우스를 파고 들어가 그 본질을 붙잡고 그것을 철학화 하여 정욕의 종교를 승화시켜 신령의 종교로 끌어 올리는 길밖에 없었다. 그는 이 비결을 소크라테스와 남쪽 이탈리아 피타고라스학파에게서 배운 것이다.

피타고라스학파는 수를 연구하는 학원이면서 동시에 오르페우스 교단의 중심이었다. 그들은 희랍의 오르페우스와는 달리 신이 올라서 춤을 추는 것이 아니라 신이 나서 수학을 풀고 있었다. 그들은 얼이 빠지는 것이 아니라 수의 아름다움에 넋을 잃고 자기들이 푼 답안에 만족하고 있었다. 그들은 무엇인가 깨끗한 생활을 영위하며 교단을 유지해 나가고 있었다. 플라톤은 철학의 세계에서도 이것이 가능할 것이라고 생각하였다. 더욱이 진리에 대한 에로스가 신이 오르도록 인간의 정신을 높은 데로 끌어올려 사색에 사색을 거듭한 끝에 종당 진리를 깨닫고 인간의 모든 고민이 소멸되고 깨끗한 인격이 되어서 법열法悅을 느낀 산 증거를 그는 소크라테스의 생애에서 확실히 볼 수 있었기 때문이다.

그는 선의 이데아인 신에 대하여 충성을 다하는 에로스만이 인간을 구제하고 국가를 구원하는 유일한 길이라고 생각하여 자기도 소크라테스처럼 젊은이들의 산파가 되고자 아카데미를 설립하고 40년 동안 산파로서의 신학자가 된 것이다.

플라톤의 작품을 읽어가다가 언제나 부딪히는 하나의 큰 인상은 그가 가장 중요한 대목에 오면 언제나 신화神話를 쓰고 있다는 것이다. 예를 들면 『파이드로스』의 매미의 내력이라든가, 『심포지움』에서 사랑의 본질이라든가, 『티마이오스』의 우주창조라든가 그밖에 『메논』, 『고르기아스』, 『파이돈』, 『국가』 등 어디서나 그의 신화를 볼 수가 있다. 이 신화들은 두 가지 특징을 가지고 있다. 첫째는 모두 옛 성인의 말씀이나 거룩한 제사장을 통한 신의 계시啓示란 것이요, 둘째는 이 모든 신화가 모두 인간 영혼의 구제와 운명에 관한 이야기라는 것이다.

그의 신화의 근본 테마는 인간 영혼이다. 영혼은 본래 한없이 높아서 보이지 않는 세계에 속해 있었다는 것, 그리고 이 영혼들은 육체 속에 갇혀 깊은 죄 속에서 방황하고 있다는 것, 그러나 이것은 종당 특별한 종교적인 수단에 의하여 정화淨化되고 구제되어 자기의 본향으로 돌아가게 된다는 것이 그의 내용이다.

이와 같은 영혼과 육체의 분리설은 본래 희랍인들의 생각이 아니다. 호메로스의 신화는 언제나 영육미분의 망령이 명계冥界를 헤매는 것으로 되어 있으나 플라톤의 사상에는 영혼은 하나의 이질적인 존재로서 타향에서 와서 이 육체에 갇혔다가 다시 떠나가는 나그네에 불과하다. 이러한 사상을 희랍에 기저온 것은 오르페우스 밀의密議, 디오니소스 종교였다. 이 종교는 북방 트라기아에서 전해 온 어떤 새로운 신을 중심으로 하는 밀교密敎로서 희랍사람 특히 여성들이 많이 끌려들어갔다.

디오니소스 종교는 북방의 원시종교로서 오르페우스 신화와 하나가 되어 밀교가 되었다고 한다. 오르페우스 신화의 주인공 오르페우스는 본래 희랍신화에 나오는 아폴로의 아들로서 음악의 천재요, 악기의 명수다. 아내가 죽자 아내를 찾으러 황천에 갔다가 음악의 재능으로 악귀를 회유하고 심지어는 염라대왕 하데스를 감탄시켜 사랑하는 아내를 다시 한 번 세상에 보내주도록 허가를 얻는다. 그러나 세상에 나가기까지 아내를 보지 말라는 엄한 마왕의 분부로 이를 악물고 지옥문까지 도달한 그는 아내에 대한 그리움을 참지 못하여 마왕의 분부도 잊어버린 듯 지옥문에까지 와서 뒤를 돌아보게 된다. 그 순간 아내는 또다시 황천으로 돌아가고 만다. 할 수 없이 혼자 돌아온 오르페우스는 아내를 잊기 위하여 원정遠征을 떠난다.

음악으로 폭풍도 잔잔케 하고, 세이렌의 유혹도 물리치고, 많은 공을 세우고 트라기아로 돌아온다. 트라기아의 여인들은 오르페우스의 돌아옴을 축하하고 그의 미모와 기상에 반하여 자기들의 뜻을 이루고자 한다. 그러나 오르페우스가 완강히 거절하자 오르페우스를 찢어 죽인다. 오르페우스의 목은 바닷물에 떠 노래를 부르며 해조에 밀려 올림포스 산록에 묻히게 된다.

음부에 갔다 왔다는 이 신화는 겨울에 죽었다 봄에 살아난다는 식물 신 디오니소스의 축제와 하나가 되고, 포도의 풍작을 비는 바쿠스 제사에 맞추어 수많은 여자들이 산에 올라 춤을 추다가 야생동물을 만나면 그 피를 마시고 열광적인 무드로 산과 들을 누비다가 나중에는 얼이 빠지고 기가 진하면 땅위에 쓰러져 하늘을 향하여 무한히 감사를 드린다고 한다.

시인 유리피데스가 우리에게 전해주는 말에 의하면 그들은 깊은 밤에 열광적인 축제를 드린다. 이 축제는 반항하러 갔던 자들도 도리어 끌려드는 신적神的 광란狂亂으로 신이 오른 바코이

(바쿠스 신도)들이 귀창이 터질 듯이 부르짖으며 미친 듯한 감각의 흥분으로 산을 넘고 숲을 헤치면서 난무배회亂舞徘徊하였다고 한다. 어째서 이와 같이 자기를 잃고 황홀경에 빠져 헤매게 되는 것일까? 그들의 대답은 간단하다. 그들은 그들의 영혼을 신과 바꾸었다는 것이다. 신들이 그들 속에 왔으며 그들에게는 신이 오른 것이었다.

신이 오른 신적 열광(엔수지애즘), 그리고 자기를 잊은 황홀한 탈혼 상태(엑스타시스)는 그들의 가장 행복하고 축복 받은 때요, 육체에 갇혔던 영혼이 해방되는 경험이기도 하였다. 그들은 이러한 비밀의 영감을 통하여 죄 있는 영혼은 구제 되고, 축제는 죄 많은 영혼을 구속救贖하여 또다시 저 높은 깨끗한 신들의 세계로 돌아가게 하기 위한 정화(카타르시스)의 역할을 한다고 믿었다.

이것이 기원전 6세기 이래 지중해 연안을 휩쓴 오르페우스 밀교라는 것이다. 6세기 이오니아의 자연철학자들이 나와서 우주의 본질을 찾은 동기도 델포이의 아폴론 축제가 오르페우스 종교를 받아들여 그것을 교리화 하는 데 대한 반항이었다고 한다.

그러나 그들은 이론적으로는 반항하면서도 피타고라스나 엠페도클레스처럼 실제에 있어서는 이 교단의 중심이 되고 있었다. 역시 그들에게도 속죄의 신적 열광과 구령救靈의 탈혼적 환희가 필요했기 때문일 것이다.

학문과 탈혼이라는 조화될 수 없는 양극을 마치 백열白熱의 철환鐵丸을 삼켜버리듯 삼켜버린 사람이 소크라테스였다. 이것은 위대한 소크라테스의 인격 속에서만 이루어졌다. 이 신비를 교리화 하여 철학적인 근거를 줌으로써 분열된 두 세계의 조화를 이루자는 것이 플라톤 필생의 노력이었다. 그는 소크라테스를 이어서 영혼설의 사상 내용을 변증법으로 동화하여 이데아의 세계로 끌어올렸다. 그는 종교적인 표상을 학문적으로 근거시키는 동시에 이 종교적 사상이 가지고 있던 직관적인 생명을 신화神話라는 형식으로 내어놓게 되는 것이다.

이리하여 영원히 동질적이요, 비물체적이고, 불가시不可視적인 본체本體의 세계가 플라톤을 통하여 완전한 형태로 이해될 수 있게 된다. 플라톤의 본체계本體界는 다만 모든 이데아(개념概念), 모든 형상形相들이 순수하게 정리된 초감각적인 장소일 뿐만 아니라 신들과 정령들이 사는 나라요, 이 나라에서 인간 영혼은 태어났고, 이 나라에서 내려와 육체 속에 갇혔다가 바쿠스적 감격의 탈혼 상태에서 순간이나마 다시 이 나라에 뛰어들어 카타르시스(세정洗淨)를 경험하고 또다시 이 땅으로 돌려보내지는 그러한 세계인 것이다.

물론 신학자 플라톤은 이러한 종교적 현상을 세련된 학문적 개념으로 체계화하여 이전의 정령精靈의 세계를 정신의 세계로 바꾸어 놓고, 신神, 이성理性, 목적, 질서의 나라로 고쳐 놓는다. 보이지 않는 정령들이 표류漂流하고 배회徘徊하던 신비의 세계는 플라톤에 의하여 가치의 세계가 되고, 선善의 이데아가 찬란하게 빛을 발하는 이념적인 천계天界가 된다.

오랫동안 자연철학에서 하나의 장벽처럼 가로막고 있던 본체本體와 생성변화生成變化의 어려운 대립은 플라톤의 이러한 신학적 해석으로 무난히 해결되어 본체는 생성의 근원이 되었다. 제우스신을 인격적인 세계형성자世界形成者로 앞혀 놓았던 오르페우스적 아폴론의 부조화不調和된 교리는 학문의 형식으로 끌어내려지고 동시에 개념(이데아)속에 허용되지 않았던 활동성과 인과성은 조물주의 생명으로 끌어올려진다. 선한 신 데미우르고스는 영원한 원형 이데아를 돌보면서 이 세계를 무無로부터 창조해 낸다. 그는 이 세계의 영혼과 생명과 의식에 수학적 질서를 주어 이 세계를 최선의 세계로 만든다. 그리하여 모든 천체와 만물들에게 활동성과 인과성을 부여하여 보이지 않는 것이 보이는 것의 원인이 된다.

그리고 디오니소스 종교의 중심을 이루고 있던, 방황하던 영혼도 플라톤의 형이상학에서는 가장 일반적인 의미로서 생명력이 되고, 자주적인 운동의 원인인 동시에 의식의 지지자가 되고, 진리의 에로스로서 본체와 생성生成, 절대계와 상대계를 다리 놓는 중개자仲介者가 된다. 이리하여 끊어졌던 두 세계가 목적론目的論적으로 연결이 되고 동시에 영육靈肉의 날카로운 대립도 사색을 통하여 변증법적으로 통일이 된다.

심령心靈의 이성적인 것과 비이성적인 것의 대립은 플라톤의 심리학적 삼분설로 발전되어 이성理性이 기개氣槪와 욕정을 지배하게 된다. 주인主人을 좇으려는 기개의 흰 말과 주인을 배반하려는 욕정의 검은 말은 이성의 주인에게 통합이 된다는 파이드로스의 유명한 신화가 된다. 이 삼분설은 이상국가에서는 욕정을 가진 산업계급과 기개를 가진 수호계급과 이성을 가진 지배계급으로 갈라져 이 세 계급이 철인에 의하여 조화될 때만 국가는 발전하고 정의가 실현될 수 있다. 그것이 깨어질 때에는 정부는 타락하여 국가는 패망한다는 국가설이 되고, 심지어는 남쪽나라 사람들은 사치 음탕한 욕정의 인간이요, 북방 만족蠻族들은 호전적인 기개의 족속들인 데 비하여, 희랍 사람들은 생각할 줄 아는 이성적 민족으로 희랍 사람이 세계를 지배하게 될 때만 세계평화는 올 수 있다는 세계 통일설까지 나오게 된다.

플라톤은 실제로 그 당시 세계 통일을 위협하는 카르타고의 세력을 막기 위하여 방파제의 역할을 하던 시실리의 정치적 불안을 해소하려고 그들의 안정을 위하여 두 번씩이나 시실리로 찾아가게 된다. 자기의 이상을 구현시키려고 노력하다가 시실리의 참주 디오니소스에게 속아 노예로 팔려가는 일화도 생긴다.

이상으로 플라톤의 신학을 끝내고 다시 플라톤의 생애를 돌아보면 소크라테스가 죽은 후에 그는 십여 년의 방랑 생활을 마치고 차분히 아카데미에 머물러 앉아 청년교육과 저술로 40년의 후반생을 마치게 된다. 80의 고령으로 자기 제자의 즐거운 결혼식 축제에 참가하였다가 밤늦게 아무도 모르게 그가 젊었을 때 경험한 광적인 난무나 이교적인 탈혼과는 아무 인연도 없는 듯 그는 그렇게도 그리워하던 선의 이데아를 향하여 한없이 높은 사색의 날개를 펼치고 날아간다. 그가 그렇게도 마음 깊이 느꼈던 존재存在의 견인력牽引力을 영혼에 넓게 받으면서 그는 최고의 유일신이 계신 실재의 세계로 올라가게 되는 것이다.

어깨(플라톤)라는 이름을 가지고 명문거족에서 태어났으며 올림픽 경기에서 두 번씩이나 우승하고 남다른 격정을 지닌 정열 시인으로 명성을 떨쳤던 플라톤, 장차 아테네의 주인이 되어 세계에 군림하려던 정치적 야욕에 불붙던 젊은 청년 플라톤은 일개의 이름 없는 아테네의 쇠파리(등에)인 소크라테스의 독침毒針에 쏘여 팔다리 잘린 파리처럼 변증법이라는 유희에 40년이란 긴 세월을 아카데미라는 학원에서 뺑글뺑글 돌게 된다. 그의 사상의 바다는 무한히 넓어서 모든 서양의 사상을 흡수하고도 남을 정도의 원천이 되었다.

끝으로 플라톤의 위대한 점을 몇 가지 들어 플라톤의 소개를 끝마치고자 한다.

첫째로 플라톤은 마음의 자유를 가졌다. 플라톤의 특징은 변증법이요, 그 방법은 대화라고 했지만 반드시 그의 작품이 대화만은 아니다. 소크라테스의 『변명』에는 하나의 대화도 없다. 설사 그가 대화를 사용한 작품에서도 대화가 끝날 무렵이든가 또 자기의 사색이 이성의 한계를 넘어설 때에는 언제든지 신화를 삽입하여 철학의 부족함을 보충하고, 관념을 위한 관념이 되지 않게 관념을 넘어설 수가 있었다. 합리적인 것이 흔들릴 때 플라톤에게는 언제나 실재적인 것이 뒷받침을 해주었다. 그것은 하늘로부터 주어진 것도 아니고, 어떤 목적에 맞게 빚어낸 것도 아니다. 그것은 자기 한계를 넘어섰을 때 나타나는 존재로서 자기 사상의 주인이라고 할 수가 있을 것이다.

플라톤은 언제나 하고 싶은 말을 하는 동시에 자기가 한 말에도 붙잡히지 않았다. 그는 자기 말을 넘어서서 살고 있었다. 그는 생각된 것에 대한 의존을 철저하게 파괴할 수 있는 자주성을 가지고 있다. 이 힘은 플라톤 작품 중에 소크라테스에서 나타나지만 이 힘은 소크라테스와 공명하는 플라톤의 힘이기도 하였다. 이 힘은 언제나 측량할 수 없는 실재로서 표시되었다.

둘째로 플라톤에게는 철학에 대한 환희를 그 삶 속에 가지고 있었다. 그에게 있어서 철학 활동은 하나의 사랑이요, 비존재로부터 존재로 나르는 하나의 모험이요, 동시에 투기였다. 그러나 지혜를 낳기 위하여 자기 자신을 갉아 먹으면서도 한없이 사는 보람을 느끼고 자기의 생의 충만을 맛보는 애지愛知의 생활은 말할 수는 없지만 그 이상 믿음직한 것도 없었다. 하나의 인간이 어떻게 사랑하고, 무엇을 사랑하고, 무엇을 기억하게 되는지는 이같은 경험을 통해서만 알 수가 있다. 없어지는 것이 그대로 있어진다는 이 진리는 플라톤의 에로스를 경험한 사람은 누구나 한번은 종용하지 않고는 못 견디는 법이다. 이러한 충동에 자기 자신이 떨고 있는 것을 보는 사람이 얼마나 있을까. 깎을수록 커지는 것이 구멍인 것처럼 자기 자신의 부정이 그대로 자기 자신의 긍정이 되는 이 존재의 신비는 그대로 플라톤의 기쁨이요, 환희요, 에로스의 법열法悅이었다.

셋째로 플라톤은 철학에 대하여 한없이 넓은 영역을 맡겨주었다. 철학에 새로운 가능성을 열어주고, 철학에 대하여 통일의 이념을 찍어주었다. 이 통일은 전체로 종합하는 것이 아니라 초월하면서 속으로 만물과 관계하는 플라톤 이데아의 본질인 것이다. 플라톤의 철학은 이 본질을 통하여 영속하는 생명을 발견하게 된다. 철학은 플라톤에게 있어 그 끝을 발견하는 동시에 그 시작을 다시 찾게 한다. 앞선 철학은 그에게 봉사하는 것 같고, 뒤를 좇는 철학은 그를 해석하는 것처럼 보이기 때문이다.

에픽테토스 『어록』

*에픽테토스는 로마시대에 살고 간 스토아의 철인이다. 스토아 철학은 아테네시대의 대화를 주로 하던 논리적 철학이 아니라 나라를 잃고 이역을 방황하면서 고역과 역경에서 체득한 윤리적 철학이다. 철인이 노예가 되어 주인의 혹사 끝에 다리마저 부러지면서 본래적인 자아를 찾는 도덕철학이다. 에픽테토스는 가장 순수하게 초기 스토아의 사상을 대표한다고 할 수 있을 것이다.

에픽테토스는 프뤼기아 사람으로 서기 55년경에 태어나 80세를 살면서 한때는 잔인한 네로 황제의 비서를 지낸 사람의 노예였으며, 해방되어서는 로마에서 철학을 가르쳤다. 부드러운 성격의 철인이었지만 의지는 한없이 굳어 자기에 대한 근엄은 그 예를 볼 수 없을 정도였다. 몸소 쓴 저서는 없고 그 제자 아리아노스가 필기한 『어록』이 남아 있을 뿐이다.

헬레니즘의 희랍철학의 일파인 스토아 철학은 우주에 편재하

*3호-15쪽

는 신과 섭리와 운명을 말하며 스스로를 좇는 인생만이 현명한 사람이라고 주장하지만 에픽테토스는 특히 도덕적 인생론을 파고든 사람이었다. 인간은 자기의 무력을 자각하고 자기가 할 수 있는 일만을 할 때에 비로소 자유를 누릴 수 있는 것으로 자기의 몸을 포함한 외적인 일체는 자기 것이 아니므로 오직 인연을 끊는 것만이 우주의 원칙에 복종하는 것이라 하였다. 그의 사상은 한마디로 참고 끊는 것이지만 이 사상은 기독교와도 통하는 데가 있고 마르쿠스 아우렐리우스를 비롯하여 후세에 막대한 영향을 끼치게 된다.

『어록』은 아리아노스의 필기로 본래 8권이 있었다. 하지만 지금 남아 있는 것은 4권뿐이다. 평범하고 친절한 말씨에 철인의 깨끗하게 가라앉은 마음씨와 근엄하고 자신 있는 그의 생활태도는 보는 사람의 옷깃을 여미게도 한다. 특히 그의 〈노예에 관하여〉(사색 1호 게재)는 민고의 명언이라고 할 수 있다. 친히 노예가 되어 보지 않은 사람은 도저히 생각할 수 없는 말이다. 그는 그저 교육가요 설교자였지 이론체계를 꾸며내는 철학자는 아니었다. 그의 기본적 생각은 스토아의 우주론과 인간론이다.

인간은 정사正邪, 선악善惡, 행불행幸不幸 등 인간 공통의 관념들을 본래부터 가지고 있지만 우리들의 판단이 달라지고 대립이 일어나는 것은 이 관념을 바로 못 쓰기 때문이다. 만일 사람이 외물外物에 흔들림 없이 자기의 관념을 고수固守해 나간다면 사람은 도리에 맞게 살 수가 있다.

어떤 폭군이 죽인다고 위협하자 에픽테토스는 "내가 언제 당신더러 안 죽는다고 한 일이 있소? 당신은 당신이 하고 싶은 대로 하구려. 나는 내가 하고 싶은 대로 할 테니. 당신이 하는 일은 죽이는 일이요, 내가 하는 일은 겁 없이 죽는 일입니다"라고 말했다는 것이다.

에픽테토스는, 사람은 본래 신에서 나온 것으로 신은 인간의 아버지라고 하여, 인간은 이 신 앞에 경건할 때에만 자기를 낮출 수 있다고 하였다.

에픽테토스는 비참한 대중을 그의 벗으로 생각하고 자기의 무력無力과 비참을 아는 자만이 참으로 철학을 배울 수 있는 사람이라고 생각하였다. 그는 모든 인류가 동포임을 몸소 느꼈고 악인은 벌 받기보다는 그 불행 때문에 도리어 가엾게 생각해주어야 한다고 하였다. 그의 사민평등주의四民平等主義는 기독교와 더불어 고대의 독특한 휴머니즘(인도주의人道主義)을 제시하였다.

『어록』맨 끝에 이런 말이 있다.

1. 당신이 나로 하여금 가라고 명하는 곳에 나는 언제나 갈 준비가 되어 있습니다. 내가 당신을 거역한다면 나는 비겁한 사람입니다.

2. 자기 힘으로 할 수 없는 일은 하려고 들지 않는 것이 현인이요, 신을 아는 사람이다.

3. 크리톤, 그것이 신의 뜻이라면 그렇게 되어지길 바란다. 애니토스와 밀레토스가 나를 죽일 수 있을지언정 나를 해칠 수

는 없을 것이다.

1은 스토아의 제2조 크레안테스의 시요, 2는 비극작가 유리피데스의 한 구절이요, 3은 소크라테스의 말이다. 첫째 천명天命을 알고, 둘째 자기 힘 안에서 살며, 셋째 영원한 생명을 믿는 것이 그의 신조다. 그러기 위해서는 사리에 통하여 명석한 판단을 하고, 윤리에 통하여 자기의 의무를 다하고, 논리에 통하여 생명의 불을 사르는 것이 스토아의 이상이다. 그는 소크라테스를 표본으로 삼았다. 소크라테스는 이성 외에는 아무것도 따르지 않았다. 모든 일에 자기 힘을 다하여 하나의 온전한 사람이 되었다. 너도 소크라테스는 아니지만 소크라테스처럼 되려고 노력하지 않으면 안 된다(제5권 24장)고 권면하였다.

그는 인생을 나그네라고 생각하여(제5권 22장) 인생은 이 세상을 지나가는 것이지 여기에 눌러 붙을 곳이 못된다고 생각하였디. 그는 비상한 의지를 가지고 모든 유혹을 물리치며 이 세상을 건너가야만 했다. 인내와 고행만이 그의 음식이었다. 그는 엄격하게 자기의 분수와 힘의 한계를 식별하고 복잡하고 어려운 생활을 정리하여 간단하고 평이한 생활로 바꾸어 놓았다. 그리하여 길을 걷는 사람이 발을 다치지 않도록 주의하듯이 그는 언제나 마음의 상처를 받지 않도록 조심하였다.

그는 마음의 자유를 얻기 위하여 무엇보다 노력한 것은 절대로 화(분노憤怒)를 내지 않는 일이었다. 화내는 것처럼 마음의 평정을 깨뜨리고 인간의 정신을 노예로 만드는 것은 없다. 에픽테토스는 그의 몸이 노예였기에 그의 마음까지 노예 됨을 허락할 수가 없었다. 그의 주인이 그의 다리를 꺾었을 때에도 그의 마음에서 평정과 관대와 경건과 성실을 잃지 않았다. 그는 불사不死와 불노不老와 무병無病을 구하지 않았다. 그는 언제나 신神처럼 살다가 신처럼 죽을 것을 다짐하였다(제4권 4장). 그는 자기 자신을 신의 친구라고 생각하였기 때문이다. 병이 들어도, 재난에 부닥쳐도, 죽음에 처해도, 내쫓김을 당해도, 악평을 받아도 그대로 행복한 사람이었다. 그의 관심은 자유에만 있었다. 자유만이 최고의 선이였기에 그는 대담하게 외쳤다. "와보라 아무것도 가진 것이 없는 내가 어떻게 행복하게 살고 있는지를! 당신들은 내가 일찍이 슬픈 얼굴을 하고 있는 것을 본 일이 있는가. 내가 비록 나귀처럼 채찍에 맞을지라도 나는 그들을 사랑하지 않으면 안된다. 왜? 나는 인류의 아버지요, 형제이기 때문에."(제1권 8장)

그는 인류 전체의 행복을 자기의 직분으로 삼는 왕이라고 생각하여 왕의 존엄과 왕의 자비심을 가지고 과묵하고 자기 속의 신을 모시고 살려고 하였다. 그는 풀이 양젖이 되는 신비에서 자연에 대한 신의 창조를 의심할 수가 없었다. 그는 신을 찬양하여 "위대한 신이여, 우리에게 손을 주시고 목구멍과 위를 주셔서 우리들이 알지 못하는 사이에 우리를 자라게 하시고 잠자는 동안에 숨 쉬게 하심을 감사드립니다"(제4권 3장)고 하였다.

그에게 있어서는 자연이 그대로 신비요 신이었다. 백조가 이 신비에 의하여 날아가는 것처럼 인간도 이 신비에 의하여 생각한다고 하였다. 그는 깊은 사색을 통하여 신을 알고자 하였다. 그는 인간을 5종류로 구분하여 1. 신이 없다는 사람, 2. 신이 있어도 모른다는 사람, 3. 신은 천상天上에만 있다는 사람, 4. 신은 천상과 지상의 일들을 다스리지만 보편적인 원리에 한한다는 것, 5. 신이여, 당신 없이는 나는 하루도 살 수가 없습니다라는 소크라테스와 같은 사람, 물론 그는 5에 속하는 사람이었다.(제4권 2장)

에픽테토스는 사람의 행동 하나하나가 신의 뜻 안에서 이루어지고 있다는 것을 반박하는 사람들에게, 일체의 통일성의 근거는 신이며, 신은 언제나 깨어서 각 사람을 지키고 있다고 말하였다. 그에게는 언제나 이런 말이 귀에 들려오는 것 같았다.

"에픽테토스여, 내가 만일 할 수만 있다면 나는 너의 작은 육체와 너의 약간의 재산을 너의 마음대로 쓸 수 있도록 만들고 싶었다. 그러나 내가 확실히 알아둘 것은 네 육체라고 하는 것은 교묘하게 빚어진 흙덩이에 불과하며 너 자신의 소유가 아니라는 것을 잊어서는 안 된다. 나도 그것을 어떻게 할 수 없었기 때문에 부득이 내가 가지고 있던 무엇을, 즉 소원하고, 거절하고, 추구하고, 기피하고, 분별하는 의지를 너에게 나눠주었다. 그런고로 너는 이 힘을 잘 길러서 이 힘만을 너의 소유라고 생각하여라. 그러면 너는 남에게 끌려 다니거나 침해당하는 일도 없을 것이다. 또 슬퍼하거나 남을 비난하는 일도 없으리라."(제1권 5장)

"푸른 하늘과 같이 자고, 푸른 하늘을 덮고 자고, 푸른 하늘과

같이 사는 사람, 그가 자유인 아니면 누구를 자유인이라고 부르랴."(제1권 8장)

"너희들은 어디 있든지 무서울 것도 없고 쓸쓸한 것도 없다. 다른 사람이 너를 죽여도 흙으로 만든 너의 육체지, 네 빛나는 마음이 아니요, 바닷가의 어린애들도 가지고 놀 조개껍질이 있거든 하물며 너희는 네 속에 가지고 놀 아무것도 없어서 쓸쓸하다는 거냐. 너는 이성理性을 갖고 있지 않느냐. 자기와 말하고 자기와 살 수 있는 하나의 작은 혼이 아니냐."(제3권 9장)

"너는 한 사람의 철인으로 만족하여라. 네가 철인 됨을 누구에게 보이고 싶거든 너 자신에게 보여주어라."(제2권 22장)

"너를 화나게 한 사람이 있거든 그것은 그 사람이 아니고 너의 의견이 너를 화나게 한 것뿐이었다. 아무도 너를 화나게 할 수가 없다. 너의 편견偏見만이 너를 지옥으로 몰아넣을 수가 있으리라. 언제나 죽음이나 추방이나 기타 무서운 것처럼 보이는 모든 가면假面을 매일처럼 너의 눈앞에 놓아두어라. 그러면 너는 결코 비겁한 생각이나 부질없는 욕망의 노예가 되지 않을 것이다."(제2권 22장)

"만일 죽음이 나를 붙잡으면 나는 두 손을 들고 신에게 향하여 이렇게 말할 수 있으면 만족할 수 있을 것이다. 신이여, 당신의 섭리를 좇아 살기 위하여 나는 당신이 나에게 주는 것만 가지고 살았나이다. 내가 이렇게 오랫동안 당신이 주신 귀한 선물로 살 수 있는 것을 감사하나이다. 신이여, 이 선물을 당신에게 돌리

오니 받아 주십시오. 모든 것은 당신의 것이니이다."(제2권 20장)

에픽테토스는 영원히 살려고 하는 사람들에게 "찰나를 충실히 살아라. 네 것 아닌 것을 자기 것으로 삼으려고 하지 마라. 네 힘으로 할 수 있는 것만을 하여라. 그러면 너에게는 실패란 있을 수 없으리라"(제2권 18장)라고 하였다.

【오 - 늘】

▶ 11월 25일 사색 제1호가 12시 반경에 도착, 곧 학생들에게 배부하였다. 11월 안으로 나오게 된 것을 진심으로 감사한다. 과에 계신 선생님들이 기뻐해주셨다.

▶ 11월 26일 제2호 원고를 정리하여 인쇄소로 보내다.

▶ 11월 30일 초교를 보다. 대개 한 면에 원고지 6매정도가 들어간다는 것을 알게 되었다. 매달 120매 가량 쓰면 된다는 계산이다. 학생들의 반응도 좋은 것 같다. 여러 선생님들의 격려가 있었다.

▶ 11월 31일 아카데미 하우스에 갔다 나와 보니 흰 눈이 내린다. 길 위에는 흰 눈이 쌓이고 거리에는 자동차가 쌓여 몇 시간 후에야 겨우 집에까지 도착했다. 영하 10도라는 추위에 교통지옥도 아랑곳없이 첫눈을 기뻐하는 어린애들과, 북극의 향수가 되살아난 듯 이리뛰고 저리뛰는 강아지들이 좁은 골목을 메우고 있었다.

▶ 12월 1일 행정 사법 요원 국가고시에 출제관계로 중앙청을 가게 되어 오래간만에 수리된 청사를 보게 되었다. 중학을 졸업하고 서울에 올라와 처음으로 청사를 구경하던 때와 38선이 막혀 고향을 버리고 서울로 올라와 하숙비도 안 되는 박봉을 받으면서 서류를 가지고 아래 위층을 오르내

*3호-19쪽

리던 생각, 후암동에 숨어 있다가 포격이 하도 심하여 남산 기슭에 올라가니 공산군의 방화로 중앙청에 불이 붙는 것이 아직도 눈에 선한데 오늘은 깨끗하니 단장되어 전재戰災의 흉터는 가신 것 같다.

▶ 12월 2일 사색 제3호에 플라톤을 신기로 하고 신학자로서의 플라톤을 쓰기로 한다.

▶ 12월 3일 사색 제2호가 늦게 나오다.

▶ 12월 4일 학생들에게 배부하다.

▶ 12월 6일 철학개론이 어떤 것인지를 소개하는 글을 3호에 신는다. 무엇이나 다 초보자를 위한 길잡이다. 앞으로 가끔 철학사나 철학개론을 삽입하여 철학의 전통과 방향을 소개할까 한다.

▶ 12월 7일 제3호의 원고를 정리하여 인쇄소로 넘긴다. 윤태림 선생님으로부터 노자를 흥미 있게 읽었다는 편지가 왔다. 노자는 늙은이라는 뜻은 하나도 없다. 자子는 선생님이란 뜻이요, 노老는 존경한다는 뜻이다. 노자는 존경하는 선생님이란 뜻으로 공자의 스승이란 뜻이다. 나는 늙은이를 '늘 그이'라고 해석한다. 영원히 늙을 줄 모르는 청년이란 뜻이다. 참은 언제나 늙지 않기 때문에.

노자 제3장   늙은이 3월

불상현不尙賢하여 사민부쟁使民不爭하고,	닦아남을 좋이지 말아서 씨알이 다투지 않게
불귀난득지화不貴難得之貨하여 사민불위도使民不爲盜하며,	쓸몬의 흔찮은 건 높쓰지 말아서 씨알이 훔침질을 않게
불견가욕不見可欲하여 사심불난使心不亂이라.	하고잡만 한건 보질 말아서 마음이 어지럽지 않게 하오라.
시이是以로 성인지치聖人之治면 허기심虛其心하고,	이래서 씻어난 이의 다스림은 그 마음이 비이고, 그 배가 든든
실기복實其腹하며 약기지弱其志하고 강기골强其骨이라.	하고, 그 뜻은 므르고 그 뼈는 세오라.
상常 사민使民으로 무지무욕無知無欲하고,	늘 씨알이 못된 앎이 없게 못된 하고잡이 없게 하이금
사부지자使夫知者로 불감위야不敢爲也라,	그저 못된 짓 않이도 구태어 하지 않게쯤 하이금
위무위爲無爲 즉무불치則無不治 하리라.	딴짓할라 함없이 하매 못다아림이 없오라.

유영모의 노자 해석

*잘난 사람과 귀한 물건을 너무 숭상하면 쓸데없이 싸우게 되고 훔치게 되리. 그런고로 성인들은 욕심은 적고 실력은 있게, 눈은 낮게 하고 뼈대는 세게 하여 자기 할 일을 할 수 있도록 길러 가는 것이다. 성인을 씻어난 이라고 하고, 현인을 닦아난 이라고 한다. 성인은 깨끗한 경지에 들어간 사람이요, 현인은 아직 가고 있는 사람이다. 현인은 성인의 뒤를 닦아 가면서 닦고 또 닦아 그 빛을 성인에게 돌려보낸다.

허심실복虛心實腹이라는 말은 옛날부터 많이 알려진 말로서 건강한 정신에 건강한 육체라고 하여도 좋고, 마음이 가난한 자는 복이 있나니 천국이 저희의 것이라고 하여도 좋다. 진공묘유眞空妙有만 되면 되는 것이니까   김홍호 풀이

월간 사색 제3호
1971년 1월 1일 발행
2013년 1월 1일 재발행

*3호-20쪽

생각하는 사람의 벗이 될

1971년 2월
제 4 호

| 사람은 누구나 | *내가, 내가 되면 사람은 아무 문제가 없 |

　　사람은 누구나
　　　저 잘난 맛에 산다

*내가, 내가 되면 사람은 아무 문제가 없다. 인간의 모든 문제는 자기를 다른 사람과 비교하는 데서 일어난다. 자기가 자기일 때 자기는 절대이다. 다만 자기를 다른 사람과 비교하는 순간, 사람은 상대에 떨어지고 만다. 인간의 타락이니, 에덴 동산에서 쫓겨났느니 하는 말이 다 같은 말이다.

　　인간이 자신을 남과 비교하지 않게 되면 다 된(완성完成) 사람이다. 자신의 절대성을 발견했기 때문이다. 이런 사람을 부처라고도 하고, 하나님의 아들이라고도 한다. 사람은 본래 모두 하나

*4호-1쪽

님의 아들이요, 부처임에 틀림이 없다. 그런 의미에서 인간은 독생자요, 인간은 누구나 천상천하天上天下에 유아독존唯我獨尊이다. 그런데 인간은 언제부터 자기의 독특한 존엄성을 상실하고 서로 만나면 개자식이니 개새끼니 하고 동물 이하로 떨어지고 말았을까.

현대인은 자연의 위대함을 시인하고, 원자력의 어마어마한 힘을 인정한다. 로켓을 찬양하고, 고속도로를 구가한다. 인간은 우주선을 만들어 달에 올려 보내고, 시험관 속에서 생명까지도 합성해내려고 한다. 그러면서 인간은 도처에서 자기 잘난 맛을 잃고 있다. 인생을 쓰레기처럼 포기하고, 인생은 자신의 가치를 흙덩어리처럼 무시한다. 인생은 허무하다고 한다. 자기는 못났다고 한다.

인간은 왜 이렇게 저 잘난 맛을 잃어버렸을까. 인간이 자기의 자기됨을 포기했기 때문이다. 자기의 자기됨이란 무엇인가. 그것은 인간은 생각하는 존재라는 것이다. 인간은 생각을 통하여 다시금 금강석보다도 더 강한 이성을 발견해야 하고, 원자력보다도 더 위대한 정신력을 찾아내야 한다. 인간은 이성과 정신력을 가질 때에만 살맛을 느낄 것이다.

> 유영모의 말씀
>
> 사람은 땅에 붙어 숨 쉼으로 김 속에서
> 힘을 받고 힘씀으로 성기나니.
> 콩팥 저울대를 꼭 바로 잡고 가온이로만이
> 드디어 삭은 흙이라 땅으로 돌아가고
> 그 영근 얼이야 위로 솟아오르리라.

*대지大地는 인간의 어머니다. 어머니 품속에서 깊이 쉬고, 대기大氣는 인간의 언니다. 언니 팔에서 큰 힘을 받고, 대천大天은 인간의 아버지다. 아버지의 뜻을 받아 시키시는 대로 있는 힘을 다하여 성하고 씩씩하게 일을 봐내야 한다.

사람에게 있어서 가장 중요한 것은 인성人性, 인권人權을 꼭 바로잡고 옳은 길을 간 사람만이 종당은 육체가 쌀겨처럼 땅에 떨어질 때 알곡처럼 영근 인간의 얼과 정신과 생각과 글월과 문화와 문명은 위로 솟아, 영원히 발전하여 올라갈 것이다.

인생의 고통은 콩팥(성性)을 바로 아는 데 있다. 콩팥(성性)을 알(이理)자는 공부가 성리학이다. 인간이 동물과 다른 점이 있다면 콩팥을 바로 볼 수 있다는 점이다. 콩팥을 바로 볼 수 있는 것을 이성理性이라고 한다. 콩팥을 볼 수 있는 데서 제 삼자의 입장

*4호-2쪽

이 나오게 되고, 인간에게 간접지間接知가 생기게 되고, 부끄러워 할 줄 알게 되고, 옷을 입게 되고, 집을 짓게 되고, 연장을 만들게 되고, 글을 쓰게 되고, 문화를 이룩하게 되고, 문명을 펼치게 된다.

콩팥을 꼭 바로 잡는 것만이 인간의 가장 인간된 지극한 점이다. 콩팥이 헤어져 콩인지 팥인지도 구별 못하게 되면 인간은 강아진지 도야진지도 구별 못하게 된다. 야무지게 붙잡힌 콩팥만이 간장이 되고 팥밥이 되어 인간의 앞날을 축복할 수 있다.

공자

　*어떤 사람이 "일생 가지고 살 수 있는 말씀 가운데 한문자 한 자로 표시할 수 있는 말이 어떤 말인가요?" 하고 공자에게 물었다. 공자는 서슴지 않고 대답했다.

　"어려울 난難이다."

　인생을 살아간다는 것은 그리 쉬운 일이 아니다. 인생은 혼자서 사는 것이 아니라 자연과 같이 살아야 하고, 인간과 같이 살아야 하고, 신하고 같이 살아야 한다. 옛날 사람들은 신이란 말 대신에 하늘(천天)이라 불렀고, 자연이라는 말 대신에 땅(지地)이라 불렀고, 인간이란 말 대신에 사람(인人)이라 불렀다. 이것을 옛날부터 천지인天地人 삼재三才라고 하는데 이 천지인 삼재와 하나가 되면 인간은 무서운 재능을 발휘할 수 있고 한없이 행복할 수도 있지만, 그 반대로 이 세 가지와 하나가 되지 못하면 인간에게 미치는 재난은 매우 크다고 했다.

　그런고로 천지인 삼재는 행복할 수 있는 재능도 되지만 불행

*4호-3쪽

할 수 있는 재난도 된다. 천지인 삼재와의 조화가 얼마나 중요한지 모른다. 이 세 가지가 잘 조화되어 하나가 된 것을 인仁이라고 한다. 한자로 인仁은 태양을 표시하여 하늘을 나타내는 한 점(•)과 수평선으로 땅을 표시하는 한 금(一)과 사람의 모습을 그린 사람 인(亻)자가 합쳐서 어질 인仁 자가 된다. 인은 공자의 사상과 철학의 중심이다.

공자의 생각에는 자연과 인간, 인간과 인간, 신과 인간 가운데서 가장 어려운 문제가 인간과 인간의 관계라고 한다. 천변지재天變地災로 사람이 상하고 죽는 일도 많았지만 전쟁에서 빚어지는 인명의 손실에 비하면 아무것도 아니다. 믿음(신앙)이 없어서 고민하는 사람도 많지만 신용을 못 지켜서 고통을 받는 사람도 수없이 많다. 사람과 사람 사이에 신용이 없고, 나라와 나라 사이에 사랑이 없다. 공자는 늘 하늘도 문제가 아니고, 땅도 문제가 아닌데 사람이 문제라고 탄식하였다.

공자는 어떻게 해서든지 사람과 사람과의 관계를 해결해보려고 했다. 사람은 언제나 혼자 사는 것이 아니라 두 사람 이상이 집단을 이루고 산다. 인仁 자를 사랑 인이라고 할 때도 있다. 그러므로 사람의 문제는 집단에서 해결돼야지 개인에서 해결될 수가 없다. 나라와 사회가 바로 되어야 개인이 바로 된다. 여기에서 공자의 윤리가 나오게 된다.

공자의 윤리란 한마디로 오륜五倫이라는 것이다.

첫째, 부모와 자녀 사이에는 인위적으로 친하려고 해야 한다(부자유친父子有親). 그 이유는 부모와 자녀 사이는 세월이 흐름에 따라 자연적으로 자꾸 멀어져가는 경향이 있기 때문이다.

둘째, 임금과 신하 사이에는 언제나 정직과 의리가 인위적으로 강조되어야 한다(군신유의君臣有義). 그 이유는 군신관계는 권력의 관계로 부패하기 쉽고 아부하기 쉬워 부정과 부패가 자연적으로 따르기 마련이기에 언제나 올바른 관계를 유지하도록 노력해야 한다는 것이다.

셋째, 남녀와 부부는 가만 내버려두면 너무 가까워지고, 자꾸 달라 붙으려는 성질이 있기 때문에 억지로라도 떼어놓아야(부부유별夫婦有別) 겨우 사회질서가 유지된다는 것이다.

넷째, 어른과 젊은이의 관계는, 노인은 기력이 약해지고, 젊은이는 힘이 강해져서 가만 내버려두면 힘이 센 젊은이가 힘이 약한 늙은이를 업신여기게 되므로 사회는 언제나 억지로라도 늙은이와 젊은이의 차례를 두어(장유유서長幼有序) 젊은이가 늙은이를 존경하도록 해야 한다는 것이다.

다섯째, 마지막으로 친구 간에는 가깝기 때문에 무엇을 부탁하고 같이 일하다가 이해利害가 서로 상반하게 되면 그만 배신하고 의리를 지키지 않게 되니까 친구 간에는 이해문제를 삽입하여 신의信義를 깨는 일을 절대 하지 말고, 힘써 도의道義를 지키고 서로 믿을 수 있도록(붕우유신朋友有信) 해야 한다는 것이다.

그리고 사회집단에는 사람과 사람의 공동생활이 있어서 언제나 그 집단의 책임자가 책임을 져야 한다는 삼강三綱이라는 것이 있다. 나라에서는 왕이, 집에서는 가장이, 학교에서는 선생이 모두 실력이 있어야 한다는 것이다.

모든 기관이나 단체의 책임자는 마치 배의 선장 같아서 그들은 특별한 지식(도道)과 기술(덕德)을 가져야 한다. 바다와 기후와 별과 바람의 지식을 가져야 하고, 선원을 통솔하고, 배를 운행할 수 있는 기술을 가져야 한다. 이 두 가지의 지식과 기술을 도덕道德이라고 한다. 공자는 "누구든지 한 기관의 책임자는 도덕을 가져야 하고, 그 도덕을 가지고 다스려가야 한다"고 했다. 이것을 덕치德治라 한다. 만일 도덕이 없는 사람이 나라를 다스리면 국가는 한없이 불행에 빠지게 된다.

공자가 어느 날 제자들과 같이 길을 걷고 있었다. 산기슭에서 매우 슬피 우는 아낙네의 통곡소리가 들려왔다. 공자는 마음이 민망하여 울음소리가 나는 곳을 찾아 가까이 갔다. 갓 묻은 무덤 옆에서 젊은 아낙네가 정신없이 울고 있었다. 공자는 측은하여 정답게 아낙네를 위로하고 그 사유를 물어보았다. 아낙네는 울음을 멈추고 간밤에 자기 남편이 호랑이한테 물려죽었다고 말했다. 공자가 돌아보니 남편 무덤 옆에는 묻은 지 얼마 안 되어 보이는 또 하나의 무덤이 있었다. 공자는 이 무덤은 누구의 무덤이냐고 물었다. 그 여인은 시아버지의 무덤이라고 하였다. 그 옆에 또 하나의 무덤이 있었다. 그것은 시할아버지의 무덤이었다. 그런데 아버지도 할아버지도 모두 호랑이한테 물려죽었다는 것이다. 공자는 하도 어이가 없어, 그러면 이 산을 내려가서 평지에서 살 것이지 어찌하여 삼대가 호랑이에게 물려 죽도록 여기서 사느냐고 했더니, 자기도 자기 시아버지나 남편에게 평지로 내려가자고 했는데 그분들이 하는 말이 산에서 범한테 물려 죽으면 죽었지 평지에 내려가서 탐관오리들에게 매 맞아 죽을 수는 없다고 말하더라는 것이다. 탐관오리를 수두룩하게 거느리고 백성의 피를 빠는 흡혈귀, 이것을 공자는 패도覇道라고 했다.

공자는 일생 온 천하의 나라 임금들에게 나라를 다스리고 백성을 보살피는 지식과 기술을 가르쳐주기 위해 앉은 자리가 따스해질 겨를도 없이 동으로 서로 분주히 다녔다. 그러나 공자의 말에 귀를 기울이는 임금은 거의 없었다. 그는 상갓집 개처럼 이리저리 다니면서 수모만 받았다. 나이 육십에 기가 진하여 고향에 돌아와 보니 그의 여생도 얼마 남지 않았다. 현재에 실패한 그는 미래에 씨를 뿌릴 수밖에 없었다.

그는 주저앉아 『춘추春秋』라는 시대비판을 썼다. 그리고 내일을 위하여 중국문화 가운데서 가장 소중한 인간적인 것을 뽑아서 실로 꿰매어 놓았다. 그것을 '경經'이라고 한다. 공자는 칠십이 넘었다. 그는 하늘이 무너지는 것 같은 충격을 받았다. 그것이 무엇이었을까. 아무도 모른다. 하여튼 태산이 무너지듯 거인은 간 것이다.

이제 간단히 공자의 일생을 몇 줄 적어보려고 한다.

공자는 가난한 집에서 태어났고 비천한 일에 종사했다. 다만 충직한 것이 그의 성품이었다. 동리에서는 의젓했지만 말도 제대로 못하는 시골뜨기였다. 그러나 못난 공자에게는 한없는 그리움이 있었다. 그것은 배움에 대한 그리움이었다(십오이지우학十五而志于學). 그는 스승을 찾았다. 스승은 어디에나 있었다. 공자는 이런 말을 했다. "세 사람이 가면 반드시 스승을 얻을 수 있다. 좋은 점은 본받고, 나쁜 점은 버리면 되지 않느냐." 그는 누구한테서나 배우려고 하였다. 발분망식發憤忘食이라는 말이 전해지듯이 밥을 먹는 것도 잊고 배웠다.

서른 살이 되어 배우던 학문이 무르익기 시작했다. 그는 차차 자신을 갖게 되었다. 자기의 입장이 서기 시작했다(삼십이입三十而立). 자기를 따르는 제자들이 생기고 그 이름이 국내는 물론 국외까지 알려지게 되었다. 공자가 주周나라 서울 낙양을 찾아가서 노자를 만나는 것도 이때의 일이다.

공자는 더욱 깊이 찾아 들어간다. 마치 모든 별이 움직이고 돌아가도 절대 움직이지 않는 하나의 점, 북극성처럼 자기의 가슴속을 휩쓸고 돌아가는 모든 정서 밑에 영원히 움직이지 않는 하나의 감정, 그것을 공자는 사랑(인仁)이라고 했다. 이 인정人情과 인간성 위에 공자는 자기의 마음을 올려놓는다. 그리하여 공자는 아무것에도 흔들리지 않는 마음의 한 점을 잡게 된다(사십이불혹四十而不惑).

30세에 지知를 얻고 40세에 인仁을 얻은 공자는 아직도 얻을 것이 많았다. 그 가운데서도 가장 시급한 문제가 죽음의 문제였다. 공자는 이 문제를 위하여 종일 먹지도 않고, 온 밤을 자지 않고 생각한 때도 있었다. 그러다 50세에 한 줄기의 광명이 그의 영혼 속을 꿰어 비췄다. 나이 오십에 자기의 사명을 알게 되는 것이다(오십이지천명五十而知天命).

그의 마음속에서 "아침에 도를 들으면 저녁에 죽어도 좋다"는 영혼으로부터 우러나오는 소리가 들렸다. 그는 아무 때라도 죽을 수 있게 되었다. 이것을 용勇이라고 한다. 환퇴桓魋에게 포위되어 죽게 되었을 때도 공자는 태연자약하게 악기를 연주하면서 나에게 하늘로부터 맡겨진 사명이 있는데 환퇴의 무리가 나를 어떻게 할 수 있으랴 하고 눈도 깜짝하지 않았다.

공자는 십여 년 간을 모든 박해와 위험을 무릅쓰고 어진 임금님을 찾아서 천하를 헤매었다. 모두 허시였다. 때는 춘추를 지나 전국시대로 들어가고 있었다. 이기심과 권세욕, 정략과 음모, 간신이 들끓고 도사道士는 세상을 피하는 어려운 시기가 되었다.

공자는 고향으로 돌아갈 결심을 한다. 일체를 버리고 내일을 위해서 살기로 한다. 밥 먹는 것도, 세상의 모든 근심도, 늙는 것도 잊어버리고 오로지 제자 교육에 정진하게 된다. 그는 고요히 진리의 세계에 귀를 기울인다. 다만 한마디라도 젊은 사람들에게 진리를 전해주고 싶었다. 지성이면 감천이다. 공자의 정성을 하늘도 느꼈던지 공자의 귀가 뚫리기 시작했다. 그는 하늘의 소리를 듣게 된다(육십이이순六十而耳順). 그는 하늘의 말씀을 받아 후세에게 전한다.

칠십이 되었다. 공자는 비로소 자유를 느꼈다. 하고 싶은 대로 해도 진리를 벗어나지 않았다(칠십이종심소욕불유구七十而從心所欲不踰矩). 공자의 소원인 사람됨이 완성되었다. 사람이 되고자 하여 사람이 되고 말았다는 것이다.

내가, 내가 될 때 그것을 자유라고 한다. 공자는 동양에서 처음으로 자유인이 되었다. 동양 사람들도 사람 구실을 하게 된 것이다.

소크라테스의 변명

*기원전 399년 아테네의 법정에서 행하여진 소크라테스의 변명은 소크라테스가 죽기 싫어서 한 변명이 아니다. 죽음을 각오한 소크라테스가 마지막으로 사랑하는 아테네 시민을 위하여 진정으로 베풀어 놓은 사랑의 잔치다. 우리들은 이 책을 읽어가면서 서산에 넘어가는 장엄한 태양과 같이 한없는 인간의 존엄성을 맛볼 수 있다. 괴테가 말한 것처럼 사람의 아들로서 죽어가는 소크라테스의 인간적인 죽음은 플라톤의 천재적인 필치를 통하여 우리들의 심금을 울린다.

우선 간단히 소크라테스의 생애를 적어 놓고, 그가 어떻게 죽게 되는지 그 이유를 찾아보기로 하자.

소크라테스는 기원전 469년에 아테네에서 태어났다. 아버지는 소프로니스코스란 조각가요, 어머니는 파이나레테라는 산파였다. 어렸을 때 일은 거의 알려져 있지 않지만 한 때 아버지의 직업을 계승하여 석공이 된 일이 있는 것 같다.

*4호-7쪽

클라조메네 출신의 아낙사고라스가 동방으로부터 와서 페리클레스의 친구가 되어 아테네에 오랫동안 머물러 있었기 때문에 아테네에는 기원전 480년경 이오니아 철학이 유행하고 있었다. 그뿐만 아니라 천문학자 메돈, 수학자 테오도로스, 음악가 다몬, 소피스트인 프로타고라스, 고르기아스, 프로디코스, 히피아스 등 다재다능한 인사들이 아테네로 몰려들어 아테네는 세계문화의 중심지로서 배우기를 좋아하는 젊은이들에게 많은 자극을 주고 있었다.

이때에 소크라테스도 천문학, 기하학, 음악, 변론술 등 그 당시 유행의 뒤를 따랐으며 특히 아낙사고라스의 사상에는 많은 흥미를 느끼게 되었다. 17세 때부터 아루케라오스의 제자가 되어 28세에 사모스 섬에 출정할 때에는 스승과 동행하기도 하였다. 스승이 죽은 후 젊은 소크라테스는 과학학원(프론티스테리온)의 원장이 되어 하늘과 땅에서 일어나는 신비한 현상들을 탐구하고 설명하기도 했다.

그러나 소크라테스의 관심은 점차로 철학으로 기울어져 특히 남쪽 이탈리아에서 온 피타고라스 학파에게서 많은 영향을 받았으며 엘리아의 파르메니데스와 그의 제자 제논과도 만났고 유명한 소피스트인 프로타고라스나 프로티코스와도 논쟁을 하였다. 소크라테스가 30세 때에는 벌써 하나의 당당한 소피스트(지자知者)로서 세상에 알려지고 있었다. 맨 처음 그의 학설은 그 당시 소피스트나 별로 다를 것이 없었다. 그러나 차차 그의 생각이 깊어지면서 그의 관심은 자기 자신과 아테네 시민에게로 기울어지기 시작하였다. 나무나 흙은 아무것도 가르치는 것이 없다. 그는 자연탐구와 이방에 대한 관심을 버렸다.

그는 28세에 사모스 섬에 출정하고, 30세에 중무장 보병이 되어 포티다이아에서 싸우고, 45세에 데리온 전선에서, 47세에 트라기아 북방에 싸우러 나간 것과, 꼭 한 번 이즈토모스의 축제경기를 구경 갔던 것 외에는 한 번도 외국에 나가려고 생각한 적이 없었다. 언제나 아테네의 시장이나 운동장 근처에서 닥치는 대로 사람들과 만나 웃고 이야기하고 떠드는 것이 그의 일과였다.

35세 때 그의 제자 카이레폰이 델포이 신전의 여제관으로부터 "이 세상에서 소크라테스 이상의 현인賢人은 없다"라는 신탁을 가지고 돌아온 후부터는 그의 사명감은 그의 자각과 더불어 확고부동해지고, 그의 학구적 탐색은 변하여 철학적 활동으로 전개되었다. 그는 전지全知의 하나님이 자기를 현인이라고 하는 뜻은 무엇일까 하고 자기의 신념을 굳히기 위하여 당시에 이름 있는 학자, 정치가, 비극시인, 기술자 등을 방문하여 치열한 논쟁을 전개한다. 그 결과는 상대방들은 한 치의 양보도 없는 지적知的 자신自信이 있는 것에 견주어, 자기는 이렇다 할 지적 자신이 없다는 것을 깨닫게 되었다.

그들에게는 하나같이 전공에 대한 신념이 있었다. 그러나 소크라테스에게는 아무런 전공도 없었다. 그는 자기가 무식함을 알

왔다. 자기는 학자가 아니다. 자기는 아무것도 모른다. 그러면 세상에 아는 자가 누구냐? 학자냐, 정치가냐, 비극시인이냐? 아니다. 그들의 지식이 어느 정도냐? 그들이 알면 무엇을 알고, 얼마나 안단 말이냐? 이 세상에 하나님 외에 아는 자가 누구냐? 없다. 아무것도 모르면서 자기가 모른다는 것조차 모르고 있는 어리석은 존재가 아니냐. 나를 현명하다고 한다면, 인간은 아무것도 모르고 있다는 인간의 무지를 솔직하게 알고 있는 까닭이 아니겠느냐. 그렇다. 아무것도 모른다는 것을 알고 있다는 무지無知의 지知만이 인간의 출발점이다.

　인간은 원점에서부터 다시 출발하여야 한다. 인간은 진리 앞에서 백지가 되어 새로운 삶을 가져야 한다. 이것이 내가 다른 사람들과 다른 점이요, 이 점을 밝히는 것이 신이 나를 지자知者라고 하는 까닭일 것이요, 신에 대한 나의 사명일 것이라고 생각했다. 그는 만나는 사람마다 신랄한 질문을 던져 사람들을 진정으로 진리 앞에 겸손하게 하고, 젊은이들에게 진리가 무엇인지를 찾아가도록 가르쳐주었다. 많은 젊은이들이 소크라테스의 날카로운 논리에 자극을 받아 그를 흉내 내어 다른 사람들과 논쟁함으로 세월을 보내는 무리가 생겨날 정도였다.

　소크라테스가 39세 때 아테네의 운명을 결정하는 스파르타와의 펠로폰네소스 전쟁이 시작된다. 소크라테스도 출정하여 가두街頭철학이 일시 중단되나 다시 돌아와서 청년들을 계몽한다. 그러나 소크라테스의 가두철학이 청년들에게 유행으로 번져 사회의 말썽도 빚어내고, 오해도 일으켜 원수도 생기고, 후에 고소까지 당하는 일이 벌어진다.

소크라테스의 독특한 철학 활동의 원동력이 된 것은 델포이의 신탁이라고 했지만 소크라테스는 어렸을 때부터 마음이 깨끗하여 신령의 소리를 듣는 어떤 이상한 영감을 가지고 있었다. 이 영감은 언제나 양심의 소리가 되어서 세상 사람들의 부정을 미워하고 썩은 세파에 물들지 않고 언제나 꿋꿋이 살아갈 수 있는 원동력이 되었다. 이것은 다른 사람들과 사귈 때, 어떤 때에는 친구가 되게 하고, 어떤 때에는 사귀는 것을 저지하기도 했다. 더욱이 의회의 정치활동 같은 것은 못하게 하였다. 그리고 마지막 재판에서 자기가 중형을 언도받았을 때에도 변호하는 연설마저도 못하게 한 것이었다. 무엇을 하려고 할 때에 못하게 하는 소극적인 저지 능력이 이 영감으로부터 나오는 것이었다.

그러나 소크라테스에게는 또 하나의 다른 성격이 있었다. 그것은 소크라테스만이 가지고 있는 독특한 애정, 에로스이다. 소크라테스에게는 이상하게도 어린애와 같은 순정이 있었다. 누구나 그에게는 친밀감을 느꼈다. 어떤 때는 지나친 애정 때문에 오해를 사는 일도 있었다. 그러나 오해는 곧 풀려 그들은 어느덧 철학의 세계로 끌려들고 있었다. 언제나 꾸밈없는 자연스러운 것과 강하게 상대방을 끌어들이는 정신적인 사랑이 그들과의 지적 대화에 뒷받침이 되어 젊은 사람들을 끌어가는 것이었다. 육체적인 애정에서 정신적인 사랑으로 그리고 결국은 선의 이데아의 세계까지 끌어올림은 플라톤이 『심포지움』에서 잘 설명하고 있다.

그는 젊은이들을 생각하게 하고, 그들 속에서 어떤 깨달음이 나올 때까지 잘 인도해주었다. 그는 겸손하게 "신은 나를 산파로 삼으시고, 나 자신의 생산을 금하셔서 나는 아무것도 아는 것이 없고, 내가 생각해낸 것은 아무것도 없지만, 나와 사귀는 사람들은 맨 처음에는 아무것도 모르는 것 같지만 나와 사권 후부터는 신의 은총으로 놀랍게 발전하는 것을 의심할 수 없다"고 기쁨의 비명을 지르기도 하였다.

그의 애정이 플라톤을 길러내고 많은 제자들의 눈을 뜨게 하였다. 그는 자연을 알지는 못했으나 사람이 사는 원리를 알아낸 사람이다. 그는 윤리적인 면에서 처음으로 보편적인 것을 찾아 모든 생활에는 삶답게 하는 어떤 원리가 있고, 그 원리를 아는 것이 인생전반에 걸친 근본적 문제라고 하였다. 모든 외적인 활동은 모두 자기 마음속의 깊은 원리 속에 연결되어 있다. 우리의 마음속이 아름답게 관조될 때 사람들의 모든 생활은 아름답게 조화될 수 있다.

사람들은 소크라테스와의 기탄없는 대화를 통하여 자기의 무지를 고백하게 되고, 드디어는 진리를 향한 의욕으로 발전되어, 보편적인 진리는 외부의 세계에 있는 것이 아니라 자기 자신의 영혼 속에 숨어 있다는 것을 알게 된다. 이것은 외적인 것이 아니요, 내적인 것으로서 이 지知에 눈이 뜰 때 사람은 비로소 자기 자신을 알게 되고, 자기의 행동은 어떤 원리에 따라 움직이게 된다. 실천(덕德)은 원리(지知)가 되고, 원리는 실천이 되어 이 원리를 깨달은 사람은 절대 죄악을 행할 수 없게 된다. 자기 자신을 아는 일은 사회를 바로잡는 일이요, 나라를 일으켜 세우는 일이다. 이것이 소위 정의의 정신이요, 이 정신은 후에 규스코스학파로 발전하여 스토아로 발전되지만 아무리 부당한 대우를 받아도 나는 부정을 하지 않는다는 강한 소크라테스의 태도인 것이다.

소크라테스는 현명한 사람일뿐만 아니라 정의의 용사이기도 하다. 그에게는 지와 행이 하나로 합하였다. 소크라테스에게는 육체를 지배하는 정신이 있었을 뿐 아니라 육체의 속박을 벗어나 유유자적 할 수 있는 영혼의 자유도 가졌다. 그는, 이 세상에서 덕을 완성할 만큼 바로 산 인생은 언제나 불멸하는 내세의 모든 복락이 자기를 기다리고 있는 것을 믿어 의심치 않았다. 신들과 같이 사는 일과, 이 세상에 많은 정신적인 유산을 남겨 높은 현인들과 만나 대화를 계속하는 것이 그의 소망이었다.

우리는 이제 『소크라테스의 변명』을 읽음으로써 그의 최후의 장면을 알아보기로 하자.

때는 기원전 399년, 501명의 재판관으로 구성된 아테네의 배심법정에는 정치가 아뉴토스, 변론가 류콘, 시인 멜레토스의 장중하지만 허위적인 원고들의 고소연설이 행해졌다. 이에 대하여 피고인 소크라테스는 평범하고 담담하게 아무 꾸밈도 없는 사투리로 자기의 신념을 토로하였다. 세 부분으로 구분되는 첫 부분은 약간 변명이라 할 수 있는 내용이고, 둘째 부분은 재판관들이 첫 부분의 변명을 들은 후에 투표하여 61표의 차로 유죄로 결정하자, 검사의 구형인 사형에 대하여 소크라테스는 형벌이 아니라 국빈으로 대접을 받아야겠다고 말한다. 그러나 친구들의 권유를 받아들여 벌금 30무나 정도는 내도 좋다고 말하는 부분이다. 셋째 부분은 이러한 피고인의 신청이 있자 재판관들은 다시 투표하여 220표의 차이로 원고 측이 승소, 결국 사형이 결정되고, 소크라테스에게 다시 한 번 말할 기회를 준다.

이때의 소크라테스의 태도는 진리를 깨달은 인간으로서 진리 외에는 아무것도 좇지 않고 세속적인 감정이나, 불안이나, 욕망은 추호도 없이 담담하게 자기가 찾아낸 원칙대로 살아가는, 좀처럼 보기 힘든 이상적인 인간 태도를 보여 주었다.

고소장의 내용은 소크라테스가 청년을 부패시키고, 아테네의 신이 아닌 새로운 신(다이몬)을 믿는다는 것이었다. 이에 대하여 소크라테스는 되는 대로, 생각나는 대로 말하겠다고 하면서 자기가 고발을 받게 되는 먼 이유는 첫째로 35년 전인 35세 때 진리를 깨달았는데(무지無知의 지知), 그것을 뒷받침해준 델포이 신전 아폴로 신의 "이 세상에는 소크라테스 이상으로 지혜있는 사람은 없다"는 신탁이 결국 많은 사람들에게 질투를 일으켜 오늘날 죽게 되는 원인遠因을 이루게 되는 것이라고 말하고, 둘째로 가까운 이유로서는 자기의 방법을 악용하여 남을 골려주며 자기를 흉내 내는 젊은이들 때문에 자기가 이런 변을 당하게 되는 것이라고 말했다.

그러나 청년을 타락시켰다는 것은 사실에 반대되는 일이고, 그를 무신론자로 모는 것도 당치 않은 말이다. 그에게는 사느냐 죽느냐가 문제가 아니라, 옳으냐(의義) 그르냐(불의不義)가 문제였다. 신에게서부터 받은 아테네에 대한 자기의 사명을 행하는 것이 옳은 것이요, 거역하는 것이 옳지 않은 일이다.

죽음이 무엇인지는 아무도 모른다. 신이 계신데 죽음이 악이 될 수가 있으랴. 바로 산 인간에게는 죽음이 공포가 될 이치가 없다. 진리와 하나가 된 생명에는 죽음이 없다. 죽음은 깊이 든 잠이거나 이 세상에서 저 세상으로 떠나가는 길일지도 모른다.

『소크라테스의 변명』은 플라톤에 의하여 너무나 생생하게 기록되어 있다. 플라톤의 작품 중 가장 예술적인 향기가 높은 것으로 소크라테스의 역사적 면목이 뚜렷하게 나타나있다. 원고 밀레토스의 증언에서 무신론자라는 낙인이 찍힌 소크라테스는 이렇게 말한다.

"아테네 시민 여러분, 저는 여러분에게 간절한 사랑을 품고 있습니다. 그러나 여러분에게 복종하기보다는 오히려 신께 복종하겠습니다. 제 목숨이 붙어있는 한, 그리고 제가 할 수 있는 한 결코 지혜를 사랑하고 구하는 일을 그만두지 않겠습니다. 저는 계속해서 여러분들에게 이렇게 지적하겠습니다. 곧 저는 이렇게 말할 것입니다. 세상에서 가장 뛰어난 시민들이여, 당신들은 아테네라는, 지력과 무력에 있어서 가장 뛰어난 위대한 도시국가의 시민인데 오로지 금전만을 많이 얻으려고 정신을 판다는 것을 부끄럽게 생각하지 않습니까? 평판과 지위에는 마음을 쓰면서도 예지와 진리에는 관심이 없고, 정신을 뛰어나게 하기 위해 애를 쓰지도 않고, 근신도 하지 않는데 이것을 부끄럽게 여기지 않습니까?"

그리고 젊은이들을 타락시켰다는 고발에 대해 변론한 내용이다.

"저는 지금껏 아무의 스승도 된 일이 없습니다. 그러나 제가 말을 하거나 일을 하고 있을 때, 듣고 싶어 하는 사람이 있다면 그가 젊었거나, 늙었거나 거부한 일은 없습니다. 또 돈을 받으면 대화에 응하겠다든가, 돈을 받지 못하면 응하지 않겠다고 한 일도 없습니다. 부자나, 가난뱅이나 한결같이 질문을 받았습니다. 또 희망한다면 누구에게나 제 말을 들려주었던 것입니다. 그러나 그 사람들이 착한 사람이 되느냐, 않느냐는 저의 책임이 아닙니다. 또 아직 어떤 사람에게도 어떤 지식을 주겠다고 약속한 일도 없고 또 가르친 일도 없습니다. 그러므로 딴 사람이 제게 듣거나 배운 일이 없는데, 제게 개인적으로 배웠다든지 들었다고 말한다면 그것은 참으로 여러분, 그 말은 진실이 아닙니다. 만일에 참으로 제가 청년들에게 해를 주고 있다든가 주었다고 한다면 그들 가운데 벌써 장년이 된 사람으로서 자기가 젊었을 때 제게서 어떤 몹쓸 권고를 받은 일이 있었다고 느끼는 분도 있지 않겠습니까? 만일 그런 분이 있다면 지금 이 기회에 스스로 이 자리에 나오셔서 저를 고소하여 앙갚음을 해야 할 것입니다." 그러나 많은 사람들 가운데서 한 사람도 나오는 사람은 없었다.

사형언도를 받은 후 소크라테스는 이런 말을 한다.

"죽음을 면할 명안은 얼마든지 있습니다. 아니, 힘든 것은 그런 것이 아니겠지만 여러분, 죽음을 면하는 것이 아니겠지요. 비열한 짓을 면하는 길이야말로 훨씬 힘듭니다. 왜냐하면 죄악이 죽음보다 더 가깝기 때문입니다. 그러나 지금 저는 나이를 먹고 발걸음이 느리기 때문에 먼 죽음을 택합니다만 저를 고소한 사람들은 날쌔고 재빠른 분들이므로 가까운 죄악을 택했습니다. 그러니까 저는 여러분에게 사형을 언도 받고 이 자리를 뜨려고 하고 있습니다만 여러분은 진실을 거슬려 죄악과 부정을 했다는 언도를 받고 이 자리를 떠나는 것입니다. (……)

여러분은 제 죽음을 결정지었지만 제가 죽은 후, 곧 여러분에게 징벌이 내려질 것입니다. 그것은 여러분이 저를 사형에 처한 것보다 훨씬 더 심한 형벌인 것입니다. (……) 왜냐하면 만일 여러분이 사람을 죽임으로써 여러분의 생활태도가 옳지 않다고 비판하는 소리를 막으려 한다면 그것은 좋은 생각이라 할 수 없기 때문입니다. (……)

제가 여러분에게 청하는 것은 이뿐입니다. 제 자식들이 어른이 된다면 제발 여러분은 제가 여러분을 괴롭힌 것과 같은 식으로 복수하십시오. 만일 그들이 훌륭한 덕을 쌓는 일보다 금전이나 그 밖의 일에 주의를 기울인다고 여러분에게 생각이 된다면, 그리고 아직 아무것도 취할 것이 없는데 벌써 된 것처럼 우쭐거리고 있다고 생각되면, 제가 여러분을 비난한 것처럼 되지도 못하고 된 것처럼 우쭐거리고 있다고 그들을 꾸짖어주십시오. 여러분들이 이런 일을 해주신다면 저는 물론 제 자식들도 여러분에게 정당한 취급을 받는 것이 되겠지요.

그러나 이제는 끝을 내기로 합시다. 가야할 시간이 되었으니까요. 저는 지금부터 사형을 받기 위하여, 여러분은 살기 위하여. 그러나 우리 앞에 어느 쪽이 좋은 것을 기다리고 있을 것인가는 아무도 모릅니다. 신이 아닌 이상."

이렇게 끝을 맺고 70세의 고령으로 기원전 399년, 아직도 날씨가 싸늘한, 이른 봄 감옥으로 향하게 된다. 표면상으로 소크라테스는 신을 무시하고 청년을 타락시켰다는 추상적인 이유로 재판을 받게 되지만 그러나 구체적인 내막은 약 30년 동안이나 계속되는 스파르타와의 사투에서 한 걸음 한 걸음 몰락해가는 아테네의 운명과 정치적인 동요에 기인한 것이었다.

펠로폰네소스 전쟁은 기원전 431년으로부터 421년까지 약 10년을 제1기로 하여 니키아스의 강화로 일단 끝이 난 것처럼 보였으나 7년 후에는 다시 표면화되고 415년 불길한 시라쿠사 원정과 그 실패로 말미암아 아테네는 결정적인 패배의 길을 걷기 시작했다. 405년 강대強大를 자랑하던 해군이 아이고스포타모이에서 패하자 아테네는 지칠 대로 지쳐 그다음 해인 404년 스파르타군의 아테네 입성과 동시에 약 30년에 걸친 전쟁이 끝이 나게 된다. 이러한 전쟁의 비참한 변화는 새 시대의 진보적 사상가인 30대의 소크라테스를 70이 되기까지 아테네 시민을 채찍질 하는 등에(쇠파리)가 되게 하였다.

인류의 스승 소크라테스를 빚어낸 전쟁이 또한 아테네의 교사, 소크라테스를 죽음의 운명으로 몰아넣는다. 한 시민교사의 정치에 대한 책임이 이와 같이 날카롭게 추구된 일은 역사상 일찍이 나타나 본 일이 없다.

『심포지움』에서 그처럼 소크라테스를 칭찬한 알키비아데스는 정치가 크레온이 죽은 후 민중의 당파를 이끌고 아테네의 지도적 정치가가 되었다가 니키아스의 평화주의적인 귀족적 당파에 대항하여 제국주의적인 징책을 주장하게 된다. 이것이 비극적인 시라쿠사 원정의 강행이 되고 그 결과는 대 실패가 되어 아테네로서는 다시 회복할 수 없는 치명적인 타격을 받게 된다. 알키비아데스의 정적들은 이 기회를 포착하여 알키비아데스를 본국으로 소환하고 그 책임을 물으려고 하자 알키비아데스는 스파르타로 망명하고 만다. 그는 망명지에서 암살되고 말지만 알키비아데스의 사건은 소크라테스에 있어서도 결코 기분 좋은 일이 아니었다.

기원전 404년 아테네가 항복한 후 스파르타는 아테네의 민주정권을 뒤집어엎고 스파르타의 간섭 아래 30인 집정관의 과두정치를 시행했다. 그 중심인물이 크리티아스요, 카르미데스도 그 가운데 한 사람이었다. 그들은 민주정치의 지도자들을 시외로 추방하고 부자의 재산을 몰수하고, 급격한 개혁을 단행하는 공포정치를 실시했다. 겨우 8개월 후에 민주정권의 반격을 받아 무너지고 이 내란에서 크리티아스와 카르미데스도 죽게 된다. 그런데 크리티아스는 플라톤의 삼촌으로 소크라테스와는 잘 아는 처지였다. 물론 소크라테스 자신은 과두정치의 편이 아니었을 뿐만 아니라 살라미스 출신 레온을 잡으라는 과두정권의 명령에 항거하여 자기 집으로 돌아온 일도 있었다. 그리고 그는 30인 집정관들을 평하여 이렇게 말했다.

"소먹이는 목동이 소를 잃고 소의 질을 낮추고도 몹쓸 목동이 아니라면, 우스운 이야기지만 국가의 지도자가 시민을 죽이고 국민의 질을 낮추고도 부끄러워 할 줄도 모르고 저급한 지도자라고 인정하지도 않는다면 그것이야말로 우스운 일이다."

그러나 크리티아스와 카르미데스의 사건은 민주당 정권으로 하여금 소크라테스를 사형으로 몰아넣는 동기가 된다. 소크라테스의 고발자는 크리티아스와 카르미데스를 타도한 민주정치의 유력한 지도자 아뉴토스이기 때문이다.

당시의 아테네의 정치적 정세는 펠로폰네소스 전쟁 자체도 그랬지만 이해利害에 관련된 국가 간의 싸움이요, 동시에 일종의 이데올로기적인 면도 있었다. 밖으로는 아테네의 민주주의가 스파르타의 귀족주의와 싸운 것처럼, 안으로는 민주주의적 당파와 귀족주의적 당파가 서로 이해와 이데올로기의 운명을 걸고 다투고 있었다. 따라서 그들의 당파는 귀족주의건, 민주주의건 자기의 이익과 이데올로기 이외에는 무엇에 대해서나 자기 자신을 굳게 봉하고 사상적인 정책으로 깊이 닫아버려 과거의 페리클레스가 자랑하던 언론의 자유나 시민의 자유는 명상名狀의 민주정권이라 할지라도 찾아볼 수가 없었다. 이러한 불안정한 정치적인 동요 속에서 소크라테스의 쇠파리(등에)같은 날카로운 비판이나 행동이 그들에게 용납될 리가 없었다.

스토아 철학

*기원전 321년에 알렉산더 대왕이 죽는다. 그는 아리스토텔레스의 제자로 소크라테스, 플라톤, 아리스토텔레스 삼대에 걸쳐 발달된 아테네의 순수한 희랍철학을 온 세상에 전파하기 위하여 인도에 갈 때에도 아리스토텔레스의 강의 노트만은 가지고 갔다는 것이다. 어디나 점령하면 전리품을 부하들에게 나눠주고 자기는 이상 이외에 아무것도 가진 것 없이, 가는 곳곳마다 도서관을 세우고 문화를 보급하여 대왕의 세계통일과 더불어 희랍어는 세계어가 되고 희랍문화는 세계문화가 되었다.

그러나 희랍의 도시국가는 그 독립을 잃고 대왕의 후계자와 로마의 공화시대를 거쳐 기독교가 로마의 지배종교가 되기까지 약 800년 동안 희랍 사람들과 희랍적인 교양을 받은 그 당시 사람들의 철학은 국민철학이라기보다는 자기 나라의 독립을 잃고 세계에 떠다니는 망국민의 이기적인 철학, 좋게 말하여 세계시민(코스모폴리탄)의 철학이었다. 그 시대의 공통되는 특색은 망국민

*4호-15쪽

의 고난과 설 자리를 잃고 헤매는 인간의 고뇌를 어떻게 해결하고 구원할까 하는 윤리적, 도덕적인 철학이었다.

모든 과학은 철학에서 분리되어 새로운 정치의 중심지 알렉산드리아로 넘어가지만 버림받은 철학은 그대로 아테네에 남아서 한동안 논리의 꽃을 피우고 현명한 보신의 술책이 된다. 그 가운데는 기원전 3세기에 아테네를 떠나 동방을 배회하다가 새로운 학설을 만들어가지고 돌아온 에피큐로스, 키프로스 출신의 이방인(셈족) 제논, 그리고 펠로폰네소스 반도 엘리스 시에서 올라온 퓨론이 있었다.

그 가운데서도 가장 오랫동안 인간생활에 영향을 끼친 것은 스토아 철학이다. 개조開祖 제논의 후계자로서 클레안테스, 크리시포스, 세네카, 노예 에픽테토스, 황제 마르쿠스 아우렐리우스와 같이 쟁쟁한 인물들이 있다. 이 철학의 영향은 신약성서나 교부들의 사상에도 많은 영향을 끼쳤으며 스피노자, 괴테 등에도 많은 감화를 주었고, 메테르링크나 오스카 와일드 같은 문호에게도, 프리드리히 대왕이나 모르드개 같은 군인에게도 깊은 영향을 주었다. 스위스의 석학이요, 세계의 양심이라는 칼 힐티 박사도 그의 저서 『행복론』에서, 사람이 될 수 있는 길은 두 가지 밖에 없다. 하나는 기독교요, 또 하나는 스토아 철학이라고 말하고 있다. 에드빈 핫지는 『희랍주의와 기독교』라는 책에서 기독교의 밑바닥에는 기독교적인 것보다도 스토아적인 것이 더 많다고 말한 일도 있었다. 기독교의 가장 가치 있는 것이 스토아의 예지와, 스토아의 도의와, 스토아의 종교사상으로부터 많은 영향을 받았는지도 모른다.

　스토아 철학의 최고의 이상은 현인이 되는 것이다. 구체적으로는 소크라테스와 같은 사람이 되는 것이다. 현인이란 제논의 말처럼 자기와 자기 자신이 하나가 된 사람을 말한다. 이 생각은 섹스피어나 괴테나 입센에게도 나타난다. 현인은 스스로 만족하여 남에게 속하는 아무것도 부러워하지 않고, 외적인 어떤 사건도 그를 무섭게 할 수 없는 사람으로서 어떠한 외적인 사실이나 내적인 격정도 현인의 마음은 흔들 수가 없다. 그의 마음은 호수처럼 맑고 거울처럼 흔들림이 없지만 그러나 그의 생명 속에는 한없는 법열을 간직하고 있다.

　그는 자기의 본성에 좇아 살기 때문에 그야말로 자유라고 할 수 있을 것이다. 그는 자기나 타인의 구별 없이 언제나 정의로 대한다. 자기만이 자기의 생명을 지배할 수 있는 군주요, 죽을 때가 오면 언제나 죽을 수 있는 신하이기도 하다. 인간은 누구나 같은 이성을 가지고, 같은 법칙으로 살고 있기 때문에 개인이나 국가나 세계는 하나의 정의로 관통되어야 한다. 스토아는 세계를 한 집으로 생각하고 세계국가를 세우기 위하여 세계주의를 채택하였다. 그러나 그의 중심은 언제나 자기 자신에게 있었다. 자기 자신의 참다운 행복을 생각하는 사람은 동포에 대해서나, 사회에 대해서나, 자연에 대해서나 그 의무를 가장 잘 이행하는 사람이다. 이것이 스토아 철학의 출발점이다.

스토아 철학의 가장 중요한 항목은 명료한 사고와 탐구적인 의욕과 이성에 맞는 행동이다. 명료한 사고를 위하여 그들에게는 논리학이 필요했다. 논리는 그들 생각을 날카롭게 할 뿐만이 아니라 다른 사람들의 비난을 막을 수도 있고, 어리석은 사람들을 잘 알 수 있도록 가르칠 수도 있다. 아무리 아는 것이 많아도 말할 수 있는 능력이 없으면 다른 사람을 심복心服 시킬 수 없고, 적의 공격을 막아내지 못하면 아무리 좋은 것도 좋은 것이 될 수가 없다. 그들에게 있어서 논리학은 빼놓을 수 없는 무기였다.

탐구적인 의욕을 위하여 그들에게는 물리학이 필요했다. 그들은 논리의 뒷받침을 물리에서 찾았다. 그들은 헤라클레이토스를 따라 우주만물은 하나의 불이라고 생각했다. 이 불(원시화原始火)이 자연이요, 물질이다. 그런 의미에서 이들은 유물적인 자연주의자다. 그러나 이 물질을 꿰뚫는 빛이 있다. 이 빛을 그들은 로고스(이법理法)라고 하였다. 이 빛의 힘으로 만물은 움직이고 있다. 이들에게 있어서 로고스는 깬 물질이요, 물질은 자는 로고스다. 하나의 불이 깨면 로고스가 되고, 자면 물질이 된다. 물질은 태만하고, 로고스는 활동적이다. 이 불을 에테르라고도 불렀는데 가장 활동적인 깬 불이 우주의 이성이요, 신이다. 자는 불은 자연이요, 물질이요, 흙이요, 물이다. 사람도 자면 흙이요, 깨면 신이다. 이 불에서 모든 원소가 나오고, 이 불은 영원히 꺼지지 않는 원시화로서 일체의 자연은 그 속에서 숨 쉬고 살아가고 있다. 사람도 그 속에서 숨 쉬고 살아가고 있다. 일체의 자연은 신성에 의하여 지배되고 있다. 그들은 신의 개념을 자연 전체와 일치시켰다. 그런 의미에서 그들의 물리학은 철저한 범신론이기도 하다. 자연의 탐구는 동시에 신의 탐구였다. 신의 뜻을 알기 위해서 그들은 자연을 탐구했다. 그런 의미에서 물리학은 탐구적인 의욕이라고 한다. 자연에 대한 탐구가 그대로 신의神意에 대한 복종이 되기 때문이다.

스토아주의자들은 이 우주는 때가 되면 모두 해체되어 불이 된다고 했다. 이것이 그들 세계의 최후요, 신으로의 복귀이다. 그러나 연장이 불 속에 들어가서 녹아 쇳물이 되었다가 다시 새로운 연장으로 되어 나오듯 이 세계는 원시화原始火 속에서 다시 새롭게 시작된다. 이리하여 새 것은 낡은 것이 되고, 낡은 것은 새 것이 되어 영원한 윤회는 계속된다. 이러한 변화는 자연 속에 있는 절대적인 필연성에 의하여 나타난다. 이것이 자연의 법칙이요, 인과(원인결과)의 규율이다. 이러한 우주의 운명은 동시에 신의 뜻이기 때문에 절대로 필연적인 것이요, 절대로 목적적인 것이다. 여기에 물리는 다시 윤리로 전개된다. 물리와 윤리는 일치하기 때문이다. 자연법칙을 좇아 행동하는 것이 가장 목적에 부합하는 자유가 되기 때문이다.

이성에 일치하는 행동, 그것이 자유다. 이 자유를 위하여 그들에게는 윤리학이 필요했다. 자연은 대우주요, 인간은 소우주다. 자연의 법칙은 그대로 인간의 법칙이다. 인간은 자연 속에서 살고 있지만 자연도 또한 인간 속에서 살고 있다. 인간 속의 자연을 이성이라 하여 이것은 우주 이성의 일부분으로 세계의 이법理法을 이해하고 인간의 지위를 자각하여 자기의 본성을 따라 살게 한다.

스토아 윤리학의 근본원칙은 인간이 자기 속의 자연, 자기의 본성, 인간의 이성과 일치되게 살아가는 것이다. 그렇기 때문에 이성적이 아닌 것은 반反 자연적인 것이고, 가치가 없는 것이다. 자연에 있어서는 질병이나 건강이나, 삶이나 죽음이나, 명예나 부끄러움이나, 부귀나 빈천이나, 선이나 악이나, 주인이나 노예나, 남자나 여자나, 문명인이나 야만인이나 모두 꼭 같이 더도 덜도 없이 평등하다. 로고스가 지배하는 자연에 있어서는 일체가 아무 차별 없이 평등하다는 것을 확인하는 지혜와, 이 지혜를 가지고 자율적으로 행동하는 확고한 의지와 모든 미혹과 집착에서 자기를 해방하여 깊은 산속의 호수처럼 고요하게 가라앉은 정서민이 평징부동平靜不動의 심경을 가진 흰인인 것이다. 이 흔들리지 않는 마음을 그들은 아파테이아(무정념無情念)라고 불러 그들 윤리의 선경仙境으로 삼았다. 이러한 경지는 그 당시 넓은 세상에 던져져 흩어진 외로운 코스모폴리탄들에게는 진실로 해방의 복음이요, 우정의 근원이기도 하였다. 물론 당시 노예의 피로 성립된 세계국가를 개혁할 수 있는 힘은 없었으나 흐트러진 노예들의 마음을 파고 들어가 모든 번뇌와 고민에서 그들의 마음을 자유롭게 할 수 있는 현실도피의 보신책은 되었다.

마음의 눈을 뜨는 것이 그들에게는 무엇보다도 필요했다. 그들이 마음의 눈을 뜨기 위해서는 고통이 필요했다. 이 세상에 불합리라고는 아무 데도 없다. 불합리한 것처럼 보이는 것은 아직도 우리 마음의 눈이 뜨이지 않았기 때문이다. 동시에 이 세상에 우연이라는 것도 없다. 일체는 신의 섭리에서 이루어지고 있다. 모든 재앙도, 병도, 죽음도 불합리한 것이 아니다. 일체가 이성적이요 목적에 맞는 일이다. 전체의 세계는 완전하다. 다만 어리석은 사람들은 이 세계의 발전과정에서 신의 섭리를 알 수 있는 힘이 없다는 것뿐이다. 만일 우리가 우리의 의지를 신의 의지에 맡겨버리면 우리에게 재난이라고 보이던 일체의 재난은 벌써 그 힘을 잃고 만다. 모든 비합리적인 우연은 사라지고, 일체가 필연적이고 목적에 일치하는 아름답게 조화된 세계를 이룬다. 신의 의지에 복종하는 사람들에게는 악이란 있을 수 없다. 신의 의지에 복종하는 것처럼 좋은 일은 없다. 신은 인간의 아버지요, 인간은 신의 아들이기 때문이다.

사람이 온 세상을 얻고도 자기를 잃으면 무슨 유익이 있으리오. 스토아의 윤리는 정당하게 이해된 자기 보존과 자기 유지에 불과하다. 일체 죄악과 부도덕은 인간 스스로가 행하는 자기 파괴요, 가장 독자적인 인간성의 상실이요, 정신의 질병이다. 이 질병은 고행을 통해서만 고쳐진다. 클레안테스는 언제나 입버릇처럼 중얼거렸다. 옛날 사람들은 행실을 단련했는데 요새 사람들은 입만 단련됐다고 하였다. 피나는 단련으로 비뚤어진 인간의 습성을 바로 잡아 인간의 본성이 바로 섰을 때, 그것은 그대로 신에 통하는 길이요, 인류에게 통하는 길이다. 사람이 바로 서서 하늘을 쳐다보면 모든 인류가 형제가 된다는 칼라일의 말은 스토아에서 배운 것일까.

【오 – 늘】

▶ 12월 8일   제4호의 원고를 쓰기 시작하다.

▶ 12월 10일   유니온 교회의 풀러 목사 가족과 김영일 선생 가족과 우리 가족이 한자리에 모여 망년회를 가졌다. 풀러 목사는 내가 캘리포니아 트레이 시에 갔을 때 그곳 교회의 담임목사였다. 방가드너 할머니가 우리 학교 영문과에 와서 한 해 계셨는데 그 인연으로 풀러 목사와도 사귀게 되었다.

▶ 12월 11일   채점을 시작하다. 시험을 잘못 쳤다고 울상이 되는 학생도 있었다. 시험에 들지 말게 해달라는 기도는 언제나 이루어질 것인지. 내 과거를 회상해보면 시험 치르려고 억지로 한 공부는 모두 흘러가버렸다. 시험도 안 치르고 내가 좋아서 한 것만이 오늘도 남아있다.

▶ 12월 14일   제5호에 플라톤의 이데아 철학을 싣기로 한다. 1970년 가을학기 학생들과 플라톤 강독을 가진 이유로 얼치기나마 플라톤 전집을 한번 읽어 보았다. 내 생각이 깊어진 후에 또 다시 잘 살펴보아야 하겠지만 지금 같아서는 우리 동양 사람들의 사고방식과 가장 가까운 것 같다. 희랍 사람들도 아리안 족이요 인도 사람들도 아리안 족이니 그들의 사고방식에 같은 점도 많으리라. 수천 년 동안 불교를

*4호-19쪽

통하여 알려진 인도문화는 역시 희랍문화와 닮은 데가 없지 않을 게다. 지적인 관조가 그들의 철학을 만들어냈는지도 모른다. 땅을 파면 어디나 물이 나듯이 생각이 깊어지면 서로 통하는 데가 있겠지. 1호에서 5호까지 매 호에 플라톤을 싣는 이유는 이번 학기 특강에서 취급된 우리의 문제를 조금이라도 문서화해서 많은 사람들이 같이 알고 지나가자는 것이다. 새 학기는 칸트의 작품을 강의할 생각이다.

▶ 12월 20일 3호, 4호가 모두 인쇄소로 넘어간다. 사색을 12년간 내겠다고 1호에 말하였다. 4호가 끝났으니 140호가 남은 셈이다. 1호가 써졌으니 144호도 써지리라고 생각한다. 앞의 일을 어떻게 아느냐고 묻는 사람이 있다. 과거가 오늘 속에 있듯이 미래도 오늘 속에 있다. 오늘은 찰나이면서 영원이다. 짧게 '오늘' 할 수도 있고 길게 '오-늘' 할 수도 있다. 찰나가 영원 속에 있는 것도 사실이지만 영원이 찰나 속에 있는 것도 사실 아닐까. 이슬이 달빛 속에 있기도 하지만 이슬 속에 달빛이 들어 있기도 하지 않을까.

노자 제4장   늙은이 4월

도道는 충이용沖而用之라 혹불   길은 고루 뚤렸해 씨우오라. 아
영或不盈이니라.   마 채우지 못할지라오.
연혜淵兮하여 사만물지종似萬物   깊음이여, 잘몬의 마루 같고나.
之宗이라.
좌기예挫其銳하고 해기분解其紛   그 날카로움도 무디고, 그 얼킴
하고 화기광和其光하고 동기진   도 풀리고, 그 빛에 타 번지고,
同其塵이라.   그 티끌에 한데 드오라.
담혜湛兮하여 사혹존似或存이라.   맑안 하이, 아마 있지라오.
오부지吾不知 기수지자其誰之子   나는 기 누구 아들인 줄 몰라.
나 상제지선象帝之先이라.   한울님 계가 먼저 그려짐.

유영모의 노자 해석

*길도 곧장 뚫려야 쓸모가 있고, 생각도, 마음도, 사람도 속이 뚫려야 쓸모가 있게 된다. 길도 막히면 못 쓰는 법, 속이 막혀서야 될 말이냐.

생각은 한없이 깊어서 모든 이치에 통해야 하고, 마음은 한없이 넓어서 모든 사람을 다 품어야 하고, 지성은 한없이 날카로워 모든 얽힘을 한칼에 잘라버려야 하고, 사람은 언제나 빛처럼 날

---
*4호-20쪽

카로운 마음씨를 부드럽게 하여 먼지 묻은 동포와 같이 살아야 한다.

마음이 가라앉아 맑게 고이면 호수처럼 그 위에 무엇이 비치게 된다. 내 그 그림자를 알 수 없으나 물 위의 구름처럼 하나님의 얼굴이 그려진 것 아닐까. 사람은 하늘의 아들이기에.

태초에 마음이 있으니 마음이 하나님과 같이 계시매 마음이 곧 하나님이라.

이 글에서 가장 많이 쓰이는 말은 화광동진和光同塵이란 말이다. 하나님이 사람이 되었다고도 하고, 말씀이 육신이 되었다고도 한다.

먼지와 빛은 둘이 아니다. 빛이 커지면 먼지가 되고, 먼지의 반사 없이 빛은 없다. 흩어지면 빛이요, 뭉치면 먼지다. 달도 먼지요, 지구도 먼지다. 빛을 부드럽게 하여 먼지와 같이 된 것이 사람이 아닐까. 화광동신을 좋아서 쓰는 사람의 마음을 알 수기 있을 것 같다.

김흥호 풀이

월간 사색 제4호
1971년 1월 1일 발행
2013년 2월 1일 재발행

생각하는 사람의 벗이 될

1971년 3월
제 5 호

세월에는 세월이 없다 *세월이 빠르다고도 하고, 세월이 안 가서 걱정이라고도 한다. 그러나 세월은 빠른 것도 아니고, 느린 것도 아니다. 세월에는 세월이 없다.

죽음이 싫다고도 하고, 어서 죽었으면 좋겠다고도 한다. 그러나 죽음은 싫은 것도 아니고, 좋은 것도 아니다. 죽음과 하나가 되면 죽음은 없다.

인생을 축복도 하고, 인생을 저주도 한다. 그러나 인생은 축복할 것도 아니고, 저주할 것도 아니다. 인생을 깨치면 인생은 없

*5호-1쪽

기 때문이다.

인생이 없다는 말은 인생人生만 없는 것이 아니라 인노人老, 인병人病, 인사人死도 없다. 생로병사生老病死가 없다는 말이다. 즉 생로병사를 넘어섰다는 말이다. 세상에 살기는 하지만 이 세상에 속하지는 않는다는 말이다. "내 나라는 이 세상에 속한 것이 아니다." 그런 의미에서 사람은 하나의 이방인이다. 이방인이 이 세상에 왜 왔을까? "내가 이를 위하여 났으며 이를 위하여 세상에 왔나니 곧 진리에 대하여 증거하려 함이라." 진리를 증거하여 그들을 자유롭게 하려고 온 것이다. 마치 물에 빠져 죽어가는 사람을 건지기 위해서 왔다고 하는 것과 같다.

세상에는 물에 빠져 살려달라고 애걸하는 사람도 있고, 뛰어들어가 건져주는 사람도 있다. 생로병사에 빠져 끌려 다니는 사람도 있고, 생로병사를 풀어주기 위하여 "내가 이를 위하여 이때에 왔나이다" 하고 생로병사 속에 뛰어드는 사람도 있다.

업業과 원願의 차이다. 업과 원의 차이는 어디에 있을까. 빠지고 뜨는 차이는 어디에 있을까. 오직 배움에 있다. 배우면 뜨고, 못 배우면 빠진다.

인생을 알면 인생은 없다. 인생을 깨치면 생로병사는 없기 때문이다.

> 유영모의 말씀
>
> 그 하루 게 두고 오니 아 그리운 그이
> 차자사 스물 하나 마흔 둘 예순 셋
> 여든 넷 온

*그 하루, 아버지와 같이 있던 영원한 하루. 영원히 게 있지 못하고 그곳을 떠나 아버지를 게 두고 한없이 떨어진 여기에 오니, 아, 그리운 그곳, 그이, 그분뿐이다. 마음으로 참을 찾아 깊이 자고 힘 있게 삶은 오로지 그이 때문이니, 사람의 일생은 그이가 그리워 말씀을 배우고, 글을 배우고, 이치를 배우고, 사람을 배워 스물하나가 되면 아무리 싸고, 뭉개고, 뒹굴고 벌벌 기던 어린 아기도 의젓하게 어른이 되어 한 사람으로 일을 하겠다고 일어서게 된다.

촌음을 아끼고 힘을 다하여 짐을 지고 길을 닦아, 착실하게 걸어가면 아무리 어리석은 사람이라도 자기와 남을 위하여 쓸 수 있는 많은 물질과 정신을 쌓아올리게 되는 법이니 마흔둘을 넘어서면 둘 데가 없으리만큼 많은 것을 모아들이게 된다.

새로운 설계와 믿음직한 기술로 모아들인 재료와 지식을 가

*5호-2쪽

지고 하나씩 둘씩 차곡차곡 집을 짓기 시작한다. 과학의 집, 예술의 집, 사상의 집, 하나님의 집 등 예순셋이 되기까지 예 와서 쉴 수 있는 집을 세운다.

집이 다 되면 온 천하 사람들을 모아 여기 들도록 불러놓고 네 것 내 것 없이 넘나들면서 같이 즐기는 여든넷이다.

배우는 스물하나, 모아들이는 마흔둘, 집을 세우는 예순셋, 여러 사람과 같이 즐기는 여든넷, 이것이 인생의 온 하루요, 그리워 가는 큰 하루가 아닐까.

김흥호 풀이

대학

『대학』은 유교의 경전 가운데 제일 첫째로 꼽히는 사서의 하나다. 글자로 205자의 짧은 글이지만 이 속에 공자의 이상과 그 이상을 실현하는 방법이 들어있다. 이상이란 보통 3강령이라고 부르는데 모든 사람이 다 진리를 깨닫고(명명덕明明德) 생명을 얻어(신민新民) 영원한 복락에 이르자는 것이다(지어지선止於至善). 간단히 말하면 사람됨이요, 지知, 덕德, 복福의 일치이다. 알고, 되고, 사는 것이 공자의 소원이다.

인격의 완성과 천하의 완성과 우주의 완성이다.

대학은 이 목적을 위하여 여덟 가지 계단을 설정하였다. 흔히 이것을 8조목이라고 하는데 모두 바로잡는 일이다.

1. 격물格物: 우선 물物을 바로잡는다. 격格이란 바로잡는다는 뜻으로 자연사물을 바로잡으면 과학이 되고, 사람을 바로잡으면 철학이 되고, 하나님의 사랑을 바로잡으면 종교가 된다. 주자朱子는 자연의 이치를 잡으려고 하였고, 양명陽明은 하나님의 사랑을

*5호-3쪽

잡으려고 하였다. 여기서는 사람을 바로잡는 일이라고 해둔다.

대학은 대인지학大人之學으로 큰 사람이 되자는 길이다. 사람이 사람 되기 위해서는 우선 사람을 잡아야 한다. 사람은 사람을 만나지 못하면 사람이 될 수 없기 때문이다.

2. 치지致知: 사람, 다시 말하여 선생님을 만나서 무엇을 얻나? 이치다. 이치를 바로잡는 것이다. 이치를 바로잡아야 사람은 생각할 수도 있고, 말할 수도 있고, 글 쓸 수도 있고, 문화를 이룩할 수도 있다. 세상에 진리를 깨닫는 일보다 더 중요한 일은 없다. 진리를 깨달은 후에야 사람은 비로소 설 수가 있다.

3. 성의誠意: 이치를 잡고 섰으면 그다음은 뜻을 바로잡고, 목적을 바로잡고, 계획을 바로잡고 가는 일이다. 이치대로 도구를 만들고 이치대로 살아간다. 하루도 좋고, 한 달도 좋고, 일 년도 좋고, 십 년도 좋다. 꾸준히 계속하는 데서 뜻은 점점 참되어 간다.

4. 정심正心: 이리하여 뜻이 바로잡히고 목적이 잡히면 마음을 바로잡는 일이다. 마음은 사람의 바탈이요, 자기가 타고, 온 세상을 태울 수 있는 수레나 같은 것이다. 자기의 감정을 순화시키고, 마음을 깨끗이 하고, 마음을 비게 하여 세상을 포섭하고, 사람을 용납한다. 치정을 벗어나 유혹에 빠지지 않고, 흔들리지 않고 가라앉은 마음이 된다.

5. 수신修身: 몸을 바로잡는 일이다. 우주와 세계와 인생의 운전수로서 운전대를 바로잡고, 기술을 바로잡고, 얼굴을 바로잡

고, 옷을 바로잡고, 몸을 깨끗이 하고, 튼튼하게 하고, 거룩하게 한다.

6. 제가齊家: 몸을 바로잡은 후에는 집을 바로잡는다. 길을 바로잡는다. 부산 가는 길도 바로잡고, 아버지한테 가는 길도 바로잡는다. 인천 가는 길도 바로잡고, 아내에게 가는 길도 바로잡는다. 목포 가는 길도 바로잡고, 아들한테 가는 길도 바로잡는다. 아버지도 바로잡고, 아내도 바로잡고, 아들도 바로잡는다. 한편으로 치우침 없이 언제나 집안의 화목을 이룩할 수 있도록 집을 바로잡는다.

7. 치국治國: 그다음에는 나라를 바로잡는다. 산도 바로잡고, 들도 바로잡고, 강도 바로잡고, 바다도 바로잡는다. 대통령도 바로잡고, 관리도 바로잡고, 민족도 바로잡고, 백성도 바로잡는다. 민족의 문화를 발전시키고 국권을 신장한다.

8. 평천하平天下: 천하를 바로잡는다. 세계를 바로잡는다. 하늘을 바로잡고, 별을 바로잡고, 공기를 바로잡고, 인류를 바로잡는다. 세계의 평화를 오게 하고, 인류의 문화를 향상시키고, 외국 사람과 친선을 도모하고, 나라와 나라의 관계를 바로잡고, 온 천하를 바로잡는다.

이 여덟 가지 계단을 간 사람이 깬 사람이요, 산 사람이요, 좋은 사람이다. 이것이 공자의 소원이요, 모든 사람의 소원이다.

사람됨은 구체적이고 현실적인 삶에서 이루어진다. 추상적인 고독이나 세상을 떠나서 이루어지는 것이 아니다. 세상 안에서 세상 사람들과 같이 사는 동안에 사람은 결국 사람이 되는 것이다. 공자는 사람과 사람의 관계를 사랑(인仁)이라고 한다. 인격은 사랑 속에서 이루어진다.

주자의 〈격물치지格物致知〉와 양명의 〈명덕해明德解〉를 소개하고, 1954년 6월 5일에 우리말로 옮겼던 대학을 적어둔다.

주자의 〈격물치지格物致知〉, 소위 치지致知가 격물格物에 있다는 말은 지식을 쌓으려고 하면 자연을 관찰하여 그 이치를 캐내는 데 있는 것이니 대개 사람의 마음은 영특하여 알 수 없는 것이 없고, 천하 만물에는 이치가 있어서 그 이치에 어긋남이 없다. 다만 이치를 다 캐내지 못함이 있기 때문에 그 지식에 부족함이 있느니라. 그러므로 대학에서 교육을 시작할 때에는 반드시 배우는 이로 하여금 모든 천하의 사물을 관찰하여 이미 안 이치를 가지고 아직 모르는 사물에 적용하여 더욱 깊이 캐 들어가 그 지극한 곳에 도달하면 오래 힘쓴 공덕으로 하루아침에 갑자기 이치가 뚫리어 모든 만물의 안팎과 쓸모를 모를 것이 없게 되고, 내 마음의 통일성과 응용력이 더욱 깊어지게 되니, 이것을 물物에 부딪쳐 지知를 이룬다고 하는 것이다.

다음은 정인보鄭寅普 선생이 풀이한 왕양명의 〈명덕해明德解〉를 적어본다.

대학은 옛 선비, 대인의 학이라 하였으니 대인의 학이 어찌하여 명덕을 밝히는 데 있는가. 양명이 가로되 대인은 천지만물로써 일체를 삼는 이라. 천하를 한 집같이 보며, 중국을 한 사람같이 보니, 저 형해形骸로 사이 두고 너 나를 나누는 자는 소인이니라. 대인이 능히 천지만물로써 일체를 삼음은 그리하려 함이 아니라 그 마음의 인仁함이 원래 이렇듯이 천지만물과 더불어 하나가 됨이니 어찌 대인만이리오.
　소인일지라도 마음은 그렇지 아니함이 없으되 제 스스로 적게 만들었을 뿐이니라. 이러므로 어린 아이가 우물에 빠지는 것을 보고는 반드시 찌언하고 애틋한 마음이 있나니 이는 그 인仁이 어린아이로 더불어 일체됨이요, 어린아이는 오히려 같은 인류라 하자.
　조수鳥獸가 슬피 울고 벌벌거림을 보고는 반드시 불인不忍한 마음이 있나니 이는 그 인仁이 조수로 더불어 일제됨이요, 조수는 오히려 지각이 있는 것이라고 하자.
　초목의 최절摧折함을 보고는 반드시 고석顧惜하는 마음이 있나니 이는 그 인仁이 초목으로 더불어 일체됨이요, 초목은 오히려 생의生意가 있는 것이라 하자.
　와석瓦石의 훼괴毁壞함을 보고는 반드시 고석하는 마음이 있나니 이는 그 인仁이 와석으로 더불어 일체됨이라.
　이러한 그 일체의 인은 비록 소인의 마음일지라도 또한 반드시 있나니 이는 실로 천명天命의 성性으로 좇아 우러나 자연이 영소불매靈昭不昧한 것이다. 그러므로 명덕明德이라 이르니라. 소인의 마음은 벌써 분격애루分隔隘陋하되 그 일체의 인이 오히려 능히 불매不昧함이 이 같은 것은 물욕에 움직이지 아니하고 기사己私에 가리지 아니한 때일 새니, 욕에 움직이고, 사의 가림에 미쳐 이해로 서로 다투고, 분노로 서로 닥뜨린즉 물物을 해치고 유類를 결딴냄에 아니할 바 없고, 심하면 골육도 서로 으스러뜨림이 있음에 일체의 인이 아주 없어지고 만다. 그러므로 진실로 사욕私慾에 가림이 없을진대 비록 소인의 마음일지라도 그 일체의 인이 대인과 같으며 한번 사욕의 가림이 있은즉 비록 대인의 마음일지라도 그 분격애루함이 의연히 소인이다. 그러므로 대인의 학을 하는 이는 오직 그 사욕의 가림을 버려 스스로 그 명덕을 밝힘은 천지만물 일체의 본연에 회복할 뿐이요, 능히 본체 이외에 증익增益함이 있음이 아니니라.

    이것은 내가 1954년 6월 5일 우리말로 옮겨 본 대학이다.
    집 짓는 길은(대학지도大學之道) 큰 집에서부터 작은 집에 이르기까지(자천자이지어서인自天子以至於庶人) 모두 땅을 닦음으로 밑을 삼나니(일시개이수신위본壹是皆以修身爲本) 터가 된 다음에 돌을 놓고(지지이후유정知止而後有定), 돌을 놓은 다음에는 기둥을 세우고(정이후능정定而後能靜), 기둥을 세운 다음에야 지붕을 덮고(정이후능안靜而後能安), 지붕을 덮은 다음에야 문을 내고(안이후능려安而後能慮), 문을 낸 다음에야 방을 들이느니라(여이후능득慮而後能得). 예로부터

(고지古之) 들린 하늘 낭기를 기르고자 하는 이는(욕명명덕어천하자欲明明德於天下者) 먼저 그 열매를 맺게 하고(선치기국先治其國), 그 열매를 맺게 하고자 하는 이는(욕치기국자欲治其國者) 먼저 그 꽃을 피게 하고(선제기가先齊其家), 그 꽃을 피게 하고자 하는 이는(욕제기가자欲齊其家者) 먼저 그 나무를 자라게 하고(선수기신先修其身), 그 나무를 자라게 하고자 하는 이는(욕수기신자欲修其身者) 먼저 그 줄기를 뻗게 하고(선정기심先正其心), 그 줄기를 뻗게 하고자 하는 이는(욕정기심자欲正其心者) 먼저 그 순을 돋게 하고(선성기의先誠其意), 그 순을 돋게 하고자 하는 이는(욕성기의자欲誠其意者) 먼저 그 싹을 트게 하고(선치기지先致其知), 그 싹을 트게 하고자 하는 이는(치지致知) 먼저 그 씨를 땅에 뿌리나니(재격물在格物) 씨를 뿌려 본 다음에야(물격이후物格而後) 돋아나는 이치를 알게 되고(지지知至), 돋아나는 이치를 안 다음에야(지지이후知至而後) 그 뜻이 아름다워지고(의성意誠), 그 뜻이 아름다워진 다음에야(의성이후意誠而後) 그 마음이 참되어지고(심정心正), 그 마음이 참되어진 다음에야(심정이후心正而後) 그 몸이 좋아지고(신수身修), 그 몸이 좋아진 다음에야(신수이후身修而後) 그 집이 밝아지고(가제家齊), 그 집이 밝아진 다음에야(가제이후家齊而後) 그 나라가 들려지고(국치國治), 그 나라가 들려진 다음에야(국치이후國治而後) 온 삶이 힘이 있느니라(천하평天下平).

　　나무는 자라서 낭기가 되고(물유본말物有本末), 사람은 자라서 사랑기가 되나니(사유종시事有終始), 뒤에 서서 맨 처음을 따라 힘써 가면(지소선후즉知所先後則) 저절로(근도의近道矣) 아이인 것이 자라서 어른이 되고(재명명덕在明明德 재친민在親民), 어른이 뚫리면 늙은이가 되느니라(재지어지선在止於至善). 늙은이가 가리어지면(기본난이其本亂而) 어린 것이 잘 할 수 없고(말치자부의末治者否矣), 어린 것이 자라지 못하면(기소후자박이其所厚者薄而) 어른이 될 수 없느니라(기소박자후이미지유야其所薄者厚而未之有也).

    대학은 불과 205자의 단편이다. 그러나 대학이야말로 공문孔門의 정법안장正法眼藏이다. 주자도 대학혹문大學或問에서 "먼저 대학의 강령을 붙잡지 못하면 논맹論孟의 정미精微를 다 할 수 없고, 논맹에 참례하지 못하면 융회관통融會貫通하여 중용中庸의 귀추歸趨를 극極할 수 없고, 중용을 극하지 못하면 무엇을 가지고 대본大本을 건립建立하고, 대경大經을 경륜하여 천하의 서書를 읽고 천하의 사事를 논할 것이랴"고 하였다. 왕양명도 문집에서 "성현의 서書에서 간단히 알기 쉽게 요약하여 지키기 쉬운 것을 구하면 대학만한 것이 없다"고 했다.

    왕양명의 사상은 일체가 대학의 자각이요, 대학의 새로운 해설에 불과하다. 양명은 대학을 깨달은 후에야 성인의 도가 자족함을 느꼈다는 것이다.

비판철학

 *1770년 칸트가 46세 때 「감성계感性界와 이성계理性界의 원리와 형식」이라는 논문을 발표하였는데 이 논문에서 대체로 비판철학의 방향은 결정되었다. 그 후 12년의 악전고투를 겪은 후 방대하고 난해한 『순수이성비판』이 처음으로 햇빛을 보게 된 후에야 비판철학이라는 획기적인 철학사상이 성립되는 것이다.

비판철학, 혹은 선험적 관념론은 그 후 많은 철학의 풍부한 원천이 된다. 이 철학은 비판이란 말이 붙듯이 그 당시의 대표적인 두 사조, 대륙의 합리론철학과 영미의 경험론철학을 비판하여 새로운 철학의 길을 열어주자는 것이다. 비판批判이란 비는 붙여준다는 말이고, 판은 깎아낸다는 말이다.

지나치게 부풀어 오른 합리론은 깎아내고, 엉터리없이 모자라는 경험론에는 무엇을 붙여주자는 것이다. 합리론이란 중세기 신학의 계승으로 지나치게 인플레가 되어 공상과 망상의 독단이 된 형이상학을 말하고, 경험론이란 아직 현대화되지 않은 과학의

*5호-7쪽

소아마비적 불균형의 회의론적 근대과학을 말한다.

칸트는 독단의 합리론을 깎아버리고, 싹트는 과학에 학적 체계를 부여한다. 형이상학은 도덕의 세계로 몰아넣고, 자연미신은 학문의 세계로 끌어올린다. 종교는 깎고, 과학은 보태주어 고혈압의 종교도 구해내고, 소아마비의 과학도 살려내자는 것이 칸트가 전 생애를 바쳐 이룩한 『순수이성비판』이다.

더 쉽게 말하면 과학은 언제나 힘은 있는데 눈이 먼 장님과 같아 목적과 방향을 잃기가 쉽고, 종교는 눈은 있는데 힘이 없어서 잔소리만 하는 앉은뱅이처럼 무력해지기 쉽다. 칸트는 장님과 앉은뱅이를 결합시켜서 앉은뱅이를 업고 가는 장님을 만들어, 종교는 과학의 눈이 되고 과학은 종교의 발이 되어, 방향을 가진 과학과 봉사할 수 있는 종교로써 근대의 새로운 인간문화를 형성하자는 것이다.

칸트가 과학에 붙여준 것은 과학의 체계를 세워주는 통일 원리로서의 형식이고, 종교에서 깎아낸 것은 종교를 환상으로 만들어주는 비현실적인 가상假象이다. 칸트는 가상이 나오게 되는 원인을 이성의 지나친 추리라고 진단하였다. 칸트가 이룩하는 첫째 비판은 종교의 세계에 있어서 순수이성의 지나친 월권을 제한하자는 것이다.

순수이성이 감각을 통하여 경험적으로 주어진 것과는 아무 관계없이 저 혼자 추리하면 이것은 자발적이요 필연적이긴 하지만, 경험의 세계와 아무런 관계가 없기 때문에 꿈을 꾸게 되고 망상에 빠져, 그것이 현실계를 지배하면 엉터리없는 월권에 빠지고 만다는 것이다. 그러므로 그러한 발언은 비판하고 제한하여 못하게 하자는 것이 첫째 목적이다. 왜냐하면 인간의 지식이 객관적인 진리가 되기 위해서는 인간의 사유는 언제나 경험적으로 주어진 객관세계와 연결이 되어야 한다. 그런데 사유가 추리할 수 있는 힘을 가지고 제멋대로 추리한 결과를 진리라고 인정한 것이, 칸트 이전의 합리주의 철학의 형이상학적 독단이었다. 그래서 칸트는 이성이 경험과 아무런 관계없이 자기 자신의 필연성에 따라 움직인다고 하는 것을 용납할 수가 없었다. 그 결과 칸트는 사유란 반드시 경험적으로 주어진 것과 결부되어야 한다는 것을 밝히게 되었다. 이것이 칸트가 종교의 세계에 독단을 허락하지 않은 이유이다.

칸트는 그다음에 안개 속에서 방향을 못 찾는 사람처럼 회의에 빠져있는 근대초기의 과학에 대하여 가만히 있을 수가 없었다. 과학은 물론 경험을 넘을 수 없고, 감각의 세계에 결부되어 실험 관찰을 그 방법으로 하고 있는 것이지만 그것만 가지고는 학문이 될 수가 없다. 거기에는 반드시 보편적으로 타당한 어떤 원리가 주어져야 하고, 경험적인 현상세계에 머무르면서 동시에 보편적이고 학문적인 체계가 구성되어야 한다. 이 보편적인 체계는 사람이 만들어내는 것이지 물질에서부터 나오는 것이 아니다.

"모든 인식이 경험과 같이 있지만 경험으로부터 나오는 것이 아니다." 즉 경험이 필요하지만 경험만으로는 안 된다. 경험을 넘어서 경험을 가능케 하는 무엇이 필요하다. 그것을 칸트는 '선험'이라고 한다. 선험은 경험을 가능하게 하는 것이다.

사람의 인식은 경험이 주어질 때에 경험과 같이 움직이는 어떤 선험적인 것이 있다. 밥이 입에 들어가면 입에 침이 있고, 위에 들어가면 소화액이 있듯이 경험내용이 들어오면 감성에서는 직관이라는 형식이 주어지고, 오성에서는 범주(카테고리)라고 하는 형식이 주어진다. 감성은 들어온 내용을 받는 기관이요, 오성은 주어진 내용을 만드는 기관이다. 감성을 입이라고 생각하고, 오성을 위라고 생각하면 된다. 자연이 우리의 지식이 되는 과정은 밥이 살이 되는 과정과 같다. 지식이 되려면 반드시 입의 직관과 위의 사유가 결부되어야 한다.

"직관 없는 사유는 공허하고, 사유 없는 직관은 맹목이다."

입으로 음식물이 안 들어가고 위만 움직여도 빈속만 쓰리고, 반대로 위는 없는데 음식물을 먹어도 들어갈 데가 없으니 답답한 일이다. 그러므로 영국의 경험론이 말하듯이 주어진 경험이 그대로 의식에 반영되어 지식이 되는 것이 아니다. 쌀이 그대로 살이 되는 것이 아니다. 경험적으로 주어진 것이 사유 속에서 소화가 되어야 지식이 될 수 있다. 쌀을 소화시켜 살을 만들듯이 경험을 소화시켜 지식을 만드는 것이 인식이다. 사람이 밥을 소화시키는 것이지, 밥이 사람을 소화시키는 것이 아니다.

인식이 대상을 변화시키는 것이지, 대상이 인식을 만드는 것이 아니다. 태양에 지구가 끌려 다니는 것이지 지구가 태양처럼 자연을 지배하는 것은 아니다. 이 같은 관계를 칸트는 코페르니쿠스의 전환이라고 부른다. 지금까지의 사고방식을 아주 바꾸어 놓았기 때문이다.

다시 말하면 칸트가 알 수 있다는 인식의 세계는 현상의 세계뿐이다. 현상세계란 감각적으로 경험된 내용이 우선 시간 공간이라는 형식으로 직관되고, 그것이 사유의 관여로써 보편적이요 필연적이라고 판단될 때 거기에 성립되는 경험의 세계다. 그러므로 시간 공간을 초월한 세계는 인식의 대상이 될 수 없다. 이것을 칸트는 물자체物自體라고 하는데 물자체는 인식의 대상이 될 수 없다. 시간 공간 안에서 주어진, 경험을 할 수 있는 대상만이 인식의 대상이 될 수 있다. 그것을 넘어서면 사물 자체는 도저히 인식될 수가 없다.

그런데 인간의 의식은 추리할 수 있는 힘을 가졌기 때문에 내적인 상상을 통해서 경험이상의 세계를 알아보려고 하는 욕망을 가지고 있다. 경험에 관계없이 이성이 혼자서 자기의 형식적인 필연성을 전개하여 물자체에 도달하려는 것이 종교적 망상이다. 이성을 제멋대로 내버려두어 경험과 관계없이 독단 독주하게 한 것이 종래의 형이상학이다.

칸트 이전의 형이상학은 이런 망상을 눈치 채지 못하고 이성의 필연적 추리에 자기 자신을 맡겨버리고 말았다. 그 결과 이성은 이럴 수도 없고 저럴 수도 없는 이율배반에 빠져버리고 만 것이다. 이율배반이란 동일한 물음에 정반대되는 두 가지 답변이

나와 어느 것이 참인지 알 수 없는 것이다.

예를 들면 이 우주에 시작이 있을까 하는 물음에 대하여 시작이 있다고 할 수도 있고, 없다고 할 수도 있다. 만일 시작이 없다고 하면 시작이 없는 것이 어떻게 여기에 있게 되었을까가 문제가 되고, 시작이 있다고 하면 언제부터 있는가가 또 말썽이 된다. 그러므로 있다고 할 수도 없고, 없다고 할 수도 없다. 신에 대해서도 마찬가지다. 있다면 어디 있느냐가 문제가 되고, 없다면 언제부터 없느냐가 문제가 된다. 본래부터 없다고 하면 본래부터 없는 것을 어떻게 아느냐 하면 말문이 막히고 만다. 그러므로 이런 문제는 있다고도 할 수 없고, 없다고도 할 수 없다. 우리들은 어느 것이 옳다고 할 권한을 가지지 못했다.

왜 그런 결과가 나타나게 되는가 하면 이 우주의 시작이라고 하는 어마어마한 사실은 우리가 경험할 수 있는 것이 아니다. 마치 어린애들이 자기 엄마가 시집오는 것을 보았다는 것이나 마찬가지다. 그런 경험할 수 없는 것을 인식할 수 있는 대상인 것처럼 생각하여 이성적 추리로써 붙잡으려고 하니까 그런 엉터리 이율배반에 빠지게 되고 만다. 그렇기 때문에 이러한 결과를 일으키지 않게 하기 위해서는 경험할 수 없는 대상, 즉 현상세계를 넘는 대상에 대해서는 일체 생각이나 말을 금해야 한다. 칸트는 엄격하게 인식을 현상계 안에만 한정하고 그것을 넘는 세계에 대해서는 침묵을 지키기로 하였다. 이것은 신이 있느냐 없느냐 하고 질문할 때 침묵을 지킨 석가의 태도와 흡사하다.

인식에는 한계가 있다. 현상계라는 한계가 있다. 시간 공간의 세계, 지금까지 말해 온 현상세계를 자연이라고 한다. 사람이 알 수 있는 것은 자연세계뿐이다. 하나님의 세계를 인간은 모른다. 자연에 관한 보편적인, 필연적인 인식이 자연과학이다. 그러므로 자연과학은 현상계뿐이지, 물자체의 세계는 절대 알 수가 없다. 이렇게 생각할 때 자연과학의 한계가 정해진다. 경험이란 사람이 감성을 통하여 시간 공간으로 제한하고, 오성을 통해 빚어낸 범주로 제한한 것이다. 그런 의미에서 자연과학을 결정하는 가장 중요한 요소는 사람의 인식주관이다.

인식주관이란 소화액을 내는 소화기처럼 시공時空과 범주範疇의 선천적 형식을 가진 선험주관이다. 주어진 자료에 보편성과 필연성을 주어 법칙을 만드는 선험적 주관이다. 이 말은 자연과학을 결정하는 것은 인간이지 물질이 아니라는 것이다. 이리하여 칸트는 인간만이 자연세계를 지배할 수 있고, 자연세계를 넘어설 수 있는 위대한 존재라는 것을 증명한 셈이다.

동시에 인간 이상의 세계인 종교의 세계에 대해서는 인간은 겸손히 무릎을 꿇고 시키는 대로 실천할 뿐이지 감히 그것을 알고 지배하려는 교만을 가져서는 안 된다는 것이다.

여기에서 칸트가 루터의 제자로서 경건한 독일 사람답게 말씀에 복종하는 양심의 인물임을 알 수 있다. 칸트는 루터의 『노예 의지론』을 따라 형이상학적 월권을 경계하고, 실천이성을 통해 신앙을 지킴으로써 또 하나의 인간의 존엄성을 보존하게 된다. 이것이 『실천이성비판』이다. 과학을 창조하는 인간의 존엄성과 신앙에 안심하는 인간의 존엄성을 아울러 차지하자는 것이 칸트의 비판철학이다.

루터

*종교개혁과 문예부흥은 근대문명의 두 원천이다. 종교개혁은 실로 마르틴 루터라는 하나의 인격 속에서 이루어진다. 루터는 인격의 근원을 믿음이라 표현했다. 믿음 없이 인격은 없다. 이 인격에서 자유가 나온다. 인격은 자유의 주체이다. 근대인의 자유는 실로 믿음에 그 뿌리를 박고 있다. 그런 의미에서 루터는 근대에 처음으로 나타난 자유인이다.

루터가 있기 때문에 독일은 유럽에서 하늘을 차지하는 민족이 되었다. 불란서가 땅을 차지하고, 영국이 바다를 차지할 동안 독일은 영광스럽게도 하늘을 차지하게 되었다. 칸트도 신앙의 자리를 얻게 하기 위해서 지식을 제한하러 나왔다고 했다. 괴테가 나오고, 베토벤이 나오고, 수없이 많은 인재가 독일에서 쏟아져 나왔다.

루터가 독일 민족에 끼친 공적은 말할 수 없이 크다. 지금도 10월 31일, 종교개혁 기념일이 되면 온 나라가 다시 깊은 반성

*5호-11쪽

속에서 루터를 되새겨 본다는 것이다. 10월 31일은 루터가 1517년 35세 인생의 절정에 서서 95개조의 법황 반항문을 비텐베르크 성의 교회에 내걸고 로마를 향하여 선전의 대포를 쏜 날이다. 이날은 루터가 가톨릭으로부터 독립하는 날인 동시에 독일이 교황의 지배로부터 독립하는 날이요, 근대가 중세로부터 독립하는 날이다.

오늘도 독일 사람의 약 3분의 2가 루터의 사상으로 살고 있으며 덴마크, 스웨덴, 노르웨이 등 북유럽의 복지국가들도 루터의 사상 속에서 그들의 복지를 발견하고 있다. 기타 서방의 모든 신교국가들이 루터로부터 반항정신을 배웠고, 오직 인간의 내면적 깊이만이 삶의 가장 높음을 보여줄 수 있다고 믿는 사람들이면 누구나, 양심의 고뇌를 꿰뚫은 루터의 길만이 인간에게 한없는 기쁨을 줄 수 있다는 증거를 붙잡게 되는 것이다.

루터는 1483년 독일 남쪽 가난한 시골에서 농민의 아들로 태어났다. 아버지도, 할아버지도, 증조도, 고조도 모두 가난한 농부였다. 루터의 아버지는 나중에 근처의 동광銅鑛이 열리자 그리로 가서 광부가 됐고 용광로의 직공이 되었다가 작은 공장의 공장장도 되었다. 한 때는 작은 읍의 부읍장도 지낸 일이 있다. 그러나 근대 초에 밀려드는 독점자본 때문에 파산의 쓴 잔을 마시기도 했다. 이러한 환경 속에서 루터는 초등학교와 중학교를 나오고 고등학교에도 가지만 어떤 때는 남의 집을 찾아다니면서 구걸하기도 했다. 그러면서 그는 대학을 나오고 대학원도 나왔다.

그는 24살에 우수한 성적으로 석사학위를 받고 대학의 강의도 맡게 되어 의기양양하여 고향으로 돌아오고 있었다. 그런데 갑자기 부딪치는 뇌성벽력에 정신을 잃고 땅에 쓰러져 혼자서 중얼거렸다. "하나님, 저를 살려주세요. 그러면 저는 하나님의 일꾼이 되겠습니다." 무의식중에 튀어나온 이 말 때문에 그는 어거스틴 수도원에 들어가 세상과 담을 쌓고 고해성사로 젊음을 불사른다. 뼈를 깎고 살을 에는 듯한 추위 속에서 밤을 새워가며 단식하고 기도하며, 성탑 골방에서 사색하고 명상하면서 고민과 번뇌로부터 벗어나 보려고 갖은 안간힘을 다했다. 후세 이것을 성탑의 고행이라고 하는데 26세에 그는 종래 이런 결론을 얻게 된다. "사는 것이 문제가 아니다. 바로 사는 것이 문제다. 바로만 살면 인간은 누구나 의인義人이 될 수 있다. 의인이 되면 하나님은 한없이 그를 사랑해주신다. 바로 사는 것만이 내가 할 일이요, 그 밖의 것은 일체 하나님께 맡겨 버리자." 그는 오래간만에 핏기 없는 얼굴에 미소를 지으며 힘 있게 대지를 밟고 일어섰다.

그날부터 그의 생활은 일변하였다. 그의 태도는 씩씩해졌고 그의 말에도 생기가 넘쳐흐르게 되었다. 이것을 알아차린 수도원 부원장이 어느 날 루터에게 조용히 "자네는 여기서 썩을 인물이 아니니 미래의 대성을 위하여 박사과정을 가게" 하고 권유하였다. 루터는 또다시 예상도 안했던 그의 날개를 펴고 박사과정을 밟게 되었다. 루터의 관심은 처음에는 철학이어서 교양학부에서 논리학과 아리스토텔레스의 철학을 강의도 했지만 차차 신학으로 돌아 신학교수가 되고 나중에는 성경연구로 성서강의까지 하게 되었다.

그는 드디어 비텐베르크 성읍의 목사가 되어 성서의 깊은 이해와 시민에 대한 불붙는 사랑과 그의 쉬운 표현에 청중은 언제나 교회에 넘치게 되었다. 그는 라틴어 성서에 불만을 품고 언젠가는 한번 사랑하는 독일말로 성경을 번역하여 독일 사람들의 정신을 그리스도의 정신으로 바꾸어 놓을 결심을 하고, 성서의 원어인 히브리어와 헬라어를 공부하였다. 그는 원어를 통하여 시편을 강의하고, 로마서를 강의하고, 갈라디아서를 강의하였다. 원어의 깊은 뜻을 쉬운 독일말로 번역하여 성서를 생생하게 독일 사람들 가슴속에 불어넣어주었다.

28세 되는 해 다행히도 독일 사람이라면 누구나 원하는 밝은 햇빛이 내려쬐는 남쪽 이태리로 여행을 떠나게 된다. 성직자라면 한 번은 꿈을 꾸어보는 로마순례를 실천하게 된 것이다. 도나우 강변의 푸른 물결을 건너 험준한 알프스를 넘어 이태리 북쪽의 보 강을 건넜다. 그의 앞에 전개되는 문예부흥의 물결, 그러나 순례자 루터는 미켈란젤로나 단테에도 흥미가 없는 듯 오로지 순례자의 정성으로 로마로 발길을 재촉했다. 로마 북쪽 마지막 언덕을 넘어섰을 때 그의 앞에는 디벨 강가의 영원한 서울, 로마가 은빛으로 빛나고 있었다. 그는 두 손을 들고 "할렐루야! 거룩한 도성 로마여!" 하고 부르짖었다. 어거스틴 수도승으로서 무릎을 꿇고 베드로 성당의 계단을 오르내리면서 참회의 기도를 올리는 루터의 마음에는 옛 성도들이 피를 흘리며 지킨 신앙의 모습이 아로새겨지는 동시에 우매한 신도들의 고혈을 빨아먹는 로마교권의 악랄한 모습도 루터의 눈앞에 가려질 수는 없었다.

그는 두 달 후에 다시 집으로 돌아와서 박사논문을 끝내고, 30살이 되는 10월에 박사학위가 수여되어 오늘 독일 사람이 좋아 부르는 '박사 루터'가 되었다. 그 후 그는 깊이깊이 성서를 파고 들어갔다. 그의 깊은 가슴속에 뚜렷하게 하나님의 모습이 나타나기 시작했다. 그와 동시에 하나님 앞에서의 인간의 모습도 드러나기 시작했다. 그는 누구보다도 똑똑하게 인생의 의의와 인간의 할 일을 알게 되었다. 그는 시편 강의를 통하여 새로운 자유인의 생생한 모습을 그려주었다. 동시에 로마서 강의를 통하여 로마교황청에 대한 신랄한 비판도 덧붙였다. "로마는 퇴폐적으로 병들고 음란과 식도락, 사기, 권모, 신의 모독 등 이교시대의 로마제국보다도 몇 배나 더 사치와 타락에 빠져있다. 초대 교회시대보다도 지금의 로마가 훨씬 더 사도의 도움이 필요하다"고 쏘아붙이기도 하였다.

그런데 루터가 31살이 되던 해 독일에는 로마 최고의 대주교가 임명되었는데, 그는 23살의 어린 사람으로 속죄권을 팔아서 돈을 거두어들인다는 청부를 맡고 임명받게 된 것이다. 돈이 짤랑하고 떨어지는 소리와 함께 연옥에서 속죄 받은 영혼들이 천국으로 옮겨간다는 것이다. 속죄권 판매는 전국으로 퍼져가기 시작했다. 로마에 자리 잡고 있는 이태리 사람들의 독일경제 착취가 노골적으로 눈에 띄기 시작하는 근대의 이른 아침이었다.

루터의 나이가 35세 되는 1517년 10월 31일 드디어 그 유명한 루터의 95개조 공박이 위용을 나타내게 된다. 제1조, 예수 그리스도에게 회개하라. 천국이 가까웠다고 말씀하셨다. 제36조, 회개만 하면 완전히 속죄되고, 영원한 생명이 속죄권 없이도 주어진다. 제86조, 베드로 성당을 교황의 막대한 재산으로 지을 것이지 왜 가난한 신도들의 호주머니를 털어야 하느냐, 라는 당당한 조문들이다.

얼마 후에 루터는 어거스틴 승단의 회의에 불려갔다. 그들은 루터의 변명에 도리어 호의마저 보였다. 그러나 파문은 점점 커졌다. 이듬해 6월에는 로마교황의 명령으로 아우크스부르크 독일국회에서 로마 추기경의 심문을 받으라는 명령이 내려졌다. 그해 10월에 그는 추기경을 만나 지금까지의 모든 반박을 취소하라는 권유를 받았다. 그러나 루터는 취소할 수는 없고 다만 앞으로 침묵을 지키겠다고 했다. 추기경 카예탄은 격노하며 취소하든지 그렇지 않으면 다시는 자기 앞에 나타나지 말고 호령하였다. 루터는 그날 밤 몰래 아우크스부르크를 빠져나와 구사일생으로 집에까지 돌아왔다.

그 후로 루터를 지지하는 독일 국민들은 날로 더욱 늘어났다. 로마교회의 불안은 이만저만이 아니었다. 그들은 드디어 루터를 제거할 흉계를 꾸미기 시작했다. 여기에 걸려든 학자가 요한 엑크라는 당대의 명망 높은 신학자였다. 그는 드디어 라이프치히에서 루터와 공개토론을 가지게끔 도전해 왔다. 논제는 두 가지로 로마 법황의 지상권과 백 년 전 화형에 사라진 후스에 대한 의견 진술이다. 루터는 후스에 대하여 이렇게 말했다. 후스의 책 가운데는 로마 교회가 탄핵할 수 없는 기독교적이고 복음적인 내용이 많다고. 이 말로 루터의 운명은 정해진 것이나 마찬가지였다. 화형만이 그를 기다리고 있게 되었다. 그러나 독일국민의 지지는 대단하였다.

그는 『기독교의 개선』, 『교회의 바빌론 포로』, 『기독자의 자유』 등 자기의 입장을 밝히는 책을 계속해서 내고 있었다. 독일 출판부수의 반을 루터가 차지했다. 루터의 인기가 오르기 시작하자 로마 법황도 가만히 있을 수가 없었다. 루터가 38세 되는 해에 파문경고가 내려졌다. 루터는 친구들과 모여 엘베 강변에서 교황의 경고장과 교회의 법규를 불사르고 정식으로 교회에게 반기를 들었다. 교황은 독일 황제에게 루터의 추방을 명하였다. 그러나 황제 카를 5세는 루터를 국회에 소환하기로 한다. 그래서 루터는 보름스로 가게 된다. 보름스의 지붕 기왓장만큼 많은 악마가 있을지라도 나는 가야만 한다고 그는 길을 나섰다. 온 독일의 최고 권력과 최대 금력이 모인 자리에서 교황특사 아레안다는 이렇게 물었다. "네가 쓴 책을 옹호할 터인가, 혹은 그 일부라도 취소할 터인가." 루터는 서슴지 않고 대답했다.

"성서의 근거로 내 책을 반박하지 못하는 이상 나는 취소할 수가 없다. 나는 성서의 말씀을 확신하고 있다. 내 양심은 하나님의 말씀으로 사로잡혀 있다. 양심에 거슬려 행동한다는 것은 참도 아니고 옳은 것도 아니다. 나는 아무것도 취소할 수 없고, 하기도 원치 않는다."

그리고 그는 온 세상이 다 아는 너무나 유명한 말, "여기 나는 서있다. 나는 그 밖에 아무것도 할 수가 없다. 하나님이여, 나를 도우소서"라고 하였다. 여기에 나는 서있다. 어린애처럼 외롭게 그러나 태산처럼 무겁게, 아니 하늘에서 떨어진 불덩어리처럼 타면서 여기에 서있다. 누구든 와서 건드리기만 하라. 불의 심판을 면치 못하리라. 나는 여기 서있다! 있다(존재存在)! 그것만이 그의 전부다. 그 밖의 것은 아무것도 아니다. 그는 아무것도 할 수가 없었다. 아니 할 필요도 없었다. 하나님이여, 그렇게 찾지 않아도 하나님은 벌써 알고 계신다. 그대를 이곳까지 끌고 오신 이가 하나님인데 하나님은 벌써 루터 오기 전부터 아니 영원 전부터 여기 계신다. 그분이야말로 존재 아닌가. 나를 도우소서. 도울 필요도 없다. 벌써 승부는 끝난 것이다. 루터는 벌써 이기고 있었다. 그가 회의실을 떠날 때에는 독일 병사가 승리했을 때 손을 들듯이 두 손을 번쩍 쳐들었다. 그때의 루터는 그의 생애의 절정에 서있었다. 이날 모든 독일 국민은 진심으로 그를 지지했다. 그의 나이가 벌써 40에 가까웠지만 사람들은 그날의 루터를 젊은 루터라고 부르게 되었다.

젊은 루터는 보름스를 뒤로하고 집으로 돌아가고 있었다. 도중에 돌연 5명의 기사에게 습격을 받았다. 루터는 벌써 죽음을 넘어선 사람이었다. 온 백성은 루터가 살해되었다고 비탄에 잠겼다. 그 동안에 루터는 바르트부르크 성에 납치되어 악마와 싸워 가면서 신약성서의 독일어 번역에 심혈을 기울이고 있었다. 루터가 사용한 독일 말은 오늘날 독일의 표준어가 되었다.

루터가 다시 그 모습을 민중 앞에 나타냈을 때에는 독일 국내는 사회적으로, 정치적으로 크게 흔들리고 있었다. 루터를 사모하던 기사대장 짓킹겐이 몰락되어가는 자기들의 지위를 방위하기 위하여 귀족제후에 대하여 반란을 일으키고 루터를 지지하는 농민들은 그들의 경제적 억압을 배제하기 위하여 내란을 일으켰다. 물론 루터는 그들의 편이었다. 그러나 마지막에 가서 농민들의 약탈과 파괴가 격화되자 루터는 그것을 저지하기 위하여 부득이 영주들의 탄압을 요구하게 되었다. 그가 후에 후회한 것처럼 농민의 아들로서는 할 수 없는 일을 지지르고 만 셈이다.

43살 때에는 당시 최대의 휴머니스트 에라스무스의 『자유 의지론』에 반대하여 『노예 의지론』을 저술했다. 그때 루터는 자신의 『노예 의지론』은 자기의 저서 중 가장 핵심적인 것이라고 말했다. 그는 인간의 의지는 부자유한 것으로서 사물에 흔들리는 노예적 의지를 가진 것뿐이기에 신의 은혜로 거듭난 후라야 인간의 행위는 신의 사려와 권능에 순응하여 바로 살 수가 있다고 단정했다. 이리하여 루터는 인문주의와 인연을 끊고 독일 종교개혁운동의 지도자가 된 것이다.

1540년 그가 58세 되던 해에 그의 독일어 성서번역이 끝나 그의 생애의 영원한 사업이 완성된다. 종교개혁의 기본적 작업은 끝났다. 그가 62세 때 슈바이엘 회의는 프로테스탄트를 독일의 공공한 교회로 인정하게 된다. 64세 되는 1546년 그는 객지에서 종교개혁자로서의 자기의 신념을 고백하면서 영원한 본향으로 돌아간다.

그러면 루터의 종교개혁의 근본원리는 무엇이었을까. 종교개혁은 본래 개혁자, 루터의 순수한 개인경험에서 우러나온 내면적인 신앙개혁으로서 그의 근본 특징은 루터의 중심사상을 이루는 두 가지 원리로 표현할 수 있다.

첫째는, 사람이 신에 의하여 바른 사람이라고 인정받게 되는 것은 오직 내적인 신앙만으로 되는 것이지 그밖의 도덕적 행위나 성례전이나 의식은 이것과는 아무런 상관도 없다는 것이다. 종교의 본질은 신과의 내면적 관계요, 외적인 교회제도나 의식은 아무것도 아니다. 그러므로 제도나 의식이 신과의 내적 관계에 도움이 되지 않거나 방해가 될 때는 일체를 배제하여야 하며 특히 승려, 사제계급 같은 신분은 본래적인 것이 아니며 신 앞에 만인은 평등이요, 사람은 누구나 사제가 될 수 있다. 이것이 루터의 기본사상이요, 종교개혁의 근본원리의 하나다.

둘째는 성서를 하나님의 말씀으로 존중하는 성서주의이다. 이것은 교회의 전승으로 성경을 해석하는 전통주의와 대립된다.

성서야말로 신앙의 중심이 되는 신의 은총과 신앙의 내용이 되는 진리를 계시해주는 신의 말씀이다. 이 두 가지 원리에 의하여 사제를 필요로 하는 가톨릭교회의 제도와 대립하고 금욕과 도덕을 권장하는 수도원을 부정하게 된다. 루터는 직업에는 귀천이 없고 노동은 신성하며, 일상적인 세속생활 속에 신의 축복이 있음을 믿었다. 루터도 수녀 카타리나와 결혼을 하고 세속적인 하나의 직업으로서 교회를 섬기게 된다.

한마디로 말해서 루터는 특권의 종교를 평민의 종교로 바꾸어 놓았다. 루터에겐 아무런 권위도, 권력도 없었다. 다만 아무도 가지지 못했던 이상과 사명감을 가지고 흔들리지 않는 반석 위에 서있었다. 이 반석은 아무에게도 부정될 수 없는 것으로 이 세상의 권위와 권력보다도 훨씬 우세한 것이었다. 이 반석을 그는 그리스도이신 하나님의 말씀이라 하였다. 그는 하나님의 말씀 속에서 진리를 발견하고 이 진리 속에 생명을 내걸고 뛰어 들어갔다. 이 진리의 바다 속에서 그는 힘 있게 약동하는 생명을 붙잡을 수 있었다. 그는 이 생명을 자기 마음속에 깊이 간직하고 이 마음을 양심이라고 했다. 이 양심은 우리가 흔히 생각하는 주관적인 것이 아니다. 가톨릭의 세계적인 권위를 쳐부술 수 있는 강력한 것이었다. 루터는 언제나 내 양심은 신의 말씀으로 사로잡혀 있다고 하였다. 신의 말씀에 사로잡힌 양심 속에서 루터의 자아는 비로소 자유를 느끼게 되었다. 루터의 생애와 사업의 비밀은 이 자유 속에 있었다. 이 자유는 신의 말씀에 사로잡힌 양심 속에서만 가능했다. 신의 말씀이 강하면 강할수록 사람의 자유도 커진다. 사로잡힘과 자유함, 이 모순된 두 개념이 하나로 뭉친 곳에 루터의 인격이 완성된다.

　그의 저서 가운데 가장 중요한 『노예 의지론』과 『기독자의 자유』도 이 정신의 표현이라고 할 수 있을 것이다. "인간의 의지는 그 자체가 본래 자유로운 것이 아니다. 그것은 신에게 지배되든지 그렇지 않으면 악마에게 지배된다." "기독자는 모든 것 위에 자유로운 주인으로 아무것에도 매여 있지 않다." 이런 것은 모두 루터의 모순된 두 개념의 논리적 표현이라고 할 수 있다. 이 모순을 하나로 감싸주는 신의 은총이 신앙이다. 사람은 신앙을 통해서 능히 이 모순을 극복할 수 있다. 자기의 생명을 포기하고 신의 생명에 돌입할 때, 자기의 뜻을 포기하고 신의 뜻에 복종할 때, 인간은 신의 자유를 누릴 수가 있다.

　루터가 신의 전능과 신의 전지를 깨달았을 때 인간은 자기의 뜻대로 사는 것이 아니고, 인간의 힘으로는 어떻게 할 수 없는 어떤 필연성에 의하여 살아가게 된다는 결론을 얻게 되었다. 조개 속에 들어간 모래알이 진주의 핵심을 이루듯이 필연성의 의식이야말로 자유성의 핵심인 것이다. 루터의 필연성의 인식은 인간의 한계에 대한 깊은 자각이다. 이 내면적인 자각 속에서 새로운 창조는 시작된다. 이 내면적 자각 없이는 어떠한 사회의 변화와 형성도 다만 외면적이요, 피상적인 것에 불과하고, 아무런 영속성과 사회복지의 실현도 보장되지 않는다. 그곳에는 텅 빈 사회적 조건의 결합이 있을 뿐이요, 산 정신을 찾아볼 수 없다. 다만 프로테스탄트가 말하는 하나님의 섭리, 곧 신의 말씀으로 사로잡힌 양심에 의하여 새로운 창조가 이루어지기 전에는 낡은 권위와 묵은 권력에서 해방될 수 있는 자유는 없을 것이다.

섭리에 사로잡힌 양심이란 현대적으로 표현하면 자기를 필연의 객체로 인식하는 것으로, 구체적으로는 자기를 목석으로 느끼기 전까지는 자기에게는 아무런 생명의 약동을 느낄 수가 없다는 것이다. 인간이 목석이 될 때, 그때 인간은 자유로울 수가 있다. 인간이 죄에 대하여 죽을 때 인간은 그리스도와 같이 부활할 수가 있다. 죽음에 대한 자각이 깊어지면 깊어질수록 인간의 삶에 대한 감각은 높아질 수 있다.

죄에 대한 죽음, 이것을 루터는 신앙이라고 한다. 그리스도인의 가장 궁극적인 본질은 죄로부터 해방되는 일이다. 그것 없이는 맛 잃은 소금이요, 기름 없는 등불이다. 죄로부터의 해방, 여기에 루터의 인격이 형성되고 모든 힘이 솟아나온다. 신앙으로 루터는 세상을 이길 수가 있었고, 세상을 초월할 수 있었다. 이 승리와 초월 속에서 세상에 대한 자유가 확보되고, 또 세상을 위하여 필요한 자유를 줄 수도 있었다. 이 신앙만이 루터의 독특한 지위와 사명의 기초가 된다.

루터는 혈액순환이나 만유인력의 법칙이나 신세계의 발견 같은 위대한 공적을 세우지는 못했다. 그는 역사적 지식이나 철학에 있어서도 보통을 넘어서지는 못했다. 그의 문학작품도 실로 루터를 대표할 만한 것은 아무것도 없었다. 단테 자신이라고 하는『신곡』이나 괴테의 인격이라고 하는『파우스트』같은 것을 루터는 내놓지 못했다. 그의 커다란 업적을 들라면 성서번역 정도가 최대의 업적이라고 할 수 있을 것이다. 그러나 루터에게는 힘이 있었다. 이 힘으로 말도 하고, 글도 쓰고, 일도 하였다. 이 힘이 루터의 루터다운 가장 핵심적인 것이다. 모든 사람은 나면서부터 그 속에 루터를 가지고 있다는 속담과 같이 누구나 사람이라면 그 속에 하나의 힘을 가지고 있을 것이다. 그것을 양심이라고 하건, 신앙이라고 하건, 그것은 개인과 사회를 역사적으로 연결시켜주는 가장 내면적이고 주체적인 것이다. 이것이 없을 때 사회나 정치의 움직임은 모두 피상적인 것이요, 일시적인 것으로 개인과 사회는 서로 아무런 도움도 주지 못하고 역사의 흐름 속에 하나의 물거품이 되고 만다.

루터는 아무런 권위나 권력도 없었다. 그러나 그 속에는 하나의 힘이 불타고 있었다. 이 힘은 언제나 천명과 직결되어 있었다. 루터의 신앙이란 천명과 직결된 힘을 말한다. 천명이란 하나님의 말씀이라고 해도 좋고, 그리스도라고 해도 좋고, 성령이라고 해도 좋다. 역사의 배후를 꿰뚫고 있는 강한 힘이다. 이 힘에 부딪칠 때 사람은 하나의 사명감을 가진 사람답게 아무것도 무서워하지 않는 역사적인 자유인이 된다. 이 자유에 부딪칠 때 교황의 거짓은 흔적도 없이 타버리고 민중의 상처는 자리도 없이 아물게 된다. 여기에 새로운 희망과 기쁨이 터져 나오는 원동력이 있다.

그런 의미에서 480여 년 전의 루터는 근대의 새아침을 알려주는 하나의 우렁찬 종소리였다. 루터의 대표작 『기독자의 자유』에는 이런 구절이 있다.

"그리스도인은 자기를 위해서 사는 것이 아니라, 진리와 이웃을 위해서 산다. 믿음으로는 그리스도와 같이, 사랑으로는 이웃과 같이 사는 것이다. 그는 믿음을 통하여 자기를 넘어서 신에게 도달하고, 사랑을 통하여 자기를 바쳐서 이웃과 같이 있다. (……) 보라, 이것이 참되고 영적인 그리스도인의 자유다. 그것은 하늘이 땅보다 높은 것처럼 이 세상의 모든 자유보다 한없이 높은 것이다."

【오 - 늘】

▶ 1월 3일 연말은 망년회라고 정신없이 헤매고, 연초는 세배하느라고 정신 빠져 돌아다닌다. 아침은 아침이라고 늦잠 자고, 저녁은 저녁이라고 늦잠 잔다. 코리안 타임이라고 불리듯이 시작하는 시간은 으레 늦고, 끝날 때는 일찍 끝난다. 시작과 끝은 생선처럼 거두절미去頭截尾하고 생선 가운데 토막만 먹으려고 한다. 그러나 하나님은 알파와 오메가다. 정신은 시작과 끝에 있다. 시작이 절반이요, 끝은 아름다운 것이다. 시작과 끝을 가진 사람은 하나님의 아들이요, 시작과 끝을 잃은 사람은 고기 덩어리요, 남에게 먹히고 만다. 연말과 연시를 정신 차리고 보내는 사람만이 이 나라를 빛낼 수 있다.

▶ 1월 6일 유성을 가다. 시골에 두 호텔이 높이 솟아있다. 눈이 와서 계룡산은 못 가고 그대로 돌아왔다.

▶ 1월 10일 칸트의 『실천이성비판』을 읽고 나서 칸트는 루터의 제자라고 느꼈다. 루터를 읽기 시작했다. 기독자는 왕이요, 동시에 노예라고 하는, 『기독자의 자유』부터 시작하다. 그리고 『탁상어록』도 읽어 보았다. 그는 신에 대하여 이렇게 말한다. "플라톤의 신은 무無요 전부다"라고. 신은 보이지 않으니 무요, 만물은 신이 지은 바니 전부다. 그러나

*5호-19쪽

신은 부분을 통해서는 알 수 없다. 신은 사색을 통해서는 모른다. 신은 전체를 통해서만 알 수 있다. 고로 그리스도는 나를 본 자가 신을 보았다고 한 것이다.

▶ 1월 15일 『사색』 3호, 4호를 한꺼번에 발송하다.

▶ 1월 20일 한 100부 가량 주소 불명으로 돌아왔다. 『사색』 3, 4호를 받지 못한 사람은 와서 찾아가기 바란다.

▶ 1월 27일 『대학』 강독이 끝났다. 12월 16일부터 시작하여 매 수요일마다 계속했는데 100여명의 학생이 참석했다. 17년 전에 우리 말로 옮겨 놓았던 『대학』을 이번에 꺼내 보고 그대로 실었다.

▶ 1월 30일 3월부터 칸트강독을 위하여 비판철학을 썼다. 아무리 쉽게 써보려고 해도 좀처럼 쉬워지지 않는다. 비판이란 본질적인 것을 가지고 비본질적인 것을 비판하는 것이다.

▶ 2월 2일 칸트를 읽어 보니 칸트는 독일의 종교와 불란서의 철학과 영국의 과학을 합친 것 같다. 루터의 신앙과 루소의 인생관과 뉴턴의 자연관을 합쳤다고도 볼 수 있다. 그래서 우선 루터의 생애와 사상을 간단하게 적어 본다.

▶ 2월 3일 '시간은 인식주관의 형식'이란 말을 우리말로 고쳐서 〈세월에는 세월이 없다〉고 했다.

노자 제5장   늙은이 5월

천지불인天地不仁하여 이만물위   하늘땅이 어질지 않은가. 잘몬
추구以萬物爲芻狗라.   을 가지고 꼴개를 삼으니.
성인불인聖人不仁하여 이백성위   다스리는 이 어질지 않은가. 씨
추구以百姓爲芻狗라.   알을 가지고 꼴개를 삼으니.
천지지간天地之間은 기유탁약호   하늘땅 새는 그 또 풀무나 같구
其猶橐籥乎아.   나.
허이불굴虛而不屈이요, 동이유출   비었는데 쭈그러들지 않고, 움
動而愈出이라.   직여서 움질움질 나오건.
다언삭궁多言數窮이니 불여수중   많은 말이 막히니 가온직힘만
不如守中이라.   같지 못.

                                     유영모의 노자 해석

 *늦은 가을, 들에 나가보면 만물이 마르고 떨어져 천지가 돌보지 않은 것만 같다. 그러나 그런 것이 아니다.

 아담 하와가 에덴동산을 쫓겨나는 것을 보니 하나님도 사랑이 없는 것 같다. 그러나 그런 것이 아니다.

 하늘과 땅 사이는 한없이 넓어서 텅 빈 것 같으나 그 속에는 천천 억억의 천체로 가득 차 있고, 넓은 대지에는 아무것도 없는

*5호-20쪽

것 같으나 한없는 생명이 꿈틀거리고 있고, 사람의 머리에는 아무것도 없는 것 같으나 무수한 생각이 흘러나온다. 마치 풀무간의 풍구처럼 텅 비었서도 쭈그러들지도 않고 움직이기만 하면 얼마든지 쏟아져 나온다. 이것이 하나님의 사랑이다. 하나님의 사랑은 말로 해서 알 수 있는 것이 아니다. 하나가 될 때 비로소 하나님의 사랑은 알 수 있게 된다.

하나가 된다는 것은 내가 나 된다는 말이다. 강아지가 강아지 될 때 강아지는 하나님의 사랑을 알 수 있을 것이다. 산이 산 될 때, 강이 강 될 때, 산과 강은 하나님의 사랑을 알 수 있을 것이다. 산은 이미 산이요, 강은 이미 강인데 만일 사람이 아직 사람이 못되었다면 그것은 하늘처럼 비어야 할 마음이 막혀서 그렇다. 마음이 텅 비어 속이 뚫리면 사람은 하나의 허공이요, 하늘이다. 사람의 마음이 허공이 될 때 사람은 비로소 사람이 된다.

김흥호 풀이

월간 사색 제5호
1971년 3월 1일 발행
2013년 3월 1일 재발행

생각하는 사람의 벗이 될

1971년 4월
제 6 호

하늘에는 하늘이 없다

*하늘에 하늘이 있는 것이 아니다. 땅 속에 하늘이 있다. 사유는 법 안에 있는 것이지, 법 밖에 있는 것이 아니다. 플라톤은 현실을 떠나서 이상이 있는 줄 알았다. 그러나 칸트는 현실을 떠난 이상은 공상에 불과하다고 생각했다. 공기의 저항을 받아야 새가 날 수 있는 것처럼 현실의 저항을 받아야 인간의 참된 자유는 이루어진다.

옛날부터 영원은 찰나 속에 있다고 한다. 찰나 속에 있는 영원이라야 참된 영원이다. 희랍종교는 찰나 밖에서 영원을 찾다가 망하고 말았다. 기독교는 언제나 현실 안에서 이상을 찾았다. 나

*6호-1쪽

를 본 자가 하나님을 보았다고 한다. 하늘의 뜻을 하늘에서 이루자는 것이 아니다. 하늘의 뜻을 땅에서 이루자는 것이다.

땅속에서 금덩이를 찾아내듯이 죽음(십자가) 속에서 생명(부활)을 찾자는 데 참삶이 있다. 죽고자 하는 자는 살고, 살고자 하는 자는 죽는다. 진리가 너희를 자유롭게 하리니 너희가 진리 안에 거하면 참자유가 있으리라.

유교에서는 지성이면 감천이라고 한다. 매일 꼭꼭 자기 할 일을 정성스럽게 하는 이에게만 무한한 행복이 있다는 것이다. 세상에는 할 일을 버리고 자유를 찾는 사람이 있다. 그런 사람은 하늘에서 하늘을 찾는 사람이다. 내가 하늘로 가는 것이 아니다. 하늘이 내게로 온다. 하늘나라는 가까웠다. 하늘에서 자유를 찾으려고 하지 말고, 내 안에서 하늘을 찾자. 물속에서 뛰는 물고기처럼 자기 힘 안에서 살면 그곳에 생명의 약동이 있다. 그곳에 행복이 있고, 자유가 있고, 축복이 있고, 기쁨이 있다. 하늘나라가 여기 있다, 저기 있다 하지 마라. 하늘나라는 너희 안에 있느니라.

> 유영모의 말씀
>
> 주인 손 맞 손 주인 찾
> 주인 췬 일 손 손 질
> 손 안 주인 일 본 손
> 주인 손

*이상과 현실이 하나가 됨을 도道라 하고, 주관과 객관이 하나가 되면 진리라 하고, 신과 인간이 하나가 되면 생명이라고 한다.

주인이 손을 맞고, 손이 주인을 찾는다. 주인 노릇하기도 쉬운 일이 아니다. 사물의 주인이 되고, 마음의 주인이 되고, 집안의 주인이 되고, 나라의 주인이 되고, 자연의 주인이 된다. 인간은 확실히 주인 노릇하기 위해서 태어났다. 어디서나 주인이 되면 선 자리가 그대로 참이라고 한다.

그러나 손을 만나기 전에는 주인이 될 수 없고, 주인 노릇을 할 수도 없다. 남의 손이 되어준다는 것도 쉬운 일이 아니다. 하나님의 손이 되고, 나라님의 손이 되고, 친구의 손이 되고, 어린애의 손이 되고, 나그네의 손이 되고, 가난한 자의 손이 되고, 짓밟힌 자의 손이 되고, 눈먼 자의 손이 되고, 포로 된 자의 손이 되

*6호-2쪽

고, 상처 받은 자의 손이 되어야 한다. 모든 사람의 손이 되어주자고 이 세상에 온 것이다.

    주인은 손을 맞이하고, 손은 주인을 찾아 헤맨다. 주인에게는 언제나 쥔 일이 있고, 손님에게는 어디나 손질할 일이 있다. 주인은 손을 이해하고, 손은 책임을 완수한다. 주인과 손이 하나가 될 때 길은 열리고, 진리는 빛나고, 생명은 푸르다. 인생은 만남에서 이루어진다고 한다. 꼭 주인손과 해놓은 일이 인생의 앞날을 약속해 줄 것이다.

김흥호 풀이

중용

*중中은 가운데 중 자인데 주머니라는 말이고, 용庸은 쓸 용인데 모든 사람들이 쓰도록 나눠준다는 말이다.

일본 도쿄에서는 시골의 신선한 공기를 비닐주머니에 넣어서 도심지에 들여와 판다고 한다. 공기가 탁해지고 물이 더러워지고 인심이 살벌해지면 신선한 공기건, 깨끗한 샘물이건, 평화의 복음이건, 무엇이건 갖다가 나눠주어야 한다.

공자가 주머니에 꼭 묶어서 모든 사람들에게 나눠주고자 한 것은 '한울'이라는 것이다. 더럽게 좁아터진 사람들에게 한없이 새롭고 신선한 하늘을 한 아름씩 안겨주자는 것이다. 옛날부터 중中은 꼭꼭 묶은 필연적인 정도正道라고 하였고, 용庸은 누구나 쓸 수 있는 보편적인 정리正理라고 해왔다. 중용을 한마디로 도리道理라고 해둘까.

공자는 하늘이란 말을 때로는 빛이라고 번역하기도 한다. 하늘의 중심이 태양이어서 프로메테우스가 태양으로부터 불을 갈

*6호-3쪽

대에 붙여다가 세상을 밝혀주듯이, 공자도 세상을 밝혀주는 빛을 문文이라고 한다. 공자와 그의 일행이 악당들에게 포위되어 죽게 되었을 때 공자만은 태연자약하게 악기를 연주하고, 노래를 읊어 같이 가던 친구들을 위로해주었다. 제자들이 놀라서 어떻게 그럴 수가 있느냐고 묻자, 공자는 하늘이 사람에게서 문文을 빼앗아버린다면 모르지만 문을 사람들에게 허락하신다면 문왕 이후 오백 년 만에 처음으로 문을 지니고 있는 나의 생명을 끊어버릴 이치가 없다고 말했다. 공자는 자기 속에 간직한 문이 인간을 인간답게 만드는 가장 본질적인 요소라고 하여 나중에는 인仁이라는 글자로 표시하기도 한다. 문文을 지적으로 표현하여 문명이라 하든, 정적으로 표현하여 인仁이라고 하든, 의지적으로 표현하여 도道라고 하든, 아무튼 인간을 인간답게 하는 가장 궁극적인 것이다. 유대 사람들이라면 이것을 하나님이라고 하겠지만 중국 사람들은 이것을 하늘이라고 한다.

끝없이 높고, 넓고, 밝은 하늘을 생각할 때마다 그들이 거기서 찾아낸 성질은 끝없이 올라가는 발전성과, 한없이 넓게 우주를 포섭하는 통일성과, 눈이 부시도록 밝은 합리성이다. 발전성을 도심道心이라 하고, 통일성을 정일精一이라 하고, 합리성을 집중執中이라고 한다. 주자는 천명솔성天命率性을 도심이라 하고, 택선고집擇善固執을 정일이라 하고, 군자시중君子時中을 집중이라 한다고 중용장구中庸章句에 썼다.

도심이니, 정일이니, 집중이니 하는 말은 주자가 처음으로 한 말이 아니다. 반신반인半神半人이 천하를 다스렸다는 태고로부터 제왕이 나라를 전할 때마다 일러 내려왔다는 것이다. 요임금이 순임금에게 전해줄 때나, 순임금이 우임금에게 전해줄 때도 똑같은 말을 했다고 한다. 도심유미道心惟微 유정유일惟精惟一 윤집궐중允執厥中이란 말인데 이것은 태초로부터 지금까지 모든 임금들이 나라를 물려줄 때마다 전해준 말이라고 한다.

공자가 전해주고 싶은 것도 이것이요, 공자의 손자 자사子思가 중용이라는 책을 쓰게 되는 이유도 이것이다. 한마디로 말해서 하늘이라고 하지만 어디나 있기에 보편적이요, 보는 사람만 볼 수 있기에 필연적이다.

중용에는 비이은費而隱이라고 했는데 공연한 비밀이라는 것이다. 신神이라고 해도, 진리라고 해도, 생명이라고 해도, 도라고 해도 모두 공연한 비밀이다. 누구에게나 나타나 있으며 어느 누구에게도 가려져 있다. 사과가 떨어지는 것은 누구나 볼 수 있지만 뉴턴이 나타나기 전에는 아무도 못 본 것이다. 이 공연한 비밀을 모든 사람들에게 한번 보여주자는 것이 공자의 생각이다.

중용은 공자의 생각의 결정結晶이라고 한다. 모두 108자밖에 안 되는 짧은 글이다. 우선 우리말로 옮겨 본다.

하늘을 밝혀 보자는 것이 나의 마음이다(천명지위성天命之謂性). 이 마음이 이루어져야 사람구실을 한다(솔성지위도率性之謂道). 사람이 된 후에야 다른 사람을 지도할 수 있지 않겠나(수도지위교修道之

謂教). 사람됨이란 잠깐도 떠날 수가 없는 것이다(도야자불가수유리야道也者不可須臾離也). 떠나면 사람이 아니다(가리비도야可離非道也). 그러므로 사람은 남이 보건 안 보건, 남이 듣건 안 듣건, 그런 것을 문제 삼아 떨거나, 삼가거나 하는 것이 아니다(시고군자是故君子 계신호기소부도戒愼乎其所不睹 공구호기소불문恐懼乎其所不聞). 세상에는 비밀이 없는 것이니 숨은 것이 드러나지 않는 것이 없고, 적은 것이 나타나지 않는 법도 없다(막견호은막현호미莫見乎隱莫顯乎微). 그래서 군자는 언제나 자기를 문제로 삼는다(고군자신기독야故君子愼其獨也).

희로애락을 넘어서서 감정에 끌려 다니지 않고 하늘을 내 속에 집어넣어 철이 든 인생을 중이라고 한다(희로애락지미발喜怒哀樂之未發 위지중謂之中). 주머니를 풀어서 모든 사람들에게 하늘을 불어 넣어주어 살려내는 것을 화라고 한다(발이개중절위지화發而皆中節謂之和). 주머니 속에 하늘을 집어넣는 것이 이 세상에서 제일 중요하고(중야자中也者 천하지대본야天下之大本也) 주머니를 풀어 사람들을 살려냄이 가장 귀한 일이다(화야자和也者 천하지달도야天下之達道也). 나와 남이 하나가 되면 하늘땅도 기뻐하고 만물이 춤을 추리(치중화致中和 천지위언天地位焉 만물육언萬物育焉).

공자의 생각은 한마디로 사랑이다. 한문자로 인仁이라고 하지만 인은 어질다는 말로서 인간의 존엄성이라는 말이다. 인간의 존엄성을 찾는 것이 성性이요, 그 존엄성을 이루는 것이 도道

요, 이 존엄성을 전하는 것이 교敎이다. 선생님 속에서 불붙던 것이 내 속에서 타오르고, 내 속에서 타던 불이 제자 속에서 불붙을 때 중국 사람들은 이것을 도통道統이라고 한다. 이 도통을 위해서 중용이 쓰여졌다고 한다.

경經은 본래 공자의 말씀이고 전傳은 자사子思의 말로 32장으로 되어있다. 자사는 공자의 친손자요, 증자의 제자요, 맹자의 스승이다. 어려서 공자의 가르침을 직접 듣기도 하였다. 깊이 생각하는 버릇이 있어 유교 경전 가운데 가장 철학적인 중용을 쓰게 되었다. 정자程子는 중용을 공문전수孔門傳授의 심법心法이라고 하였고, 주자朱子는 장구章句를 지어 사서四書의 하나로 추대하였다.

자사는 중용을 신의 경지라고 확신하여 그것이 구체적으로 표현된 것이 성인 공자라고 생각했다. 공자는 제멋대로 살았으나 길을 벗어나시 않았다고 한다(종심소욕불유구從心所欲不踰矩). 공자의 인격 속에서 도의道義와 정욕情欲은 어긋나지 않았다. 힘 있는 데까지 일하고 필요한 만큼 썼다. 일하는 것이 그대로 노는 것이요, 노는 것이 그대로 일하는 것이다. 아는 것이 그대로 사는 것이요, 사는 것이 그대로 아는 것이다(자명성자성명自明誠自誠明). 우리들에게 있어서 모순되는 두 개념이 공자에게 있어서는 아무런 모순 없이 아름답게 통일되어 있었다. 공자에게는 있는 것이 없는 것이요, 없는 것이 있는 것이다. 공자는 상대를 초월하여 하늘과 같이 높고 밝으며, 땅과 같이 넓고 두터우며, 인간의 순수로서 영원불멸의 절대였다.

　그런 의미에서 공자는 진리의 화신으로 말씀을 이룬 성誠이요, 인간의 본성인 사랑과 지혜와 정의와 예절을 완성한 성인이다. 공자는 행실 안에서 말하고, 말 안에서 행한 언행이 일치하고, 아는 것과 행하는 것에 아무런 거리낌이 없는 생지안행生知安行의 표본이었다. 이러한 완성의 경지는 처음부터 그렇게 되는 것이 아니다. 무한한 노력을 한 끝에(성지자인지도야誠之者人之道也) 완전한 경지에 도달하게 된다(성자천지도야誠者天之道也). 맨 처음에는 억지로 배우고 애써서 행하여야(곤지면행困知勉行) 하지만 점차로 눈이 뜨이고 요령이 생기면 웬만큼 배우면 알게 되고, 습관이 되면 저절로 행하게 된다(학지이행學知利行). 다른 사람이 한 번 하면 자기는 백 번하고 다른 사람이 열 번 하면 자기는 천 번하여 노력에 노력을 쌓으면 아무리 미련한 놈도 명철하게 되고, 아무리 약한 놈도 강해져서, 종당은 지강지대의, 저절로 알고 스스로 행하는 생지안행生知安行의 진성盡性의 경지에까지 도달할 수 있다는 것이 자사의 생각이다. 자사의 말이 너무도 진실하여 이 글을 읽는 이마다 발분망식發憤忘食하고 남이 한 번 하면 나는 백 번이고 천 번이고 노력하여 기어코 성인이 되어 천지화육天地化育에 참여하고 우주와 더불어 하나 된 자가 그 얼마이었던가.

　중용은 실로 공자의 본질이요, 유교의 극치라고 할 수 있을 것이다. 종교란 남을 가르치는 일인데 도에 통하지 않고서는 남을 가르칠 수가 없을 것이다. 도라고 함은 요사이 말로는 전공이겠지만 유교에서 볼 때에는 사람 되는 것이다. 사람 된다는 것이 쉽다면 그렇게 쉬운 것이 없겠지만 또 어렵다면 그렇게 어려운 것이 없을 것이다. 결국 어렵다가 쉬워지는 것이겠지만 무엇이나 쉬워지면 도에 통한 것이다.

옛날부터 평범한 것이 도라고 한다. 도가 무엇이냐 물으니 밥 먹고 잠자는 것이 도라고 대답하였다고 한다. 묻는 사람이 어이가 없어 밥 못 먹고 잠 못 자는 사람이 어디 있느냐고 했더니 사람들은 밥을 먹는 것이 아니라 밥에게 먹히어 병이 들고, 잠자는 것이 아니라 꿈만 꾸다가 죽고 만다고 했다.

도를 보통 길이라고 하는데 도가 무엇이냐고 물었더니 소도 가고, 말도 간다고 대답하였다고 한다. 소도 가고, 말도 가는 천지의 대도가 도임에 틀림없다. 천인합일天人合一의 사상이 중용의 근본사상이다. 도에 통했다는 말은 결국 평범한 사람이 되는 것이다. 그런데 평범한 사람이 되려면 비범한 고개를 넘어서야 한다. 비범한 고개를 보통 사선을 넘는다고도 말하지만 한번 사선을 넘어섬은 진성盡性이라고 한다. 사람이 한번 사선을 넘어서기 위해서는 천명이라고 할까, 절대자라고 할까, 어떤 근원적인 것에 부딪쳐야 한다.

세상에는 유교가 종교인가 의심하는 사람들이 있지만 나는 유교야말로 종교로서 갖출 것을 다 갖추고 있다고 생각한다. 유교는 한마디로 지성감천至誠感天이다. 말씀을 사는 것이 그대로

중용 231

하늘을 사는 것이기 때문이다. 아무런 기적도, 신비도 없지만 인간의 존엄성을 이처럼 높이 드러낸 종교가 또 있겠느냐고 감탄하여 공자의 사당을 짓고 평생을 예배했다는 불란서의 볼테르를 통하여 얼마나 많은 영향을 칸트가 받았을지는 생각하고도 남음이 있다.

유교에는 교회당도 없고 승려도 없다. 다만 공자의 말씀이 전해지는 곳에는 가정이 교회당이요, 아버지가 승려이다.

중용은 한마디로 힘 있는 만큼 일하고, 필요한 만큼 쓴다고 했는데 그 원형은 결국 가정에서만 찾아 볼 수 있을 것이다. 부모는 힘 있는 데까지 일하고 자녀는 필요한 만큼 쓰기 때문이다. 그런 가운데 아무런 불평도 불만도 없다. 그저 기쁘고 즐겁기만 하다. 이것이 사랑의 세계다. 중용은 사랑(인仁)의 터전 위에 피어난 아름다운 꽃이라고나 할까.

칸트

*칸트의 무덤에는 "머리 위에 별바다, 가슴 속에 도덕률"이라고 새겨져 있다. 이것은 우주를 창조하신 신의 영광과 문화를 창조한 인간의 존엄을 나타내는 말이다. 본래 키가 작고 몸이 약하여 30세도 살기 어렵다고 생각됐던 칸트가 산책과 사색으로 육체도 보존하고 정신도 발전시켜 '근세의 소크라테스'라는 영예를 차지하며 80평생을 살았다. 일생 독신으로 하루 한 끼를 먹고 살았다고 한다. 어린애를 좋아하는 다정한 사람으로 그가 죽었을 때에는 수 없이 많은 사람들이 그의 집을 찾아왔고 장의 행렬에는 온 시민들이 줄을 이어 따라갔다. 어떤 귀부인은 칸트가 죽었다는 말을 듣고 이런 말로써 그를 추모했다고 한다.

"철학자 멘델스존을 일체의 파괴자라고 부른 그분, 우리들의 사고방식을 근본적으로 뒤집어 놓은 그분이 세상을 떠났다. 내가 그분을 안 것은 그분의 책을 통해서가 아니다. 그분의 철학은 나의 이해력을 훨씬 넘어서 있기 때문이었다. 그러나 나는 내 동생

*6호-7쪽

카이젤링크 백작 집에서 여러 번 그를 만났다. 총명한 백작 부인은 언제나 그분 모시기를 즐겨하였다. 나는 가끔 거기서 선생님이 늘 다정하게 이야기하고 계시는 것을 보았다. 그때 나는 그분이 그렇게 굉장하게 철학계를 뒤집어엎은 심원한 사상가라는 것은 꿈에도 몰랐다. 언제나 자기의 주장만은 명백하게 설명을 하셨는데 가끔 가벼운 풍자를 섞기도 했지만 우아한 유머가 줄을 지어 튀어 나왔다. 얼굴 표정은 언제나 근엄하여 더욱 흥을 돋아 주었다."

72세까지 강의를 했는데 마지막 강의 시간에는 한 발에만 구두를 신고 다른 한 짝은 신는 것을 잊어버렸다고 한다. 그래도 저술은 그 후에도 2년간이나 더 계속되었다. 69세 때에는 『이성의 한계 내에서의 종교』라는 책이 말썽을 일으켜 국교에 대한 반동으로 몰려, 국왕의 명령으로 종교에 관해서는 일체 집필과 강의가 금지되었다. 일생을 자유로운 사상가로 살았으며 그의 자유에 대한 애착은 프랑스혁명을 예찬하고, 미국의 독립을 지지한 진취적인 사상가였다.

나이 많아서는 그렇지 않아도 연약한 몸이 노쇠하여 가끔 넘어지기도 했다. 그러나 몸이 너무 가벼워서 별로 상처가 없었다고 농담을 했다. 책을 보다가도 졸기가 일쑤였다. 한번은 촛불에 쓰고 있던 모자가 불이 붙어 손으로 잡아 벗기다가 화상을 입었는데 하마터면 집 전체가 화재를 당할 뻔한 일도 있었다. 그 후부터 칸트답게 책상 위에는 언제나 물 한 컵이 놓여 있었다.

제일 좋아하는 음식이 치즈로, 그것 때문에 생명도 빼앗겼지만 가정부가 아무리 먹이지 않으려고 애를 써도 어린애처럼 내게는 만 달러의 재산이 있는데 치즈 정도를 아끼겠느냐고 호통을 쳐서 늘 진땀을 빼게 했다.

죽기 며칠 전에 친구의 아리따운 여동생이 찾아왔다가 칸트에게 키스를 당했다. 생전 처음으로 여자와 키스를 한 것이다. 칸트는 일생 독신으로 살았지만 특별한 이유가 있는 것은 아니었다. 젊어서는 너무 가난해서 도저히 가정을 가질 수도 없었고, 시간 강사가 된 후에도 동생들 뒷바라지에 여유가 없었다.

그러나 그는 두 번씩이나 결혼할 생각을 가지고 여자들과 만나기도 했으나 너무 오래 생각한 탓인지 한 여자는 시집가버리고 다른 여자는 그 동네를 떠나고 말아 일생 혼자 살게 되었다. 칸트는 그 대신 학생들을 사랑하고 친구도 많았다. 63세에 집을 가진 후에는 머슴도 있고 하녀도 있어 언제나 집으로 친구들을 불러들여 식사를 함께 했다.

가장 오래 사귄 친구는 그린이라는 영국 사람으로 스코틀랜드 태생인데 매우 근엄하고 좋은 사람이었다. 장사하는 사람이었는데 칸트가 『순수이성비판』을 써서 같은 대학 철학 교수 헤르츠에게 원고를 보냈을 때에는 절반도 못 읽고 원고를 돌려보내면서 그것을 다 읽으면 자기 머리가 묵사발이 될지도 모르니 제발 양해해달라고 하였다는데, 그린만은 다 읽고 어떤 곳에는 의견까지 첨부하고 수정도 하여 보내왔다고 한다. 본래 공원에서 만난 사람인데 그때는 영국과 미국이 싸우던 때라 칸트가 여러 사람들 앞에서 미국의 독립을 극구 지지하자, 그린은 영국 사람으로 참지를 못하고 당장에 결투를 청해 왔다는 것이다. 칸트가 태연자약하고 논리정연하게 세계정세를 해설하면서 미국 독립의 정당성을 설명하였다. 그린도 칸트의 설명에 감동하여 그날 저녁 자기 집으로 초대한 것이 인연이 되어 일생 둘도 없는 친구가 되었다고 한다. 일설에는 칸트의 조상도 스코틀랜드에서 왔다고 하는 사람도 있다. 무엇인지 핏줄이 통했는지도 모른다.

　칸트는 일생 자기 동리 밖을 못 나가보았다는 사람이지만 영국 사람들은 그에게 런던에서 몇 해나 살았냐고 질문한 때가 한두 번이 아니었다고 한다. 한번은 이탈리아 사람도 칸트에게 로마에서 몇 해나 살았느냐고 물은 적이 있다. 그만큼 그는 세계지리에 정통하여 큰 도시의 뒷골목까지 다 알고 있었다. 그가 제일 읽기 좋아하는 것이 사람들의 여행기였다고 한다. 남의 여행기는 그렇게 좋아서 읽으면서 자기는 실제로 베를린 구경도 못하였다. 아마 몸이 약해서 마차를 타고 며칠씩 달리는 것은 감히 엄두도 못낸 모양이다.

　말년에 칸트의 명성은 대단했다. 러시아의 어떤 의사는 칸트를 찾아와서 너무도 황송하여 칸트 앞에 무릎을 꿇고 손에 입을 맞추었다. 칸트도 당황했으나 그다음 날 그 의사는 칸트의 머슴에게 선생님의 필적 하나를 기념으로 달라고 졸라댔다. 머슴이 쓰레기통에 버린 원고지를 한 장 꺼내주자 그는 그 종이에도 입

맞추고 자기의 저고리와 조끼를 벗어 머슴에게 주고 또 돈도 쥐어 주었다고 한다.

그러나 칸트에게는 언제나 원수도 떠나지 않았다. 그의 사상이 너무도 새롭고 어려웠기 때문에 많은 오해를 샀다. 그의 종교 논문이 문제가 되어 정계에 말썽이 되었을 때도 사람들은 정치인들 가운데 그 책을 누가 읽을 수 있었을까 하고 의심하는 사람도 있었다. 프랑스의 자코뱅은 왕의 목을 잘랐는데 칸트는 신의 목을 자른 사람이라고 말하는 이도 있었다. 그가 도덕을 너무 강조하였기 때문에 쾨니히스베르크의 중국 사람이라고 놀리는 사람도 있었다. 그래도 그는 별로 문제시하지 않았다. 그것보다도 그는 자연을 생각했다. 밤에 별하늘을 쳐다보고, 봄이면 꾀꼬리가 오기를 기다렸다, 마치 애인을 기다리듯이. 꾀꼬리뿐만이 아니었다. 참새도 좋아하고 제비도 좋아하였다.

어느 날 제비둥지에서 제비 두 마리가 떨어졌다. 칸트는 어쩔 줄을 몰랐다. 나중에 어미제비는 모이가 부족해서 몇 마리를 희생시킨 것을 알고 자연의 예지에 눈물을 흘렸다. 칸트는 무엇이든지 아껴 썼다. 모자도 20년 이상 썼다. 말년에는 집도 가지고 거액을 예금하기도 했다. 날씨에는 언제나 민감했고 음식에도 매우 까다로웠다. 모두 몸이 약한 탓일 것이다.

칸트는 두 번씩이나 총장직을 맡았다. 그때마다 새 옷을 맞추고 옷감도 골라 조금이라도 위신 있게 보이려고 애를 썼다. 세모난 모자에 머리에는 금발에 분칠한 가발을 쓰고, 검은 넥타이에 주름 잡힌 흰 셔츠, 고상한 연두색이나 검은색 비단 양복에 조끼까지 구색을 맞추고, 밤색 양말에 은장식이 달린 구두 그리고 그 당시 사교계의 긴 칼도 찼고, 등나무 개화장에 금실로 수놓은 외투까지 입었다. 강의실에서나 사교장에서나 칸트는 누구에게도 뒤지지 않는 멋쟁이였다.

칸트가 박학다식했다는 것은 유명한 이야기다. 언제나 겸손하게 일생을 학업에 바친 몸이 그 정도도 모르겠느냐고 얼굴을 붉히기도 했지만 그가 강의한 과목을 한 번 살펴보아도 우선 그는 지상의 모든 민족의 광범위한 고고학에 통하고 있었다. 그뿐만 아니라 고대, 근세, 최근세의 역사에도 통한 사람이었다. 통계학, 정치학, 경제학, 박물학의 지식도 가졌었다. 고대 및 근세의 모든 민족의 철학문헌도 다 읽었다. 동시에 위대한 수학자, 물리학자, 천문학자였다는 것은 그의 저술이 증명한다. 응용수학의 재간도 있었다. 화학은 일생 한 번도 실험해본 일이 없지만 당시의 화학 권위자 하겐 박사는 칸트의 초대로 점심을 먹으며 화학 이야기를 하다가 하도 기가 막혀서 실험을 한 번도 못해 본 이가 독서만으로 이처럼 완전하게 화학을 이해할 수 있을까, 자기로서는 도저히 알 수 없는 일이라고 하였다. 근대 문학에도 조예가 깊었고 기독교, 유대교 기타 여러 민족의 종교경전도 읽었다. 의학, 약학의 지식도 가졌고 정신요법의 저술도 냈다. 어학도 회화는 확실치 않으나 희랍어, 라틴어, 불어, 영어는 읽을 수 있었다. 그리고 지리학자로서 세계 사정에 정통했다는 것은 이미 말한

바와 같다.

칸트의 박학다식은 말할 것도 없고 그의 인품도 놀랄 만하다. 그는 자기의 경향성傾向性을 언제나 도덕적 원칙에 결부하여, 자기의 의지를 자기 이성의 명령에 복종시켜, 진정으로 자기의 의무를 사랑할 줄 아는 올바른 인간으로 자기 자신을 이루어 간 사람이다. 어떤 사람은 그를 평하여 "칸트는 자기가 가르친 대로 살아간 사람"이라고 말하기도 했다.

이렇게 칭찬만 하면 칸트의 평범한 점이 가리어지기 쉽다. 칸트야말로 소박하고 순진하며, 명랑하고 다정한, 누구보다도 사람을 좋아했다. 칸트를 가끔 쇼펜하우어처럼 우울한 사람으로 생각하기 쉽다. 그리고 세상 사람들은 흔히 철학자라면 모두 사색만 하고 앉아있는, 인간계와는 동떨어진 사람처럼 생각하지만, 그것은 아직 딱지가 떨어지지 않은 철학자일 때에만 한한다. 칸트는 본래 몸집이 작고 명랑하며 쾌활한 성격을 가지기도 했지만 그의 철학의 목적이 행복인 것만 봐도 철학이 결코 우울한 것은 아니다. 칸트처럼 머리 위의 별하늘을 볼 수 있고 자기 속의 이성의 샘터를 붙잡은 인물은 우울하려야 우울해질 수가 없을 것이다. 그는 언제나 세상을 밝은 눈으로 보았고, 세상의 즐거운 면에 더 관심이 쏠렸으며 자기 속에서 터져 나오는 기쁨을 남에게 전하려고 노력하였다.

우리가 얼핏 보면 끝없이 어려운 칸트의 작품이지만 제2차 세계대전 때는 독일 청년들이 일선에 나가 참호 속에서 자기의 마지막을 기다릴 때에 제일 많이 읽은 책이 『순수이성비판』이라고 한다. 『순수이성비판』이 어려운 것도 틀림없는 사실이지만 단순히 어려운 것만이 어찌 인생 최후의 길잡이가 될 수 있으랴. 참호의 어려운 환경 속에서 인생의 정신을 횃불삼아 『순수이성비판』을 읽을 때 거기에는 역시 보통사람들이 엿볼 수 없는 인생의 깊은 법열의 즐거움이 있었으리라.

칸트는 언제나 기쁨에 차 있었다. 그가 죽을 때 "다스 이스트 굳(야, 참 좋다)!"이라고 한 말이 너무도 유명하지만 죽을 때뿐만이 아니었다. 그는 언제나 쾌활했으며 아무리 어려운 입장에 처했을 때에도 그는 언제나 얼굴에 미소를 띠고 이 미소를 다른 사람들에게 옮겨주었다. 그러므로 그의 감정이 좀처럼 격해본 일이 없고, 어떠한 자극에도 평형을 잃지 않았으며, 언제나 마음에는 설레는 파도가 없었다. 별로 화내는 일도 없었고 몇 십 년 부리던 머슴 람페가 마지막에 바람이 나서 난봉을 부려 다소 화도 냈지만 그래도 곧 누그러지는 것이 보통이었다. 한문에 명경지수明鏡止水란 말이 있지만 칸트의 마음이 역시 그런 마음이었다.

칸트는 언제나 시계바늘처럼 돌아갔다. 야흐만의 기록을 읽어보면 "내가 9년 동안 칸트의 강의에 나갔었는데 칸트가 한 시간이라도 쉬었다든가 10분이라도 지각했다든가 하는 것을 본 일이 없다"고 한다. 칸트가 시간강사로 보내던 시기와 정교수가 된 때에는 대부분의 시간이 강의로 소모됐다. 학교에서 뿐만 아니라 귀족들을 위하여도 강의를 했고, 철학의 공개강의도 매일 두 시간씩, 그 밖에 논리학, 형이상학 어떤 때는 교육학도 맡았고, 과외강의로서는 물리학, 자연법학, 도덕학, 합리적 신학, 인성학, 자연지리학 등도 맡았다. 말년에는 공개강의와 인성학과 자연지리학으로 제한했지만 이러한 강의를 위해서 그는 매주 나흘은 7시부터 강의를 시작하여야 했다. 밤은 언제나 준비에 바빴고 그 밖에 태산 같은 저술을 하여야 했다. 시계바늘처럼 살지 않고는 그것을 해낼 수가 없었다.

근엄한 칸트에게는 언제나 위트가 넘쳐흘렀다. 그의 기지는 가볍고 명랑하고, 함축이 있었다. 마치 맑은 하늘에 번개처럼 사교적인 좌담에서나 강의시간에도 듣는 사람들에게 생기를 불어넣어주었다. 그것은 사색의 높은 하늘에서 땅 위로 끌어내리기도 했지만, 진지한 사색적 정신으로 끌어올리기도 하였다. 칸트의 강의는 차차 인기가 높아져 공개강의에는 교실이 차고 넘쳐 복도로, 옆방으로 번지게 되었다. 그의 목소리가 낮았기 때문에 강당은 언제나 물을 끼얹은 것처럼 조용했다. 몸집이 작고 조금 곱사등이어서 교탁 뒤에 오뚝하니 앉아서 앞에 앉은 학생들에게 특히 관심이 많았다. 한 번은 앞자리에 앉은 학생의 단추가 떨어져서 거기 정신이 끌려 그 시간은 강의가 엉망이 되기도 했다.

칸트는 시간강사 노릇을 15년이나 계속했다. 그가 정교수가 된 것은 46세 때이다. 31세부터 강사 생활이 시작됐다. 수입은 적고 시간은 많아 가장 골탕 먹은 때다. 그동안 두 번씩이나 교수시험을 치렀지만 전혀 인정되지 않았다. 그러나 그의 강의는 명강 중에 하나였다.

그의 제자 헤르더는 후에 칸트의 강사시대를 추억하며 이런 말을 했다.

"나는 한 사람의 철학자를 내 선생으로 모실 수 있는 행운을 차지했었다. 그때 그는 젊은 활기와 기쁨으로 차 있었다. 늙은 후에도 그때의 기백은 없어지지 않은 것 같다. 사색 때문에 넓어진 그의 이마는 언제나 기쁨과 쾌활로 빛나고 있었다. 그의 입술로부터는 사상으로 가득 찬 말이 넘쳐흘렀다. 해학과 기지와 농담이 가끔 섞였다. 교실은 강의라기보다 즐거운 대화시간이었다. 라이프니츠, 볼프, 받갈덴, 흄 등을 내걸어 비판하였고, 케플러, 뉴턴 같은 물리학자를 좋아했고, 자연법칙을 탐구하는 그러한 열정으로 그 당시 나타난 루소의 『에밀』이나 『신 에로이즈』를 평가하고, 당대의 자연과학의 새로운 발견을 이야기하면서도 그는 언제나 자연을 넘어서는 지식과 인간의 도덕적인 존엄성으로 말을 끝맺었다. 내 생각으로는 인간과 민족과 자연의 역사, 물리학, 수학과 풍부한 그의 경험이 그의 강의와 대화에 생기를 주는 원천인 것 같았다. 무엇이나 할 만한 것이라고 생각되는 것은 그에게는 무관심일 수가 없었다. 그리고 어떠한 관계나 파벌이나 이익이나 명예심도 그의 진리의 확대와 천명을 방해하는 자극이 될 수 없었다. 그는 사람으로 하여금 스스로 생각하는 버릇을 길러 주도록 이끌어갔다. 내가 최대의 감사와 경의로써 모실 수 있는 선생님은 그분뿐이다. 그분의 모습은 언제나 내 눈 앞에 떠오른다. 그는 언제나 이렇게 말했다. '너희들은 나에게서 철학을 배우는 것이 아니다. 생각하고 스스로 탐구하고 자기 발로 서라.' 이것이 칸트가 우리에게 새겨준 말이다."

칸트는 한 주일에 최저 12시간, 최고 36시간까지 강의를 담당했다. 15년간 꾸준히 그의 강사 생활은 계속되었다. 그러나 그의 속에서는 회의주의의 광풍이 불어가고 있었다. 이 시기에 칸트의 길잡이가 된 것은 루소였다. 칸트는 시간강사가 되기 전에 9년 동안 남의 집에 살면서 가정교사 노릇을 했다. 9년이라는 세월을 가정교사로 보냈으니 어지간히 주변머리도 없었겠지만, 그래도 9년씩이나 집에 두는 것을 보니 주인에게 꽤 신임도 얻었던 모양이다.

그때 칸트의 별은 라이프니츠와 뉴턴이었다. 모든 것을 합리적으로 생각하던 시절이다. 그러나 그러한 독단의 꿈이 깨진 것은 영국의 철학자 흄의 영향이었다. 칸트가 자기 길로 들어선 것은 그가 대학교 정교수로 취직되던 46세부터이다.

지금은 비판철학이라고 하는데 비판철학이란 별 것이 아니다. 건전한 상식의 입장에서 문제를 해결하자는 것이다. 얼핏 보면 이율배반이 되는 것 같은 모순되는 명제도 입장을 바꾸어 생각하면 넉넉히 풀릴 수가 있다는 것이다. 칸트의 굉장한 순수이성도 건전한 상식에 불과하다. 옛날부터 진리는 평범한 데 있다고 한다. 건전한 상식의 입장이 모든 문제를 풀어나가는 관건이라는 것이다. 그런데 사람은 역시 누구나 탕자로서 젊어서는 정열과 의욕 때문에 평범해질 수가 없다. 모두 비범을 찾아 헤매지만 역시 칸트처럼 인생의 가을에 접어들면 봄의 아지랑이도, 여름의 소나기도 다 지나가고, 가을의 밝은 달을 비로소 감상하게 된다.

칸트는 46세부터 12년간 일체 저술을 중지하고 자기가 들어갈 집을 짓는다. 12년의 깊은 사색을 마치고 57세에 숨 돌릴 틈 없이 몇 달 만에 세계에서 제일 어렵다는『순수이성비판』을 써낸다. 알기 쉽게 설명을 넣으면 너무 길어질까 봐 요령만 추려서 말한다는 것이 800페이지를 넘어가게 된다. 이 책이 나오자 사상계는 발칵 뒤집혔다. 칸트는 자신 있게 형이상학의 모든 비밀을 풀어주는 열쇠는 이 책에 있다고 장담하였다.

그 뒤 큰 저작이 줄을 지어 나오게 된다. 59세에『미래의 형이상학』, 61세에『도덕적 형이상학의 기초』, 62세에『자연과학의 형이상학적 기초』, 64세에『실천이성비판』, 66세에『판단력비판』, 69세에『이성의 한계 내의 종교』, 73세에『도덕의 형이상학』, 74세에『실용적 인간학』등 많은 저작이 쏟아져 나온다. 특히 진, 선, 미를 탐구하는『순수이성비판』과『실천이성비판』과『판단력 비판』을 3대 비판이라고 하지만 칸트의 영향은 각 방면으로 대단한 파문을 던져 19세기는 온통 칸트를 중심으로 하여 역사는 움직이고 있었다.

피히테, 셸링, 헤겔, 슐라이어마허는 말할 것도 없고 실러와 괴테도 칸트를 연구하고 베토벤도 "머리 위에 별바다, 가슴 속의 참 말씀"을 깊은 감탄으로 인용하기도 했다. 20세기에도 신칸트파가 판을 치게 되자 칸트로 돌아가라는 소리가 높았었다.

칸트는 본래 쾨니히스베르크의 가난한 직공의 가정에서 태어났다. 그의 부모는 매우 무식했지만 그러나 그들 속에는 루터의 깊은 신앙이 도사리고 있었다. 칸트는 부모에게서 가장 좋은 것을 이어받았다. 칸트는 자기의 어린 시절을 이렇게 회상하곤 했다.

"나는 그때 종교가 무엇인지, 도덕이 무엇인지, 경건이 무엇인지 개념적으로는 결코 알았다고 할 수가 없지만 그러나 나는 부모를 통해서 실제로 그 진수를 볼 수 있었다. 경건주의에 대해서 사람들이 무어라 해도 좋다. 다만 경건한 신앙을 가진 사람들은 존경할 만큼 탁월한 사람이라는 것은 사실이다. 그들은 인간이 소유할 수 있는 최고의 신념을 가지고 있었다. 어떠한 어려움에도 흔들리지 않고, 어떠한 격정에도 흐트러지지 않는 마음의 평화와 쾌활을 지니고 있었다. 나는 지금도 기억하고 있지만 마구상과 피혁상이 상호의 이권을 유지하기 위하여 싸움이 났을 때 우리 편에 상당히 불리한 타격을 받았을 때도 상대방에 대한 부모님의 관용과 사랑은 지금도 도저히 잊어버릴 수가 없다." 칸트는 특히 어머니에 대하여 "나는 결코 내 어머니를 잊을 수가 없다. 내 속에 최선의 싹을 심어준 이는 우리 어머니다. 어머님은 나에게 자연에 대하여 눈뜨게 해주셨다"라고 회상했다. 칸트는 슐츠라는 목사님의 도움으로 중학교와 대학에도 가게 되었지만 그 뒤에는 부모님의 기도가 끊일 줄을 몰랐다. 칸트는 대학생이 되어 옷 한 벌 못해 입고 친구들이 입던 옷을 얻어 입어 저고리와 바지는 언제나 짝이 안 맞았다고 한다. 그러나 어떠한 어려움도 그는 신앙으로 이길 수가 있었다.

칸트의 철학이란 루터신학의 철학적 재판이다. 그의 순수이성비판에 그는 신앙의 자리를 주기 위하여 지식을 제한한다고 하였다. 인격의 높이는 역시 신앙의 깊이로 측정할 수밖에 길이 없을 것이다. 유럽의 종교란 단순하게 기독교 일색이었다. 유대에서 일어난 기독교가 희랍, 로마의 세계로 들어가 그들의 철학을 잡아먹고 천 년 동안 인간정신의 기둥이 되었다. 그러나 문예부흥 이후에 새로운 과학이 나타나자 바람에 갈리고 비에 젖은 천 년 묵은 기독교는 맥을 못 추게 되었다. 루터가 나와서 고함을 치는 바람에 정신을 차렸으나 희랍의 철학을 잡아먹은 지도 이미 천 년이 지났으므로 기독교는 굶주리고 피곤하여 몸을 가눌 수가 없게 되었다. 기독교는 새로운 과학을 잡아먹어야 산다. 이 작업을 용감하게 시작한 이가 칸트였다. 칸트는 뉴턴의 과학을 잡아먹음으로써 자기의 철학을 만들었다.

그것이 『순수이성비판』이라는 것이다. 그리하여 그 철학을 고스란히 종교에게 제물로 바치게 된다. 이것이 『실천이성비판』이다. 새로운 과학을 잡아먹은 기독교는 새로운 힘을 얻어 전 세계 복음화의 선교운동을 시작했다. 19세기처럼 기독교가 땅 끝까지 퍼져 나가는 시대도 드물 것이다. 20세기에 들어오면서 기독교는 또 다시 그 힘을 잃기 시작한다. 새로운 원자과학이 그 앞을 막아섰다. 그 결과 기독교는 또 다시 아인슈타인을 잡아먹는 철학을 기다리고 있다. 영국의 신실재론이 아인슈타인의 상대성원리를 철학화하기 시작하였다. 요사이의 신학은 모두 신실재론을 다시 잡아먹는 과정이라고 해도 좋을 것이다.

칸트가 태어난 쾨니히스베르크는 한 나라의 문화와 정치의 중심도시이기도 했지만 해외무역의 요충지로서 세계의 도시와 연결되는 국제적인 중심도 되었다. 대학도시이기도 한 이러한 개방적인 대도시에서 그는 마음대로 세계와 같이 호흡할 수가 있었다.

오늘도 칸트는 독일 사람이기보다는 하나의 세계인이라고 할 수 있다. 그가 일생동안 찾아간 과제는 1. 사람은 도대체 무엇을 알 수가 있는가? 2. 사람은 도대체 무엇이 될 수 있는가? 3. 사람은 도대체 무엇을 바랄 수 있는가? 4. 그리고 결국 사람은 무엇인가? 이 네 가지로 총괄된다. 학문과 도덕과 종교와 철학이다. 칸트는 인간 탐구의 이상적인 방향을 제시한 사람이다. 그런 의미에서 인류의 은인임에 틀림이 없다.

에밀

*『에밀』은 루소의 교육론이다. 20년의 사색과 3년의 노력으로 이루어 놓은 거작이다. 교육은 남을 어떻게 하는 것이 아니다. 내게 불이 붙을 때에 남도 불이 붙고 있다는 것을 발견하는 것뿐이다. 교육 없는 교육, 이것이 루소 교육의 근본원리다. 교육원리치고 이렇게 높고 근본적인 교육원리는 없을 것이다. 페스탈로치의 교육원리도, 톨스토이의 교육원리도 모두 루소의 원리를 새롭게 해석한 것에 불과하다. 이 원리는 현대의 모든 교육원리의 근본적 원천이다.

1762년에 이 책이 나오자, 그 당시의 사회는 이 책을 받아드릴 수 없으리만큼 비뚤어진 시대였다. 언제나 본질적인 것이 나올 때에는 비본질적인 것이 발악을 하게 마련이다. 여론은 벌집을 쑤셔놓은 것처럼 고등재판소는 『에밀』을 불살라버릴 것을 명령하고 루소에게는 체포령이 내려졌다. 그러나 이 책은 자코뱅의 신조가 되어 사회 전체에 불을 붙이는 불란서혁명의 불씨가 되

*6호-15쪽

고 만다. 오늘도 『에밀』을 읽는 사람마다 감동 없이 읽을 수가 없겠지만 시계바늘처럼 돌아가던 임마누엘 칸트도 『에밀』을 손에 들고는 그만 동리사람들이 시계를 맞추었다는 산책을 중단하고 다 읽은 후에야 자기로 돌아갔다고 한다.

   루소에게는 인간의 본질을 꿰뚫어보는 천재적인 직관력이 있었다. 루소의 근본사상을 자연이라는 한마디로 표현할 수 있다. 자연自然이란 스스로 불사른다는 말이다. 루소는 인간의 본질을 생명의 불사름으로 보았다. 새빨간 숯덩이처럼 아름답고 순진하고 밝은 것이 인간의 본성이다. 인간의 육체가 하나의 화덕처럼 36도 5부의 체온을 보존하여 전분이건, 단백질이건, 지방이건 무엇이나 들어가는 대로 불살라버리듯이, 교육이란 인간의 심성이 자연과 사물과 인간을 불사르고 살아가는 과정이다. 밥을 억지로 먹일 수 없듯이 교육은 억지로 이루어지는 것이 아니다. 병이 사람을 죽이는 것이 아니라, 약이 사람을 죽인다고 하는 말과 같이 교육을 한다는 교육처럼 인간에게 해독을 주는 것은 없을 것이다. 방법이 문제가 아니라 사람이 문제다. 지식이 있는 사람이 선생이 아니라 어린애를 아는 사람이 선생이라는 것이다. 이 생각은 칸트의 철학에서 선험주관이란 말로 표현된다. 사람을 살리자는 교육이 어느덧 사람을 죽이고 말았다. 루소는 길가에 심어진 나무가 사람의 손때로 죽어버리듯이 교육한다는 것이 사람을 도리어 병신으로 만드는 것이 슬펐다.

   일생 학교 가본 일도 없고 남을 가르쳐 본 경험이라고는 일

년밖에 되지 않는다. 너무도 가난하여 자기 아이들까지도 고아원에 갖다 맡길 정도로 불운한 일생을 산 사람이다. 어머니는 루소의 출생과 동시에 죽었고, 아버지는 열 살 때에 행방불명이 되어 남의 머슴을 살면서 그의 젊은 시절을 보냈지만 사람을 죽이는 교육기관에 들어간 것보다는 오히려 잘 되었는지도 모른다. 루소야말로 교육 없이 교육을 받았는지도 모른다.

하여튼 그는 순서도 없이, 맥락도 없이 생각하고 본 바를 한 착한 어머니를 위로하기 위하여 쓰기 시작했다고 한다. 처음에는 몇 페이지의 참고 될 만한 것을 적어보자던 것이 어느덧 제목에 끌려서 자기도 모르는 동안에 한 권의 저술이 되고 말았다고 한다. 하나님의 손에 있을 때는 모든 것이 다 좋았는데 사람의 손에 들어가면 무엇이나 망가지고 만다고 하는 말로 시작된다.

루소는 에밀이라는 어린애를 택하여 어떻게 하면 교육으로부터 인연을 끊어줄까 하여 멀리 시골로 데리고 간다. 갓난 어린애에게는 젖이 양식이듯이 어린 유년시절에는 자연이 그의 양식이다. 자연에 대한 이해, 자연과의 조화, 이것이 어린 시절에 체득해야 할 교육의 첫째 조건이다. 이것을 거의 소년기까지 계속한다. 그는 어린이에게 추상적인 편견을 강요하는 것을 원하지 않는다. 그는 이런 말을 한다.

"나는 어린이를 학교의 과업으로부터 해방시키기 위하여 그들의 가장 큰 불행의 도구, 즉 책을 빼앗아 버렸다. 독서는 아이들에게는 하나의 벌이다. 그런데 사람들은 아이들에게 책을 어떻게 읽히느냐 하는 한 가지 밖에는 아무것도 하는 것이 없지 않느냐. 12살까지 에밀은 책이 도무지 무엇인지도 알지 못한다. 그가 글을 읽을 줄 알아야 하지 않느냐고 반문한다면 나는 그것이 필요하게 되기까지라도 책을 주어서는 안 된다고 생각한다. 필요하기 전에 주는 책은 그에게 괴로움을 더해줄 뿐이다."

소년기가 되면 세상의 사물을 가르친다. 이 시기에 가장 중요한 것은 과학교육이다. 그는 자연과학에 대하여 이렇게 말한다. "자연과학은 호기심과 탐구 본능을 자극한다. 그의 이해력의 범위에서 질문을 던지라. 그리고 스스로 해결하도록 시키라. 교사가 가르쳐주어서 알게 하는 것이 아니다. 소년 스스로가 이해함으로써 알게 하는 것이다. 그는 과학을 배우는 것이 아니라 과학을 발견하는 것이다. 만일 소년의 정신에 이성 대신 권위를 집어넣어준다면 그는 그 자신의 이성 활동을 멈추고 말 것이다."

그다음은 청년 시기다. 이 시절은 인간을 잡아먹는 때다. 예수가 내 살은 먹을 것이요, 내 피는 마실 것이라고 하듯이 이때야말로 사람됨을 이해해야 하고 종교를 알고 도덕을 붙잡아야 한다. 그는 이렇게 말한다.

"이 시기는 짧기는 하나 길이 두고 영향력을 남기는 중요한 시절이다. 이 시기에 사람이 되게 마련이다. 그런 의미에서 이 시기는 제2의 탄생이다. 진정한 삶은 여기서부터 시작되는 것이며 인간적인 것이야말로 그의 가장 큰 관심이다. 교육을 끝마치는 시기로 알려진 이 시기가 실질적으로 교육의 시발점이다."

이 시기의 교육론 속에 불란서를 뒤집어엎고 온 세계에 불씨를 던진 가장 큰 핵심이 들어있다. 유명한 사모아 신부의 신앙고백이라고 하는 것인데 불과 50페이지의 짧은 글이지만 이처럼 세계를 뒤흔든 글도 없을 것이다. 칸트, 피이테, 헤겔은 물론 괴테, 위고, 톨스토이는 말할 것도 없고, 페스탈로치를 위시한 교육가, 자코뱅을 위시한 혁명가에 이르기까지 한없이 큰 영향을 주었다. 오늘의 새로운 신학이라고 해도 루소가 쉽고 소박하게 서술한 글의 재판에 불과하다. 신의 존재, 영혼의 불멸, 양심의 존엄, 마음의 관용, 복음의 장엄 등 아무리 평범한 어휘도 루소의 손아귀에 붙잡히기만 하면 불똥이 튀고 피가 끓는 하나의 생명이 되고 만다. 이 힘에 교만한 칸트도 그만 무릎을 굽히고 "머리 위에 별바다, 가슴속에 도덕률"이라는 불후의 명구를 남겨 놓게 된다.

   "양심, 숭고한 본능, 불멸하는 하늘의 소리, 아무것도 모르고 어리석은 것 같으나 지성을 구비한 자유로운 존재를 틀림없이 인도하는 옳은 길잡이. 그리고 인간에게 신을 닮게 하는 선악의 확실한 판단자, 그대만이 인간 본성의 우수함과 인간 행위의 숭고함을 만들어내고 있는 것이다. 그대가 없었다면 나를 짐승 위에 설 수 있게 할 아무것도 없다. 다만 규칙 없는 오성과 원리 없는 이성으로 잘못과 실수만을 되풀이 할 가엾은 인간이 있었을 뿐이다. 그대의 힘으로 사람은 겨우 철학의 무서운 함정에서 벗어날 수가 있고, 학자가 아니라 사람이 될 수 있는 것이다."

이 말에 칸트의 이론이성이 무너지고 실천이성이 우위를 차지하게 된다. 사모아의 신앙고백은 너무도 아름다운 글이어서 한 구절만 더 인용한다.

"나의 사랑하는 젊은이들이여, 정직하고 겸손하라. 그리고 아무것도 모른다는 것을 알아라. 그러면 너는 너 자신이나 다른 사람까지도 결코 속이는 일이 없을 것이다. 너의 재간이 크게 자라서 네가 다른 사람에게 큰소리 칠 수 있게 되었을 때도 언제나 너의 양심을 좇아 이야기하라. 그들의 갈채를 바라지 마라. 지식이 지나친즉 회의에 빠진다. 학자들이란 언제나 대중의 의견을 깔보는 경향이 있다. 학자마다 자기의 의견을 가지기까지는 가만 있지를 않는다. 교만한 철학은 맹목적인 신앙이 미친 삶이 되는 것과 마찬가지로 하나님을 무시하는 유물론에 빠지고 만다. 이러한 극단은 피해야 한다. 진리의 길, 혹은 네가 진리라고 생각되는 일을 마음을 비우고 확실히 붙잡으라. 결코 체면이나 동정 때문에 옆길로 떨어져서는 안 된다. 철학자들의 얼굴 앞에서 기탄없이 하나님을 승인하라. 독재자나 민족주의자 앞에서 주저할 것 없이 인류애를 부르짖으라. 네가 고립에 빠질지도 모르지만 그러나 인간의 밑받침이라는 것이 문제 될 수 없다는 것을 너는 네 정신 가운데서 찾게 되리라. 사랑하든 미워하든 그들 마음대로 하라고 내버려 두어라. 그들이 네 글을 읽든 말든 그까짓 것이 문제가 아니다. 진리를 말하고 정의로 살자. 참으로 문제가 되는 것은 오직 이 땅 위에서 자기의 할 일을 행한다는 것뿐이다. 그리고 우리들이 자기 자신을 잊었을 때 그때야말로 참으로 우리들은 자기를 위하여 살고 있는 때일 것이다. 젊은이들아, 이기주의는 몸을 망친다. 정의의 희망만이 오직 하나의 확실한 지도자다."

『에밀』이 내놓은 자연인은 새 시대에 있어야 할 새로운 인간형이다. 새로운 사회혁명을 가능하게 하는 자유와 평등과 독립을 바탕으로 하는 행복한 인간이다. 인간은 누구나 선량하고 행복하게 살 수 있도록 태어났다고 할 때 이것은 인간이라면 누구나 공감할 수 있는 하나의 직관인 동시에 한없는 꿈을 안겨주는 소망이기도 하다.

그런데 사회가 이것을 악하게도, 불행하게도 하였다고 할 때 루소의 화살은 언제나 사회와 제도로 향하지 않을 수가 없었다. 루소가 18세기 계몽사상가들 가운데서 특수한 위치를 차지하게 되는 이유도 외적인 사회에 대하여 누구보다도 날카로운 눈초리를 가지고 있음과 동시에 내적인 심성에 대하여도 고전작가 못지않게 깊은 통찰을 가지고 있었기 때문이다.

인간 속에 숨어있는 허위와 부정을 꿰뚫어봄에 있어 그는 파스칼에 못지않았고, 그것이 인간의 본성에서 온다고 생각하지 않고, 정치나 사회적 풍습에 깊이 연결되어 있다고 보는 점에 있어서 일급 사회주의자들에게 뒤지지 않았다. 루소는 타락한 사회상태 속에 살고 있는 사람은 자연인과는 달리 자기를 위하여 사는 것이 아니라 다른 사람 때문에 살고 있다고 하였다. 사회인은 누구나 가면을 쓰고 있기 때문에 사람과 사람 사이에는 두꺼운 장벽으로 막혀 있다. 루소는 이 장벽을 꿰뚫고 수정같이 투명한 순진한 인간을 만들고자 하여 자연으로 돌아가라고 외친다.

"어른 속에서는 어른을, 아이 속에서는 아이를 발견하지 않으면 안 된다. 자연은 어린애가 어른이 되기 전에 어린애가 되기를 바란다. 만일 우리가 이 순서를 어길 때에는 맛없고 썩어질, 억지로 익힌 과일을 먹게 될 뿐이다."

【오 - 늘】

▶ 2월 10일 칸트에게 제일 많이 영향을 준 사람이 루소라고 한다. 루소의 『에밀』은 칸트의 살이 되고 피가 되었다. 『에밀』을 읽기 시작하다. 천재의 작품이다.

▶ 2월 15일 사모아 신부의 신앙고백은 놀라지 않을 수 없다. 새 시대의 먼동이 텄다. 칸트의 실천이성을 좀 알 것 같다.

▶ 2월 18일 『에밀』에 대해서 적어 본다. 교육 없는 교육이 그의 교육론의 원리다. 무지無知의 지知, 무용지용無用之用에 무교지교無敎之敎가 또 하나가 늘어난 셈이다. 수도지위교守道之謂敎가 루소의 교육원리가 아닐까. 자기를 불사르는 것이 그대로 남을 불사르는 것이다. 그는 내가 사는 것이 남을 살리는 것이라고 썼다가 무엇인지 부족한 것 같아, 한 단 높여서 자기에게 불이 붙으니 남도 불붙고 있다는 것을 알 수 있다고 한다. 즉 교육은 남을 어떻게 하는 것이 아니라 내가 어떻게 되는 것이다(무위자연無爲自然), 라고 고쳐놓는다. 그것이 무교지교無敎之敎요, 교육 없는 교육이다. 남을 어떻게 하려고 하지 말자. 내 눈이 멀어서 그렇지, 남은, 부족한 남이 아니다. 나를 시험하기 위한 가면에 불과하다. 내 눈이 떠서 그 가면을 꿰뚫고 보게 되면 그분들은 이미 기성불旣成佛이다. 눈을 감고 헤매는 나만이 어리석은 미성불이

*6호-19쪽

다. 내 눈만 뜨면 산천초목이 모두 부처임을 알 수 있으리.

▶ 2월 22일 오늘부터 나흘 동안 용두동 교회 청년들과 같이 지낸다. 나더러 자기들의 신앙을 좀 굳게 해달란다. 나도 믿음이 없는데 어떻게 남의 믿음을 굳게 해주나. 다만 내가 말할 수 있는 것은 현대인에게는 믿음이 필요 없다는 것이다. 믿음이 필요 없다고 깨달았을 때 인간에게는 참 믿음이 주어진다. 이것은 사람이 만들어낸 믿음이 아니다. 하나님께서 부어주신 믿음이다. 이것을 믿음 없는 믿음, 무신지신 無信之信이라고 한다.

▶ 3월 3일 방학 동안에 읽던 중용이 끝났다. 1954년 6월 12일, 우리말로 옮겨본 중용을 실을까 하고 찾아보았으나 보이지 않았다. 다만 아직도 머리에 생생하게 남아있는 것은 중용을 "하늘 밑에 숨긴 마음 몬몬 끊고 잘아 나옴 봄임"이라고 옮겨 놓았던 기억뿐이다. 나비가 고치 속에서 기어 나오듯이 몸속에 갇혀있던 우리의 마음이 몸 밖으로 튀어나와, 솔개가 하늘을 날고, 물고기가 바다에서 뛰듯, 생명이 약동하고, 기쁨이 넘쳐흘러 어쩔 줄을 모르는 그런 경지를 그려본 것이다. 중용은 도학군자의 이야기가 아니다. 젊음의 불똥이 튀는 순수한 생명의 고동이다.

노자 제6장　　　　　　늙은이 6월

곡신불사谷神不死이니　　　골검은 죽지 않아
시위현빈是謂玄牝이요,　　　이 일러 깜한 암,
현빈지문玄牝之門을　　　　깜한 암의 입
시위천지지근是謂天地之根이라.　이 일러 하늘땅 뿌리.
면면약존綿綿若存하여,　　　소물 소물 그럴듯 있아오,
용지불근用之不勤이라.　　　쓰는 데 힘들지 않음.

　　　　　　　　　　　　　유영모의 노자 해석

*골짜기처럼 텅 비어 아무것도 없는 하나님은 없이하려야 없이할 수 없는 없음의 하나님, 숨어계신 하나님, 시간과 공간과 인간을 초월하신 하나님, 그 하나님은 영원히 죽지 않는 살아계신 하나님이다.

사람들은 그분을 불러 보이지 않는 어머니라고 한다. 크신 어머니의 말씀으로 우주가 창조되니 이 말씀을 하늘땅의 근원이라고 한다. 물위에 배가 뜨듯이 보이는 것은 보이지 않는 것을 밑받침으로 하고 있다.

소물소물 땅에서 샘물이 솟아나듯이 얼마든지 만물이 흘러나온다. 머리 위에 억 천 만의 별하늘을 보라. 마음속에 한없이 솟

*6호-20쪽

아나는 참 말씀을 들으라. 천지는 신의 영광을 드러내고, 말씀은 인간의 존엄을 나타낸다.

천지는 아무리 써도 다함이 없고, 말씀은 아무리 해도 힘들지 않는다. 인간이 유한한 세상에서 무한을 찾고, 멸하는 세상에서 불멸을 찾고, 없어지는 세상에서 없어지지 않는 것을 찾음은 모두 말씀 때문이다.

말씀을 통해서 정신을 알고, 정신을 통해서 신을 알게 된다. 태초에 말씀이 있으니, 말씀이 하나님과 같이 있으니, 말씀이 곧 하나님이다. 말씀을 사는 것이 하늘을 사는 것이요, 말씀을 사르는 것이 하나님의 영광을 드러내는 것이다. 목숨에 불 지르는 시대는 지나가고, 말씀에 불사르는 시대가 왔다. 새 하늘과 새 땅이 시작되는 것이다.

김흥호 풀이

월간 사색 제6호
1971년 4월 1일 발행
2013년 4월 1일 재발행

생각하는 사람의 벗이 될

1971년 5월
제 7 호

봄바람이 영원히 불어간다

*지금은 조계사라고 하지만 옛날에는 태고사라고 했다. 태고스님께서 그 절의 개조이신가 보다. 태고스님의 봄바람이라는 유명한 게偈가 있다. 춘풍취태고春風吹太古 불조산하佛祖山河 무구탄실無口吞悉. 봄바람이 영원히 불어간다. 부처와 조사와 태산과 하해河海를 입 없이 삼켜버렸다.

봄이 되면 예수의 부활을 생각하게 된다. 갈릴리 아름다운 호숫가에 봄바람이 영원히 불어간다. 베드로와 요한과 도마와 마리아를 문을 열지 않고 만나본다.

칸트는 실재계(누메논)가 현상계(훼노메논)를 이기고 나올 때

*7호-1쪽

그것을 자유라 하여, 칸트의 모든 철학은 이 자유의 실재성을 증명하기 위한 안간힘이라고 할 수 있다. 자유가 실천이성의 확실한 법칙으로 증명되어야 신과 영생은 확고부동하게 객관적 실재성을 가지게 된다. 이러한 개념들의 가능성이 실증되는 것은 오로지 자유가 현실적으로 될 수 있기 때문이다. 그리고 자유가 현실적으로 될 수 있다는 것은 자유의 이념이 도덕적 법칙을 통하여 자기를 나타내기 때문이다.

보이지 않는 세계가 보이는 세계를 뚫고 나타난다. 그것이 참된 것이요, 착한 것이요, 아름다운 것이요, 거룩한 것이다. 이것을 볼 수 있는 눈이 순수이성이다. 내게 참된 것, 착한 것, 아름다운 것, 거룩한 것을 볼 수 있는 눈이 있는지 한번 더듬어보자는 것이 이성비판이다. 눈을 감은 채 나와 하나님을 없다고 하는 것이나 아닌지 자기의 인식능력부터 살펴보자는 것이 근대의 인식론이다.

오늘도 봄바람은 영원히 불어가고 있다. 하늘의 별들, 땅 위의 풀들, 산속의 새들, 바다의 고기들. 아아, 수많은 자연 속에서 이 자연을 뚫고 나타나는 자유의 우렁찬 종소리를 귀 없이 듣는 사람은 몇이나 될까. 귀로 볼 수 있는 사람만이 소리(음音)를 볼(관觀) 수가 있다.

> 유영모의 말씀
>
> 목숨 말씀 함께 태나 고루 쉰 숨 바로 한말
> 쉰 숨 김 맑 잘됨 피붉 생각 밝아 글도 참올
> 이쯤한 사람이라도 말목숨이 어인 일

*사람은 숨 쉬는 육체와 말하는 정신을 함께 타고났다. 숨은 고루 쉬어야 하고, 말은 바로 하여야 한다. 숨을 바로 쉬면 사람의 정기가 맑아지고, 피가 잘 돌아가면 피돌의 불이 붙어 붉은 피가 꽃을 피우고, 생각을 바로 하면 이치가 밝아지고 글도 알게 되어, 마음에 피는 올이 참 열매를 맺게 될 것이다.

이쯤 꽃이 피고 열매가 이루어지는 데는 천지의 조화와 인간의 수고가 헤아릴 수 없이 큰 것이었다. 이렇게 어려운 고비를 넘고 올라 다 이루어 놓은 하나의 인간이 일조에 목숨이 끊어지고 일석에 말문이 막혀버리다니 이 어찌된 일인고.

공자도 73세에 자기의 마지막을 느끼자 땅이 꺼지도록 긴 한숨을 쉬고 이렇게 시 한 절을 읊었다. "태산이 무너지는 것 같구나. 대들보가 부러지는 것 같구나. 철인이 꺾여지는 것 같구나." 예수도 33세에 십자가 위에서 자기의 최후를 겪을 때 살이 찢어

*7호-2쪽

지도록, 큰 소리로 하늘이 터지도록 부르짖었다. "나의 하나님이여, 나의 하나님이여, 어찌 나를 버리시나이까."

늙은이의 서글픈 읊조림과 젊은이의 피 끓는 울부짖음은 태양도 그 빛을 잃어 천지가 흑암에 빠지고, 흩어졌던 구름도 한꺼번에 모여들어 한줄기의 소나기로 대지를 적시었다. 바람아, 길게 한숨짓고, 물아, 굽이쳐 흐느껴다오.

김흥호 풀이

석가

*석가가 어느 날 왕사성 교외의 독수리 봉 밑에서 설법하기 위하여 단상에 올라가 앉았다. 그날은 아무 말도 안 하고 범천왕이 바친 연꽃 한 송이를 팔만 사천 대중 앞에 쳐들어 보이는 것이었다. 일반 대중은 마술에 걸린 사람처럼 그것이 무슨 뜻인지 아는 사람이 없었다.

사람들이 서로 쳐다보며 아무 말 없을 때 가섭이라는 늙은 노인만이 파안일소破顔一笑할 뿐이었다. 석가도 말이 없고, 가섭도 말이 없고, 대중도 말이 없고, 산천초목도 말이 없는데 다만 석가의 마음으로부터 가섭의 마음으로 마치 고속도로처럼 아무 거리낌 없이 거울에 거울이 비치듯 서로 오고가는 무엇이 있었다. 석가는 후에 그것을 정법안장正法眼藏 열반묘심涅槃妙心 실상무상實相無相 미묘법문微妙法門이라고 설명하였다.

석가의 손에 들린 연꽃 한 송이, 더러운 진흙에서 솟아나온 깨끗한 줄기(미묘법문微妙法門), 그 줄기 위에 피어난 아름다운 연

*7호-3쪽

꽃(정법안장正法眼藏), 그리고 햇볕과 비를 가릴 정도로 시원하게 물위에 자리 잡고 있는 둥그런 연잎(열반묘심涅槃妙心), 끝으로 벌의 둥지처럼 빈방마다 가득가득 찬 꿀처럼 알찬 열매(실상무상實相無相), 깨끗한 줄기(성聖), 아름다운 꽃송이(미美), 시원한 잎사귀(선善), 가득 찬 열매(진眞), 어느 모로 보든지 참으로 좋고 아름답고 깨끗하다.

왕사성 밖 독수리 봉을 배경하여 법좌에 앉은 천인사天人師 석왕釋王의 모습, 연줄기처럼 늠름한 팔과 다리, 연꽃처럼 아름다운 얼굴, 연잎처럼 시원한 가슴, 꿀송이처럼 알찬 배, 석가의 모습은 그대로 하나의 연꽃이었다.

일생 거룩한 길을 걸어간 가섭의 손과 다리도 늠름하였다(성聖). 얼굴 전체가 웃음으로 싸인 가섭의 얼굴도 아름다웠다(미美). 장자답게 시원한 가슴(선善), 수많은 고생으로 닦아 올린 뱃심은 스승 못지않게 알찬 데가 있었다(진眞).

석가와 가섭의 사이에는 나무에 나무를 잇고 물에 물을 대듯이 틈도 없고, 겨를도 없이 마음과 마음으로, 인격과 인격으로 통하는 데가 있었다. 석가의 귀에 걸린 고귀한 천명도, 석가의 눈에 맺힌 빛나는 이치도, 코끝을 스쳐가는 시원한 바람도, 잎에 무르익은 깊은 진실도, 모두 가섭의 거룩한 인품(성聖)과 아름다운 지혜(미美)와 착한 행실(선善)과 참된 사랑(진眞)과 다를 바가 없다.

석가의 진실한 뜻과 선량한 정과 아름다운 지혜와 거룩한 인격은 그대로 가섭의 진실이요, 선량이요, 아름다움이요, 거룩함이다. 하나의 인격과 또 하나의 인격의 조화는 글로 표현할 수도 없고 가르침으로 새길 수도 없이 다만 깊은 속에서 깊은 속으로 흘러가는(이심전심以心傳心) 한줄기의 도道가 있을 뿐이다. 이렇게 불도는 석가에서 가섭으로 전해지게 되었고, 오늘날까지도 부처를 보는 많은 사람들의 가슴 속에 하나의 연꽃이 피어나는 미소를 금할 수 없게 된 것이다.

진리를 깨달은 석가의 눈은 연꽃보다도 아름답게 빛났다(정법안장). 생명을 얻은 석가의 코는 시원한 연잎처럼 고귀하기 끝이 없다(열반묘심). 중생을 구하는 석가의 입은 연송이처럼 알차고 기운이 넘친다(실상무상). 도에 통한 석가의 귀는 하늘로 뻗은 연줄기처럼 거룩하기 짝이 없다(미묘법문). 참 좋고 아름답고 깨끗한 석가의 모습이다.

어느 날 길가에서 우파가가 석가의 얼굴을 보자 이렇게 말했다.

"존자여, 당신의 얼굴은 참으로 광명에 넘쳐 있습니다. 당신은 누구에 의해 출가하셨고 어느 분을 스승으로 모셔 가르침을 받았습니까?"

석가는 서슴지 않고 이렇게 대답했다.

"나는 일체에 뛰어나고 일체를 아는 사람, 무엇에도 더럽혀짐 없는 사람, 모든 것을 내버리고 애욕을 끊고 해탈한 사람, 스스로 체득했으니 누구를 가리켜 스승이라 하랴. 나에게는 스승도 없고 같은 자도 없다. 이 세상에 비길 자가 어디 있으랴. 나는 곧 성자요, 최고의 스승이다. 나는 홀로 정각正覺을 이루어 스스로 고요하다. 이제 법을 설하러 카시로 간다. 어둠의 세상에 감로의 북을 울리리라."

2500년 전에 울리기 시작한 우렁찬 북소리는 오늘도 계속 울려오고 있다.

"믿음은 내가 뿌리는 씨요, 지혜는 내가 밭가는 모습이다. 나는 몸으로부터 입으로, 마음으로 나날이 악한 업을 제거하고 있다. 이것이 나의 김매는 것이요, 나의 밭가는 것이니 소는 정진이요, 가고 돌아섬 없고, 행하여 슬퍼함 없이 나를 평안한 경지로 이끌어준다. 나는 이렇게 밭 갈고 씨 뿌려 감로의 과일을 거두노라."

석가는 매일매일 믿음의 씨를 뿌렸고, 지혜의 밭을 갈았다. 악업을 제거하는 것으로 김을 매고, 소같이 꾸준히 정진해갔다. 한 걸음 한 걸음 착실히 나아가 물러섬 없고, 그 행한 결과에 대하여 뉘우쳐야 할 일도 없다. 그리고 수확은 감로의 열매다. 감로는 불사不死 천주天酒라고도 번역되어 그것은 꿀같이 달고 향기가 높으며 이것을 한 번 먹으면 죽는 일이 없다는 전설을 가지고 있다. 고대 인도에서는 이것을 신의 음식이라고 생각했지만 불교에서는 이것을 궁극의 경지를 나타내는 말로 쓰게 되었다.

29세에 출가하여 6년 고행 끝에 보리수나무 밑에서 깊은 명상에 들어간 석가는 49일 만에 그 가슴 속에 깊이 비친 한줄기의 찬란한 빛을 받아 부처가 된다. 캄캄한 밤에 횃불처럼 비치고, 막혔던 가슴의 문을 열어놓았다. 후세에 이것을 계戒, 정定, 혜慧라고 하는 것인데 출가란 쉽게 말하면 시집가는 일이다. 시집간다는 말은 생의 성숙을 말하는 것이요, 어른이 됐다는 말이다. 어른이 되어 비로소 자기의 성 밖에 다른 성이 있다는 것을 알고 자기와는 전혀 이질적인 이성과 결합하여 수태하게 된다. 29세의 석가는 그 정신이 성숙하여 이 세상과는 전혀 다른 이질적인 존재가 있는 것을 알게 되고 거룩한 신성과 합일하여 새로운 영적 생명을 자기 속에 품게 된다. 이것이 출가다. 세상에서는 집을 나가면 출가라고 생각하는데 그런 피상적인 것이 아니다. 신神과 하나가 되는 일, 그것이 출가다.

출가 후의 석가는 일식一食, 일마一摩의 고행을 했다고 한다. 일식이란 밥을 못 먹는다는 말이다. 수태한 여인이 밥맛을 잃듯이 성령에 수태된 석가도 밥맛을 얻을 수가 없었다. 금식이니 일식이니 하는 것은 내가 억지로 안 먹는 것이 아니다. 저절로 못 먹는 것이다. 임신한 여인이 여위듯이 석가는 가슴의 뼈가 뒷등에 닿을 만큼 해골이 된다. 일마란 씻는다는 말이다. 어린애가 차차 커지면 어린애대로 더러운 것을 분비하게 마련이다. 수태한 여인이 몸을 깨끗하게 하듯 석가도 매일매일 깨끗하게 씻어간다. 일식은 마음을 깨끗하게 하는 것이요, 일마는 몸을 깨끗하게 하는 것이다. 몸과 마음을 깨끗하게 하고, 몸과 마음을 덜고 덜어서 내가 사는 것이 아니요, 내 속의 새 생명이 살아가는 데 내 살은 먹히고 내 피는 마셔지게 되고 마는 것이다.

이것을 계戒라고 한다. 목욕재계라는 게 다 억지로 하는 계가 아니다. 저절로 이루어지는 계이다. 이러한 생활이 여인들이라면 열 달이 계속된다. 그러나 석가의 영적 수태에는 6년이 걸렸다. 그것도 빠른 셈이다.

그런데 마지막 달이 되면 배부른 여인들은 꼼짝도 못하게 된다. 바로 누워도 불편하고 모로 누워도 불편하다. 마침내 엉거주춤하게 앉는 도리밖에 없다. 이것을 선정禪定이라고 한다. 석가는 49일을 꼼짝 않고 가만히 앉아 있었다.

요새는 선정이란 것이 세계적으로 유행해져서 절간에만 가면 무조건 앉으라고 한다. 소위 참선이라고 하는데 앉기만 하여 된다면 그렇게 쉬운 일이 어디 있을까. 열심히 일해도 안 되는데 앉아서 된다면 그거야말로 거저먹기일지도 모른다.

석가는 6년 고행 끝에 저절로 앉아있게 되었다. 명상하려 앉은 것도 아니고 무념무상으로 앉은 것도 아니다. 옛날 어떤 사람이 부처가 되겠다고 몇 해를 참선한다면서 우두커니 앉아 있었다. 옆에서 보기가 민망해서 그 절 스님이 깨진 기왓장을 한 개 들고 참선하는 중 옆에 가서 박박 갈고 있었다. 참선하던 중이 눈을 떠보니 스님이 기왓장을 갈고 있었다.

"스님, 그것을 무엇 하러 갈고 있습니까?"

"음, 이제 이것을 자꾸 갈면 금덩어리가 된다."

중은 어이가 없었다.

"스님, 그럴 수가 있겠습니까. 아무리 그것을 간다고 해도 기왓장이 금덩어리가 될 수야 없지 않습니까?"

스님은 그제야 이렇게 소리쳤다.

"이놈아, 네가 그렇게 우두커니 앉아만 있다고 부처가 될 줄로 아느냐?"

그때서야 중은 크게 깨달았다고 한다.

세상 사람들은 속은 없이 껍데기만으로 무엇이나 되는 줄로 생각한다. 석가에게는 계가 있은 후에 자연적으로 오는 정定이 있었다. 흔히 말하듯 석가는 49일 동안 보리수나무 밑에서 마지막 고비를 넘기는 것이다. 세상에는 참선을 한다고 명상을 하느니 무념무상이니 하고 야단이지만 명상도 아니요, 무념무상도 아니다. 석가의 마음속에 자라난 영적 태아가 마지막 고비를 겪는 일이다. 이때에 겪는 진통을 보통 강마降魔라고 해서 악마와 싸워 이기는 그림을 흔히 볼 수 있지만, 강마라고 해도 좋고 진통이라고 해도 좋다. 하여튼 석가는 해산을 위한 마지막 고난을 겪게 되는 것이다.

이리하여 이른 봄 어느 날 새벽 유난히 밝은 별빛이 석가의 가슴을 비출 때 6년 49일을 자란 어린애가 석가 가슴을 헤치고 터져 나온다. 석가가 낳는 것이 아니라 어린애가 저절로 나온다. 이제 석가는 온 인류의 스승으로서 하나의 부처가 된다. 부처는 자식을 가진(자유子有) 하나의 자유인自由人으로서 인류 역사상에 유례없는 발자취를 남기게 된다. 그 후부터 석가는 각자覺者요, 승리자다. 그는 이렇게 말한다.

"나는 빛을 보았다. 나는 길을 얻었다. 싸움은 이미 끝났다. 이제 모든 것은 내 앞에 무릎을 꿇었다. 악마의 대군은 깨지고 말았다. 영원의 밝은 빛이 어리석고 어두운 밤을 비친다. 피곤한 자는 내게로 오라. 나는 하나의 뱃사공으로 너희들의 무거운 짐을 싣고 생사의 바다를 건네어주마."

석가는 일체의 정욕과 물욕을 정복하고 세계와 인생의 깊은 뿌리를 파고 들어가 원만하고 견줄 수 없는 지혜의 바다를 얻었다. 이 세상 사물에 끌려 다님 없이 영원한 속박을 벗어나서 자유를 얻었다. 그리하여 모든 사람들에게 신통한 설법을 베풀게 되었다.

35세에 부처가 된 후 45년 동안 그는 설법했다. 설법이란 별것이 아니다. 자기가 낳은 어린애에게 젖을 먹이는 일이다. 석가의 입에서는 한없는 감로의 젖이 흘러나왔다. 아이를 낳으면 젖은 저절로 나오게 마련이다. 이것이 5천여 권에 달하는 팔만대장경이다. 인류사에서 지적인 수준으로 비할 수 없이 높은, 많은 경전들이 꼬리를 물고 쏟아져 나온다. 이것이 설법이다. 세상에는 설교 준비를 한다고 한다. 준비해서 나오는 설교가 그 무슨 설교이랴. 설교란 자기의 아이를 위하여 저절로 나오는 샘물이다. 어떤 때는 연하고, 어떤 때는 진하고 어린애에게 맞게 흘러나오는 젖이 설법이다.『법화경』「약초품」편에 이런 말이 있다.

"약초가 점점 자라 산골짜기에 향긋한 풀내가 가득 찰 때, 보라, 한 점의 검은 구름이 온 하늘을 뒤덮어 기름진 땅에 살진 비가 쏟아지려고 한다. 가섭아, 내가 하는 설법이란 이런 것이다. 검은 구름이 하늘 한 모퉁이에 일어나 온 하늘을 뒤덮을 때 물기는 축축하고, 번개는 번쩍이고, 뇌성이 울리고, 벽력이 치며, 햇빛이 어두울 때 땅 위는 서늘해지고, 구름은 낮게 떠서 손에 붙잡힐 듯하고, 비는 쏟아지고, 국토는 물에 젖어 산천 험곡 깊숙한 그늘에 자라는 초목, 약초, 크고 작은 나무, 오곡 백화, 수수, 포도, 모든 것이 물에 젖고 물을 얻어 대지는 무성하다. 구름에서 내리는 비는 한결같지만 초목 백화는 각기 물을 먹고, 어떤 것은 나고, 어떤 것은 자라고, 어떤 것은 피고, 어떤 것은 맺힌다. 여래가 세상에 나옴도 큰비와 같아 모든 피곤한 인생에게 생기를 불어주고, 그들을 평등하게 돌보아주고, 비가 내리듯 설법한다. 내 법을 듣는 중생은 각각 자기 소질에 따라 수행하면 약초가 각기 저마다의 감로를 얻는 것이나 마찬가지다."

석가는 언제나 쓸데없는 빈말을 하기 싫어했다. 탈고脫苦의 수행을 하지 않고 쓸데없는 이론으로 세월을 보내는 사람은 자기 몸에 독 묻은 화살이 꽂혔는데 그것을 뺄 생각은 하지 않고 그 화살이 어디서 흘러온 것인지, 누가 쏘았는지, 무슨 나무로 만든 것인지, 무슨 약을 바른 것인지, 그런 것을 알려는 사람이나 마찬가지라고 했다.

인생이 무엇이냐. 세계의 종말은 어떤 것이냐. 신이 있느냐 없느냐. 사람은 죽어서 어떻게 되느냐. 그런 문제는 죽도록 토론해도 끝날 문제가 아니다. 그것보다도 자기의 아픔을, 자기의 괴로움을 뽑아버려야 한다. 우선 자기 몸에 깊이 박힌 독 묻은 화살을 그야말로 무자비하게 뽑아버려야 한다. 석가는 배가 등에 붙도록 고행을 하고 49일 동안을 엉덩이가 물크러지도록 깊이 사색한 끝에 일점의 광명이 자기 가슴을 파고 들어온 그 이치는 무엇이었을까. 그것은 사랑(갈애渴愛)이 만악萬惡의 근본이라는 것이다.

"세상은 갈애에 의해 인도되고, 갈애에 의해 괴로움을 당하기도 한다. 갈애야말로 일체를 예속시키도다."

"사랑에서 근심이 생기고, 사랑에서 두려움은 생기나니 사랑을 넘어선 사람에겐 근심이 없도. 어디에 간들 두려움이 있으랴."

"뿌리만 상하지 않고 튼튼하다면 나무는 베어져도 다시 생기며 애욕은 뿌리째 뽑지 않으면 또 다시 되풀이해 고뇌는 생기리."

"비구들이여, 모든 것은 타고 있느니라. 활활 타오르고 있느니라. 먼저 이 사실을 너희는 알아야 한다. 그것은 어떤 뜻인가?

비구들이여, 눈이 타고 있다. 그 대상을 향해 타오르고 있다. 귀도 타고 있다. 코도 타고 있다. 마음도 타고 있다. 모두 그 대상을 향해 활활 타오르고 있다.

비구들이여, 그것들은 무엇으로 말미암아 타는 것이랴. 탐욕의 불꽃에 의해 타고, 노여움의 불꽃에 의해 타고, 어리석음의 불꽃에 의해 타고 있느니라. 갈애의 불이 붙고 있는 동안 진리의 빛은 비칠 데가 없다. 갈애의 불이 꺼져야 사람은 빛을 얻어 바로 보고, 바로 생각하고, 바로 말하고, 바로 이해하고, 바로 일하고, 바로 시키고, 바로 자리 잡고, 바로 살아가게 된다. 이것을 팔정도八正道라고 하지만 인생의 괴로움, 고苦는 갈애로 시작되고(집集), 이 갈애의 불이 꺼져야(멸滅) 바로 살 수 있다(도道)."

이것은 석가가 맨 처음에 한 사제四諦라는 설법이다. 그 후 석가의 설법은 계속되었다.

"청정한 손, 티끌을 멀리 떠난 두려움 없는 열반을 설하시기에 이제 여기에 천 명도 넘는 비구들은 정각자에게 예하여 뵈옵노라. 정각자가 설하심은 티 없는 진리, 그것을 비구들은 귀 기울여 듣도다. 크나큰 비구들에 에워싸여 아, 정각자는 빛도 찬란하셔라. 세존께선 참으로 큰 용과 코끼리시며 이 세상 살아 계신 성자이셔라. 줄줄이 내리는 빗발처럼 제자들을 고루고루 적셔주시라."

비를 갈구하는 나무처럼 사람들은 석가 밑에 모여 불법을 들었다. 뱀처럼 도사리고 앉았던 바라문의 승려 계급도, 늑대처럼 으르렁거리던 크샤트리아의 무사 계급도, 여우처럼 간사하던 바이샤의 상인 계급도, 자칼처럼 썩은 고기를 훔치는 수드라의 천인도 한번 감로의 열매를 먹고, 법의를 입고 출가하여 교단에 들어가면 생나무나, 더러운 나무나, 썩은 나무나, 향나무나 모두 불이 되고, 숯이 되듯이 차별에 죽고, 평등에 사는 새로운 생명으로 소생하였다.

봄바람이 영원히 불어간다. 죄 많던 육적肉的 생명이 멸하고 거룩한 영적靈的 생명으로 태어났다. 그들에게는 이전의 직업을 돌아볼 것이 없었다. 마치 바다에 흐린 물, 맑은 물이 모여들듯이 한번 법의 바다에 들어오기만 하면 다 같이 썩을 수 없는 소금 맛을 풍기게 된다. 그들이 과거에 도적이건 창기건 그것은 문제가 아니었다. 어머니의 사랑보다 더 큰 석가의 자비에 시들었던 꽃잎이 다시 생기가 솟았다.

이리하여 그들은 자꾸 자라 스스로 살아갈 수 있을 만큼 성장하여 교단이 되었다. 이것을 인도말로 승가라고 하며 우리말로는 승僧이라고 하지만 교회라는 말이나 마찬가지다. 그들은 자기들의 성장을 이렇게 노래한다.

"보름이라 달 밝은데 몸과 마음과 말씀을 맑게 하려고 오백이 넘는 비구들은 여기에 모였으니 번뇌의 올가미를 모두 다 벗어 던져 윤회의 반복 않는 성자들뿐이로다. 세존의 아들이요, 법의 씨들이매 당찮은 말을 늘어놓는 사람이란 없더이다. 갈애의 그 화살을 빼어버린 우리들이 아, 세존 우러러 예하여 뵈옵노라."

그 후 교단은 늘어나서 몇 천만인지 그 수를 헤아릴 수 없게 되었다. 그들은 모두 석가가 걸어간 길을 걸어갔다. 이 길은 석가에 의해 만들어진 것은 아니다. 이 법은 태고로부터 있고 이 길은 영겁에 걸쳐 존재하고 있는 것이다. 석가는 그것을 발견하고 가르쳐주는 사람에 지나지 않는다. 따라서 불타 자신도 또한 이 길을 걷고 있는 사람의 하나이다. 그도 역시 서로 손을 잡고 같은 길을 걸어가는 동행의 한 사람인 것이다. 석가는 이 사실을 명확히 자각하고 있었다. 그리하여 자주 제자들에게 너희는 나를 좋은 친구로 삼음으로써 늙어야 할 몸이면서도 늙음으로부터 벗어날 수가 있다. 병들어야 할 몸이면서도 병으로부터 벗어날 수가 있다. 죽어야 할 몸이면서도 죽음으로부터 벗어날 수가 있다. 고뇌와 우수를 지닌 몸이면서도 고뇌와 우수로부터 벗어날 수가 있다고 설한 적도 있다.

한번은 아난다가 석가에게 이렇게 물었다.

"대덕이시여, 곰곰이 헤아려보매 착한 벗이 있고 착한 동지와 함께 있다는 것은 이 성스러운 길의 절반에 해당한다고 생각됩니다. 이런 소견은 어떻겠습니까?"

석가는 이렇게 대답하였다.

"아난다여, 그것은 잘못이다. 아난다여, 그렇게 말해서는 안 된다. 아난다여, 착한 벗이 있고 착한 동지와 함께 있다는 것은 이 성스러운 길의 전부니라."

불교에서 자비란 말을 많이 듣는다. 자는 우정이란 말이요, 비는 신임이란 말이다. 인간의 생존 양상이란 천차만별이다. 어떤 사람은 제왕으로서 만인 위에 군림하는가 하면 어떤 사람은 노예로서 일생을 매어 지내기도 한다. 또 어떤 사람은 억만장자가 되어 주지육림에 파묻히기도 하고 어떤 사람은 일간두옥도 없어서 거리를 방황하기도 한다. 그러나 일단 인간성의 심층에 깊이 잠기어 바라보면 인간이란 똑같이 생로병사의 어쩔 수 없는 운명을 등에 짊어지고 언제 닥쳐올지 모르는 죽음 앞에 벌벌

떨고 있는 가엾은 존재에 불과하다. 이러한 점에 눈뜰 때 우리 앞에는 제왕이니 노예니 가난뱅이니 부자니 하는 차별이 완전히 무의미해지지 않을 수 없다. 그리고 사람이란 본질적으로 평등하며 누구나 친구임을 알게 된다. 인간과 인간이 동고동비의 정으로 연결될 때 거기에서 솟아나는 사랑의 샘이란 우정 그것일 수밖에 없지 않은가. 이렇게 교단은 늘어가고 성숙해갔다.

진리를 깨달은 인격 부처(불佛)와 45년 설하신 말씀(법法)과 그를 사랑하는 친구들의 모임(승僧)을 사람들은 '삼보三寶'라 불렀다. 불을 생각하고(염불念佛) 법을 생각하고(염법念法) 모임을 생각(염승念僧)만 해도 그들 마음속에는 무엇인지 뭉클하는 것이 있었다. 석가는 친구들에게 이렇게 권하기도 하였다.

"너희들이 무인 광야를 가게 될 때는 여러 공포가 있을 것이며 마음은 놀라고 머리카락은 곤두서리라. 그런 때는 마땅히 여래를 염하라. 여래는 응공 등정각 불세존이시라고. 이리 염하면 공포가 사라지리라.

또 법을 염하라. 부처님의 바른 법은 현재에 있어서 능히 번뇌를 떠나게 하고 때를 기다릴 필요가 없으며 통달 친근하여 자각에 의해 알 수 있는 것이라고. 이리 염하면 공포가 사라지리라.

또 승을 염하라. 세존의 제자들은 잘 수행하고, 바로 수행하고, 세간의 복전이라고. 이리 염하면 공포가 사라지리라."

어느덧 교단이 커지고 든든해져서 스스로 설 수 있게 되었다. 그 가운데서도 제일 믿음직하게 자란 나무가 가섭이었다. 석가는 드디어 영취산 밑에서 정법안장正法眼藏 열반묘심涅槃妙心 실상무상實相無相 미묘법문微妙法門 불립문자不立文字 교외별전敎外別傳으로 이심전심以心傳心하였다.

석가는 모든 책임을 다 벗어날 수 있게 되었다. 그들은 혼자 살아갈 수 있도록 컸다. 석가는 은퇴할 생각을 했다. 나이는 벌써 팔십이 되었다. 두 그루의 사라나무가 시원한 그늘을 던지는 향내 나는 풀 위에 그는 곱게 누워서 열반으로 떠날 준비를 하였다. 마지막으로 그는 아난다에게 이런 말을 한다.

"아난다여, 내가 죽은 후에 의지할 곳이 없다고 말하지 마라. 내가 성불 이래 너희들에게 말한 경계經戒가 남아 있지 않느냐. 이것들이 너희의 의지할 곳이다. 아난다여, 나는 안팎의 법을 밝혔다. 너희들이 스스로 빛이 되어 내 몸을 밝히고 법을 빛으로 삼아 몸을 이끌어 가면 된다. 결코 남을 의지한다든가 다른 사람을 기대해서는 안 된다."

석가의 일생은 출가에서 시작하여 계, 정, 혜로 성불하고 불, 법, 승을 거쳐 열반에 들어간다. 쉽게 비교하면 여자가 출가하는 것처럼 출가하고, 어린애를 낳는 것처럼 성불하고, 어린애를 먹이는 것처럼 설법하고, 다 자라서 어른이 되어 교단을 이룬 후에는 은퇴하듯 열반으로 들어간다. 29세 출가, 35세 성불, 45년 설법, 80에 열반, 이것이 석가의 일생이요, 인류의 일생이요, 네 일생이요, 내 일생이다.

실천이성비판

『순수이성비판』이 나온 지 7년 만에 『실천이성비판』이 나온다. 그래서 이 책을 보통 제2 비판이라고 한다. 이 책에서는 『순수이성비판』에서 해결되지 않은 자유와 영생(불사不死)과 신神의 문제를 해결한다. 이 세 가지는 객관적 인식(지知)으로는 해결될 수 없고 오직 주체적 실천(행行)으로만 해결될 수 있기 때문이다. 이 세 가지 가운데서도 칸트는 자유라고 하는 것을 제일 먼저 문제 삼는다. 그것은 실천이성의 본질이 자유이기 때문이다.

실천이성이란 어른과 같은 것이다. 어른의 본질이란 자유함에 있다. 어른의 본질은 아들을 가지는 것이다. 아들을 가졌다는 것을 자유子有라고 한다. 자유子有 없이 자유自由 없고, 자유自由 없이 자유子有 없다. 자유自由란 다른 말로 하면 힘을 가졌다는 것이요, 힘 가운데 가장 근본적인 힘을 생명의 힘이라 할 때 아들을 가졌다는 것은 가장 근본적인 생명의 힘을 가졌다는 것이다. 그런고로 인간의 근본적인 자유自由는 자유子有에서 이루어진

*7호-11쪽

다고도 할 수 있다.

그러면 자유가 어떻게 생명과 신의 문제를 해결할 수 있나? 인간은 아들을 가질 때(자유子有) 유한한 생명이 무한해져 자기의 생명이 불멸함을 느끼게 된다. 자유의 문제가 해결될 때 어떻게 신의 문제가 해결이 될까? 자유, 즉 아들을 가졌다는 말은 아버지가 되었다는 말이요, 아버지가 된 후에야 비로소 자기 생명의 근원인 아버지의 뜻이 무엇인지를 알 수 있게 된다. 아버지가 되기 전에는 아버지의 사랑도 아버지의 뜻도 알 수 없다. 자기가 아버지가 되어 아들을 사랑해 본 후에야 내 아버지가 나를 얼마나 사랑했는지 알 수 있게 되고, 자기가 자기 아들을 길러 본 후에야 자기의 아버지가 나에게 어떤 뜻을 가지고 있었던가를 알수가 있다. 아버지의 뜻이 무엇인지를 알고 그것을 이루어 갈 때 비로소 인간은 자기와 신이 하나 됨을 알 수 있게 되는 것이다. 아들을 통해서 영원을 알게 되고(영생), 아버지가 되어봄으로 무한한 아버지의 사랑을 알게 된다(신). 이리하여 신과 영생과 자유는 실천이성의 세계에서만 해결이 된다.

칸트는 실천이성의 본질을 자유라고 하여 신과 영생의 문제를 해결하고, 실천이성의 형식을 도덕이라고 하여 인간과 사회의 문제를 해결하려고 한다.

그러면 칸트가 말하는 도덕이란 무엇인가? 도덕이란 바로 산다는 것이다. 사는 것이 문제가 아니다. 바로 산다는 것이 문제다. 나도 바로 살고, 남도 바로 살면 사회는 바른 사회가 되어 하나로 통일된다.

칸트의, 도덕의 근본법칙을 "네 의지의 격률格率이 곧 보편적普遍的 입법立法의 원리가 될 수 있도록 행하라"고 하는 것은 한마디로 바로 살라는 말이요, 나와 남이 모두 잘 살도록 행동하라는 것이다. 그런데 나와 남이 다 잘 사는 길은 결국 모든 사람이 다 바로 사는 것밖에 길이 없다. 요는 바로 사는 것, 이것이 도덕의 근본 원칙이다.

칸트는 자유와 도덕의 관계를 이렇게 표현한다. "자유는 도덕의 존재 근거요, 도덕은 자유의 인식 근거다"라고. 만일 자유를 '힘'이라고 하고, 도덕을 '바로'라고 한다면 기둥을 '바로' 세우는 것은 기둥으로 하여금 '힘'을 쓰게 하기 위해서요, 이 기둥이 다른 기둥보다 더 '힘'이 있다는 것은 이 기둥이 '바로' 섰다는 것을 보아서 알 수가 있다.

칸트는 자유는 사실이지 개념화할 수는 없다고 한다. 그 말은, 힘은 내가 소유하고 있는 것뿐이지 그것을 볼 수는 없다는 뜻이다. 힘이 있는지 없는지 아는 길은 그가 바로 사는지, 바로 못 사는지를 보아서 알 수 있는 것뿐이다. 그런고로 칸트는『실천이성비판』에서 자유를 분석하려고 하지 않는다. 다만 도덕률을 분석해봄으로 자유를 헤아리는 척도로 삼는다.

칸트는 맨 처음 실천이성의 법칙을 정의하는 데서부터 시작한다. 칸트는 실천이성법칙이 되기 위하여 구비할 네 가지 조건을 정리定理라고 하여 1. 보편적 2. 필연적 3. 형식적 4. 자율적이라 한다.

보편적이란 말은 도덕은 누구나 좇아야 한다는 말이다. 칸트는 사람들뿐만 아니라 천사와 같은 모든 이성적 존재도 도덕률에 제한을 받아야 한다고 생각했다.

필연적이란 말은 도덕에는 강제성이 있어야 한다는 것이다. 물론 다른 힘에 의한 강제가 아니고 자기가 자기를 지배하는 강제다. 실천이성에는 자기가 자기를 지배할 수 있는 힘이 있다. 해야 한다는 것을 알면 곧 해낼 수 있는 힘을 가지고 있다. 거짓말을 하라고 강요당할 때 인간은 죽으면 죽었지 거짓말을 못하는 본능을 가지고 있다. 그것은 거짓말이 참이 아니라고 하는 것을 알고 있기 때문이다. 본지본능本知本能이라고 해도 좋다.

형식적이란 말은 차라리 형상이라는 말이 더 적합할지도 모른다. 형상形相이라는 말은 아리스토텔레스 이래로 질료質料와 대립되는 말로서 아리스토텔레스에 의하면 신神은 형상의 형상이라고 한다. 칸트는 인간의 도덕성의 근거를 신에 두었다. 칸트는 『천계의 일반 자연사와 그 이론』이라는 책 속에 "모든 피조물 속에 장엄하게 나타나있는 신성이 생각하는 인간 속에도 깃들이고 있다. 인간은 정열의 폭풍 속에서도 흔들리지 않는 바다처럼 고요한 신성을 간직하고 있다"고 말한다.

자율적이란 말은 행위의 모든 동기가 밖에 있는 것이 아니고 안에 있다는 것이다. 도덕적 행위는 언제나 타자他者에 의하여 강요됨 없이 인간의 고요한 자유의지에 의하여 결정된다. 그것은 도덕적 행위의 주체는 언제나 책임을 지는 주체이기 때문에 자발적인 행위가 아니면 절대로 책임을 물을 수가 없기 때문이다.

보편적, 필연적, 형식적, 자율적이라는 것은 모두 자유의 형태이기도 하다. 실로 도덕과 자유는 하나의 두 면으로서 나누려야 나눌 수 없는 것이다. 사람은 자기 의지의 격률이 언제나 그대로 보편적 입법의 원리가 되도록 행동할 때 가장 행복하다. 바로 사는 것만이 건강한 삶이요, 인간은 건강할 때 가장 행복할 수 있다.

칸트는 언제나 자유를 방종과 엄격히 구별했다. 자유는 자기가 자기를 지배할 때 나타나는 왕자의 품격이요, 방종은 자기가 욕정에 끌려 다닐 때 일어나는 노예의 모습이다. 그런고로 자유란 우리들이 감각적 여건을 이기고 도덕률에 의하여 자기 자신을 지배할 때 이루어지는 것이다. 감각적 여건을 좇아 향락을 구하는 것은 도덕적이 아니다. 괴테도 향락을 천한 것이라고 했지만 칸트는 향락을 인간의 고귀성과는 상관없는 것으로 생각했다. 칸트 당시의 한 철학자는 "내 생애에 있어서 붙잡을 수 있었던 모든 향락은 칸트의 『실천이성비판』의 몇 줄에서 받은 영향 때문에 그 빛을 잃어버리고, 내 심장은 전율을 일으켰다"고 술회했다.

칸트는 언제나 행복을, 도덕이 완성되어 인간이 인간다운 고귀성을 지닌 후에야 이루어지는 것으로 생각했다. 이것이 덕복일치德福一致의 사상이다. 덕이란 바로 사는 일이요, 바로 산다는 것은 어떤 의미로는 이 세상에 대하여 죽는 일이다. 덕복일치란 한

번 죽었다가 다시 사는 경지다. 죽음을 넘어서서 사는 경지이기 때문에 칸트는 이러한 세계의 주인을 신이라고 부르고 이러한 세계를 최고선最高善이라고 하였다. 그리고 이러한 세계에 사는 백성들은 무한히 행복한 영원한 존재이기 때문에 칸트는 불멸을 전제하지 않을 수 없었다.

칸트가 신과 영생과 자유를 최고선을 실현하기 위한 요청이라 한 것은 칸트에게는 어려서부터 받은 부모님의 경건한 기독교의 믿음이 그의 사상을 일관하고 있기 때문이다. 칸트의 윤리적 가치관은 이 밖에도 프러시아의 엄격한 의무 관념으로 구성되어 있다. 칸트는, 모든 사람에게는 양심의 소리로서 누구나 선천적으로 도덕률이 있다고 생각했다. 모든 도덕적 행위는 이 도덕률에 대한 존경으로부터 나오게 되고, 도덕률에 대한 끝없는 존경의 감정이 의무 관념이다.

"의무여, 너 숭고한 그리고 위대한 이름이여, 너는 사람의 마음을 끌고 기쁘게 하는 아무것도 가진 것이 없으면서 무조건으로 복종을 요구한다. 물론 사람을 위협한다든지 공포를 일으켜 사람의 마음을 움직이는 것이 아니라 다만 하나의 법칙을 세워 그들을 따르게 한다. 이 법칙은 사람의 욕망을 거슬려 말할 수 없는 존경을 받게 하고, 모든 죄악의 경향은 도덕률에 반항하면서도 그 앞에 입을 봉하고 무릎을 꿇게 한다."

칸트는 이와 같이 존경을 받는 도덕률의 주체를 인격이라고 했다. 전 우주 속에서 사람들이 구하고 또 지배할 수 있는 모든 것은 그저 수단으로 삼아도 좋다. 그러나 사람만은 그리고 모든 이성적 피조물만은 목적 자체인 것이다. 칸트는 우리들에게 인격의 한없이 숭고함을 보여준다.

"생각하면 할수록 언제나 새롭고 북받쳐 오르는 감탄과 숭경崇敬으로 내 마음을 꽉 채우는 것이 두 가지가 있다. 하나는 머리 위에 무수히 빛나는 별 하늘이요, 또 하나는 내 마음속에서 언제나 움직이는 도덕률이다. 이 둘은 암흑 속이나 공상 속에 있는 것으로 생각하여 시야視野 밖에서 찾거나 마음속에서 억측臆測할 필요는 없다. 나는 이 두 가지를 내 앞에서 보고 직접 내 삶과 연결되어 있음을 인식한다. 첫째 것은 밖으로 감성계에 있어서 내가 자리 잡은 이 땅으로부터 시작하여 내가 사는 세계와 이 세계를 넘어서서, 멀리 저편으로 확대되는 세계의 체계와 그 체계를 넘어서 헤아릴 수 없는 우주의 전체로 내 생각을 더듬게 한다. 그리고 이 세계와 모든 체계의 주기적인 운동과 무한히 계속하는 시간으로 내 생각을 몰아간다.

그다음은 나로서는 볼 수 없는 자아, 나의 인격성으로부터 시작하여 참다운 무한성을 가지고 오직 이성으로만 알 수 있는 또 하나의 세계 속에 나를 인도한다. 그리고 나는 이 세계에 대하여는 밖의 세계에 대하듯 우연적이 아니요, 진정으로 보편적이요 필연적으로 자기와 연결되어 있다고 인식한다. 밖에 있는 무수한 세계군은 하나의 동물적인 피조물에 불과한 나를 무시해버리고 마는 것 같다. 왜냐하면 동물적 피조물로서의 나는 내가 필요한 물질을 잠시 동안 살기 위해서 빌려 쓰다가, 내가 갈 때에는 다시 이 우주의 한 점 밖에 안 되는 이 유성 위에 돌리지 않으면 안 되기 때문이다.

그러나 이와는 반대로 예지체叡智體로서의 나의 가치는 나의 인격성으로 말미암아 한없이 높여진다. 이 인격성은 도덕법칙에 의하여 동물계나 감성계로부터 완전히 독립한 하나의 높은 생명을 나에게 보여준다. 이 생명만이 나로 하여금 도덕적 법칙을 통하여 내 삶을 목적으로 인도하고, 이 목적은 현세의 생활조건이나 한계로부터 제한됨 없이 무한히 진행하는 새 생명으로 나를 이끌어가고 있는 것이다."

베다

*언제나 흰 눈에 덮인 히말라야를 북쪽에 바라보면서 독사와 독충이 들끓는 열대밀림에서 사는 인도 사람들은 현실을 버리고 이상을 좇는 버릇이 있었다. 그들은 그렇게 영원을 그리고 살았기 때문에 역사를 기록할 줄 몰랐다. 그러나 세계에서 제일 먼저 체계적인 사상을 내놓아 철학의 발생지가 된 것은 역시 자기네들을 아리안이라고 부르는 인도 사람들이었다.

아리안이란 존귀하다는 뜻이다. 아리안은 희랍 사람들과 같은 계통의 사람들이다. 인더스와 갠지스의 긴 물줄기가 데칸 고원을 사이에 끼고 흘러가면서 펼쳐놓는 인도의 대륙은 소련 연방을 제외한 전 유럽과 같은 넓이다. 유럽과 마찬가지로 수많은 민족과 언어와 다른 풍속들이 열대지방의 각가지 꽃처럼 피어나 왔다.

아리안이 인도에 정착하기는 3500년 전 옛날이다. 그들은 종교적인 강한 신앙을 가지고 있었다. 그들은 신들에게 찬가를 드

*7호-15쪽

렸다. 천여 개의 찬가가 한 자의 틀림도 없이 정확한 암송을 통하여 오늘날까지 전해지게 되었다. 인류는 그들의 공로로 3500년 전의 사람들이 어떤 생각을 하고 살았는지 엿볼 수 있었다. 그뿐만 아니라 아직도 수억의 인도 사람들이 베다라는 찬가로부터 그들의 정신적인 원천을 꺼내고 있다.

베다는 금강석처럼 한없이 많은 사상의 빛을 방사한다. 보는 면에 따라 각각 다르게 비치기 때문에 무수한 시각을 통해서 그 일면을 엿보기는 쉽지만 전체를 종합한다는 것은 극히 어렵게 되어있다. 그만큼 베다는 산 생명의 도가니요, 수많은 사상의 원천이기도 하다. 베다는 인간이 빚어낸 가장 오래된 기록이요, 거기서 우파니샤드의 철학이 나오고, 무수한 자유사상이 흐르고, 불교가 나오고, 자이나교가 나오고, 오늘날의 힌두교가 그의 원천을 베다에 두고 있는 것이다.

3500년 전 인도로 들어간 신성하고 고귀하고 존경받을 만하다는 아리안들은 비상한 상상력을 가지고 있었다. 생명이 생명을 살려내듯이 그들은 무엇이든지 닥치는 대로 사람으로 의인화한다. 태양도, 바람도, 강물도, 새벽도, 말씀도 모두 사람이 되어 신으로 승화된다.

우리나라에서 제석천帝釋天이라고 불리는 우레의 신 인드라는 몸집이 거대하고 한없이 용감하여 신주神酒 소마를 폭음하고 명마 하리가 끄는 전차에 탄 후 폭풍 신들을 이끌고 아리안의 대적인 다사의 성곽을 분쇄한다. 그는 성곽 파괴자로서의 이상적인 아리안 무사의 모습을 드러내고 있다. 그는 공예의 신 도바시트리가 만든 금강검을 가지고 뱀의 모습을 한 악마 브리트라를 죽여버리고 산골짜기에 갇혀있던 물을 해방하여 가뭄에 죽어가는 억조창생에게 대망의 단비를 아낌없이 내려주는 우레의 신이다.

　인드라 신 다음에 우리나라에서는 아궁이라고 불리는 화신火神 아그니는 어둠을 물리치고 악마를 소멸하는 청정淸淨의 신이다. 그는 태양이 되어 하늘에 빛나고, 번개가 되어서는 공중에 번쩍이고, 제화祭火가 되어서는 땅 위에서 불탄다. 당시의 인도 사람들은 제화로서의 아그니를 가정마다 설치했는데 그것은 인간과 신들 사이에 제물을 옮겨주는 중개자요, 고귀한 손님이었다. 화신숭배는 아리안의 옛 전통이요, 후에는 차라투스트라를 통하여 이란에서 배화교拜火敎가 생겨난다.

　신주神酒 소마도 신이 되어 리그베다의 제9권 114편이 모두 소마에 대한 찬송이다. 소마는 넝쿨 뻗는 풀로서 그 줄기에서 짠 액체로 소마 술을 담는데 그것은 신의 위력을 돋우고 인간에게 시적 영감을 주는 자극적인 음료이다. 이것을 불속에 던져 신들에게 바치고 나머지를 참례한 사람들이 마심으로써 제사의 중심 의식이 되어 있다.

　말씀의 신 바루나도 천측天測의 수호자로서 일월성신의 운행, 사계절의 순환, 자연의 질서, 인류의 정법을 지키는 준엄한 신으로 많은 사람들이 그 앞에서 죄의 용서를 빌기도 하였다.

　이밖에 수많은 자연현상이 그들에 의하여 의인화 되고 신화가 되어 하늘과 땅과 공중에 차게 된다. 그 수는 33 혹은 3339라고도 한다.

리그베다는 장기간에 걸친 10권에 달하는 작품이어서 그 가운데는 여러 가지 사상이 회오리바람처럼 일어난다. 그리고 신들의 통일하는 문제, 세계 원리의 문제, 우주창조의 문제 등 차차 체계화된 철학사상으로 이끌어간다. 그 가운데 특기할 만한 것은 일체를 창조하는 유일신 사상이요, 또 하나는 푸루샤라고 불리는 거인의 몸이 해체됨으로써 이루어지는 천지창조의 신화이다. 희랍보다도 훨씬 형이상학적이며 현상세계 배후에 일체의 근원을 추구하는 정열적인 사상이 너무도 강하다. 오직 한 분이신 그이로 표현되는 중성명사의 유일한 근본원리로부터 전 우주가 피어나온다고 하는 일원론적인 경향은 후세 인도사상의 강한 전형이 된다.

베다는 리그베다, 사마베다, 야주루베다, 그리고 후에 아타르바베다가 첨가되어 신성한 경전이 되었다. 내용은 신들을 찬송하는 가장 핵심부문인 삼히타, 그밖에 브라마나라고 불리는 신학적 해석과 아라야누가라고 불리는 비의秘儀의 해설 그리고 우파니샤드라고 하는 철학적 내용이 그 중요 부문이다.

그 가운데서 제일 오래된 리그베다가 가장 중요한 것으로 리그는 찬송이란 뜻이요, 베다는 영적 지혜라는 뜻이다. 신의 계시인 영적 지혜에 대한 찬송이라고 할 수 있다. 10권으로 되어 1028편의 시를 수집한 것이다.

맨 처음에는 많은 신들을 각각 찬미하지만 그 가운데서 특히 더 찬송을 받는 신들이 나타나게 된다. 예를 들면 비를 주는 인드라 신은 가물 때마다 더욱 기원의 대상이 되었을 것이다. 인드라라는 말은 비라는 뜻이다. 그들은 인드라를 이렇게 찬미한다.

"금강검을 손에 잡은 인드라 신이 세운 수많은 공적을 이제 내가 노래 부르리. 그는 성미 나쁜 마신을 물리치고 막혔던 물줄기를 터놓아 산의 허리를 끊고 용솟음치며 솟아 나온다. 마치 잃은 송아지를 찾아 나서는 암소처럼 바다를 향하여 한없이 흘러가는 강물의 모습이여. 가뭄을 이기고 물을 주는 인드라는 자기들의 원수를 쳐부수는 용감한 수호자이기도 하다. 승리자로 태어난 현명한 신은 그 힘을 가지고 모든 신을 이기셨다. 힘에 찬 그 위엄에는 하늘과 땅도 무서워 떤다. 그의 이름도 장엄한 인드라 신.

가난한 자와 병든 자, 괴로움에 헤매는 모든 사람을 위로하고 도와주고 힘을 주시는 소마의 향기보다 더 아름다운, 그의 이름도 찬란한 인드라 신.

이 신이 없으면 승리도 없다. 이기기도 지기도 마음대로. 창을 쥐고 지켜주는 우리의 큰 신. 누가 그 힘을 측량하리요. 무너질 수 없는 그를 누가 알리요. 그 이름도 크도다. 인드라 신.

죄에 더럽혀진 많은 사람들은 그의 화살을 받는다. 교만한 자는 신의 대적, 아리안 족속에 반항하는 자, 그의 말로가 비참하구나. 그 이름도 용감한 인드라 신."

인도 사람들이 사랑한 신은 불을 신격화한 아그니 신이다. 인드라 신 다음으로 많은 찬송을 받는 신이다. 아그니는 두 필의 붉은 말이 끄는 황갈색의 마차를 타고 신들에게 통하는 길에 익숙하여 심부름꾼으로 제물을 운반하는 좋은 중개자. 모든 제사에 능숙하고 현명한 신으로 대지 가운데 자리 잡고 집집마다 제단에서 새롭게 타는, 젊고 아름다운 친구. 그는 언제나 집안에서 불 붙고 있기에 집에 재물을 더해주고, 자손의 번영을 도와주고, 집안의 모든 더러움을 깨끗하게 불 살러 태우고, 어두움을 환하게 비추고, 흰 불꽃이 날 때에는 악마까지도 무찌르는 그리고 모든 간사한 것들을 소멸시키는 영원한 불꽃이다.

그들은 아그니를 노래하여 이렇게 부른다.

"언제나 깨어서 인간을 보호하는 지혜에 넘치는 아그니 신이 탄생하셨다. 더 새로운 평안을 인간에게 주기 위하여 그 향긋한 향내에 젖어 모든 것을 깨끗하게 하는 청정의 신, 아그니는 하늘을 찌르는 듯한 높은 불꽃으로 우리를 위하여 길을 밝힌다.

아그니는 곧은 길로 우리에게 내려오신다. 집집마다 아그니를 나눠주신다. 아그니는 제물을 나르시는 하늘의 사자, 아그니를 사랑하는 사람은 영감의 시인으로 뽑힘을 받으리.

아그니여, 우리들은 당신을 찾노라. 나무 틈에 숨어있는 그대를 우리는 찾았노라. 한번 마찰하면 그대는 거대한 힘이 되어 우리 앞에 나타나니 우리는 그대를 힘이라고 부르리. 오, 아그니 신이여."

이런 식으로 그들은 많은 신들에게 찬송을 드렸다. 그러나 아리안들은 이 많은 신들이 모두 하나의 진리를 나타내는 여러 모습이라는 것을 느끼게 되었다. 하나의 신령이 여러 가지로 활동함에 따라 다양한 모습으로 나타난다고 해서 이런 시들을 지어 부르게 된 것이다.

그 현명한 사람들은 한 분이신 신을 여러 가지 이름으로 불렀다. 인드라, 아그니, 바루나 등. 그러나 그 한 분은 스스로 바람 없이 숨 쉬고 있다. 그들에게는 차차 일신교적 종교와 통일적 철학의 싹이 트기 시작했다.

그들은 이런 시도 불렀다. 도대체 나는 무엇일까. 이상하게도 무엇에게 매여서 내 마음은 방황한다. 철학은 놀람에서 시작한다고 하지만 그들은 무엇인지 신비한 것을 느껴 오직 한 분이신 숨은 실재를 찾아가기 시작했다.

리그베다 10권을 26년에 걸쳐 번역 출판한 막스 뮐러는 이렇게 말한다. 리그베다의 찬송가가 완성된 것이 어느 시대였는지 확실치 않지만 있는 것은 다만 한 분뿐이다. 그리고 그분은 남성도 아니고, 여성도 아니고 인격이나 인간성의 모든 조건과 제한을 초월하신 분이다. 이 확신은 베다가 생기기 훨씬 전부터 가지고 있었던 모양이다. 실지로 베다 시인들은 이미 신성이라는 개념에도 도달되어 있었다. 막스 뮐러 교수가 번역한 시 한 절을 소개한다.

"그때에는 있는 것도 없고, 없는 것도 없었다. 거기에는 하늘도 없고, 또 먼 하늘나라도 없었다. 그런데 무엇인가 움직이고 있었으니 그분은 어디 계셨고, 어디 숨어 계셨을까.

그때에는 죽음은 없었다. 물론 죽지 않는 것도 없었다. 밤과 낮도 없었다. 다만 그 한 분만이 바람 없이 혼자서 숨 쉬고 있었다. 그밖에는 아무것도 없었다.

맨 처음엔 캄캄한 암흑이 덮여 있었다. 일체 우주는 빛없는 바다였다. 그 밤에 혼자 묵상하는 한 분이 자기의 뜨거운 힘으로 솟아나왔다.

시인들은 자기 마음속을 더듬어 지혜의 힘으로 있는 것의 씨를 없는 것 속에서 발견하였다.

시인들은 그 빛을 사방으로 던진다."

【오 - 늘】

- ▶ 3월 13일 처음으로 칸트를 시작하다. 200여 명의 학생들이 모여들다. 칸트의 생애를 더듬어보다. 인간미가 풍부한 조그만 노인이었다. 일생 혼자 살았고 한 끼만 먹었다고 한다. 서양 사람치고는 미국의 소로가 한 끼를 먹는다. 또 그를 모방하여 간디가 한 끼를 먹게 된다.
- ▶ 3월 17일 『실천이성비판』을 읽기 시작했다. 실천이성이란 자유를 가진 인생이다. 자유를 가졌다는 말은 책임을 졌다는 말이다. 책임을 지면 아무리 하기 싫어도 해야 하고, 아무 이익이 없어도 해야 한다. 다만 해야 하겠기 때문에 하는 것뿐이다. 칸트는 해야 할 것을 깨달은 사람은 할 수 있는 능력을 가지고 있다고 한다.
- ▶ 3월 20일 사조思潮를 소개하는데, 서양 사조를 먼저 다룰까 하다가 우선 동양 것을 간단히 한번 살펴보고 동양 서양을 비교해가면서 서양 것을 더듬어가는 것이 쉬울 것 같아서 인도 것부터 조금씩 뜯어보기로 했다. 이번에는 베다를 싣고, 다음에는 우파니샤드를 실어 우리가 상식적으로 알아둘 것을 조금씩 실어볼까 한다.
- ▶ 3월 27일 석가의 모습을 적어볼까 하고 가섭에게 연꽃을 보여주는 장면을 그려본다. 그리고 삼보가 무엇인가를 적어본다. 삼보에 관한 이야기는 『지혜와 사랑의 말씀: 현대

인의 불교』라는 책에서 재미있다고 생각되는 것을 인용하였다. 해설을 붙이면 페이지 수가 늘어서 거의 본문 인용으로 채우게 됐다.

▶ 4월 1일 목요일 아침마다 토인비의 『시련에 선 문명』을 읽기로 하였다. 세 번째 모였는데 토인비는 역사의 배후에 신의 섭리가 있다는 것을 믿고 있는 사학자이다. 역사를 역사에서 해결하려고 하지 않고 신학적인 입장에서 해결하려고 한다. 국가의 문제는 세계의 문제가 해결되기 전에는 풀릴 수 없다는 것을 그는 국립국제문제연구소 소장을 하면서 절실히 느꼈을 것이다. 세계적인 석학이기 때문인지 그의 너그러운 종교관이 시원스럽게 느껴진다. 그에게는 기독교니, 불교니, 힌두교니, 회교니가 문제가 아니다. 인생의 고민을 풀어주고 인류를 구원하는 종교라면 무엇이든지 좋다는 것이 그의 생각이다. 물론 그는 진실한 성공회의 신자이지만.

▶ 4월 5일 봄이 왔다고 나무를 심는다. 얼마나 심으면 우리나라의 산이 푸르러질까. 역시 마음에 나무를 심지 않으면 산에 나무는 자라지 못하는 것이 아닐까.

노자 제7장 　　　　　　늙은이 7월

천天은 장長하고 지地는 구久하　하늘은 길고 땅은 오래.
다. 천지天地가 소이능所以能히　하늘땅이 길고 오랠 나위 있는
장차구자長且久者는 이기부자생　건 그 저로만 살지 않아서야.
以其不自生이라. 고故로 능能히　므로 기리 살 수 있거니.
장생長生하리.
시이是以로 성인聖人은　　　　이래서 씻어난 이
후기신이신선後其身而身先하고　그 몸을 뒤에 뒀는데
외기신이신존外其身而身存이라.　그 몸이 먼저고
비이기무사야非以其無私邪인저.　몸 밖에 섰었는데 그 몸이 계있
고故로 능能히 성기사成其私라.　그 저만 앎이 없으므로 아닌가.
　　　　　　　　　　　　　　므로 그 저를 이룰 나위건.

　　　　　　　　　　　　　　　　　　유영모의 노자 해석

*하늘은 영원하고, 땅은 무한하다. 하늘과 땅이 능히 오래 가고 다함이 없는 것은, 통째로 살고 자기를 갈라서 생각하지 않기 때문이다. 자기를 갈라 삶과 죽음으로 만들고, 있다 없다 하고 나누면 태어났다가는 죽고, 있다가는 없는 조무래기가 되고 만다.

*7호-20쪽

나는 본래 전체이지 부분이 아니다. 왜 잔인하게 자기를 잘라 부분을 만들어 스스로 죽이고 스스로 없이하는 어리석음을 감행하고 있을까. 나는 전체자이다. 전체에는 죽음도, 없음도 없이 영원 무한하다. 이 이치를 깨달은 성인은 언제나 생사의 걸림 없이, 살겠다는 생각조차 없기 때문에 도리어 죽지도 않는다. 그리고 유무에 거리낌 없이, 있으려고 하지 않기 때문에 도리어 있게 되고 만다. 이 모든 것이 갈라놓음이 없기 때문에 그런 것이 아닌가. 그런고로 성인은 영원을 이루어간다.

노자는 통으로 사는 천지와 통으로 사는 성인을 꿈속에서라도 한번 만나기를 원한다. 콧구멍 속으로 들어가는 바람도 내 바람이 아니요, 내 핏줄을 돌아가는 핏물도 내 물이 아니요, 내 몸을 덥게 하는 불도 내 불이 아니요, 내 몸을 빚은 흙도 내 흙이 아니다. 하늘의 불이요, 바람이요, 땅의 물이요, 흙일 바에는 무엇이 나고 무엇이 죽으며, 무엇이 있고 무엇이 없는가. 모두 하나의 꿈이 아닌가.

김흥호 풀이

월간 사색 제7호
1971년 5월 1일 발행
2013년 5월 1일 재발행

생각하는 사람의 벗이 될

1971년 6월
제 8 호

내가 책을 보는 것이 아니라
책이 나를 보아야 한다

책을 읽기는 쉽지만 자기를 읽기는 참 어렵다. 옛날 사람들은 자기를 읽을 수 있는 사람이라야 만물을 읽을 수 있다고 했다. 희랍 사람들은 자기를 볼 수 있는 입장을 제삼자의 입장이라고 했다. 요새 객관적 지식이란 말도 자연으로 하여금 나에게 말하게 하는 것이다.

인도 사람들은 중도라는 말을 쓰기 좋아했다. 그것을 중국 사람들은 나귀가 우물을 들여다보는 것이 아니라 우물이 나귀를 들여다보는 것이라고 번역했다. 말이 강물을 마시는 것이 아니라 강물이 말을 마시는 입장이다.

내가 책을 보아야 얼마나 보랴. 결국 책이 나를 보게 돼야지. 인생은 짧고 예술은 길다고 하는데, 매일처럼 쏟아져 나오는 수십만 권의 책들을 바쁜 인생이 본다면 몇 권이나 볼 수 있을까. 칼라일은 대학 4년에 도서관에서 만 권을 독파했다고 한다. 만 권이라고 해 보았자 아홉 마리 소에 한 오라기 털이지 별 것 있으랴. 인생이 책하고 싸울 수는 없다. 역시 책이 인생과 싸우게 돼야지. 책을 따라가는 인생은 죽은 인생이요, 뒤떨어진 인생이다. 역시 책이 인생을 따라다니게 되어야 그것이 산 인생이요, 앞선 인생이다. 책 보지 말라는 말이 아니다. 물론 한없이 뒤떨어진 우리로서 책을 안 볼 수야 있겠냐만은 우리도 언젠가 한번은 독서 만 권이 다 내 소리로구나 하고 책을 넘어서서 대담하게 책보다 앞서 걸어가는 날이 있어야 하지 않을까. 밤낮 남의 책만 들치고 있다가는 자동차 뒤에 매달린 사람처럼 먼지만 먹다 죽고 말 것이 아닌가.

내가 책을 보는 것이 아니라 책으로 하여금 나를 보게 하라. 내가 책을 읽는 것이 아니라 책으로 하여금 나를 읽게 하라. 내가 책을 보는 것이 아니라 책이 나를 보는 것이다. 태양이 지구를 도는 것이 아니다. 지구가 태양을 도는 것이다. 현재가 과거를 따르는 것이 아니다. 과거가 현재를 따라야 한다. 나는 현재요 책은 과거다. 책은 나의 사건에 불과하다.

> 유영모의 말씀
>
> 참말삶 (부원친소발원계 附遠親疎發願繼)
> 참쉼됨 (혼인신성회고단 昏因晨省回顧斷)
> 참올챔 (종용납득영육의 從容納得靈肉議)
> 참짬씀 (대면교제존망간 對面交際存亡間)

*참말삶이란, 자기와 가장 멀고 낯선 존재와 가장 가까워지고 낯익어지는 삶을 말한다. 부원친소附遠親疎라는 말은 『예기禮記』에서 혼인에 관해 사용하던 말이다. 혼인이야말로 가장 먼 것이 가장 가까워지고, 가장 낯선 것이 가장 낯익어지기 때문이다.

참쉼됨이란, 일찍 자고 일찍 깨는 것이다. 열두 시 전의 한 시간이 열두 시 후의 한 시간보다 몇 배나 값이 있다고 심리학자들은 말한다. 장자는 진인무몽眞人無夢이라고 했다. 낮에는 잡념이 없고, 밤에는 꿈이 없다. 사무심事無心이요, 심무사心無事다. 비록 짧은 내 삶이지만 영원한 삶과 하나가 될 때 인생은 비로소 참쉼에 들어갈 수가 있다.

참올챔이란, 고요한 이른 아침, 거룩한 품에 안겨 신령과 육신이 서로 만나, 하나는 실상이 되고, 하나는 증거가 되어 정기正氣로 채워지고, 의기義氣로 뒤덮여 이치의 올이 피고, 말씀으로

*8호-2쪽

결실結實이 될 때 참올로 채움이 되는 것이다.

참짬씀, 사람과 사람이 만나 서로 빛이 되고 편지가 되어, 말하고, 사귀고 일깨우는 시간이란 한없이 값있고 고귀한 시간이다. 거울에 거울이 비치고, 마음에 마음이 비치어 틈을 타고 짬을 써서 얼과 얼이 서로 알 때 내가 그 안에, 그가 내 안에 영원히 하나임을 믿을 수 있게 된다. 참 잘 쓰는 짬이리라.

인간학

*칸트의 마지막 작품은 『인간학』이다. 더 자세히는 '실용적 인간'이다. 이것을 칸트는 74세에 썼다. 80평생을 통하여 인생의 온갖 쓴맛을 다 본 칸트는 이제야말로 자기 경험을 돌아보면서 어린 손자를 무릎에 앉히고 옛날이야기를 하듯이 가장 평범하게 세상을 살아가는 지혜를 가르쳐주는 것이다.

진리는 평범한 데 있다고 한다. 70을 넘어선 칸트야말로 모든 파란이 지나간 후의 고요한 평범을 즐기게 된다. 칸트의 입장은 본래 건전한 상식을 가지고 만사를 처리하고 만물을 알아보자는 것이었다. 22세 때 품었던 그의 이러한 이상은 70이 넘어서야 완전한 모습으로 그 평범성을 드러내게 된다.

사람에게 있어서 무엇보다도 건강이 제일인 것처럼 지식에 있어서도 역시 무엇보다도 상식이 제일 중요하다. 칸트는 세계에서 가장 어려운 책을 세 권이나 썼다. 그 책의 입장은 어디까

*8호-3쪽

지나 상식이라는 점에 칸트를 가까이 할 수 있는 친근미가 있다. 칸트가 순수니, 선천이니, 진리니, 도덕이니 하는 것도 모두 상식이다. 우리는 보통普通이라면 천대하고 상식常識이라면 무시하지만, 한문자로 보통은 넓게 통했단 말이요, 상식이라면 영원한 지식이라는 말이다. 그런데 인간은 누구나 한번쯤 평범을 떠나 비범을 꿈꾸다가 철이 들어서야 평범에 깨게 된다.

칸트는 30년 동안 여름학기에는 지리학을, 겨울학기에는 인간학을 강의했다. 학자로서의 칸트라기보다는 인간으로서의 칸트가 눈앞에 보이는 것 같다.

철학의 내용이 무엇인가고 물었을 때 칸트는 언제나 철학이란 1. 인간은 무엇을 알 수 있나? 2. 인간은 무엇을 해야 하나? 3. 인간은 무엇을 바랄 수 있나? 그리고 4. 인간이란 무엇인가, 라고 했다. 결국 앞의 세 가지는 마지막 '인간이란 무엇인가'의 준비에 불과하다.

칸트의 철학은 인간학이다. 인간은 무엇인가. 나는 무엇인가. 이것이 근대의 소크라테스라고 하는 칸트의 본래적인 모습이다. 칸트를 인간으로 이끌어준 사람, 그분은 칸트의 서재를 장식하고 있는, 유일한 초상화의 주인공, 루소였다. 칸트가 고백하듯이 그 자신은 본래 학자였다. 그는 지식에 대한 강한 의욕을 가지고 있었고 동시에 지식에 대한 한없는 교만을 품고 있었다. 지식만이 인간을 인간답게 하는 찬란한 빛이라고 하여 무식한 사람들은 인간이 아니라고 생각했다. 그러나 루소를 통하여 인간에게는 지식 이상의 능력이 있음을 알게 되었다. 인간 속에서 지식 이상의 것을 발견했을 때 칸트는 처음으로 인간을 존경할 수 있게 되었다. 그가 늘 학생들에게 말한 것처럼 뉴턴을 알기 전에는 무질서와 쓰레기처럼 쌓여진 잡다 이외에 아무것도 몰랐다. 뉴턴을 알고 난 후 처음으로 우주는 질서와 법칙이 정연한 것임을 알게 되었다. 그 후는 혜성마저도 기하학적인 궤도 위를 달리고 있다는 것을 믿게 되었다.

이와 꼭 같은 영향을 루소는 칸트에게 인간적인 면에서 줄 수 있었다. 칸트는 거짓과 교만에 쌓인 잡다한 인간 형태 속에 깊이 감추어져 있는 인간의 본성과 숨은 법칙을 알게 되었다. 이러한 법칙을 좇아 그것을 실천할 때에만 인간은 인간의 존엄을 드러낸다. 뉴턴과 루소는 그의 눈을 뜨게 해주었고 그를 하나님께로 인도한 위대한 두 스승이었다. 어떤 의미로는 뉴턴보다도 루소의 영향이 더 컸다고 할 수 있다.

칸트는 언제나 문화보다도 도덕을, 학문보다도 인격을 중요시했다. 한마디로 칸트의 철학은 인간의 철학이요, 인간학이다. 비판철학이라고도 하지만 그것은 칸트철학의 방법론일 것이고 어디까지나 철학의 대상은 인간이다. 칸트가 비판의 대상으로 삼은 것은 예지적 존재인 신도 아니요, 감성적 존재인 동물도 아니다. 다만 예지적이요, 감성적인 인간만이 그의 비판의 대상이다. 그러므로 칸트의 비판은 인간의 비판이요, 칸트의 철학은 인간의 철학이다.

물론 장년기 때 그의 인간비판인 제3 비판은 평범한 인간학은 아니다. 문화와 역사를 통하여 이루어진 비범한 인간, 초월적인 인간학이다. 그러나 칸트가 30년을 겨울마다 강의했고 말년의 작품으로 내놓았다는 『인간학』은 평범한 인간학, 인정에 통하고 세상에 통하는 실용적 인간학이다. 실용적이란 말은 의무를 다하는 도덕도 아니요, 자연을 지배하는 기술도 아니다. 이 세상에 수없이 많은 이웃사람들과 어떻게 하면 거리낌 없이 살아가느냐 하는 내용이다.

　사람이 한 세상을 살아가는 데 제일 큰 문제는 이기주의, 에고이즘이라는 병통이다. 인간은 자기를 자각하는 점에 있어서 동물을 면할 수가 있다. 그러나 자기를 자각한다는 인간의 가장 소중한 뿌리에는 언제나 이기주의의 병균이 동시에 자라게 마련이다.

　칸트는 이기주의를 세 가지로 갈라본다. 자기 생각만을 옳다고 주장하는 논리적 이기주의, 자기의 취미에 도취한 미적 이기주의, 자기의 쾌락을 유일의 목표로 삼는 실천적 이기주의다. 이런 병통은 인간이 세계 안에 살고 하나의 세계 시민으로 많은 사람과 같이 살면서도, 세계 전체를 자기 안에 포섭하려는 자아의 횡포에서 일어나는 것이라고 하였다. 자기 밖에 다른 인격도 고려하는 다원론多元論에 서야 자기의 모습을 알 수 있는데도 불구하는 단원론單元論에 서서 자기만을 생각하기 때문에 이기주의는 성립된다.

인간은 인간과 더불어 인간이 되는 법이다. 생각이라고 하는 것은 인간을 내면적으로 깨우쳐주는 데 가장 큰 역할을 하지만 자칫하면 자기라는 껍질 속에 가두어서 자기만이 제일이라고 하는 무서운 교만 속에 빠지게 하는 큰 위험성이 있다. 이것이 학문하는 사람이 공통적으로 걸리기 쉬운 병이리라. 이것은 인격의 병이요, 인간오성의 병이다.

칸트는 우선 인간의 가장 근본적인 병이 무엇인가를 진단했다. 그리고 이 병을 고치는 약으로 사교와 유행을 제시한다. 칸트는 학자로서 서재에만 파묻힌 사람이 아니요, 도학자로 유행을 백안시만 한 사람이 아니다. 물론 칸트처럼 날카로운 사람이 사교 뒤에 숨은 거짓과 위선을 모를 리가 없다. 그는 언젠가, 문명이 진보함에 따라 사람들은 차차 배우처럼 되어간다고, 사람은 다른 사람에 대한 존경마저도 거짓으로 변해간다고 한탄하기도 했다.

그러나 칸트는 사교를 가볍게 생각하지 않았다. 자기도 사교계에 출입하였고 비록 가장된 덕이라 하여도 진실한 덕으로 이끌어갈 수 있는 수단이 될지도 모른다고 생각했다. 하여튼 아무리 가면을 쓰고 있다고 해도 사교는 인간을 고립으로부터 시민적인 사회로 끌어갈 수 있는 구제책이 될 수 있는 것만은 사실이라고 했다. 술은 입을 가볍게 하여 탈이기도 하지만, 사람의 마음을 열어 주는 도덕적인 성질을 가지기도 한다. 말이 유창하게 흘러나오기 위해서는 적어도 세 사람 이상의 여신女神이 필요하고,

아홉 사람 이하의 시신詩神이 필요하다고 말하기도 한다.

혼자서 식사한다는 것은 철학자에게는 있을 수 없는 일이다. 식후의 오락, 담소, 해학, 음악, 무도, 그리고 그 날의 모든 것을 깨끗이 잊고 또 다시 새로운 다음 날을 맞이한다는 것이 인간에게 있어서 얼마나 필요하고, 더욱이 이기적인 인간을 사회적 동물로 환원하는 데 얼마나 필요한지 모른다. 그는 사교의 가치를 넉넉히 평가할 수 있는 아량을 가지고 있었다.

칸트는 유행에 대해서도 사교에 못지않은 아량을 보여주었다. 그는 학생들에게도 유행을 거슬리는 기인奇人이 되기보다는 유행을 좇는 바보(우인愚人)가 되라고 당부한 때도 있었다. 물론 유행 속에 허영이 깃들어 있는 것을 못 보는 바는 아니다. 그러나 유행은 사회일반이 가지고 있는 취미에 맞추려고 하는 사회성을 지니고 있기 때문이다. 자기를 꾸민다고 하는 것은 남을 전제하기 때문이요, 사람이 취미를 사랑하는 것도 나의 감정이 다른 사람들과 같이 통하는 데가 있기 때문이다. 칸트는 취미를 현상 속에 나타난 자유로 보고 미적 판단을 취미에서 끌어내기도 하지만 자기라는 껍질을 깨뜨리고 사회에 투신함으로써 자기를 세계와 더불어 사는 다원적인 인간이 되게 하기 위하여 사교와 취미는 빼놓을 수 없는 약방문이 될 것이라고 했다.

그다음 사람이 걸리기 쉬운 또 하나의 병은 망상이다. 이것은 인간의 감성에 생기는 병으로 감성에는 외감外感과 내감內感이 있는데 망상은 내감에 속한 병이다. 망상이란 자기 속에서 상상한 것을 곧 객관적 실체라고 생각하는 데서 일어난다. 이것이 세상 사람들이 흔히 가지는 허깨비의 내용이다. 신자들 가운데는 가끔 자기의 상상을 신의 계시로 착각하는 때도 있다.

칸트는 그 당시 스웨덴버그를 비판하여 『시령자視靈者의 꿈』이란 책을 쓰기도 했다. 사람은 자기망상에 붙잡혀 인격분열을 일으켜 미치게 되는 수도 있다. 파스칼처럼 자기를 반성하여 일기를 쓰는 것은 좋지만 외감으로부터 유리된 내감, 공간으로부터 추방된 시간은 흐르는 시냇물처럼 인간에게 일정한 경험을 말하게 하는 것이 아니라, 쓸데없는 망상으로 인간의 정신을 혼란케 하여 인간으로 하여금 착각에 빠지게 한다. 인간이 망상을 가지게 되는 원인은, 인간이란 안으로 한없이 후퇴할 수 있기 때문이다. 망상의 근원은 밑 없는 내감의 깊이에 있다. 이 깊이는 도저히 인간 앞에 내놓을 수는 없고 다만 도덕법 앞에 자기를 드러내어 자기를 구속하는 길 밖에 없다.

외감이 가지는 병통은 고통에 대한 기피다. 만일 인간에게서 완전히 고통이 제거된다면 그것은 인간의 정지를 의미한다. 연애의 괴로움이 끝난 때는 연애도 끝난 때이다. 고통은 생각 없이 만족과 안일을 구하는 인간을 자극하여 전진과 활동으로 몰아간다. 인간에게 있어 생명의 기쁨은 무위無爲의 만족이 아니라 활동의 만족이다. 권태처럼 인간을 괴롭히는 것은 없을 것이다. 사람은 모든 쾌락에서 새 맛을 잃었을 때 자기 생명을 끊음으로써 새 맛을 찾고자 한다. 지루하고 심심하여 아무것도 할 것 없는 인생은 장기나 바둑을 통해서나마 다소 권태로부터 벗어날 수는 있지만 결국 이성적 존재로서의 인간은 사색과 지혜를 통해서만 자기의 방향을 찾고 생의 약동을 느낄 수 있을 것이다. 사람은 언제나 자기의 할 일을 새로 창조해가야 한다. 고통이 섞인 만족에서만 인간에게는 참된 기쁨이 있다. 타성은 인간의 사고를 멈추게 하고, 습관은 마음의 자유를 막아버린다.

인간은 결국 다른 인간과 더불어 한 사회에 살면서 예술과 학문을 통하여 자기를 가르치고 기르고 깨우치고 도덕화한다. 세상 사람들이 행복이라고 부르는 안일과 환락의 유혹에 자기 자신을 맡겨버리고 싶은 동물적인 경향이 아무리 강하다 해도 인간은 하나의 이성적 존재로서 활동해야 한다. 그리고 자기 내면에 있는 자연성과 싸우면서 자기를 다른 사람과 같이 살 수 있게 하는 인도人道로 걸어갈 때 진정으로 행복한 인간이 되는 것이 아닐까.

우파니샤드

*우파니샤드는 인도 사람들이 세계에 대하여 정말 자랑할 수 있는 사상의 꽃이다. 서양 사람들은 한번 우파니샤드를 손에 들면 그 사색의 깊이와 그 수준의 높이에 찬탄을 금할 수가 없었다. 독일의 철학자 쇼펜하우어는 우파니샤드를 땅 위에 있는 가장 유익한 책이라고 절찬했다. 그는 이 세상에서 우파니샤드의 연구보다 더 유익하고 또 인간의 마음을 고상하게 하는 것은 없다고 하며, 우파니샤드의 연구는 내 삶의 위안이요, 또 내 죽음의 위안이라고 했다.

막스 뮐러는 이 말을 듣고 "만일 쇼펜하우어의 말이 담보가 필요하다면 나는 기쁨으로 이것을 보증할 수가 있다. 그것은 내 일생을 철학과 종교의 연구에 바친 내 자신의 경험의 결과이다. 만일 철학이 행복한 죽음의 준비를 위한 것이라면 우파니샤드 이상으로 더 좋은 준비는 없을 것이다"라고 했다.

*8호-7쪽

우파니샤드라는 말은 '선생님의 무릎 가까이 앉아서'라는 뜻인데 고대의 구도자들이 성인과 철인을 찾아가 그 무릎 밑에 앉아서 우주의 신비와 인생의 비의를 듣고 실천 수도하여 인간의 의식을 넘어서는 최고의 지식에 도달하는 것이다. 이 지식을 그들은 브라마비드야라고 한다.

어떤 젊은이가 스승을 찾아갔을 때 들은 이야기를 하나 적어 본다.

옛날 어떤 청년이 그 아버지한테 야단을 맞고 죽음을 관리하는 야마 신을 찾아갔다. 야마가 외출하여 그는 아무것도 먹지 못하고 사흘이나 야마 신이 돌아오기를 기다렸다. 사흘 만에 야마가 돌아와서 자기의 외출을 미안하게 생각하여 그 대신 무엇이든지 소원이 있거든 세 가지만 들어주기로 했다.

젊은이는 첫째로 아버지의 노여움이 풀리게 해줄 것을 요구하였다. 야마는 그 소원을 곧 들어주었다. 둘째로 그는 천국에 들어갈 수 있는 힘을 가진 하늘의 불이 어디 있는지를 가르쳐주기를 바랬다. 야마는 그것이 젊은이 마음속에 있다고 대답해주었다. 셋째로 젊은이는 사람이 죽은 후에 정말로 영혼이 있는가 없는가를 가르쳐줄 것을 요구했다.

야마는 그 대답에 대하여는 여러 번 거절하고 그 밖의 것이라면 무엇이든지 소원을 들어줄 터이니 다른 소원을 말해보라고 한다. 그러나 젊은이는 옷깃을 가다듬고, "다른 것은 모두 싫다. 감각의 빛은 오래 못가는 법이요, 사람의 목숨은 너무나 짧다. 노래와 춤과 돈은 허무하고 사람은 모두 쇠하고 죽어가고 있는데 사랑과 즐거움이 얼마나 위로가 될 수 있으랴. 내가 알고 싶은 것은 영혼에 관한 지식뿐이다."

야마 신은 젊은이의 성의에 감탄하여 이렇게 말한다. "사람들이 모두 행복을 찾아 헤매는데 너는 행복을 버리고 지식을 바랬다. 그러나 영혼은 아무리 추리하여도 알 수가 없다. 다만 스승을 찾아가라. 스승만이 그것을 가르쳐줄 수 있을 것이다. 숨은 스승을 찾아가라. 잘 보이지 않는 스승을 찾아가라. 신비 속에 사는 스승, 마음을 꿰뚫어보고 한없이 깊은 속에 사는 스승을 찾아가라. 그분을 만나면 기쁨은 그대의 것이 될 것이다." 젊은이는 야마 신에게 애원하였다. "그대 이상으로 영혼의 비밀을 아는 분이 어디 있으랴. 영혼의 진상을 말하여 다오."

야마는 이렇게 대답했다. "영혼은 난 것도 아니고 죽는 것도 아니다. 그것은 지음 받은 것도 아니고 아무것도 지은 것이 없다. 그것은 난 것이 아니다. 다만 영원하여 시간을 넘어선, 한없이 오랜 존재다. 육신이 죽어도 그것은 안 죽는다. 죽인 사람이 죽었다고 생각하는 것도 잘못이요, 죽은 사람이 죽는다고 생각하는 것도 잘못이다. 영혼은 죽을 수도 없고 죽일 수도 없다. (……)

사람 속에 있는 자아는 끝없이 작은 것보다도 더 작고, 한없이 큰 것보다도 더 크다. 마음의 바람이 잘 때 사람은 그를 볼 수 있다. 그리하여 슬픔으로부터 벗어난다. 마음이 밝아질 때 자아의 빛을 보고, 기쁨으로 넘치는 기쁨 자체를 본다. 자아는 육체를 가지고 있지 않지만 육체 안에 살고 있다. 그는 영원하고 무한하여 어디나 살고 있다. 육체를 수레라고 하자. 이지理智를 마부라고 하면 마음은 말고삐요, 감각은 말이며 감각의 대상은 길이다. 마차에 탄 분, 그분이 영혼이다. 만일 지혜가 부족하면 그는 자기의 집으로 돌아갈 수가 없고 쓸데없이 생사의 들을 방황한다. 만일 지혜가 있으면 그는 다시 삶으로 돌아감 없이 자기의 본향으로 돌아갈 수 있다. (……)

감각보다 높은 것이 대상이요, 대상보다 높은 것이 마음이요, 마음보다 높은 것이 예지요, 예지보다 높은 것이 대아大我다. 대아보다 높은 것이 숨은 자요, 숨은 자보다 높은 것이 영혼이요, 영혼보다 높은 것이 허무다. 이것이 끝이다. 자, 깨라. 일어나라. 그대의 선물을 받으라. 깨달아라. 길은 험하다. 길에는 날카로운 칼로 꽉 차있다. 그러나 브라만의 성질을 깨달은 사람은 죽음으로부터 구원받을 수 있다."

오랜 수행을 통하여 인간의 한계를 알고 이 한계를 넘어서는 방법을 발견한 스승을 통하여 젊은이들은 수없이 많은 신비한 이야기를 듣는다. 그들은 종당 스승의 제자가 되고 머슴이 되어 스승과 같이 세월을 보내며 스승이 가진 생의 비밀을 알고자 한다. 사람의 끈기와 소질에 따라 어떤 사람은 순간에, 어떤 사람은 일생을 걸려 스승이 가진 생의 비밀을 찾아간다. 스승을 본받아 오랜 수행이 계속된다.

결국 참을 수 없는 것을 참고, 견딜 수 없는 것을 견딘 후에야 스승이 가진 그 비밀을 알 수 있게 된다. 이 비밀을 그들은 브라마비드야라고 한다. 브라마비드야는 브라만의 지혜로서 고행을 통한 지혜다. 자기 생명을 내던진 대가로 얻어진 진리다. 이 진리는 한없이 높은 진리요, 이 지혜는 한없이 밝은 지혜. 그러기 때문에 그것을 그들은 브라마비드야라고 불렀다. 그러면 우파니샤드 가운데 가장 오래된 작품에서 한 절을 인용한다.

"브라마비드야로 일체가 될 수 있다고 사람들은 생각하는데 브라만은 무엇을 알았기에 일체가 되었습니까? 스승은 이렇게 대답했다. 천지가 시작될 때 이 세상은 본래 브라만이었다. 그것(브라만)은 자기(아트만)를 브라만이라고 자각하였다. 이 자각을 통하여 그것은 일체가 되었다. 신들 가운데서 이것(브라만)을 자각한 분은 누구나 그것(일체)이 되었다. 신선들이나 사람들이나 모두 마찬가지다. 지금도 이처럼 '나는 브라만이다'라고 깨달은 사람은 누구나 우주와 일체가 될 수 있다."

이 글을 통해서 알 수 있는 것은 그들이 찾은 것은 신의 계시가 아니다. 자기 안에서 얻어지는 영원한 진리다. 죄와 늙음과 죽음과 슬픔과 주림과 목마름으로부터 자유로울 수 있는 자아, 바랄 수 없는 것을 바라지 않고, 생각할 수 없는 것을 생각하지 않는 참된 나(자아 自我). 태초에 어두움이 있었다. 그 밤에 나는 혼자 고요히 묵상한다. 브라만과 더불어 생각하는 나, 그것이 아트만이다. 생각하는 아트만과 같이 생각하는 그 분, 그 분이 브라만이다. 아트만과 브라만은 생각 속에서 하나가 된다. 우주를 생각으로 창조하고 섭리하고 파괴하는 브라만은 인생을 생각으로 부정하고 극복하고 신생하는 아트만과 언제나 하나다. 브라만은 본래 바람이란 말이요, 아트만은 본래 숨이란 말이다. 바람은 우주의 숨이요, 숨은 인생의 바람이다. 바람 속에 숨이 있고, 숨 속에 바람이 있다. 바람은 소망이 되고 보람이 되어, 나중에는 우주의 최고 원리로서 브라만이 된다. 숨은 생기가 되고 생명이 되어, 종당 인생의 가장 깊은 근원인 아트만이 된다. 그러나 바람과 숨이 하나이듯이 브라만과 아트만은 언제나 하나다(범아일여梵我一如).

사람들은 촌락과 도시에서, 멀리 떨어진 산천에서, 스승과 더불어 육체를 훈련하며 마음을 단련하여 하늘을 날 수 있는 영적인 존재가 되는 것이었다. 리그 베다에서는 이 고행을 타파스라고 하는데 그것은 본래 불이란 말로 불 속에 쇠를 넣었다가 물속에 집어넣어 녹쓴 쇠를 강철로 만들듯이, 그들은 구도의 열정을 가지고 정결淨潔의 고행을 하여 그 목적이 달성되면 그것을 므니(모니牟尼)라고 한다. 그들은 어느 듯 제사 대신에 고행을 실천하고, 신들 대신에 브라만 즉 우주의 최고 원리를 찾았고, 행복 대신에 불사를 바랬다.

아트만이 그대로 브라만이라는 이 선언이 우파니샤드 철학의 전부다. 우파니샤드는 2백 편도 넘는다. 그러나 그 가운데 베다 학파에 전승된 14편이 가장 오래된 것으로 알려져 있다. 그 가운데서도 2500년 전의 작품인 「브리하다란야카」와 「찬도기아」 두 편이 가장 웅장하다. 「브리하다란야카」는 아트만의 탐구로 이름 높은 작품이다. 「찬도기아」는 브라만의 철학이다. 「브리하다란야카」 제4장 4절의 일부를 인용해 둔다.

"아트만을 발견하고 확인한 사람은 만물의 창조자다. 그는 일체를 만들 수 있다. 세계는 그의 것이다. 아니 그는 세계 자체이다. 바로 이 세상에 살면서 우리는 그것을 알 수 있다. 만일 그렇지 않다면 무지와 거대한 파멸이 있을 것이다.

그를 아는 사람들은 죽지 않는 사람이 되고 다른 모든 사람은 괴로움에 빠진다. 이 아트만을 바로 눈앞에 꿰뚫어볼 때 의심은 사라지고 해는 빛나며, 신들은 그것을 불사不死의 생명으로 숭배하고, 모든 생물들은 떼를 지어 허공과 더불어 그것을 근거로 삼는다.

이 아트만을 깨달은 나는 죽을 수 없는 나로서 브라만이 된다. 숨이 통하고, 눈이 뜨이고, 귀가 열리고, 생각이 뚫린 사람은 만고불변하는 태초의 브라만을 인식한다. 이 세상에서는 그것을 인식할 수 있는 다른 길은 없고 다만 생각하는 힘에 의하여만 알려지는 것이다. 이 세상의 만물을 여러 가지인 것으로 보는 사람은 죽음에서 죽음에 도달한다. 다만 전체가 하나로서 관찰될 때만 멸망할 것은 영원한 것이 된다. 그것은 더럽힘 없고 허공을 초월하며 불생不生하고, 위대하고 불변하는 아트만이다. 현명한 사람은 바로 그것을 알고 예지를 갈아야 한다.

많은 말을 쓸 필요는 없다. 그것은 말을 피곤케 할 뿐이다. 진실로 이 위대한 불생不生의 아트만은 인식으로 이루어지고, 모든 기능 속에 빛으로서 존재하고, 마음 속 빈 곳에 쉬고 있다. 그것은 모든 것의 지배자요, 일체의 주재자다. 그것은 선행으로 더하는 것도 없고, 악행으로 덜어지는 것도 없다. 그것은 일체의 주인이요, 만물의 임금이요, 만물의 수호자다. 그것은 모든 세계를 무너지지 못하게 하는 둑이기도 하다.

현명한 사람들은 베다를 배우고, 제사를 드리고, 남을 도와주고, 고행을 하고, 밥을 끊고 그것을 알려고 한다. 그것만 알면 사람은 므니(모니牟尼)가 된다. 이것을 아는 자는 평안하고, 자기를 이길 수 있고, 고요하고 참을성 있고, 마음이 통일되어 자기 속에 아트만을 발견하고 일체를 아트만으로 본다. 진실로 이 위대한 아트만은 불생不生 불로不老 불멸不滅 불사不死요, 평안이요, 브라만이다. 브라만은 참으로 평안이다. 이와 같이 아는 자는 바로 평안하게 브라만이 된 까닭이다."

토인비

*토인비는 확실히 하나의 사관史觀을 가진 사람이다. 그는 『시련에 선 문명』이라는 책에서 "내가 눈을 떠보니, 내가 본 것을 옛날 희랍의 역사가인 투키디데스도 벌써 보고 있었다"고 한다. 그는 희랍의 역사를 통하여 현대의 역사를 읽을 수 있었다.

그는 역사 위에 얼마든지 같은 패턴이 되풀이되는 것을 보았다. 그는 역사 전체를 더듬어 볼 때 21개의 문명이 역사 속에서 일어났다가는 쓰러지는 모습을 보았다. 그는 자기가 속해 있는 현대 서양문명이 21번째임을 알고 슈펭글러의 '서양문명의 몰락'이라는 무서운 경고에 항거하여 어떻게 하면 이 문명을, 되풀이하는 흥망의 쳇바퀴 역사에서 건져내어 영원한 발전을 계속하게 할까 하는 비원을 품고 구도자의 정열을 가지고 역사의 비밀을 캐보기 시작한다. 30년이란 세월을 통하여 끈질긴 탐색이 계속된다. 32세에 쓰기 시작한 방대한 『역사의 연구』 10권이 66세

*8호-11쪽

에 완성된다.

그는 이 책을 끝내고 이렇게 말했다. "이 책도 이제는 내 뒤로 지나간다. 아무리 긴 저작일지라도 큰 눈으로 보면 지극히 작은 단편에 불과하다. 저작은 끝났다. 그러나 인간에게 주어진 과제는 영원히 끝나지 않는다."

그는 그 후에도 『역사의 되새김』이라는 두터운 두 권을 더 첨부하여 12권(1961)을 만들었다. 역사를 전공하지 않은 사람으로서는 이 책들을 읽는 것만 해도 큰일이다. 다행히 서머벨이 『역사의 연구』를 축소하여 두 권으로 만들어주어 누구나 손쉽게 읽을 수 있게 되었다. 서머벨의 초抄는 토인비도 감탄할 정도로 요령만을 요약해 놓았다.

토인비가 역사의 연구에서 발견한 것은 신의 섭리가 역사의 배후에 있다는 것이다. 그는 역사를 역사의 입장에서 보는 것이 아니라 신의 입장에서 보려고 한다. 그런 의미에서 하나의 문명을 비판하는 예언자적인 신학자라고 할 수 있다.

그는 인류의 구원을 최대 염원으로 삼는다. 과학문명의 발전에 비하여 정신문화는 너무도 뒤떨어져 있다. 과학문명의 자동차는 쏟아져 나오는데 정신문화의 길거리는 너무나도 좁다. 과학문명을 포섭할 수 있는 인간의 정신문화를 높이기 위하여 그는 위대한 정신들을 사모한다. 그리고 좁아터진 인류의 마음을 구제하기 위하여 종교의 소생을 부르짖는다. 그런 의미에서 그는 하나의 산 종교인이었다.

그는 어떤 특정한 종교를 종교라고 하지 않는다. 어떤 종교든지 종교의 본질인, 자기중심으로부터 벗어나 고뇌로부터 구원되어 남을 사랑하고 인류를 구제하는 종교라면 무엇이든지 좋다. 그는 기독교와 불교와 힌두교와 회교回敎를 고등종교라 하고, 언제나 서로 접촉하여 자기들의 본질을 비본질적인 요소와 구별해 줄 것을 요청한다. 지역적인 특징이나 의식적인 제도에 사로잡혀 하나님의 사랑이나 불타의 자비가 가려지지 않게 되기를 기원한다. 종교는 자칫 잘못하면 제도나 단체를 유지하기 위해서 본래적인 종교의 본질과 진수를 잊어버리기 쉽다. 종교가 그 본질을 잃게 될 때 사회에 미치는 영향은 한없이 크다. 종교가 그 본질을 잃었을 때 인간의 본질인 존엄은 찾을 길이 없게 된다.

인간의 존엄을 우리는 자유란 말로 표시한다. 사람이 사는 데는 자유가 필요하다. 그런데 근대 서구사회를 중심으로 생각할 때 고대 중세의 기독교를 대신하여 근대인들이 숭배하고 신앙하는 것은 민족주의와 보편주의와 기술주의다. 그 가운데 민족주의와 기술주의는 어느 정도의 흥망을 되풀이하고 있다. 다만 아직도 장래에 예기되고 있는 것은 보편주의다.

기술의 진보로 말미암아 거리가 단축되어 온 세계가 하나의 보편국가가 된다면 땅 위에 흩어진 모든 민족이 기술진보가 가져오는 위험으로부터 그 생명의 안전을 보장받게 될지도 모른다. 그러나 그 대신 정치적인 통제로 인간의 자유는 희생을 면치 못하게 될 것이다. 인간이 자유를 희생하는 대가로 최소한의 안정

보장이나 사회정의 및 생활수준의 확보가 가능할지 모르지만 그러나 인간이 자유를 상실하고 살 수 있는 것일까.

토인비는 수많은 문명국가의 흥망성쇠 속에서 자유가 억압되고는 살 수 없다는 예를 수다하게 발견하고 특히 보편국가처럼 자유가 좁혀진 전제정치의 사회에서는 백성들의 상실된 자유를 되살려주는 길은 오직 종교의 자유를 인정하는 것뿐이라고 생각한다.

로마제국을 위시한 모든 세계국가가 고등종교를 인정함으로써 인간의 숨구멍을 뚫어 놓았다. 인간이 사는 세계를 덮었던 로마도, 이 세상을 천하라고 번역한 중국도 마찬가지다. 그들은 기독교를 받아들이고 대승불교를 받아들였다. 그러나 제국이 팽창하여 국교가 제정되고 이교가 추방되어 종교에까지 전제가 단행되면 제국은 쇠퇴하고 문명은 몰락하게 된다.

오늘날의 20세기에 있어서도 마찬가지다. 어떤 종류의 세계정부건 정치경제의 안전을 대가로 하여 형식적인 종교의 관용은 허락할지 모르나 그보다 더 중요한 것은 소극적인 종교적 관용이 아니라 자유로운 신앙을 통하여 백성들이 그들의 마음 가운데서 존재의 근거를 파들어가고, 천지만유의 신비를 체험하는 적극적인 신앙의 자유를 허락하는 일이다. 자기의 종교만이 옳다고 생각할 것이 아니라 자기의 입장과 동시에 다른 종교의 입장도 이해하고, 하나의 세계로 되어가는 오늘날에 있어서 세계의 고등종교들이 서로 흉금을 열어놓고 같이 협력하여 우주의 신비와 인간의 자유를 찾아가는 일에 동참하는 것이 얼마나 바람직한 일인지 모른다.

사람이 우주의 실재를 탐색하고 인간의 근거를 찾는 노력은 인류의 시작과 더불어 출발된다. 역사 위에 나타난 종교적 표현은 강하게 두 가지로 대립된다. 하나는 역사 안에서의 존재의 의미를 찾는 것과 또 하나는 역사 밖에서의 존재의 의미를 찾는 것이다.

인간을 사회의 일부분으로 생각하고, 역사를 개인의 발전이 아니라 사회의 발전이라고 생각하게 되면 신과 인간과의 관계는 끊어지고, 사회나 국가가 숭배의 대상이 되어 나치즘이나 공산주의에서 보이는 것 같은 종교적 정열을 띠게 된다.

만일 이와는 반대로 인간을 신의 일부로 생각하여 이 세상을 하나의 감옥처럼 생각하고, 이 세상을 빠져나가는 것이 인간의 전부라고 생각한다면 이 세계는 무의미해지고 역사는 성립되지 못한다. 그런고로 이 세상이 전부라고 하는 역사 안에서의 존재의 의미도 어딘가 잘못된 데가 있고, 이 세상이 아무것도 아니라는 역사 밖에서의 존재의 의미도 어딘가 잘못된 데가 있다.

토인비는 기독교의 세계관에 입각하여 역사 밖을 역사 안으로 끌어들이는 가치관을 성립시킴으로써 이 역사적인 어려운 문제를 신학적으로 해결하려고 한다. 인간의 궁극적인 의미를 역사 밖에서 찾는 인간의 종교적인 정열은 신을 찾고 신을 사랑하는 구도의 정신이요, 인간의 존재 의미를 역사 안에서 이루려는 생각은 신학적으로 신의 뜻을 이 세상에 펴고 신이 창조한 이 세계를 사랑함으로써 신의 신비를 체험할 수 있게 한다. 역사 밖을 역사 안으로 이끈다는 것은 신에 대한 정열을 가지고 이 세계에서 신의 뜻을 실현하는 새로운 역사를 창조해가는 일이다. 여기에 하나님의 나라를 이루려고 하는 어거스틴의 역사관이 토인비 속에도 꿈틀거리고 있다.

그러나 인간이 신국을 건설하기 위하여 맨 처음 해야 할 일은 인간 내부에 있는 인간적 자연을 처리하는 일이다. 인간은 지력과 기술을 가지고 놀랄만한 성공을 거듭하였지만 정신과 혼의 세계에서는 비참한 패배자임에 틀림없다. 인간은 자기 손으로 만든 도구로 자기를 살해하는 데 이용하고 있다. 인간의 문명이 인간을 위하여 사용되기 위해서는 신의 사랑과 인간의 가치가 정당화 될 수 있는 참다운 진보라야 역사가 비로소 역사답게 그 뜻을 발휘하게 된다. 인간의 마음이 고속도로처럼 넓어져 모든 기술문명이 그 위력을 발휘하기 위해서는 신의 은총과 위력이 인간의 영혼을 정화하여 새로운 종교적 창조가 역사의 배후에 이루어져야 한다.

실로 구석기 이래 인간에 대한 가장 큰 위협은 인간 자체였으며 문명이 고도화하면 할수록 인간의 위협은 외적인 것이 아니라 내적인 것에 있다. 그런고로 하나의 문명이 지나가고 새로운 문명이 찾아드는 역사의 수레바퀴에 있어서 새로운 문명을 창조하는 역사의 원동력은 언제나 인간의 내부투쟁에서 승리를 거두는 종교의 힘이다. 그래서 그는 지구상에 나왔다가 사라진 20여 문명의 생태를 이렇게 설명한다.

토인비에게 있어서 역사연구의 단위는 국가가 아니라 문명 또는 문명권이다. 문명이란 단순히 식량을 생산하는 과정을 넘어서 다른 것을 위해서 시간을 소모할 수 있는 도시생활 정도로 발달되는 단계이다. 그리고 토인비의 문명의 범위는 국가보다는 크고 세계보다는 작은 역사적 사건의 단위를 말한다.

문명의 발생은 만남에서 시작된다. 토인비의 역사이론의 핵심은 도전挑戰과 응전應戰이라는 것이다. 문명의 발생은 자연환경이 윤택할 때보다는 도리어 자연이 인간에게 도전하고, 인간이 거기에 효과적인 응전을 할 때 일어났다. 이집트의 문명이 좋은 예이다. 이것은 자연과 인간 사이에서만 일어나는 것이 아니다. 인격신을 전제로 한 성서나 코란에 의하면 역사는 개인 혹은 민족이 그들의 인격신과의 만남에서 이루어졌다고 본다. 신은 인간에게 문제를 내놓아 도전하고 인간은 거기에 대해 해답을 설정하고 응전한다. 문명의 능동적인 창조활동은 이러한 만남에서 이루어진다. 신이 아니라고 해도 좋다. 뒤의 문명은 선진문명의 도전에 대한 응전으로써 일어나는 것인데 인간적 도전은 자연적 도전보다 더 큰 역할을 할 때가 많다.

이 이론은 발생뿐만 아니라 문명의 발전에 대해서도 필요한 앞의 조건이다. 한번 일어났던 문명도 그 후 계속해서 도전을 받지 않으면 발전이 저지되고, 그 반대로 계속하여 도전을 받고 거기에 대하여 효과 있게 응전할 때 성장은 계속되는 것이다. 원수가 있어야 발전한다. 개인의 성장도 마찬가지다. 사람에게 있어서 외적인 것을 동화하는 소화력이 필요하듯이, 외적인 도전에 대하여 효과 있게 응전하는 내적 힘이 지속될 때에만 문명은 발전하는 것이지, 이 내적 능력이 말라버리면 문명은 몰락하게 된다.

그러면 이 문명의 내적 능력은 어디서 나오는 것일까? 그것은 소수의 창조적 지성 혹은 창조적 집단으로부터 나오는 것이다. 그리고 대중은 이 생명의 물을 퍼서 온 세상에 전해간다. 이리하여 문명은 확대된다. 일정한 사회가 창조력을 가진 소수에 이끌려 부단히 도전과 응전이 계속 될 때 문명은 전진하고 문화는 영화靈化한다.

따라서 문명의 진보란 지역적 확장도, 기술적 진보도 아니고, 다만 내적인 자기형성을 이룩하는 데 있다.

이런 단계에서는 창조적 소수자는 내적 프롤레타리아 즉 사회성원의 일부이면서도 사회의 은덕을 충분히 받지 못하는 계급과, 외적 프롤레타리아 즉 그 영역 밖에서는 정치적, 사회적으로 자유이지만 문명의 혜택을 받지 못하는 사람들에게 자기 형성의 꽃을 피우게 한다. 그러나 이러한 창조적 소수가 사라지고 그 지위와 특권을 이용하는 후계자들이 일어나면 대중은 그들을 멀리하여 문명은 금이 가고 쇠퇴하여 대중의 지지는 끊어져 지도자들은 과거를 이상화하고, 힘을 가지고 그들을 정복하여 세계국가를 창설함으로써 쓰러져 가는 문명을 유지하려고 한다.

세계국가란 페르시아 왕국이나 로마제국이나 당나라 같은 것으로서 단순히 정치적으로 통일될 뿐만 아니라 도덕적으로 단결되어, 자기들만이 문명세계 전체를 대표하는 것처럼 생각한다. 그러나 그들의 안과 밖에 있는 프롤레타리아는 세계국가 안에서 새로운 하나의 세계종교를 창조함으로써 새로운 문명을 위하여 준비하게 된다.

세계종교란 기독교, 불교, 회교처럼 전 인류를 통일하려는 종교적 사명을 띠고 있다. 그들은 세계국가가 닦아놓은 세계평화와 안전을 지반으로 하여 전 세계로 전파된다. 세계국가가 외부와 내부의 호응된 프롤레타리아의 공격으로 그 문명이 더 이상 유지하지 못하게 될 때 세계를 점령한 세계종교가 간신히 그 문명을 보존하게 되고, 이 세계종교 속에서 낡은 문명을 양식으로 하여 새로운 문명을 길러내게 된다. 그런 의미에서 종교는 새 문명의 모태라고 볼 수 있다.

토인비는 문명이 교체될 때마다 새로운 문명을 창조해내는 종교의 역할을 깊은 감탄으로 주시하게 되었다. 한 나라의 국사는 짧으나 나라와 나라를 연결하는 문명은 비교할 수 없이 길다. 역사 이해의 단위를 문명에 둔 그는 문명이 교체될 때마다 인류에게 주는 고통도 크지만 그러나 인간은 이 고난을 통하여 한없이 큰 교훈을 배울 수 있게 되는 비밀도 알게 되었다.

희랍, 로마의 문명은, 잿더미 속에서 기독교가 나타나 세계국가인 로마제국과 같이 자라 로마가 깨어질 때 세계교회가 되어 미개한 민족을 교화하고 르네상스의 새 문명을 낳게 한다. 그러나 16세기 종교분열 이래 다시 병들기 시작한 근대의 세속문명은 지금 그 썩은 숨결을 전 세계에 퍼뜨리기 시작하여 서양문명의 몰락이라는 임종의 자리에 누워있다. 그러나 이 문명의 몰락은 보통 사람들이 생각하듯이 슬퍼할 것도 없고, 슈펭글러가 암시하듯이 목적 없는 것도 아니며, 오히려 그것은 새로운 문명을 빚어낼 새로운 종교의 거름이 되는 과정에 불과하다.

서구문명의 몰락이야말로 보다 깊은 통찰력을 가진 계시를 낳게 할 것이며, 세계는 좋든 싫든 간에 세계국가를 형성하여 가고 있으며, 또 한 번 세계종교 속에서 활력 있는 새 문명이 나타날 준비를 하고 있는 것에 불과하다. 따라서 종교전쟁 이후의 근대 세속문명은 기독교 이전의 희랍문명에 해당하는 것이며, 국가주의의 민족숭배나 공산주의의 물질숭배나 민주주의의 개인숭배는 스토익(금욕주의禁慾主義), 에피큐리안(쾌락주의快樂主義), 스켑틱(회의주의懷疑主義)의 지난날의 악덕을 되풀이하고 있는 것밖에 되지 않는다.

민족숭배란 원시시대부터 있었고, 민주주의란 희랍 도시국가의 유물이며, 공산주의란 초대교회의 생활방식의 일부였다. 그들이 종교와 이혼하고 세속화하여 자기 자신을 우상화할 때 할 수 있는 일은 인간성의 말살, 즉 그리스도를 다시 한 번 십자가에 못 박는 길밖에 없을 것이다.

종교가 우상이 되고, 인격이 수단이 되고, 자유가 구호가 되면 창조적인 것은 그 자취를 감추고 일체가 세속화하여 현대문명은 사멸할지 모른다. 그러나 하나님의 종교는 낡은 무덤에서 다시 살아나와 더 깊은 지혜와 튼튼한 조직위에 성장할 것이며, 로마제국보다 더 넓은 범위로 기독교가 번져간 것처럼 현대문명의 이기와 더불어 더 큰 세계로 번져갈 것이다. 또 옛날 알렉산드리아의 기독교 신부들이 헬라문명을 기독교화한 것처럼, 동양의 어떤 도시가 신문명의 중심이 되어 중국이나 인도의 철학을 기독교화할 날이 올지도 모른다.

  인류는 암흑에서부터 문명을 이루었고, 여러 문명은 다시 하나의 문명으로 통합되어갔으나 그것은 제왕의 힘이 아니라 종교의 힘에 의한 것이며, 제왕의 제국은 무너지고 말았지만 그렇게 많은 제왕들이 타도하려 했던 종교는 아직도 그 명맥을 이어가고 있다. 물론 인간본성에 내재하는 악의 씨가 뿌리 뽑히지 않는 한, 제왕의 세력도 계속되어 계급투쟁과 전쟁으로 문명의 흥망성쇠가 되풀이 되겠지만, 그러나 우리는 의義의 최후 승리를 믿고 계급투쟁과 전쟁을 없이하는 방향으로 최선을 다하여야 하며, 그러기 위해서 우리는 하나하나가 정의의 사도로서 종교적인 변용變容을 해야 할 것이다. 이 변용이야말로 암흑 속에 앉은 인간에게 천국의 광명을 비치는 일이요, 지상에 신의 뜻이 실현될 때 우리는 현재의 파멸에서 구원을 얻을 수 있게 될 것이다.

  토인비는 역사에 대한 그의 연구가 해를 거듭함에 따라 점점 종교적으로 기울어지기 시작하여 결국은 문명의 본질을 인간성에 두고 인간역사는 역시 인간을 초월하는 신의 입장에서만 해결될 수 있다고 믿게 되었다. 토인비도 젊어서는 사회진보의 법칙과 인간활동의 자유를 확신하고 인간의 미래를 축복하기도 하였다.

그러나 역사의 법칙은 인간생활을 지배한다는 점에 있어서 인간이 만든 법칙과 비슷하지만 인간이 마음대로 움직일 수 없다는 점에서는 인간의 법칙과 다른 점이 있다. 역사의 법칙은 언제나 우주를 지배하는 신의 법칙으로 해석되기도 하고, 비인격적인 자연의 법칙으로 해석되기도 했다. 위의 두 가지 사고방식은 고대문명에 다 나타나 있다.

역사의 법칙을 신의 법칙이라고 하는 생각은 바벨론 문명의 도전에 대하여 시리아 문명의 역사적 응전으로써 이스라엘과 이란의 예언자들이 생명을 걸고 지켜온 영혼의 절규이다. 역사의 법칙을 자연법칙과 같이 본 것은 인도문명과 헬레니즘의 해체를 본 철학자들의 생각이다.

토인비는 이 두 가지 해석을 통일하고 조화시키려고 무척 애를 쓴다. 그리하여 이 두 사상을 목적과 수단이라는 방식으로 통일하게 된다. 신의 법칙은 하나의 인격이 이지와 의지로 좇아갈 때 영원히 변함없는 하나의 목표를 계시한다. 자연법칙은 집단지성의 노력으로 파악될 때 힘 있는 수단을 제공한다. 자연법칙은 수레의 바퀴와 기관이 되어 힘을 제공하고, 신의 법칙은 지도와 운전수가 되어 빛과 방향을 제공한다.

만일 인류의 역사가 목적 없이 영원히 회전하는 빈 수레바퀴에 불과하다면 인도문명이나 헬레니즘 철학자들처럼 비관론에 빠질 수밖에 길이 없을 것이다. 그러나 역사의 목적과 신의 섭리를 계시하는 신의 법칙이 있기 때문에 역사는 그 방향을 얻게 되고, 오늘의 문명보다 내일의 문명에 더 큰 기대를 걸 수 있게 되는 것이다.

이런 생각은 유태교의 후계자인 기독교와 회교가 가지고 있다. 기독교의 『신국神國』을 쓴 어거스틴과 회교의 베르베르 민족을 쓴 이븐 할둔이 대표적이다. 그런데 이 유대교적인 역사관은 보쉐의 세계사론을 마지막으로 그 자취를 감추고 말았다. 근대 후기의 모든 역사가는 신 중심의 역사 철학을 버리고 말았다. 그래서 자연중심의 역사해석으로 옮겨갔다.

토인비도 역사 안에서 되풀이 되는 많은 자연적 경향을 발견했다. 16세기로부터 20세기에 이르는 동안 무수한 전쟁이 일어났다. 이 전쟁들을 살펴보면 그 가운데는 주기적인 반복도 있고 승리에 대한 패턴도 있다. 그리고 그것은 문명사회가 해체될 때는 더욱 규칙적이요 일률적이다. 그러나 문명사회가 성장할 때 일어나는 불규칙성과 다양성도 무시해서는 안 된다.

설사 역사 속에도 자연법칙과 같은 질서가 있다고 하자. 그러나 인간은 자연법칙을 움직일 수는 없지만 지력으로 그것을 알아낼 수는 있다. 알아낼 수 있는 것만이 아니라 그것을 인류의 목적을 위하여 사용할 수도 있다. 그런데 만일 이것이 인류의 목적과 다르게 쓰인다면 그것이야말로 인류가 만든 도끼에 인류가 발등을 찍히는 격이 되고 말 것이다.

과거의 모든 멸망한 문명은 타살이 아니라 자살로 망하였다고 한다. 자살이라 함은 인류가 인류를 죽이는 일이다. 인류는 지금 원자병기와 세균병기로 모스크바나 워싱턴의 한 두 사람의 손끝에 온 인류의 운명을 맡기는 무시무시한 시대에 살게 되었다. 자연을 찾던 인간에게는 또다시 자유가 문제되기 시작했다. 인간의 특성인 선택의 자유가 개인의 생활뿐 아니라 인류의 운명을 지배하게 되었다. 한 두 사람의 의지가 역사의 방향을 결정할 수 있게 되었다.

토인비는 과거에 되풀이 된 14개 문명의 운명을 분석한 후, 인간은 골육상쟁하는 사회적 악을 없이 하기 위해서 터무니없이 비싼 대가를 치러야 하는, 세계국가의 강제라는 방식이 아니라 거의 희생이 없는 방법을 발견하여, 과거에 없었던 정신적 높이로 새로운 길을 개척할 수 있는 가능성이 있다는 것을 호소한다.

이것은 아테네와 스파르타가 싸우던 펠로폰네소스 전쟁 때 벌써 싹튼 것이다. 이것은 힘으로가 아니라 관용을 통해서 해결할 방법을 찾으려고 하는 것이다. 이 정신이 현대에 와서 이루어진 것이 제1차 대전 이후의 국제연맹이요, 제2차 대전 이후의 국제연합이다.

이러한 정신은 공자나 노자에 있어서도 발견할 수 있는 것으로 그것은 정신적 조화를 가져올 수 있게 하는 감정의 원천, 인(仁)을 찾아내려는 인간의 정열이다. 정치적으로 국가와 국가가 서로 싸우는 비참한 전쟁과, 치명적인 타격으로 항복을 강요하는 비극적 평화를 없이하고, 지혜와 이해로써 협조의 길을 발견하는 중도의 정신이다.

오랜 역사는 불손한 인간이 자기와 남까지도 불행에 빠뜨리는 전쟁과, 계급투쟁 같은 문명쇠퇴의 원인을 막기 위하여 만든 모든 제도가 아무런 소용도 쓸데없다는 것을 가르쳐주었다. 인간은 다만 겸허하게 신의 법칙을 받아들여 자기의 죄악을 자각하고 신의 은총에 매달릴 때만 가차 없이 처벌하는 자연법칙의 냉혹한 최후의 심판을 이겨낼 수가 있다.

그런고로 인간이 다른 인간과의 관계를 해결하는 길은 오로지 유일하신 신과의 관계를 어떻게 해결하는가에 의하여 결정된다. 분열된 역사가 통일되는 길은 역사의 배후에서 세계를 섭리하는 신의 도전에 응전하는 개인의 깨어난 영혼뿐이다. 신의 도전은 언제나 인간에 대하여 선택의 자유를 제공한다.

토인비의 생각은 과학을 부정함이 없이 과학과 과학을 살려내는 종교를 기다리면서 이단이라는 비판을 무서워하지 않았다. 허심탄회하게 과거의 교훈을 되씹으면서 현대 인류의 위기를 극복할 수 있는 높은 길을 기성종교의 교리나 신화를 넘어선 깊은 통찰력 속에서 찾고자 했다. 물러설 줄 모르는 구도자, 이것이 역사가 토인비의 소박한 모습이다.

【오 - 늘】

▶ 4월 7일 고난주간 특별집회를 한 주간 인도하다. 오늘은 요한복음 15장을 읽었다. "나는 포도나무요, 너희는 가지니" 하는 말이 있다. 포도나무와 가지가 무엇으로 하나가 될 수 있을까. 결국 '바로 삶'이다. 포도나무도 바로 살고, 가지도 바로 살 때 하나가 된다. 고난의 본질이 있다면 바로 살기 위한 고난이요, 예수가 십자가를 짐도 하나님의 정의를 들어내기 위한 고난이었다.

▶ 4월 11일 부활주일이다. 인간 속에 죽음을 이길 수 있는 힘이 있다는 것을 처음 보여준 이가 예수다. 사람은 자기 속에 어떤 힘이 숨어 있는지 전혀 모르고 살기 쉽다. 마치 개발되지 않은 산 같아서 파보기 전에는 전혀 모른다. 과학이 발달됨에 따라 인간은 자연을 지배하고 생을 유지할 수 있는 힘이 있는 것을 알게 되었다. 종교는 인간 안에 또 다른 힘이 있다는 것을 보여준다. 그것은 인간이 죽음을 이길 수 있는 능력이 있음을 가르쳐준다. 바울도 좀처럼 믿지 못했다. 인간이 죽음을 이길 수 있다고 주장하는 크리스천을 거짓말쟁이요, 사회의 독이라고 하여 그들을 죽이려 다메섹으로 내려가고 있었다. 다메섹에 거의 다달았을 때 홀연 그는 부활하신 예수를 만나게 되어 자기 일생을 부활의 증

*8호-19쪽

거물로 삼는다. 죽음을 초월할 수 있는 인간의 능력을 믿음이 종교요, 신앙이다. 마치 따뜻한 봄에 새싹이 트듯 따뜻한 하나님의 사랑에 예수가 부활하고, 바울의 눈이 열리고, 사람들의 마음이 열린다. 그리하여 사랑하고 살릴 수 있는 사람이 된다.

▶ 4월 15일 목련이 핀다. 청초한 그 모습이 한없이 그립다. 몇 해 전에는 공관 뜰에 한 두 나무가 있어 목련 필 무렵이면 매일 아침 찾아갔다. 총장선생이 목련을 좋아하여 이화 캠퍼스에 수십 그루를 심어 내 방에서도 목련을 볼 수 있게 되었다. 목련은 생땅에 심어야지 거름하면 죽는다는 말도 있다. 모든 나무가 다 거름을 좋아하는데 너는 어찌 홀로 거름을 싫어 하냐.

▶ 4월 20일 음대 앞에 벚꽃이 활짝 피었다. 봄 하늘을 배경하여 봄바람에 하늘거리는 수많은 꽃들, 서로 소리를 높여 웃는 것만 같다. 나무 밑에 서서 정신없이 쳐다보고 있는 사람들, 어찌하여 갈 줄도 모르고 그대로 섰을꼬.

▶ 4월 23일 사색 7호의 재교를 보다. 인도가 좀 많아진 것 같다. 인도라면 무엇인가 신비한 느낌이 든다. 팔천 팔백 미터의 에베레스트를 쳐다보며 살아온 그들에게 어찌 신비가 없을소냐.

노자 제8장   늙은이 8월

상선上善은 약수若水나   썩 잘은 물과 같고나.
수水는 선리만물善利萬物하고 이 물은 잘몬에게 잘 좋게 하고
부쟁而不爭이라.   다투질 않으니
처중인지소오處衆人之所惡하니   뭇 사람 시려하는 데로 지내
고故로 기어도幾於道라.   므로 거의 길이로다.
거선지居善地하고 심선연心善淵 있기는 땅에 잘, 속은 깊기 잘,
하며 여선인與善仁하고 언선신   주기는 어질기 잘, 말은 믿브게
言善信하며 정선치政善治하고 사 잘, 바로 잡을 데 잘, 다스리고
선능事善能하며   일은 더할 나위 없이 잘, 움직이
동선시動善時하고 부유부쟁夫唯 는 데 때 잘. 마지 그저 다투질
不爭이라   않기로 만하니
고故로 무우無尤인저.   므로 허물 없오라.

유영모의 노자 해석

*물같이 사는 것이 제일 잘 사는 거다. 물은 스스로 움직여 남을 움직인다. 물은 언제나 자기의 갈 길을 찾아 나간다. 물은 장애에 부딪쳐 더욱 심하게 그 세력을 배가한다. 물은 언제나 스스로 깨끗하여 다른 것의 더러움을 빨아주며, 맑고 흐림을 통째로

*8호-20쪽

삼키는 아량이 있다. 물처럼 좋은 것이 어디 있을까. 공자도 물 흘러가는 것을 보고는 찬탄을 금할 수가 없었다.

물은 언제나 만물을 도와주고 그들과 다투지 않는다. 모든 사람이 싫어하는 제일 낮은 데 처하여 스스로 도를 즐긴다. 성인도 마찬가지다. 남을 살릴 뿐 그들과 싸우지 않고 모든 사람이 내던진 무욕無欲의 경지에서 천지를 즐긴다. 그 모습이 어찌도 그리 같을까.

낮은 땅에 처하기를 좋아하고, 깊은 못에 들어가기를 좋아하고, 살리기를 좋아하고, 거짓이 없고, 남을 도와주려고 힘을 쓰고, 때를 맞추고, 천지와 함께 살아 아무것과도 다투지 않으니 물은 흠잡을 것이 없지 않나.

성인도 마찬가지다. 낮은 데 처하기를 좋아하고, 생각은 깊이 하고, 사랑은 넓게 하고, 말은 믿음직하고, 다스림은 올바르며 일은 잘하고, 때는 잘 맞추니 성인과 다툴 이가 어디 있을까. 무엇으로 흠을 잡을까. 땅에서 솟는 샘물, 강으로 흐르는 냇물, 바다에 넘치는 짠물, 그리고 하늘을 나는 빗물, 아아, 물이로구나, 물.

김흥호 풀이

월간 사색 제8호
1971년 6월 1일 발행
2013년 6월 1일 재발행

생각하는 사람의 벗이 될

1971년 7월
제 9 호

마음에 집착이 없으면
일이 일이 아니다

「바가바드기타」에서 아르주나는 근친살해라는 무서운 죄악을 어떻게 저지를 수 있느냐고 묻는다. 거기에 대해서 비슈누의 화신 크리슈나는 마음에 집착이 없으면 죄악은 죄악이 안 된다고 대답한다. 무서운 말이다. 그러나 그것이 참이다.

　이 진리 때문에 간디는 이 세상의 모든 경전이 다 없어져도 바가바드기타 한 권만 남아있으면 능히 인류를 구원할 수 있다고 한다. 죄악이 죄악이 안 되면 벌써 구원받은 것이다. 아르주나

*9호-1쪽

는 어떻게 그렇게 될 수 있느냐고 묻는다.

크리슈나는 자기에게 맡기라고 한다. 크리슈나는 그를 한없이 높은 경지로 이끈다. 그의 마음은 한없이 깨끗해진다. 그리고 종당은 신을 만난다는 어마어마한 사건이 일어난다. 이 사건을 통하여 그의 집착은 사라져버린다. 그의 눈은 신의 섭리와 생의 의미를 알게 된다. 그리고 그는 자기의 할 일을 확실히 보게 된다. 그 일은 자기의 일이 아니었다. 우주의 일이다. 마음에 집착이 없으면 내 일이, 내 일이 아니다. 전체의 일이요, 신의 일이다. 그 속에 죄악이 있을 리 없다.

마음에 집착이 없으면 일이, 일이 아니다. 이것은 영원한 진리다. 그러나 일이, 일이 안 되기 위해서는 무엇보다도 마음에 집착이 없어야 한다. 마음에 집착이 없이 하는 일, 이것은 사람의 힘으로는 안 된다. 이 진리를 깨달은 사람이 성인이다.

옛날부터 이런 진리를 깨닫지 못하고 사람의 힘으로 이 일을 해내려고 한다. 담배 한 모금으로 열반에 들어가려고도 하고, 국가기구를 가지고 민족 말살의 무서운 죄악을 범하기도 한다. 인위적인 방법으로 마음의 집착을 뽑을 수는 없다. 어떤 방법이 있는 것처럼 큰소리치는 자는 모두 도적이요, 강도다. 아무런 방법이 없다는 것이 유일한 방법이다. 하나님 외에 착하신 이가 어디 있느냐. 마음의 집착을 뽑을 수 있는 분은 하나님뿐이다.

> 유영모의 말씀
>
> 아름답 안게 안답 될가 모를 일이 아니고
> 이쁜 걸 이쁘담 참이나 무어시 입 누가 대나
> 달러요 것 댓 다 달라 모름답디 모른답

*알만한 것은 다 알았다고 하지만 그것이 참말 안 것이 될까. 안 세계는 껍데기요, 속이 아닐 바엔 '아름답'보다 '모른답'이 더 크지 않을까. 알 만하다는 아름답은 아름답다는 아름답과 얼마나 다를까. 바람에 취하고 빛에 홀리어 아름답다고 함이 참 아름답일까. 바람결(파동설波動說)이라고도 하고, 빛의 알(입자설粒子說)이라고도 하는 아름답은 참 아름답일까. 모를 일이 아니고 무엇이랴.

온 세상이 이쁜 걸 찾아 이쁘담 '참이나' 무엇이 이쁘며 누가 이쁘대. 무엇 없는 이쁨이 참 이쁨이며, 누가 없는 이쁘대가 참 이쁨 대라면 무엇이 이쁘며, 누가 이쁘대냐. 빈탕에서 이쁨이 나오고 한데에서 이쁨 되리니, 하늘의 별과 나무꽃이 눈 없이 눈에 맞네.

그런데 요사이 이쁜 걸 찾음은 빈탕 한데와는 달라요. 이쁜

---
*9호-2쪽

것도 다르고 이쁘댓도 달라요. 참을 넘고 착함을 건너 한없이 깨끗한 것 가까이의 아름답은 요새 사람들은 모름답디다. 모른대요. 거짓 회칠과 모진 연기에 더럽힌 안개에 눈이 부어 이쁜 걸 모른대요. 무엇이 아름답고 누가 이쁘댈지, 바람도 흐리고 볕도 흩어져 무명無明의 안개만이 장안에 가득 차며 새도 날아가고 꽃도 꺾어져 무엇을 이쁘대고 누가 아름답댈까. 안개가 걷히고 바람이 자고 빛이 맑은 그날은 언제 올지 모른답디다. 모른대요.

김흥호 풀이

원효

*첫새벽이란 이름이 좋다. 이 땅의 첫새벽이요, 온 누리의 첫새벽이다. 원효元曉는 큰 표주박을 들고 광대처럼 춤을 추며 흥에 겨워 노래를 부른다.

"불법을 닦은 나라, 그 모양이 어떠한고. 백성은 다 충신이요, 아들딸은 효자로다. 악귀가 물러가고 신선이 모여드니, 우순풍조雨順風調하고 국태민안國泰民安하다. 산 모양 들 모양도 얼굴이 변하고, 날짐승 길벌레도 악심을 떼었으니, 현세 즉 극락이라 이 아니 보국이냐. 어허, 기쁜지고! 지화자 좋을시고! 법고 둥둥 울려 한바탕 춤을 추자."

사람들이 모여들고 다 같이 흥에 겨워 노래로 한마음 되고 춤으로 한 몸 되면 고요히 가라앉아 나무아미타불을 깊이 읊조리고, 사람들이 원효에게 눈빛을 모으면 원효는 신이 나서 도둑 이야기를 시작하는 것이었다.

원효가 말하는 도둑 이야기는 다음과 같은 내용이다.

*9호-3쪽

옛날에 유명한 도둑이 살았다. 평생 도둑질을 했어도 잡혀본 일이 없는 대도였다. 하루는 그 아들이 도둑의 비결을 가르쳐달라고 했다. 아버지는 기뻐 그날 밤으로 아들을 데리고 이웃 마을 큰 부잣집의 담을 넘어 들어갔다. 온 가족이 첫잠이 든 후에 방문을 열고 보물이 간직된 장 앞으로 가서 아들의 겉옷과 신발을 벗기고 장 속으로 넣어주며 보물을 꺼내라고 손짓했다. 아들이 보물을 찾고 있을 때 아버지는 장문을 닫고 자물쇠로 엄히 잠그고 도둑이야 하고 소리치고 뛰어나왔다. 집안사람들이 깜짝 놀라 잠에서 깨어나 달려 나왔지만 사람의 흔적은 없었다. 조심조심 문을 잠그고 다시 잠이 들었다.

　장 속에 갇힌 아들은 내일 끌려 나가 돌에 맞아 죽을 것을 생각하니 기가 막혔다. 그러나 하는 수 없었다. 다만 밝기를 기다릴 뿐이었다. 가만히 누워 있으니 차차 마음이 가라앉아 이런 생각을 했다. 이왕 아침에 죽을 몸이니 사람들 앞에서 욕을 당하는 것보다는 어두운 밤에 남모르게 죽는 것이 나을 것이다. 그는 죽을 각오를 하고 장을 두드려 사람들을 깨우기로 했다.

　그때 또 이런 생각이 떠올랐다. 이왕 깨울 바에야 장을 두드리는 대신에 장을 긁어보자. 장롱을 긁는 소리가 주인에겐 흡사 쥐가 긁는 것으로 들렸다. 주인은 머슴을 시켜 광에 나가 포대를 가지고와서 쥐를 사로잡으라고 했다. 머슴은 조심조심 장문을 열었다. 이때 아들은 문을 박차고 화살처럼 뛰어나갔다. 머슴의 발악과 가족들의 소동으로 온 동리 사람들이 뛰쳐나와 뒤를 쫓았다. 캄캄한 밤이라 겉옷만 입었어도 피할 수는 있었다. 그러나 흰 속옷만을 입은 아들은 어두운 밤이었지만 숨을 길이 없었다. 뛰고 뛰다가 동리 어귀에 나왔을 때에는 거의 붙잡히게 되었다. 동리 어귀에는 우물이 있고 그 옆에는 돌이 있었다. 아들은 뛰면서 옷을 벗어 돌과 같이 우물에 집어넣고 자기는 숲속으로 몸을 숨겼다. 동리 사람들은 우물을 들여다보며 허연 것이 뜬 것을 보고 도둑이 투신했다고 생각하고 그대로 내버려두고 집으로 돌아갔다.

아들은 그런 후 집으로 돌아가 아버지를 깨웠다. 깊은 잠에서 깨어난 아버지는 몇 시냐고 물었다. 아들은 어이가 없어 두 시라고 했더니 아버지 하는 말이, 내가 옛날 돌아왔을 때는 네 시나 되었는데 너는 배나 일찍 돌아왔으니 너는 나보다 갑절 훌륭한 도둑이 될 거라고 말해주었다. 과연 그 말은 거짓이 아니었다.

원효 주위에 모인 사람들은 도둑 이야기가 흥미진진했고 남의 일 같지 않았다. 사람은 누구나 궤짝 속에 갇힌 운명이다. 그러나 사람은 자기 힘으로 이 운명을 깨뜨리고 나올 수가 있다. 그들은 주먹을 불끈 쥐고 일어섰다. 그것이 『금강경』의 오의奧義라는 것을 아는 이는 원효밖에 없었다. 원효는 그것이 불교의 극치임을 알릴 필요가 없었다. 원효의 인품에 그들은 자기도 모르게 감화되어가고 있었다.

원효가 살던 신라는 황금시대를 지향하고 있었다. 원효의 장인은 김춘추요, 김춘추의 처남은 김유신이다. 두 장수가 쌓아 올린 성안에 원효의 화기로 복숭아꽃이 활짝 피었다. 그의 평화로운 얼굴과 온화한 마음은, 백으로 갈라지고 천으로 찢기었던 얼음장 같은 사람들의 마음을 화창한 봄바람으로 다 녹여버릴 수가 있었다.

    석가는 불교를 시작했고 나가라주나(용수龍樹)는 소승불교를 대승불교로 고쳐놓았다. 원효는 나가라주나 이후 사지백체로 갈기갈기 분열되어 전체의 생명을 잃어버린 불교를 사랑의 봄빛으로 다시 일체로 환원하여 새로운 생명을 불어넣은 정신문화의 위대한 창조자요, 동양문화 사상에 영원불멸의 금자탑을 쌓아놓은 은인이었다. 인도 불교는 서론적이고, 중국 불교는 각론(본론)적인데, 한국 불교는 결론적이다. 일생을 통하여 백부의 경론을 주해하고 수백 권의 대저술을 남긴 것도 나가라주나 이후에 따를 사람이 없거니와 그 가운데서도 불교 교리 상 가장 어렵고 시비 거리가 되는 열 문제를 골라서 한칼로 흐트러진 실을 베어내듯이, 백가의 쟁송을 일미의 불법으로 돌이킨 원효의 이성은 북극의 얼음보다도 더 냉철한 데가 있었다.

    원효의 봄은 찬 겨울을 지난 후의 봄이었다. 하나의 파계승이 되고 거지가 되어 산간벽지를 배회하면서 그는 한없는 쓰라림을 맛보았다. 그가 강원도 어느 절간에 발을 들여놓았을 때 그는 절간에서 밥을 짓고 청소하고 빨래하는 머슴이 되었다. 3년간을 작정하고 일하는 속에서 자기를 죽여가고 있었다. 절간의 젊은 학승들은 불도를 배우기에 열심이었다. 그들이 아침저녁으로 옷깃을 여미고 읽는 글은 원효가 해석한 금강경의 주석이었다. 원효는 그들을 위해서 밥을 짓고 요강을 닦았다. 그 절의 주지는 별로 하는 일도 없이 밤낮 먹고 뒹구는 게으른 주지였다. 고작 하는 일이라곤 하루에 한 번씩 젊은 중들이 공부하러 들어간 틈을 타서 부엌으로 찾아와 누룽지를 얻어가는 것뿐이었다. 비가 오나 눈이 오나 누룽지 얻는 일은 끊임없이 계속되었다.

원효는 이 절간에서 볼 것을 다 보았다. 그는 또다시 새 일터를 찾아서 길을 떠난다. 절간에서 공부하는 모든 중들이 원효의 길 떠남을 아쉬워했다. 이렇게 충실한 머슴을 또다시 구할 수 있을 것 같지 않았다. 더욱이 눈시울이 뜨거워지도록 섭섭해 하는 이는 누구보다도 주지 스님이었다. 그는 몇 번이고, 몇 번이고, 원효가 가면 자기를 위하여 누룽지를 마련할 사람이 없을 것 같다고 안타까워하는 것이었다. 그에게는 누룽지 외에는 아무것도 없는 것 같았다. 젊은 중들에게 작별하고 길을 떠나는데 늙은 주지는 그대로 계속 따라왔다. 결국 마을 밖의 언덕까지 따라오게 되었다. 날은 무더웠다. 얼마 안 되는 뫼산자 보따리 때문에 원효의 등에서도 땀방울이 맺혔다. 주지는 숨이 차서 원효더러 언덕 위에서 잠깐 쉬어 가자고 당부한다. 원효도 길가에 놓인 돌 위에 주저앉고 주지도 나무 그늘에서 땀을 거둔다. 원효는 멀리 희미하게 보이는 절간을 뒤돌아보았다. 아무것도 배운 것이 없고 고생만 했지만 그래도 무엇인지 마음에 끌리는 데가 있어 얼빠진 사람처럼 멀리 절간을 바라보고 있었다. 무엇인지 감개무량한 데가 있었다.

그때 돌연 하늘이 터지는 듯 무서운 목소리로 "원효!" 하고 자기를 찾는 사람이 있었다. 깜짝 놀라 정신을 가다듬고 자기 자신으로 돌아와 사방을 둘러보았으나 주지 이외에는 아무도 없었다. 원효를 부른 것은 주지였다. 이것은 원효에게 청천벽력이었다. 3년 동안 자기를 아는 이가 아무도 없는 줄 알았는데 자기가 멸시한 이 주지가 자기가 누구임을 알고 있었다니 원효는 주지 앞에 무릎을 굴하고 엎드렸다. 당신은 누구십니까? 하고 물었다. 주지는 얼굴에 미소를 지으며 대답했다.

"원효, 숨으려면 귀신도 모르게 숨어야지, 나 같은 것한테 들켜서야 어디 살 수 있겠소?"

그는 아무 말 없이 가버렸다. 이 한마디에 원효의 모가지는 땅에 떨어지는 것 같았다. 그는 터덜터덜 언덕길을 내려가 염병이 도는 마을로 가서 시체를 묻고 병자를 돌보기도 하고 거지와 같이 자고 도적과 같이 길을 걸으면서 그들을 구해내는 불사신이 되었다. 숨으면 살고 들키면 죽는다.

원효에게는 일생 동안 알 수 없는 두 사람이 있었다. 하나는 누룽지스님이요, 하나는 방울스님이었다. 그 더러운 돌중 깊은 속에는 아무도 볼 수 없는 맑은 샘이 흐르고 있었다. 샘은 깊을수록 그 물이 깨끗하다. 땅속의 지하수는 영원히 보이지 않는다. 보이면 역시 더러워지고 썩어버린다. 생명은 언제나 숨어서 그 깨끗함을 유지해간다. 나타난 것은 마음도 생명도 아니다. 생명은 주체요, 그대로 실재다. 객체는 변하고 현상은 없어질지 모르나 숨은 생명은 영원히 변함없는 절대적 실체다. 원효는 두 스님들에게 뒤질 인물이 아니었다. 원효는 자기를 돌아보면서 하나 둘씩 자기를 정리하기 시작했다.

범부凡夫로서, 성인을 창조하려는 원효가 원하는 바는 남의 온갖 모욕을 달게 받는 것이었다. 그는 수십 년 동안 끊임없이 정진하였다. 그는 끝내 무애도無碍道의 실천자가 되어 필경에는 자유인 원효가 되었다. 일도출생사一道出生死 일체무애인一切無碍人, 이것이 원효의 내용이다. 생사를 벗어나 보니 모두가 다 자유인이라는 것이다. 천촌만락의 인민들도 미치광이가 아니라 불보살의 화신들인 것을 알게 되었다. 얼음같이 싸늘한 인심 속에서 갈가리 찢어진 사회를 거쳐 가면서 그는 백경천론百經千論과 수많은 종파의 궁극의 목표가 정변지正遍知(각覺)를 얻는 데 있음을 가르치고, 보현행원普賢行願(보살도)을 닦아 법계중생이 모두 불도를 성취하여 우주 전부가 비로자나불의 본래의 덕성을 남김없이 드러내어 시방 세계가 불국으로 장엄莊嚴되는 데 있다는 것을 행을 통하여 보여주었다. 이러한 행이 나오게 되는 것은 거저 되는 게 아니었다. 그는 겨울의 행을 가기 전에 가을의 달빛을 본 것이다.

원효가 31세 되던 해, 의상과 더불어 당나라에 가서 불도를 배우고자 요동 반도를 지나가다가 옛 무덤 가에서 자게 되었다. 밤 깊어 목이 말라 손으로 더듬어 물을 마시고 아침에 그것이 해골에 담긴 물인 줄 알게 되었다. 원효는 기분이 나빠 토하면서 모든 것이 결국 마음의 장난임을 깨닫고 마음이 나면 모든 사물과 법이 나는 것이요, 마음이 죽으면 곧 해골이나 다름없다는 것을 알았다.

일체의 문제를 해결하는 것은 제도도 기구도 아니고 마음이요 사람이다. 사람이 있으면 나라가 되고, 사람이 없으면 나라가 망한다. 마음을 잡으면 사람이 되고, 마음을 놓치면 사람이 아니다. 어디서나 주인이 되면 그곳이 곧 극락이다. 불도란 인간이 주인이 되는 것이다. 열등의식과 사대주의를 벗어나 내가 환경의 주인이 되고, 나라가 세계의 일원이 되면 그것이 불도다.

김춘추, 김유신이 칼을 가지고 지킨 나라를 원효는 표주박을 가지고 춤을 추고 노래를 부르면서 자아를 찾아주고, 국가의식을 심어주었다. 원효를 보살이니 성사聖師니 하지만 원효야말로 한국 사람이요, 하나의 인간이다. 나를 찾고 남을 보살펴준 사람, 나를 알고 나라의 소망과 생기를 불어넣어준 사람, 그가 바로 원효다.

판단력비판

*칸트는 『순수이성비판』에서 참(眞)과 자연과 법칙을 찾고, 『실천이성비판』에서는 선善과 자유와 목적을 찾았다. 그리고 또 다시 『판단력비판』에서 아름다움(미美)과 자족自足과 생명을 찾게 된다. 이렇게 칸트는 비판의 체계를 완성하게 된다. 위의 세 비판 가운데 후세에 가장 큰 영향을 끼친 것은 제1 비판이나 제2 비판보다도 제3 비판이라고 한다. 피히테도 『판단력비판』의 발췌를 만들고, 괴테도 자기의 생애에서 가장 아름다운 시기를 갖게 된 것은 『판단력비판』의 덕택이라고 하여 이렇게 말했다.

"어느 날 『판단력비판』이 내 손에 들어왔다. 이 책 때문에 나는 나의 가장 큰 즐거운 생애의 한때를 가지게 되었다. 지금까지 갈가리 흩어졌던 나의 작품이 하나로 통일되는 것을 발견하게 되었다. 이 책에는 예술의 산물과 자연의 산물이 꼭 같이 취급되어 있다. 예술과 자연의 깊은 생명이 내적으로 이 책에서 연결되어 있다."

*9호-7쪽

괴테에 끼친 칸트의 영향은 목적 없는 합목적성合目的性이다. 이것이 생명의 본질이다. 학문을 가능케 하는 것은 깨달음이요, 예술을 가능케 하는 것은 영감이요, 도덕을 가능케 하는 것은 사명감이다. 칸트에게 있어서 이것은 선천적인 것이요, 아프리오리요, 초월적인 것이다. 깨달음은 이치와 법칙을 찾고, 사명감은 의무와 도덕을 찾고, 영감은 생명과 기쁨을 찾는다.

자연을 소재로 하여 자유가 표현될 때 인간은 한없는 기쁨과 생명의 충만함을 느낀다. 여기에 하나의 연극이 있다고 하자. 연극을 쓰는 사람은 작품 속에서 하나의 세계를 창작한다. 그런 의미에서 그는 하나의 신이다. 연출을 맡은 사람은 무대 위에서 세상을 섭리한다. 그런 의미에서 또 하나의 신이다. 연극을 구경하는 사람은 연극을 심판한다는 의미에서 다른 하나의 신이다. 실제로 연극을 하는 사람은 때로는 왕이 되고, 어떤 때는 거지가 되고, 어떤 때는 남자가 되고, 어떤 때는 여자가 되어 자기 마음대로 자기를 나타낼 수 있는 물자체로서의 신이다.

인간은 예술을 통하여 신이 되어본다. 신은 아니지만 신이 되어보는 것이 예술의 비밀이다. 목적 없는 합목적성의 목적이 신이라는 것은 아리스토텔레스 이래로 서양철학의 전통이었다. 칸트에게는 이 목적이 라이프니츠를 통하여, 그의 스승 크누첸에 의하여 심어진다.

사람들은 『순수이성비판』에서 칸트의 총명을 발견하고, 『실천이성비판』에서 칸트의 경건을 발견하고, 『판단력비판』에서 칸트의 신비를 발견한다. 칸트는 별로 우수한 예술작품에 접해본 일도 없고, 희랍의 비극이나 영국의 셰익스피어나 괴테나 실러도 잘 모르면서 미와 숭고의 본질을 추구하고, 자연과 자유를 통합하고, 미와 생명을 결합하여 아리스토텔레스의 시론과 헤겔의 미학 강의 못지않은 미학의 근원적인 고전을 남겼다고 하는 것은 더욱 이상한 일이다. 학자와 도덕가로서의 칸트는 누구나 다 아는 바이지만 미학자의 비밀은 어디서 나온 것일까. 그것은 그가 예술가로서의 미를 창작할 수도 없었고, 미를 감상할 줄도 몰랐지만 그는 형이상학자로서 미의 본질과 그 근원에 도달할 수 있었다. 그는 미의 이데아를 볼 수 있었기 때문이다.

칸트가 취미판단이라고 말하는 미에 대한 관조는 우리의 혼이 감동을 받은 하나의 상태로서, 자기의 깊이나 높이를 느끼게 하는 일종의 기쁨(쾌감)을 안겨준다. 취미판단은 논리판단과 비교하면 언제나 개별적인 판단으로 보편적인 판단은 아니다. 그 술어는 하나의 개념이 아니라 쾌, 불쾌의 감정이다. 이 감정은 논리화할 수는 없고 다만 감정 자체를 맛볼 뿐이다. 만일 한 줄의 시, 한 폭의 그림이 왜 아름다우냐고 묻는다면 대답할 사람은 아무도 없을 것이다. 자기가 느끼는 미를 타당한 것으로 경험은 하지만 이 경험이 하나의 실례가 될 수 있을 것 같은 보편적인 규칙을 내놓을 수는 없다. 그런데 그 실례는 법칙은 아니지만 법칙에 맞는 어떤 느낌을 주는 것은 사실이다. 미의 대상은, 목적의 표상은 가지지 않아도 목적에 맞는 그런 느낌을 준다. 미에는 언제나 하나의 명백한 진리가 눈앞에 있기는 하다. 그러나 전혀 아무런 대상인식도 주지 않는다. 다만 바다 위에서 뛰노는 물고기처럼 생명의 약동을 느끼는 동시에 모든 인식능력의 자유로운 유희를 가지게 할 뿐이다. 상상의 날개는 무한을 나르면서도 특정한 개념의 법칙을 무시하지 않기 때문에 아무런 공기의 저항도 느끼지 않는다.

자유와 법칙은 그대로 하나가 된다. 마음대로 해도 법칙을 벗어나지 않는 숙달의 세계가 자유와 자연이 하나가 된 자족의 세계일 것이다. 동양 사람들은 유희삼매라고 하지만 사색의 자유와 도덕의 자유보다도 훨씬 넓고 완전한 자유일 것이다. 어떤 의미로 말하면 미적 유희의 자유는 나 자신의 근원의 폭로라고도 할 수 있을 것이다. 퍼내도, 퍼내도 다함이 없는 존재의 밑동이가 구체적 대상으로 표현되는 세계다. 이 세계는 인류전체가 근원적으로 공감하는 보편적인 세계다. 사람은 이러한 공감을 통해서 초감성적인 것을 헤아리게 된다. 칸트는 이것을 미적 이념이라고 한다.

미의 세계에 있어서는 대상의 존재에 대하여 어떠한 관심이 있어서도 안 된다. 미는 감각적 욕망의 대상도 아니고, 도덕적 비판의 대상도 아니다. 감각적 욕망의 대상은 쾌감을 불러일으키고 쾌감이란 감각의 만족을 주는 것이다. 그것은 인간의 경향성(욕망)을 자극하여 그 대상의 존재를 자기 것으로 만들고자 하는 집착이 생긴다. 또 도덕적 의지도 선한 대상의 실현을 의도하여 그 존재를 요구하게 된다. 본래 예지적인 인간을 감각의 노예로 삼는 것은 경향성이고, 이성의 대상에 대한 존경 때문에 율법의 노예를 만드는 것은 도덕이다. 경향성에 속박됨도 아니고, 존경에 의해 명령됨도 없이 자유와 자연이 그대로 조화된 유희삼매의 경지는 동물의 세계도 아니요, 예지의 세계도 아니요, 그 중간에 있는 인간에게만 가능한 세계다.

인간은 아름다움을 볼 수 있기 때문에 동물도 아니고 단순한 이성인 신도 아니다. 인간이 미를 볼 수 있는 것은 아무 관심도 없이, 대상의 존재가 아니라 그 표상에 만족할 수 있기 때문이다. 관심이란 대상의 존재에 관한 것으로, 그것은 감성적인 것과 이성적인 것이 있지만, 미는 이 두 가지를 다 초월한, 대상에 대한 무관심의 만족이다. 쾌감은 경향에 근거하고, 선의 만족은 존경에 근거하고, 미의 만족은 은총에 근거한다. 유희삼매의 경지를 기독교적으로 표현할 때는 은총의 감격이라고 할 수밖에 길이 없을 것이다.

칸트는 미에 대하여 처음에는 자연과 예술을 구별하지 않았다. 그러나 나중에 그는 큰 차이점을 발견하게 된다. 미의 관조는 대상에 대한 자유로운 유희이나, 예술은 이 유희로부터 창조적인 미를 생산해 내는 것이다. 예술은 천재를 통하여 이루어진다. 천재란 자연의 총아다. 목적 없는 합목적성이 인간으로 구현될 때 천재가 된다. 천재는 자연이 만든 최고의 예술품이라고 할 수 있다. 그런 의미에서 자연과 예술의 비밀은 천재만이 알 수 있다고

도 할 수 있다.

천재는 미를 창조한다. 자연미의 근거에는 신이 있다. 예술미의 근거에는 천재가 있다. 인간은 천재를 통하여 신에게 접근할 수 있다. 천재는 예지적 본체의 나타남이다. 그런고로 천재의 근거와 본질은 자연이다. 천재는 자기의 본성을 의식하지 못한다. 무의식 속에 자연과 자유의 근원적인 일치가 성립된다.

천재의 특성은 그 독창성이다. 천재는 자연의 모방도 아니요, 자연의 추종자도 아니다. 학문의 세계에서는 모방과 추종으로 학자와 상인의 양적 차가 생기지만 예술의 세계에 있어서는 천재와 평인은 모방과 추종을 허락하지 않는 질적 차이를 가지고 있다. 그런 의미에서 학문은 일정한 법칙을 가지고 있으나 예술은 일정하지 않은 법칙을 가지고 있다. 다시 말해서 학문은 한정된 보편이지만 예술은 한정되지 않은 보편이다.

천재의 작품은 두 번 나올 수 없다. 그러나 무한히 감상될 수는 있다. 천재의 작품은 아무리 감상해도 싫증이 나지 않는다. 마치 푸른 나무와 새소리는 아무리 보고 들어도 염증을 느끼지 않는 것이나 마찬가지다. 상상은 자유로운 유희다. 천재는 사람이 흉내 낼 수 없지만 그 작품은 언제나 예술 평가의 기준이 되고 준칙이 될 수는 있다. 예술적인 창작력은 규칙으로서의 한정된 보편은 아니지만 우수 작품을 산출하는 데 모범 형태로서의 무한정의 보편은 될 수 있다.

스승은 제자를 만들 수 있지만 스승 없이는 제자가 될 수가 없다. 천재는 자기의 창작의 비밀을 남에게 전해줄 수도 없고 또한 자기 마음대로 창작해 내는 것도 아니다. 다만 하늘의 손이요, 신의 계시로 이루어지는 자연의 작용이라고 할 수 있다. 그런고로 천재에게 있어서 가장 본질적인 것은 그 정신이다. 이 정신은 미적 이념을 상징적으로 표현할 수 있는 직관력을 가지고 있다. 이 힘은 마음을 즐겁게 해주고 자기를 유지하고 언제나 여유 만만한 유희의 심정을 갖게 한다. 천재란 미적 이념을 가질 수 있는 능력이요, 예술은 미를 전달 가능케 하는 기술이다. 천재는 작품을 통하여 창조하고 전달할 수 있는 사람이다.

천재의 개념은 칸트에게 있어서는 창조하는 인간에 제한된다. 천재는 한 순간의 직관에 의하여 상상력의 무한한 유희를 가능케 하고, 어떤 개념도 줄 수 없는 만족을 생산한다. 천재는 자연의 선물이요, 자연은 천재를 통하여 한정할 수 없고, 모방할 수 없고, 반복할 수도 없는 깊이를 나타낸다. 천재는 이성 안의 자연이다. 그것은 현상의 완성을 유희 속에 미리 구현하기 때문이다.

천재는 독창적이요, 범례적範例的이다. 범례적이란 말은 보통 사람들이 천재의 작품을 체體 받아 예술의 세계로 들어갈 수 있는 것을 말한다. 천재의 본성은 창작에 있어서 심성의 모든 능력의 통일이요, 미적 이념의 서술의 능력이다. 이 본성은 초감성적 기반 자체요, 그것과의 관계에 모든 인식능력을 일치하게 하는 것이다. 칸트는 유고遺稿속에 이렇게 적어 놓았다. "우리들은 천재들이라고 불러서는 안 된다. 그것은 세계영혼의 통일이다."

그러나 천재가 아무리 근원적이요, 독특한 권리를 가지고 형식을 창조하지만 천재도 하나의 재질로서 닦이고 갈려지지 않으면 안 된다. 천재는 초감성적인 기체基體라는 뿌리에서 기준을 만들어 내지만 한편 그의 작품은 취미에 의하여 연마되고 통합되어야 한다. 천재는 초감성적 입장에서 모든 심성의 능력(구상력, 오성, 정신, 취미)의 통일로서의 자연이지만, 그러나 천재도 단련의 형식을 필요로 하는 재료이다. 천재는 규칙을 벗어나 모방할 수 없는 작품을 내놓는 특권이 주어져 있으나, 천재도 역시 훈육이 필요하고, 명석과 질서가 이념을 진실, 견고하게 한다.

예술과 시에 있어서의 관조는 자유로운 유희로서 인간 자체가 근원적으로 나타나는 것을 의미한다. 유희의 자유란 사물에 대한 관심에 비하면 아무런 구속이 없는 세계다. 유희는 실로 무한한 해방이다. 모든 사람을 특수한 현실에 얽매는 향락이나 도덕이나, 논리적으로 제한된 인식으로부터 해방되어 인간은 이 유희에서 넓은 자유성을 얻게 된다. 그러나 칸트는 자유의 본질을 도덕에 두기 때문에 예술의 자유로운 유희도 도덕과 관련된 것을 간과하지 않는다. 칸트가 말하는 도덕은 우리의 현실적인 도덕과는 다르다. 그것은 누메나(신성)의 노출로서의 도덕이다. 자각적 도덕이다.

칸트는 표면적으로는 취미와 현실적 도덕의 무관계를 주장하는 것 같다. 그리고 태반의 취미생활한다는 사람들이 어리석고 우둔하게, 파멸적인 열정에 빠져있기 쉽다. 그러나 실제로 취미를 근거시키는 참다운 준비는 윤리적 이념의 발달과 도덕적 감정의 순화와 연결되어야 한다. 왜냐하면 초감성적인 근거에 있어서는 미적 이념과 도덕성의 근원은 일체이기 때문이다. 미의 도덕적 의의는 칸트의 통찰의 절정이다. 예술미의 관심이 도덕적 선에 호의를 갖게 한다고 입증할 수는 없지만 그러나 자연미의 직접관심은 언제나 선량한 마음의 표적이다.

하여튼 예술에서 최후의 미는 도덕성의 상징이라고 하는 데까지 올라가게 마련이다. 예술은 하나의 문화 형태로서 천재의 범례적範例的인 창조는 바꿀 수 없이 존귀한 것이고, 예술을 통하여 사유 방식의 자유성이 발생하고 미적 형식의 전달 가능성을 통하여 사회교육이 행해지기도 하지만, 그러나 도덕적 이념의 자각 없이는 이 모든 것이 인간에게 아무런 가치도 주지 못한다. 여기에 칸트의 역사적 합목적성이 문제가 된다.

칸트는 판단력을 크게 나누어 미적 판단력과 목적론적 판단력으로 나눈다. 그리고 목적론적 판단력의 분석으로 자연의 생명체인 유기적 합목적성과 인간의 문화적인 역사적 합목적성을 취급한다. 역사적 합목적성을 말하기 전에 유기적 합목적성을 더듬어보자. 유기체란 자기 속의 원인과 결과를 다 가지고 있는 자연적 합목적성이라고 볼 수 있다. 유기체는 하나의 산물이지만 그러나 자연목적이라고 생각된다. 자연목적이란 자기가 원인이 되고 자기가 결과가 되는 것이다.

첫째, 여기 하나의 나무가 있다고 하자. 나무는 나무에서 생산된다. 엄마도 나무요, 아들도 나무다. 자기가 자기의 원인이요, 자기가 자기의 결과다. 나무는 생산을 통해서 언제까지든 자기를 유지해간다. 이것은 나무가 하나의 종족으로서 유지되어 가는 과정이다.

둘째로 나무는 개체로서 자기 자신을 생산한다. 나무는 밖의 물질을 기계적으로 섭취하는 것이 아니고 생명의 신비를 통해서 그것을 변화시키고 동화하여 자기를 만들어간다. 그것은 자기가 자기를 생산해간다고 말할 수도 있다.

셋째로 나무의 각 부분은 나무의 전체를 유지해간다. 나뭇잎은 나무에서 나왔지만 나무를 위해서 바쳐진다.

넷째로 나무의 부분은 다른 부분을 위하여 바쳐지기도 한다. 일찍 피었던 꽃이 너무 많이 지면 잎들이 꽃이 되기도 하고, 꽃이 잎이 되기도 한다. 이것은 동물의 세계에서도, 인간의 세계에서도 이루어진다.

눈이 어두워지면 손끝이 예리하여 눈의 역할을 한다. 각 부분은 다른 부분을 생산한다고 생각할 수 있다. 유기체는 유기화 되기도 하고, 유기화 하기도 하는 존재로서 자연 목적이라고 한다. 유기체, 즉 내면적 합목적성의 원리는 이렇게 말할 수 있다. 자연의 유기적인 산물은 거기서는 하나하나가 목적이며 동시에 수단이라는 것이다. 하나도 뜻이 없거나 목적이 없는 것은 없다. 하나도 우연히 생기는 것은 없다. 이것이 생물학의 원칙일 것이다. 자연목적은 자연의 물질 자신의 내면적 합목적성으로서 어떤 이성적 존재자의 의도적인 산물이라고 할 수는 없다. 그런 의미에서 목적 없는 합목적성이라고 할 수 있다.

그러나 이렇게 말할 수도 있다. 유기체는 자연의 기계적 법칙의 산물로서는 너무도 우연이라고밖에 할 수 없기 때문에 자연의 배후에는 어떤 목적이나 근거가 있다고 생각하는 것이 자연을 이해하는 데 도움이 된다. 그런 의미에서 합목적성은 우연한 것의 필연성 또는 법칙성이라고 할 수 있다. 자연물이 자연 목적이라고 생각되기 위해서는 자연물의 배후에 이념이라는 것이 있다고 생각해야 한다. 이 이념의 능력이 자연물의 모든 부분에 남김없이 퍼져 있다고 생각되어야 한다. 자연산물 밑에 이 이념이 있다고 생각되는 이유는 직관적 오성이라는 것을 인정할 수밖에 길이 없기 때문이다.

직관적 오성이란 인간오성으로서는 도저히 도달할 수 없는 원형적 지성이다. 원형적 지성에는 전체와 부분이 분열되어 있지 않다. 벌은 홍수가 나는 해에는 집을 높은 곳에 짓는다고 한다. 벌이 삼십 리 밖에 가서 꿀을 따 가지고 돌아오다가 비를 만나면 한 주일 나뭇잎에 붙어 있다가 해가 나면 자기 집으로 돌아오는데 꼭 같은 벌통을 몇 만 개 놓아도 조금도 틀림없이 자기 집을 향해서 쏜살처럼 들어간다. 들어가서 자기 친구에게 촉각을 한 번 움직이면 옆의 벌은 방향과 거리에 아무런 착오 없이 산을 넘고 물을 건너 쏜살처럼 자기 친구가 찾아갔던 꽃으로 꿀을 찾아 직행한다. 호리의 차이도 없이 마치 산과 벽을 꿰뚫고 보기나 하는 것 같다. 이것이 직관적 오성이다. 시간도 공간도 초월하여 볼 수 있는 능력, 이것이 원형적 지성이다. 원형적 지성에 있어서는 전체가 그대로 부분을 한정하고 부분이 그대로 전체를 한정하는 전체와 부분이 본질적으로 통일된 세계다.

이에 대하여 인간의 모형적模型的 지성은 전체의 이념이 부분의 존재방식을 결정한다고 생각하게 되고, 전체의 이념이 부분을 가능케 하는 것이 목적원인이기 때문에 모형적 지성은 목적의 이념으로써 부분과 전체의 우연성을 극복하려고 한다.

그런고로 인간에게 있어서 우연을 필연으로 만드는 것은 지성이 아니라 의지요 목적이다. 인간에게 주어진 것은 모두 우연이지만 인간은 실천이성을 통하여 우연을 필연으로 바꾸어 놓을 수가 있다. 이것이 사명감이요, 목적의 능력이요, 뜻의 원천이다.

자연의 밑바닥에 어떤 뜻이, 어떤 목적이, 어떤 자유가 발견될 때 거기에 합목적성이 성립된다. 물론 그것은 깊은 반성에 의하여 성립되는 것이다. 만일 자유가 자연을 직접 한정하면 그것은 실천이성의 영역이지만 자연의 밑바닥에 자유가 있다고 반성될 때는 그것은 반성적 판단력의 세계다. 자연이 곧 신의 작품이라는 것이 아니라, 자연은 신의 작품이 아니라고 말할 수 없다고 느껴지고 반성될 때 그것은 자연의 존재인식이 아니고 자연존재의 가치판단, 혹은 의미평가가 되는 것이다.

자연은 반성적 판단의 대상이 되므로 말미암아 그것이 마치 자유의 산물인 것처럼 판단된다. 여기에 자연의 신비가 있고 생명이 있다. 생명이란 객관 속에 주관을 볼 수 있는 것이다. 주관이 주관인 이상 그것은 결코 대상이 될 수는 없지만 그것이 반성을 통하여 평가가 되는 것이다. 여기에 유기체에 대한 반성적 판단력의 특유한 영역이 있다.

그다음 칸트는 『판단력비판』의 최후를 장식하는 자각적 합목적성 혹은 역사적 합목적성을 말한다. 유기체적 합목적성은 유기체에 있어서 어떤 부분도 뜻 없는 것이 없다고 생각했듯이 이 세상의 모든 물건은 무엇을 위해서 소용되는 것이고, 이 세상에 있어서 어떤 것이든 뜻 없는 것은 없다고 생각한다. 그러나 전 자연이 하나의 온전한 목적의 체계가 되기 위해서는 전 자연이 하나의 최종 목적을 향하여 통일되지 않으면 안 된다. 이리하여 자연은 비로소 단순한 상대성을 벗어나 절대성을 띠게 된다.

그런데 자연의 최종목적을 가능케 하는 것은 실로 자연의 절대목적이다. 자연의 목적체계를 하나의 목적체계가 되게 하는 최종목적은 문화요, 문화를 자연의 최종목적이 되게 하는 것은 절대목적인 도덕이다. 자연의 목적이 생각되기 위해서는 자연의 절대목적을 인식해야 한다. 자연의 절대목적은 초감성적인 것이 필요하다. 그것은 자연 그 자체의 존재의 목적은 자연을 넘어선 저쪽에서 구하지 않으면 안 된다. 절대목적은 다른 아무것의 제한도 받지 않는 목적이다. 그것은 어떤 것에도 수단이 될 수 없는 것이다. 절대목적은 감성적, 상대적인 자연 자체의 힘으로는 실현될 수가 없다. 그것은 자기가 목적이 될 수 있는, 스스로 자기를 실현할 수 있는 도덕적 존재로서의 인간만이 실현할 수 있다. 절대목적은 누메나(정신)로서의 인간이다. 인간의 존재는 최고의 목적을 자기 속에 간직하고 있다. 그는 그 목적에 대해서 온 자연을 예속시킬 수가 있다. 인간만이 조화의 절대목적이다. 자연의 절대목적은 도덕의 주체로서의 인간이다. 감성적 세계는 예지적 세계의 관련으로써 보편적 합목적성을 보여주게 된다. 이것이 문화와 역사의 합목적성이다. 이것이 자연의 최종목적이다. 그런데 이 최종목적을 가능케 하는 것이 도덕이다.

따라서 칸트의 철학은 문화의 철학이 아니고 도덕의 철학이다. 문화와 역사를 초월하는 도덕을 생각하는 칸트의 정신은 한없이 깊은 데가 있다. 그렇기 때문에 인간의 목적이 문화가 아니라, 문화의 목적이 인간이 되는 것이다.

칸트에 의하여 예지적 세계는 도덕적 실천을 통하여 주체적으로 파악된다. 실체實體의 철학이 아닌 주체主體의 철학이 시작되는 것이다. 감성적 세계는 예지적 세계에 대하여 수단이 되지 않으면 안 된다. 자연은 인간에 대하여 합목적이 되어야 한다. 그것은 인간이 도덕의 주체요, 누메나(실재계實在界)이기 때문이다.

도덕의 실현을 준비하는 문화는 어느 정도 자연의 의도에 맡겨진다. 이러한 자연의 의도가 실현되는 것이 칸트에게 있어서는 역사의 발전이라고 생각된다. 역사는 자유의 소산이지만 역사적 발전을 가진다는 뜻에서 외적 자유요, 시간에 있어서의 진보는 자연의 의도요, 그 최종 목적은 문화다. 자연은 인간문화를 어떻게 발전시킬 것인가. 그것은 인간 사이의 불평등에서 빚어지는 경쟁을 통하여 인간문화가 발전하고 전쟁과 같은 비극을 통해서 마저 인간의 소질을 극도로 세련되게 한다. 그리고 사치하게까지 하는 인간문화가 여러 가지 해독을 끼치는 것이 있다고 하더라도, 인간을 도덕적으로 보다 낫게 할 수는 없지만 인간으로 하여금 우아하게 할 수는 있다. 그러나 자연이 할 수 있는 것은 문화의 경지를 벗어날 수는 없다. 문화를 뜻있게 할 수 있는 절대목적은 인간 자신의 자각에 의해서만 실현된다. 이 자각적인 생명이 역사적 합목적성이다.

바가바드기타

*'바가바드'는 신이란 말이요, '기타'는 노래라는 말이다. 그래서 「바가바드기타」를 신가神歌 혹은 성가聖歌라고 말하는 사람도 있다. 인도에는 거대한 두 개의 서사시가 있다. 『마하바라다』와 『라마야나』인데 『마하바라다』는 제5의 베다라고 할 만큼 귀히 여기는 시다. 10만 송頌에 달하는 장편으로서 그 속에는 수많은 사상이 열광적인 낭만으로 노래가 된다. 그 이상의 높이와 화려한 표현은 읽는 사람으로 하여금 황홀케 한다. 독일의 철학자 훔볼트는 진실로 인간이 내놓은 말 가운데 지금까지 남아 있는 가장 아름답고 철학적인 시가詩歌라고 감탄했다. 「바가바드기타」는 『마하바라다』 제6권 25장부터 42장에 이르는 18장 약 700절로 엮어진 노래다.

이 서사시의 주제가 되는 왕위계승 문제는 바라다 족의 왕이 될 드르타라스트라가 나면서부터 장님이었기 때문에 동생 판두가 왕 위에 오르지만 젊어서 죽자 부득이 장님인 형이 왕이 된

*9호-15쪽

다. 형은 판두가 남긴 다섯 아들을 기르면서 판두의 맏아들을 왕위 계승자로 정한다. 그런데 드르타라스트라에게는 100인의 왕자가 있었는데 그 맏아들인 두료다나는 왕위를 단념할 수가 없어 다섯 왕자를 추방할 책략을 꾸민다. 그러다 결국 5왕자의 군과 100왕자의 군은 지금 델리 교외에 있는 쿠루크셰트라에서 일대 결전을 벌이게 된다. 그들은 서로 사촌형제지간이지만 대세에 쫓기어 근친살해라는 비극을 저지르게 된다.

싸움이 막 시작되려는 무렵 판두의 제2왕자 아르주나는 골육상쟁의 이 처참한 운명을 탄식하여 자기 전차의 어자御者, 크리슈나에게 자신의 안타까운 심정을 호소한다. 이때 크리슈나는 실은 최고 신 비슈누의 화신이었다. 그는 정의의 5왕자를 도와 100왕자의 군을 전멸시키려고 내려온 신이다. 이 크리슈나야말로 신 바가바드인 것이다. 아르주나는 자기 눈앞에 진을 친 친척과 스승들을 보고 그만 전의를 상실하여 크리슈나에게 이렇게 말한다.

"오오, 크리슈나여, 내 사랑하는 친척과 내가 존경하는 스승에게 나가 어떻게 활을 쏘고 창을 던져 싸움을 겁니까. 윗사람을 죽이고 피에 더럽혀진 삶을 사는 것보다는 차라리 거지가 되는 것이 낫지 않을까요. 우리가 이겨야 옳습니까. 저들이 이겨야 옳습니까. 나는 도무지 알 수가 없군요. 큰아버지 드르타라스트라 왕의 아들들과 존경하는 스승 비쉬마와 드로나가 눈앞에 진을 치고 있습니다. 그들을 죽이고 내가 무슨 면목으로 살아남지요. 측은한 마음에 지성을 잃고, 옳고 그른 것을 분별할 수 없어 당신께 묻노니 어떻게 해야 옳은지 대답해주시오. 나는 그대의 제자입니다. 그대에게 귀의한 나를 가르쳐주십시오. 비록 내가 세상에 없는 훌륭한 나라를 얻고 하늘에 대한 지배권마저 가진다고 한들 내 감각을 말리는 이 슬픔을 나에게서 제거할 자가 그 누구입니까."

성 바가바드인 크리슈나는 아르주나를 돌아보았다. 그는 기가 막혀 주저앉은 채 얼굴을 들 기운조차 없다. 크리슈나는 이렇게 말했다.

"슬퍼할 것도 아닌 것을 너는 슬퍼하고 있다. 너는 마치 현인처럼 말하고 있지만 현인은 생사를 슬퍼하는 것이 아니다. '나'라는 자아는 없어져 본 일도 없지만 없이할 수 있는 것도 아니다. 너도 저들도 마찬가지다. 내가 이 세상에서 육체를 통하여 소년기 장년기 노년기를 경험하듯이 내세에는 다른 몸을 얻게 될 것이다. 거기에 대해서 현인은 미혹되는 것이 아니다.

쿤티 부인의 아들 아르주나여, 물질과의 접촉은 차고 덥고 행복하고 불행한 감각을 빚어내어, 낳게도 하고 멸하게도 하지만 그것은 잠깐이다. 바라다 족의 후예 아르주나여, 물질에 끌려 다니지 않고 행복과 불행에 마음이 흔들림이 없어야 해탈한 사람이지, 거짓에는 영생이 없고 참에는 멸망이 없다. 이 비밀을 안 사람은 진리를 깨달은 사람이다. 영원불멸하고 헤아릴 수 없는 나를 담은 이 몸은 유한한 것이다. 걱정할 것 없다. 무조건 싸우다 죽이면 죽는다고 생각하는 것은 아무것도 모르는 말이다. 죽일 수도 없고 죽을 수도 없다. 나는 태어나는 것도 아니고 죽는 것도 아니다. 있다가 없어지는 것도 아니다. 영원 전부터 있었고 육체가 죽는다고 해서 죽는 것이 아니다. 바라다의 아들 아르주나여, 나는 것도 아니고 변하는 것도 아닌 그가 멸하지도 않고 영원히 있다고 깨달은 사람이, 누구를 죽이고 누구한테 죽었다고 어떻게 말할 수 있으랴. 사람이 헌 옷을 버리고 새 옷을 입는 것처럼 나는 헌 육체를 버리고 새 육체를 입는다. 칼도 그를 벨 수 없고, 불도 그를 태울 수 없고, 물도 그를 적실 수 없고, 바람도 그를 마르게 하지 못한다. 그는 언제나 있고, 어디나 차고 튼튼하고 흔들림 없고, 영원하다. 그는 나타나지 않고 생각을 넘어 변함없다. 그런고로 그를 깨달은 사람은 슬퍼할 수 없다."

크리슈나는 아르주나를 격려하여, 아무런 주저 없이 싸움터로 나갈 것을 종용한다. 그는 계속하여 이렇게 권유한다.

"이 싸움은 정의의 전쟁이다. 정의의 싸움에 몸을 버림은 전사의 본원이다. 전투를 피하면 안 된다. 너 자신의 할 일만 하라. 결코 떨지 마라. 무사계급에 있어서 정의의 싸움보다 더 좋은 것은 없다. 진실로 무사는 있는 힘을 다하여 싸우는 가운데 그 본분이 있다. 의무를 다하기 위하여 다른 것을 돌아보지 말고 그저 싸우라. 자기의 본분을 다하는 것만이 의무의 완성이다. 일의 성공이나 실패나 삶의 풍성이나 쇠멸을 돌볼 것이 아니다. 네가 전념할 것은 오직 행동이요, 결코 결과가 아니다. 행동의 결과로 좌우되지 말라. 집착 없는 행동, 그것만이 해탈의 길이다."

아르주나는 그 말을 듣고 무엇인가 이 싸움의 뜻을 안 것 같기도 했다. 그러나 그의 가슴에는 아직도 풀리지 않는 번민으로 가득 차있었다. 크리슈나는 아르주나에게 최고의 인격신 비슈누 믿기를 권면한다.

"비슈누 신은 브라만과 최고아最高我와 같은 것이다. 그리고 그 자체는 불생不生하고 무시無始하며 불괴不壞하는 세계의 대주재 신이다. 나, 크리슈나는 그의 화신이다. 비슈누 신은 세계를 창조함과 동시에 귀멸歸滅시키는 근본원질이다, 만물의 생성, 존속, 귀멸을 섭리한다. 언제나 만물의 감시자와 지배자로 활동하며 일체 생물의 심장 속에 존재하여 그 영력을 가지고 일체의 생물을 마치 기계처럼 움직인다. 개개의 자아는 최고아로부터 나타난 것으로 최고신의 일부분이다. 최고신은 최상의 인격으로 표상된다. 그는 일체의 생물에 대하여 은총을 베풀고 구제를 행하기 때문에 이 최고신에 대하여 열렬한 신앙을 품어야 한다. 만일 사람이 믿음과 사랑으로 한 포기 풀이나 꽃이나 열매나 물 한 잔을 받쳐도 경건한 마음을 가진 사람이 신앙심으로 바친 것이라면 그는 받는다. 그는 모든 생물에 대하여 평등하다. 그에게는 더 미워할 것도 없고, 더 사랑할 것도 없다. 누구나 신앙심을 가지고 그를 경외하면 그는 그들 안에 있고, 그들도 그 안에 있을 것이다. 최고신 앞에서는 모든 것이 용서된다. 한결같이 그에게 의지하나 그는 너를 일체의 죄악에서 벗어나게 할 것이다. 너는 근심하지 말라. 이 신은 선인을 구제하고 악인을 멸망시키기 위하여 그때그때 화신으로 나타난다. 그러나 그를 믿고 의지하는 사람은 악인이라도 구원을 받는다. 사람이 열렬한 신앙으로 최고신의 은총에 참여하고 최고신의 본성을 알 것 같으면 윤회를 벗어날 수 있다. 해탈한 이는 최고신과 본질을 같이 한다."

아르주나는 크리슈나에게 자기를 맡겨 버린다. 그는 깊은 명상으로 끌려들어간다. 아르주나는 크리슈나에게 끌려서 한없이 올라가고 있었다. 어디선지 하늘의 소리가 들려온다.

"이 세상에 나보다 높은 이는 없다. 일체 우주는 실에 꿴 염주처럼 나에게 연결되어 있다. 나는 물의 맛이요, 해탈의 빛이요, 베다의 소리요, 사람의 본질이다. 힘 속의 힘이요, 불 속의 열이요, 지知 속의 지요, 빛 속의 빛이다."

이런 소리를 들을 때 왕자는 더 높은 공중으로 끌려올라간다. 그의 영혼은 한없이 떨렸다. 도대체 브라만이란 무엇일까. 하나밖에 없다는 유일한 대아大我는 무엇일까. 또다시 신의 소리가 들려온다.

"브라만은 불멸이다. 최고의 실재다. 만물을 창조하고 섭리하는 창조의 힘이다. 모든 만물은 그에게서 나와 그에게로 돌아간다. 그에게 돌아오면 다시는 나지 않는다. 이제 이 비밀을 들으라. 나는 무형한 몸으로서 이 세계에 차있다. 윤회가 끝날 때 일체 만물은 내 속으로 돌아온다. 여러 신을 섬기고, 그들에게 무엇을 바치는 것은 결국 나에게 바치는 것이다. 나만이 일체 희생을 받을 수 있는 권한이 있다. 비록 죄의 아들이라도 내게로 돌아오면 영생할 수 있다."

그때 아르주나는 타는 불꽃 속에서 이렇게 말한다. "당신만이 최고입니다. 최고의 빛입니다. 권능하시고 순수하시며 한없이 깨끗합니다." 그는 하늘의 음악 속에서 싸움터도 잊어버리고 깊은 명상 속에서 지극히 높은 최고 의식을 보기 원한다. "나에게 당신의 불멸하는 자아를 보여주십시오." 이것이 그의 간절한 기원이었다.

그때 그는 찰나 속의 영원을 보게 된다. 마침 일천의 태양이 갑자기 그 앞에 나타났다. 아르주나는 눈이 멀어 머리털을 곤두세우고 머리를 숙이고 손을 모으고 이렇게 말한다. "하나님이여, 당신 몸속에서 저는 모든 신들을 봅니다. 마치 많은 여름 벌레들이 불꽃에 모여들 듯 당신은 모든 세계를 삼켜버리고 말았습니다." 벼락 맞은 사람처럼 떨리는 목소리로 그는 간신히 말할 수가 있었다. 거기 응답하여 신은 이렇게 말했다. "나는 시간이다. 세계를 파괴하는 시간이다. 비록 네가 싸우지 않아도 네 원수들의 운명은 정해져 있다. 그들의 운명은 죽음이다. 쳐라, 일어나서 싸우라." 이때 아르주나는 꿈에서 깨어난 사람처럼 "모든 미혹은 사라졌다. 당신의 은혜로 나는 지혜를 얻었다. 나는 의심으로부터 자유를 얻었다. 나는 그대의 명령을 좇으리라." 그는 강한 용사답게 싸움터로 달려간다. 그리고 이기고 또 이긴다.

오늘도 수많은 인도 사람들이 최고의식의 참 빛을 기다린다. 베단타의 주석은 이렇게 설명한다. "그것은 속의 빛이다. 밖의 빛이다. 유일하고 신성한 신성 이상의 빛이다. 그것은 모든 빛을 비치는 빛이다. 궁극 원인의 빛이다. 그리고 그것이 대아의 빛이다." 이 참 빛은 타지 않는다. 그것은 진주의 빛보다 더 부드럽고 차고 고요하게 빛났다. 그것은 타지는 않았지만 평화와 축복을 갖다 주었다. 오늘도 수많은 사람들이 이 영광을 보고자 기도하면서 거룩한 신의 노래 「바가바드기타」를 부르고 있다.

【오 - 늘】

▶ 5월 5일 의과대학에 갔다. 옛날사람들은 망령을 떠는 늙은이가 많아서 부모가 부모답지 않아도 자식은 자식다워야 했다. 그래서 효도라는 철학이 생긴 것 같다. 그러나 요사이는 망령을 떠는 젊은이가 많아서 자식이 자식답지 않아도 부모가 부모다워야 하는 시대가 왔다.

▶ 5월 10일 동대문 병원에 가다. 사람을 정신이라고 보아 모든 자연도 다 살았다 생각하고, 하늘도, 땅도, 태양도, 나무도 다 신이라고 생각하여 물활론과 자연숭배로 몇 천 년을 보냈다. 그리하여 인류는 거기에서 벗어나기 위해 계몽활동으로 정열을 기울였다. 그런데 사람은 어느덧 하늘도, 땅도, 태양도, 나무도 다 물질이라고 생각하던 끝에 자연의 일부인 인간도 물질이라고 생각하고, 신도 물질이라고 생각하여 유물론이 나오고, 진화론이 나오고, 기계론이 나와 인간도 하나의 기계가 되고, 철면피가 되어 부끄러움을 잊게 되었다.

▶ 5월 12일 숭전대학에서 〈종교의 본질〉을 말하다. 종교의 가치는 거룩한 것이다. 오토라는 사람은 『거룩(성聖)』이라는 방대한 책을 썼다. 그런데 동양 사람들은 귀와 눈과 코와 입이 왕이 되면 거룩이라고 거룩 성聖 자를 만들었다. 장자는 귀가 열리고, 눈이 열리고, 코가 열리고, 입이 열리면

*9호-19쪽

그것이 거룩의 완성이라고 한다. 말씀(도道)을 듣고, 말씀을 보고, 말씀을 쉬고, 말씀을 하기까지 오랜 세월이 걸린다. 거룩이란 인간완성에 불과하다. 인간완성이 내 힘으로 되는 것이 아니라는 것을 믿으면 신앙이다. 종교의 본질과 신앙의 본질은 깊은 곳에서 연결된다.

노자 제9장　　　　　　늙은이 9월

지이영지持而盈之는 불여기이不如其已요, 췌이예지揣而銳之는 불가장보不可長保라.
금옥만당金玉滿堂이면 막지능수莫之能守요, 부귀이교富貴而驕는 자유기구自遺其咎라.
공성명수功成名遂하면 신퇴身退함이 천지도天之道라.

가지고 가득 차는 건 그만 두는 거만 못하며, 빤히 헤아려봐야 하는 날칼옴은 길게 볼 수 없으오라.
누런 쇠와 환한 구슬을 집에 그득히 두고는 지키는 수가 없으며, 가멸고 높대서 젠척하게 되면 제절로 그 허물을 흘림이라.

유영모의 노자 해석

*『순자荀子』〈유좌宥座〉편에 이런 말이 있다.

　공자가 노나라 환공의 사당을 구경 갔을 때 의기欹器라는 앞혀 놓기 어려운 그릇이 있었다. 공자는 묘지기에게 이것은 무엇에 쓰던 그릇이냐고 물었다. 묘지기는 이것은 환공이 언제나 자기를 경계하기 위하여 자기 옆에 놓아두었던 유좌宥座의 그릇이라고 대답했다.

　공자는 제자들에게 옛날부터 유좌의 그릇은 비면 기울어지

*9호-20쪽

고, 물이 절반쯤 차면 그릇이 안정되고, 물이 가득차면 거꾸러지게 만든 것인데 어디 한번 물을 부어보라고 하였다. 제자가 그대로 한즉 역시 공자의 말대로였다.

공자는 감탄해서 하는 말이 "차서 거꾸러지지 않는 놈이 있나" 하고 중얼거리니 자로가 옆에 섰다가 "가득차도 계속되는 길이 있지 않을까요?" 하고 물었다.

공자는 빙그레 웃으면서 총명성지聰明聖知도 어리석음으로 그것을 지키고, 공업功業이 천하를 덮어도 사양을 가지고 그것을 지키고, 용력勇力이 세상을 압도해도 비겁을 가지고 그것을 지키고, 부력富力이 천하를 소유해도 겸손을 가지고 그것을 지키니, 어리석음과 사양함과 비겁함과 겸손함이 충만을 계속하게 하는 길일 것이라고 대답하였다.

『회남자淮南子』〈도응훈道應訓〉에는 이런 이야기가 있다.

위나라 무후武侯가 오나라는 어떻게 멸망했나 하고 물으니, 이극李克은, 오나라는 몇 번이고 싸우고, 몇 번이고 이겼기 때문이라고 대답했다. 무후가 깜짝 놀라 몇 번이고 싸워 몇 번이고 이겼으면 나라가 흥했을 것인데 망하다니 웬 말이냐 하고 물었다. 이극은 이렇게 대답했다.

"몇 번이고 싸우면 백성이 피곤해지고, 몇 번이고 이기면 임금이 거만해집니다. 거만한 임금과 피곤한 백성으로 망하지 않은 나라는 거의 없습니다. 거만해지면 제멋대로요, 제멋대로 되면 물질을 탕진하고, 피곤하면 원망하고, 원망하면 정신을 탕진합니다. 임금과 백성이 가진 것을 모두 탕진하니 오가 망한 것도 무리가 아니지요. 오왕 부차는 자살했습니다. 노자도 말했습니다. 공을 이루고 이름이 오르면 몸이 물러나는 것이 하늘의 길이라고 말했습니다."

김흥호 풀이

월간 사색 제9호
1971년 6월 15일 발행
2013년 6월 30일 재발행

생각하는 사람의 벗이 될

1971년 8월
제 10 호

엉터리가 엉터리만은 아니다

*형사에게 쫓기어 장발장이 도망치는 내용이 있다. 막다른 골목에서 그는 수녀 방으로 뛰어 들어간다. 깜짝 놀란 수녀는 그가 개에게 쫓기는 토끼라는 것을 알자, 용감하게 그리고 천연스럽게 그런 사람을 본 일이 없다고 대답한다. 일평생 거짓말을 해본 일이 없는 수녀가 거짓말을 한다. 수녀가 거짓말을 할 때 수녀는 창녀가 될까? 아니다. 도리어 성녀聖女가 된다. 수녀의 정직이 깨질 때 그것이 부정직으로 떨어지는 것이 아니라 정직보다 더 높은 차원으로 올라가고 만다.

*10호-1쪽

불완전한 사람이 불완전하면 그것은 아무 의미가 없다. 완전한 사람에게 불완전이 나타날 때 거기에 의미가 있다. 완전이 깨질 때 완전은 불완전으로 떨어지는 것이 아니고 완전을 넘어선다. 의식은 가끔 무의식으로 떨어질 때 초의식으로 넘어가는 수가 있다. 거짓이 참보다 더 큰 역할을 할 수도 있다. 사진보다도 그림이 더 참일 수 있다. 사진의 참은 죽은 참이다. 그러나 그림의 거짓은 산 참이다. 사실의 세계에서 인격의 세계로 넘어가는 데는 가상假像이 필요하다. 칸트는 그것을 이데아(Idea, 이념)라고 한다. 진리를 깨달았다는 말은 이데아를 보는 것이다. 가상을 보는 것이다. 꿈을 꾸는 것이다. 의식이 깨지고 무의식에 들어가는 것이다. 그것이 거짓일지도 모른다. 그러나 이 거짓 없이는 초의식에 들어갈 수가 없다. 종교가 엉터리로 보일지도 모른다. 그러나 엉터리없이는 보다 높은 세계에 도달할 수 없다. 종교의 오의奧義를 묻지 마라. 불완전의 숭배, 그것이 종교의 전부일 것이다.

가상을 진짜라고 생각하면 미신이요, 가상을 가상이라고 무시하면 망상이다. 그림을 사진이라고 생각하면 유치하고, 그림을 거짓이라고 무시하면 어리석다. 그림은 사진보다 더 진실하다. 그것은 영원한 실재가 현상을 깨뜨리고 나타났기 때문이다. 수녀의 현상을 깨뜨리고 성녀가 나타나기 위하여 거짓이라는 가상이 끼어든 것뿐이다. 이런 거짓은 거짓이 아니다. 사람을 살리기 위한 사랑의 방편이다.

> 유영모의 말씀
>
> 갈덴 제게지 우리는 위로 올라올음
> 우리 이젠 나진 나이니 우리 위에 임이야
> 제게신 께게로 이제를 받쳐 고이고 고임
> 우리삶 찾아 사르와 참 채임 마침내 뵈이리
> 예에는 너 나 가온 우리 아바모심 그림뿐.

*칸트는 『실천이성비판』에서 지상선至上善과 완전선完全善을 합쳐 최고선을 이루기 위하여 덕의 향상을 위한 영혼의 불멸, 행복의 완전을 위한 신의 존재, 도덕의 근거인 자유를 이데아라고 하여 요청하고 이데아의 구현을 인생의 본질로 삼았다.

사람이 갈 덴 어딜까. 제게지(영혼불멸靈魂不滅), 온 데가 제게요, 갈 데가 제게니 가온으로 올라 오름이 인간의 지상선이다. 그런데 우리는 본래적인 나에서 떨어져 낮아진 나이니 기쁨과 즐거움이 어디 있으랴. 나를 다시 찾는 길은 임(신神)을 찾아 머리 위에 임이 완전선이다. 여기에 인간의 행복은 이루어진다. 이제 나를 찾아 신께 바쳐 고이고 고임, 나 없이 삶이 자유요, 최고선이다. 제게와 임과 이제를 모아 우리 삶을 채워, 생명에 불 질러 진리로 밝히면 거룩한 길 마침내 보이리. 이것이 실천이성이다.

*10호-2쪽

여기 예를 떠나 에여 나가 오르고 올라 너와 나와 가온 우리 아바모심 그릴 뿐. 그것이 철학이요, 비판이요, 사랑이요, 평안이요, 갈 곳이다. 우리 모두 갈 데 없단 웬 말이냐. 가는 것만이 참이요, 사는 것만이 즐거움이다. 칸트가 우리에게 보여준 삶은 팔십 평생을 가는 것이리라. 신은 전지전능하다. 사람은 일지―知 일능―能이다. 일지가 지상선이요, 일능이 완전선이다. 인간의 높이는 앎에 있고, 인간의 기쁨은 일에 있다. 앎은 하나님을 아는 일이요, 일은 사람을 살리는 일이다. 하나님을 아는 것을 진리라고 하고, 사람을 살리는 일을 생명이라 한다. 이것을 향하여 가는 길이 인생의 길이요, 이 길을 힘차게 걸어감이 최고선일 것이다.

김흥호 풀이

태극기太極旗

˙태극太極은 우주의 생성원리와 인생의 생활규범을 그려놓은 것이라 한다. 태극이 그려진 것은 얼마나 오래 전인지 잘 모른다. 중국 사람들은 태극을 반신반인半神半人이라고 하는 태호복희씨太皞伏羲氏가 그렸다고 한다. 태극은 중국고전인 『역경易經』에 나오는 그림인데, 이 책은 고대의 철학개론과 같은 것이다.

아득한 옛날, 반신반인半神半人인지, 혹은 반수반인半獸半人인지가 살던, 알 수 없는 태고로부터 사람들이 생각하기 시작해서 지금으로부터 3, 4천 년 전에 이르러서는 이런 생각들이 어느 정도 체계화가 되고, 해설이 붙게 되어, 주周나라의 문왕, 무왕, 그리고 주공에 이르러 찬란한 주나라 문화로 꽃을 피우면서 완전히 하나의 철학체계를 이루어 『주역周易』이 되었다.

『주역』은 수천 년 동안 동양문화의 중심으로 사람들의 생각을 갈고 다듬는 역할을 하였다. 공자孔子도 가죽 끈으로 꿰맨 주역 책을 얼마나 펼쳐 보았는지 가죽 끈이 세 번이나 끊어졌다고

*10호-3쪽

한다. 공자는 주역에다가 10편의 해설을 붙였다. 지금의 「십익十翼」이라고 하는 것이다. 공자의 사상을 엿볼 수 있는 가장 좋은 작품이다. 그러나 공자는 역경을 전부 설명할 수 있는 시간의 여유를 가지지 못하였다. 공자는 『논어論語』에서 내가 한 10년 더 살 수 있으면 주역의 해설을 다 끝낼 수 있었을 텐데 하고 한탄하며 세상을 떠났다. 공자를 존경하는 많은 그의 후계자들이 주역의 해설을 시도해보았다. 주석으로 제일 유명하기는 왕필王弼이다. 왕필은 동양에서 제일 어려운 주역의 주석을 9세에 썼다는 천재다. 거의 신품神品에 가깝다.

당나라 때 불교가 들어와 전성을 이루어 인도의 철학으로 세련된 중국의 사상가들은 다시 중국 고유한 사상을 찾아 송宋나라에 이르러 독특한 성리학性理學을 발전시키기 시작하였다. 이때 성리학의 근본교재가 된 것은 말할 것도 없이 주역, 즉 역경이다.

성리학의 창시자 주렴계周濂溪가 처음으로 고대에 그려진 태극도太極圖에 해설을 붙여 유명한 「태극도설太極圖說」을 썼다. 그 후에 장횡거, 소강절, 정명도, 정이천, 주희 등 쟁쟁한 성리학의 대가들이 갑론을박으로 주역을 파고 들어가기 시작하였다. 평생을 바쳐 주역을 연구한 사람들은 수없이 많다.

성리학이 우리나라에 들어오자 퇴계, 율곡을 위시해서 우계, 화담 등이 주역을 사상적으로 이해하기 위하여 일생을 바쳤다. 어디에나 태극도를 그려놓고 공자의 사상을 체득하고자 있는 힘을 다했다. 대문에도 종鐘에도 어디에나 태극도를 그리기를 좋아하였다.

김옥균, 박영호 등 독립지사들이 일본으로 건너가던 중 여러 나라의 배마다 그 나라의 표지標識로 국기가 걸려있는 것을 보고, 그들도 우리나라의 국기로서 무엇을 그려내 걸기로 하였다고 한다. 서양의 나라들이 기독교인으로서 십자가를 깃발에 그리기 좋아하듯이 우리 선배들은 유교도로서 우리나라 표지로 태극기를 그려놓게 되었다. 이리하여 일제 식민지시대, 1919년 기미년에 이 국기가 애국기로서 피로 물들어졌고, 그 후 많은 애국지사들의 가슴에는 잠깐이라도 태극기가 떠나지 않았다. 해방이 되고 독립하여 무엇이든지 새로 제정하는 때에도 국민들의 애국 감정을 지키기 위하여 태극기와 애국가는 그대로 우리나라의 국기가 되고, 국가가 되었다.

태극기에는 밖으로 네 기호가 있고, 가운데 원이 있고, 그 원이 두 빛깔로 갈리고 가운데 선은 에스 자 형으로 되어 모든 만물의 생성운동을 표시하게 되었다. 그리고 이 원의 중심이 태극점이다. 옛날 한글에 태극점이라는 것이 있었다. 기역(ㄱ)에다 태극점(·)을 찍으면 '아랫 가(ᄀ)' 자라고 하여 발음은 가아우 식으로 발음한다. 태극점은 모음의 모음으로 모음 5가지를 한꺼번에 발음하면 태극점의 발음이 된다. 음으로 말하면 모음의 모음이요, 사물로 말하면 만물의 어머니다. 태극점을 싸고 있는 원을 '무극無極'이라고 한다. 주렴계는 '무극이태극無極而太極'이란 말로

「태극도설太極圖說」을 시작한다. 불교에서는 '진공묘유眞空妙有'라 하고, 기독교에서 '말씀이 곧 하나님'이라고 하는 자리다. '무극이태극'이라는 한마디에 인생과 우주와 세계가 포함된다.

우선 네 기호부터 알아본다. 이것은 모두 3천 년 전 먹과 붓과 종이가 나타나기 전에 나뭇가지로 옻을 묻혀서 대나무 조각이나 모피 같은 데 쓰던 시대의 글자다. 옻이 농도가 진해서 나무 가지에 찍어 목판에 그으면 찍은 자리는 큰 점이 되는데 가로나 길이로 내리 그으면 파리 밸처럼 끊어지고 말아 그 모양이 올챙이 같다고 해서 한자로 과두蝌頭(올챙이)문자라고 한다.

그 가운데서 제일 알기 쉬운 자가 물 수水(☵)다. 또 그 맞은편에 있는, 두 점을 찍고, 양쪽에 두 금을 그은 불 화火(☲) 자도 다소 짐작이 갈 것이다.

그러나 하늘 천天(☰) 자는 마치 석 삼三 자처럼 되어서 알기 어렵다. 석 삼三 자 맨 아랫 금이 구부러져서 지금의 하늘 천天 자가 되었다고 생각하면 될 것이다.

☰ → 天

따 지地(☷)는 제일 알기 어렵게 되어있다. 짧은 여섯 금을 가지고 흙 토土와 이끼 야也 자를 그려보면 겨우 짐작이 간다.

옛날부터 네 가지 큰 것이라고 천지수화天地水火라는 넉 자가 있다. 옛날 사람들은 우주의 원소를 네 가지로 보았다. 하늘과 땅과 물과 불, 사람의 몸도 하늘 혹은 바람과, 땅이라고 할 수 있는 뼈와, 물이라고 할 수 있는 피와, 불이라고 할 수 있는 살로 되었다고 생각하였다. 이것은 인도 사람이나 희랍 사람들도 다 그렇게 생각하였다. 학자들에 의하면 태극도의 고적古蹟은 세계 어디서나 볼 수 있다고 한다. 그런 의미에서 태극도는 동양 것이라기보다는 세계적이라고 할 수 있을지도 모르겠다. 그런데 이 넉 자는 하늘·땅·물·불의 공간적인 것을 나타내는 동시에 시간적인 것도 나타낸다. 땅이 시꺼멓게 되는 봄, 불같이 뜨거운 여름, 하늘이 높은 가을, 물같이 차가운 겨울, 이리하여 원소의 '땅·불·하늘·물'은 사계절로서 봄·여름·가을·겨울이 된다.

그리고 이것은 다시 사람의 마음씨하고 연결되어 봄의 땅처럼 만물을 살려내는 인자仁慈, 가을 하늘처럼 높이 올라가는 정의正義, 여름 불처럼 따끈한 예절禮節, 겨울 물처럼 냉정한 지성知性, 이 네 가지를 '인·의·예·지'라고 하여 성리학에서는 가장 중요한 인간의 본성이라고 생각한다. 하늘같이 높은 의, 땅처럼 두터운 사랑, 물처럼 깨끗한 지혜, 불처럼 풍성한 예절, 이 세 가지 뜻을 겹쳐서 기호로 쓸 때 옛날 사람들은 '건乾·곤坤·감坎·이離'라고 해왔다. 하늘 건, 따 곤, 물구덩이 감, 불붙을 이라 하기도 한다.

하늘 건乾의 뜻은 '힘이 세다'는 뜻으로 힘써 열심히 일하라는 계명이 포함되어있다. "천행건天行健하니 자강불식自彊不息하라"는 말이 있는데 '하나님이 일하시니 나도 일한다'라는 뜻이다.

따 곤坤은 '후히 사랑하라'는 뜻으로 모든 사람을 널리 포섭하라는 계명이 포함된다. "지세곤地勢坤하니 후덕재물厚德載物하라." 땅이 두꺼워서 모든 만물을 싣고 있듯이 넓은 마음으로 다른 사람을 받아들이라는 뜻이다.

물 흐를 감坎 자는 물이 깨끗하게 씻어주듯이 닦고 배워서 깨끗한 사람, 깨끗한 사회를 만들자는 것이다. "수습감水習坎하니 행덕습교行德習教하라." 물로 닦고 씻어서 만물을 깨끗하게 하듯이 이치로 닦고 학문으로 씻어 사회를 깨끗하게 하자.

불붙을 이 자는 밝게 비추라는 뜻이다. "명작리明作離하니 조우사방照于四方하라." 태양과 달이 하늘에 붙어 아름답게 비추는 것처럼 겨레의 문화를 세계만방에 빛내라는 뜻이다.

그런고로 건乾은 힘써 일해 경제개발을 하고, 곤坤은 두텁게 사랑하여 정치통일을 하고, 감坎은 깨끗이 씻어 사회정화를 이룩하자는 것이고, 이離는 널리 비치어 문화선양을 하자는 것이 이 네 가지 기호의 뜻일 것이다.

태극기에서 가운데 붉은 빛과 푸른빛이 회오리바람처럼 돌아가는 것이 양의兩儀다. 양의는 하늘의 음양陰陽, 땅의 강유剛柔, 사람의 인의仁義를 말하는데 양과 질이 서로 다른 두 원리가 서로 싸워 하나가 되어 나아가는 모습을 그린 것이다. 유교에서는 도道라고 한다. 일음일양위지도一陰一陽謂之道라는 말이다. 요새 변증법이라고 할까. 모순되는 두 원리가 하나가 되어 나가는 것이다.

에스 자는 비행기 프로펠러나 마찬가지다. 이 프로펠러가 둘이 겹치면 불교의 법륜法輪을 표시하는 만卍 자가 된다. 날개를 떼어버리면 십자가가 되어 기독교의 상징이 된다. 기독교건, 불교건, 유교건 영원히 발전하는 생명을 얻고자 하기는 매일반이다. 생명을 얻기 위해서는 반드시 깨달아야 하는 것이 진리다. 태극은 태양과도 같아서 밝히고, 임금과도 같아서 다스리고, 정신과도 같아서 깨우는 것이다.

성리학에서는 태극을 이理라고 생각하였다. 만물에 이치理致가 있듯이 사람에게도 이치가 있다. 요즘말로 하면 주체성이라고 할 수 있을 것이다. 사람이 정신을 차리고 자기의 입장을 얻어 올라서서(등극登極) 임금이 되는 것이다. 만물에 태극이 있다는 말은 누구나 다 깨달을 수 있고, 누구나 다 주인이 될 수 있다는 것이다. 민주나 마찬가지다. 태극이 빛이라면 무극은 힘이다. 성리학에서는 기氣라고 하는데 옛날 사람들은 허공에는 기가 가득 차 있고, 모든 만물도 이 기에서 나온다고 생각했다. 공기가 있어야 살 수 있듯이 기氣야말로 생명의 원천이다. 무한한 생명, 무한한 사랑, 무한한 존재, 어떻게 말해도 좋다. 다 생명이다. 생명은 남을 살리는 것이다. 나는 하나지만 남은 무한이다. 우물의 물이 만물을 소생시키듯이 나의 영향이 사회전체를 살리면 무극이다. 길을 가고, 진리를 깨닫고, 생명을 살리는 것이 양의兩儀요, 태극太極이요, 무극無極이다. 이 셋은 셋이면서 하나이다.

무극은 우주라고 해도 좋고, 세상이라고 해도 좋고, 마음이라고 해도 좋다. 태극은 우주의 주인이신 하나님이라고 하든지, 세상을 다스리는 임금이라고 하든지, 마음의 주인이 되는 정신이라고 해도 좋다. 푸른 색과 붉은 색을 빛과 힘이라고 하든지, 평등과 자유라고 하든지, 진리와 생명이라고 하든지, 두 힘이 프로펠러처럼 맴돌아서 한없이 추진하고 발전하여 변혁되어 감을 표시한다. 태극은 본래 태양을 표시하고, 에스 자의 선은 24절기를 표시하는 태양의 궤적이다. 돌판 위에 막대기를 세워놓고 대낮에 이 막대기 끝이 가리키는 그림자를 적어가면 에스 자형의 선이 된다.

　무극은 우주와 세계와 인생의 섭리되는 통일된 전체를 말하고, 태극은 우주와 세계와 인생의 중심체, 독립을 말하고, 푸름·붉음의 양의兩儀는 우주와 세계와 인생의 무한한 발전, 자유를 말해준다. 통일과 독립과 자유, 이 세 가지에 대한 기원祈願이 우리 태극기에 담겨져 있을 것이고, '경제·정치·문화·사회'의 이상적인 실현이 우리 태극기의 소원일 것이다. 온 국민이 태극기를 쳐다볼 때마다 우리에게 주어진 대한민국 역사의 큰 사명을 달성하기 위하여 온 겨레가 새로운 감격을 되새겨 볼 때가 왔다고 생각한다.

고대와 중세의 자연관

고대의 자연관

 자연자체에 변함이야 없지만 인간의 이해는 시대를 따라 변해왔다. 고대 바빌론이나 이집트의 신화적 자연관을 더듬어본다. 바빌론의 창조신화 에누마 엘리쉬가 나타난 것은 기원전 1500년경이다. 7매의 벽돌판에 설형문자楔形文字로 기록된 919줄 아카드 서사시는 바빌론 사람들의 세계관과 자연관을 아는 데 가장 풍부한 자료를 제공해준다.

 이 시에 의하면 태초에 압수(하신河神)와 뭄무(무신霧神)와 티아마트(해신海神) 3신이 물속에 섞여 있었다. 압수와 티아마트에 의하여 여러 신들이 탄생되는데 맨 마지막에 아누(천신天神)와 에아(지신地神)가 태어난다. 이렇게 태어난 많은 신들이 티아마트 옆에서 하도 떠들어대기에 압수는 화가 나서 그들을 조용하게 하기 위하여 그들에게 벌을 주기로 한다.

 그러나 지혜가 많은 에아는 주문으로 압수를 재운 후 죽여

*10호-7쪽

버리고, 그 몸집 위에 자기 집을 짓고, 거기서 담카나와 결혼하여 바빌론의 주신主神 마르둑을 낳는다. 그는 자라서 지혜와 힘이 뛰어난 젊은이가 되는데 그때 티아마트가 여러 가지 괴물을 만들어 그들을 이끌고 복수하러 찾아왔다. 그런데 에아는 어떻게 할 수가 없었다. 마르둑은 자기가 이기는 날에는 마르둑이 모든 신을 지배하는 주신이 된다는 조건부로 티아마트에게 대항하게 된다. 마르둑은 해신인 티아마트를 밧줄로 맨 후 자기를 삼키려고 벌린 큰 입에 바람을 불어넣어 그 몸을 부풀게 하여 입을 다물지 못하게 한 후 그 속으로 활을 쏘아 넣어 심장을 꿰뚫어 그녀를 죽여버렸다. 그 후 티아마트의 몸을 생선을 말릴 때처럼 절반을 태웠는데, 위로 올라간 것이 하늘이 되고, 아래로 깔려진 것이 땅이 되었다.

그는 하늘 위에 집을 짓고 태양신이 되어 푸른 하늘을 매일 한 번씩 돌아보고, 역서歷書를 정하여 사계절의 변화를 설정하고, 성좌나 12궁을 정돈하고, 혹성의 운동에 규칙을 정하고, 달을 빛나게 하고, 태양과의 거리로 삭만朔滿을 정하여 시간을 재도록 하였다. 그리고 그는 티아마트의 군대를 거느리던 대장 킹구의 피로 인간을 만들었다.

그는 300의 신들로 하늘을 다스리게 하고, 다른 300의 신들로 땅을 다스리게 했다. 이렇게 하늘과 땅은 마르둑을 주신主神으로 하는 많은 신들에 의하여 지배되게 되었다. 그래서 사람들은 하늘의 모든 별들의 움직임을 관측하여 신들의 의사를 점쳐

(점성술) 알려고 힘쓰고, 땅 위에서는 마르둑에게 여러 가지 제사를 드려 그들의 건강과 안녕, 자손들의 번영과 농작물의 풍성을 기원하는 주술적 자연관으로 살고 있었다.

이집트의 창조신화도 이와 비슷하다. 태초에 원시수原始水 눈이 있었다. 이 눈 속에서 창조신 아툼이 태어났다. 아툼이 재채기를 할 때 슈라는 마른 공기의 남신과 테프누트라는 습한 공기의 여신을 낳아 놓았다. 이 남녀의 신으로부터 게브(지신地神)와 누트(천신天神)가 태어났다. 누트와 게브는 물속에 같이 있었으나 천지창조 하는 날 슈는 이 두 신을 갈라 두 손으로 누트를 하늘 높이 쳐들었다. 그래서 이 여신은 두 발과 두 손으로 자기의 몸을 지탱하였는데, 그것이 별들이 반짝이는 하늘이 되고, 아래 누운 게브는 갈대가 무성한 대지가 되었다.

천지의 두 신 사이에서 명부冥府와 부활의 남신 오시리스와 생명의 여신 이시스가 태어났다. 이 두 신 사이에서 매(응鷹)신 호루스가 태어났다. 이 신이 땅 위에 지배신이 되어 태양신 라가 되고 매일 아침 동해에서 부활하고 하늘을 건너가 서쪽 바다에 몰입한다. 일식은 이 호루스가 하늘을 건너가기 위하여 탄 배가 큰 뱀에 의하여 뒤집힐 때 일어나는 것으로, 한참 있다 이 뱀이 퇴치되어 본래의 상태로 환원된다. 그 위에 수많은 신들이 등장하지만 인간의 탄생은 특별히 취급되지 않는다. 그들에게는 신과 인간 사이에는 명백한 구별이 없고 신과 인간은 분리되어 있지 않았다. 왕도 신이요, 사람들도 죽은 후에 오시리스로부터 재판을 받으면 신이 된다. 이집트 사람들의 일상생활은 호루스를 중심하여 수많은 신들과 교제하는 것이요, 자연 속에 내재하는 신들의 힘은 헤카라는 주술로 불러낼 수 있다. 그들은 카 또는 바(영혼)라는 일종의 정령, 일종의 생명력을 중요시하는데 그들이 미라를 만들어 시체를 보존함도 신체와 꼭 같은 이들의 정령(혼)을 나가지 못하게 하기 위해서다. 그들은 이러한 신화적인 세계에 살고 있었다.

자연은 그들에게 있어서는 생명으로 가득 찬, 감정을 가지고 개성을 가진 존재였다. 자연은 그것(물건)이 아니고 그대(인물)였다. 그들은 자연을 지적으로 인간과 떼어 놓고 생각하는 것이 아니라 정적으로 자기와 같은 친구로서 느낀다. 마치 어린애들이 인형과 이야기하는 것처럼 그들은 자연을 말할 수 있는 친구로서 인격적으로 대했다. 그들은 자연현상을, 개성을 가진 인격의 행동으로 기록하는 극적인 신화로 표현한다.

오래 가물다가 비가 쏟아져 산천초목이 생기를 회복하면 바빌론 사람들은 임두군이라는 검은 새가 하늘을 뒤덮어 불타는 황소를 몰아냈다고 표현한다. 이렇게 인류의 유년기의 생명으로 충만한 고대인들은, 자연을 산 것으로 느껴 그 속에서 어떤 영적인 힘을 발견하고 독특한 제사와 의식을 통하여 자신과 통할 수 있었다.

그들은 자연과 같이 웃고 즐길 수가 있었다. 정서적인 공감, 그것이 그들의 생명이었다. 그들에게는 자연에 대한 이론적인 탐구나 실용적인 확대를 생각해본 일이 없었다. 같이 놀고 같이 즐기는 지행미분知行未分의 세계다. 그들은 하늘도 부르고, 바다도 찾고, 돌과 춤추고, 나무와 말할 수 있는 산 인류의 어린 아기였다.

그러나 인간은 기원전 6세기를 맞이하면서 벌써 유년기를 지나서 소년기로 접어들게 된다. 소아시아 연안에 희랍혁명이 일어나 뮈토스(신화)의 시대는 지나가고 로고스(이론)의 시대가 오게 된다.

고대 희랍 사람들의 자연관은 자연이 그대로 신이 아니라, 자연은 신적인 것이 된다. 자연은 제사와 예배의 대상이 되는 인격적인 것이 아니라, 자연은 사색과 궁리의 대상이 되는 신성한 법칙적인 것이 된다. 그들에게 있어서 우주는 영원 무한한 절대적인 것이다. 그들은 자연 속에서 신적인 것을 인정하고, 이것이 인간 속의 신적인 것과 연결될 때, 여기에 공감이 생기고, 도가 통하고, 자연을 이해할 수 있는 길이 열린다.

현대인들은 우리와는 아무 관계없는 이질적인 자연을 실험이란 외적 고문으로 자연의 본성을 토로하게 만든다. 그러나 고대인들은 자기의 육체를 고문하여 자연으로 환원시키고(고행) 인간의 정신을 본래적인 신적인 것으로 통일하여(명상), 자연의 내적인 신성과 인간의 내적인 신성이 합치할 때 자연의 인식이 성립되게 했다. 이것이 시대가 흘러감에 따라 신적인 것이 이론적인 것이 되고, 이론적인 것이 물질적인 것이 되기도 하지만 신적인 것도, 이론적인 것도, 물질적인 것도 모두 자연이요, 또 자연에서는 신도, 인간도, 영혼도, 생명도, 물질도 모두 하나가 되어 일체를 이룬다. 이렇게 자연에 대한 이해는 순수하게 자연과 인간의 동질적인 일치에서 이루어진다.

엠페도클레스가 우리들은 흙으로 흙을 보고, 물로 물을 보고, 공기로 공기를 보고, 불로 불을 본다고 하듯이 자연과 인간은 이질적으로 대립되는 것이 아니라, 동질적이며 조화된 것이다. 그런고로 희랍 사람들에게 있어서는 인식하는 인간과 인식되는 대상은 언제나 하나의 동일성이 전제가 되어, 같은 것이기 때문에 같은 것을 안다고 하는 이론이 그들의 내적인 인식론인 것이다. 인간이 자연의 이치를 알게 되는 것도 인간 속의 이성이 자연의 이치를 아는 것이요, 자연의 이치와 인간의 이성은 본래 동질적인 신성한 것이다. 이것이 신화적인 시대가 지나간 후 사변적인 시대를 맞은 희랍 사람들의 태도다. 희랍 사람들은 자연을 외적으로 예배하지 않고 내적으로 이해하려고 하였다. 이집트와 바빌론의 영향을 직접 받을 수 있었던 소아시아에 사는 희랍 사람들(이오니아학파)은 우주의 원질原質을 묻는 질료적質料的인 경향을 가졌고, 이집트와 바빌론의 영향을 간접적으로 받은 이태리에 사는 희랍 사람들(피타고라스학파)은 우주의 구조를 묻는 형상적인 경향을 가졌다. 질료적인 것과 형상적인 것은 아리스토텔레스를 통하여 목적론적으로 일단 통일은 되지만 이 목적론은 데모크리토스의 기계론과 계속 대립된 채 근세로 옮아온다.

그러면 질료적인 소아시아 학자들의 사상과 형상적인 이태리 학자들의 사상의 발전을 좀 더 자세히 더듬어 보기로 한다.

이오니아 정신의 근원은 올림포스의 종교다. 호머의 시와 헤시오도스의 『신통기神統記』에 나오는 제우스 신을 중심으로 한 올림포스 신화는 동방 바빌론이나 이집트 신화와 비슷하다. 그러나 후세에 학자들이 종교개혁이라고 할 만한 혁신적인 요소는, 원시적인 정령사상이 자취를 감추어 주문을 외우고 굿을 하는 샤머니즘은 지나가고, 신의 은혜에 감사하는 의미로 희생을 바치는 제사종교로 발전했다는 것이다. 그리고 한걸음 더 나아가서 그들의 만유신관萬有神觀에서 의인주의擬人主義가 배제되었을 때 올림포스 신들이 지배하던 운명은 자연을 지배하는 법칙이 된다. 만물의 근원은 인격적인 신이 아니고 물, 공기와 같은 원소적 물질이 된다. 결국 우주는 기계적으로 움직이는 원자론으로 낙착이 된다. 물론 이 원자는 오늘의 원자와는 달라서 물질적인 원자도 있다. 그러나 이 원자 안에는 신적인 원자, 영적이며 생명적인 원자도 있어서, 신과 인간을 모두 포괄하고, 인간과 자연도 분리되지 않은, 그런 신적인 자연임에 틀림이 없다.

이오니아의 철학자 탈레스가 우주만물의 근원을 물이라고 할 때에도 그 물은 신으로 충만된 물이요, 아낙시만드로스가 만물의 원리를 무한한 것이라고 하고, 아낙시메네스가 공기라고 할 때에도, 헤라클레이토스가 불이라고 할 때에도 그것은 신적인 것이다. 이오니아 사람들의 자연은 혼 없는 자연이 아니다. 혼 있는, 살아있는 자연이다. 공기는 불이 되고, 불은 물이 되고, 물은 흙이 되고, 흙은 또 공기가 되듯 만물은 돌고 돌아 천태만상으로 변화하여 일초도 쉬지 않는다. 헤라클레이토스의 만물유전萬物流轉은 이런 것을 말한다.

이때 이태리 엘레아 출신인 파르메니데스는 정식으로 반기를 들고 나섰다. 그에 의하면 진리의 세계는 있는 것은 있고, 없는 것은 없다는 동일률同一律에 지배되어야 한다. 존재란 영원불변하는 동일물이지, 물이 불이 되고, 불이 공기가 된다고 하는, 있는 것이 없는 것이 되고, 없는 것이 있는 것이 되는, 그러한 변화는 미혹의 세계이지, 진리의 세계는 아니다.

파르메니데스를 옹호한 사람은 그의 제자 제논이다. 이오니아 사람들은 불변하는 존재를 주장하는 엘레아 사람을 만나 당황한 끝에, 변한다는 자기들의 생각과 불변한다는 엘레아의 생각을 합치기로 하였다. 여기서 나온 것이 다원론이다. 존재는 영원불변하는 하나가 아니라 네 개라는 엠페도클레스(지수화풍地水火風), 수만 개라는 아낙사고라스(성질이 다른 종자), 그리고 끝으로 수억만 개의 데모크리토스(성질이 꼭 같은 원자), 그리고 원자들의 결합분리로 말미암아 물도 되고, 불도 되고, 우주만물의 생성변화가 일어나는 것인데 이 변화를 일으키는 원자의 운동은 처음에는 정신이라고 생각했으나 나중에는 원자 상호의 충돌이 원인이 되고 결과가 되어 기계적으로 움직이게 된다는 기계적 자연관이 나타나게 된다.

한편 피타고라스로 시작되는 이태리에 사는 사람들은 그 정신의 근원을 오르페우스 종교에 두고 있다. 올림포스 종교가 자연을 신화神化한 데 대하여 오르페우스 종교는 영혼의 불멸이 그들의 신조요, 육체로부터의 영혼의 해방이 그들의 관심사로 이 목적을 달성하기 위하여 깨끗한 생활이 그들의 신조였으며, 혼의 정화를 위하여 명상과 음악이 중요한 하나의 수단이 되었다. 그들은 합리적인 진리의 관조와 음악이론의 연구에 몰두하였다. 그들은 화음의 비밀이 수학적 비례(현의 장단)에 있다는 것을 알게 되어 결국 우주의 조화는 만물의 수학적 비례에서 이루어진다고 생각했다. 그래서 우주와 인생의 신비를 푸는 열쇠는 수數에 있다고 보게 되고, 우주의 밑바닥에 있는 수적인 구조를 인정하게 되었다. 이리하여 그들을 통하여 수학적 자연관이 나타나게 된다. 이오니아의 물리적 자연관과 피타고라스의 수학적 자연관은 17세기 이후 근대과학의 두 관문이 된다.

피타고라스 학파의 수학적, 기하학적 형상은 소크라테스에 의하여 선善과 덕德의 정신적인 형상으로 바뀌게 되고, 플라톤에 이르러서는 영혼의 영원불변하는 형상이 된다. 그리고 아리스토텔레스에 있어서는 형상의 형상은 신이다.

중세의 자연관

중세의 자연관은 크게 두 가지로 나눌 수 있다. 하나는 기독교적 자연관이요, 하나는 이슬람교(회회교)의 자연관이다.

1. 기독교의 자연관

우선 기독교의 자연관부터 말해본다. 기독교적 자연관은 희랍적 자연관과는 전혀 다르다. 희랍 사람들에게 신과 인간은 모두 자연 속에 내포되어 있었다. 자연과 신과 인간은 이질적인 것이 아니다. 자연과 신과 인간은 서로 통하는 데가 있다. 자연과 신과 인간은 서로 넘나든다. 자연이 신도 되고, 신이 인간도 되는, 그 사이는 막힌 데가 없다.

그런데 기독교에선 신과 인간과 자연은 전혀 차원이 다르다. 인간은 신이 될 수 없고, 자연이 될 수도 없다. 신과 인간과 자연은 전혀 이질적 존재요, 특히 신은 인간과 자연의 창조자요, 신은 인간과 자연으로부터 초월해있다. 신과 인간과 자연은 넘을 수 없는 계층을 이루고 있다. 인간은 신을 위해서 있고, 자연은 인간을 위해서 있다. 인간은 신과 자연의 중간 존재로서 인간은 이성을 가지고 자연을 알 수 있고, 영성을 가지고 신을 안다.

중세 천 년의 지적 노력은 신과 인간과 자연의 층계를 어떻게 유지하느냐에 달렸었다. 중세적 기독교의 자연관은 무엇보다도 인간을 자연에서부터 해방시켜주었다. 인간은 자연의 일부가 아니고 자연을 초월한 자연의 지배자다.

인간은 자연을 이해하기 위해서 내적인 직관이 필요 없게 되었다. 인간은 이미 자연과는 다른 이질적인 존재다. 자연이 인간과는 아무런 관계도 없는 외물外物인 이상 인간의 자연인식도 역시 외적인 실험과 조작으로 자연을 고문하여 자연으로 하여금 말하게 한다고 해서 조금도 잘못될 것이 없었다. 중세의 기독교적 자연관은 결국 근대의 실증주의의 사상적 원천이 된다.

고대 희랍 사람들이 자연을 산 것으로 생각하여 사색과 미적 직관을 통하여 자연을 인식하려고 했지만 기독교는 자연을 죽은 것으로 생각하여 자연의 신성을 부정하고 자연을 인간후생의 이용물로 생각했다. 자연의 내적 생명의 상실은 자연을 기계론으로 인도하여 기독교는 실증과학과 기술의 가능성을 보증해주었다. 이리하여 자연과 인간의 내적 관계는 끊어지고 말았다. 어거스틴은, 자연에 관한 객관적 인식은 신의 도움이 필요하다는 간접적인 방법을 택했다.

12세기경에는 아라비아 사람들의 영향을 받아 신의 계시 대신에 자연의 원리를 탐구하기 시작했다. 13세기의 아벨라르두스는 자연에 내재하는 원인을 연구할 것을 주장하게 된다. 토마스 아퀴나스도 인간은 자연을 인식할 수 있는 이성을 신에게서 받아 가지고 나왔다, 자연을 아는 데는 신의 계시는 필요 없다라고 말했다. 로저 베이컨은 자연은 신의 창조라고 하지만 자연의 운동은 자연의 법칙으로 움직이는 것이지, 천사나 악마에 의하여 움직이는 것이 아니라고 말했다. 14세기에 윌리엄 옥캄은 신과 자연신앙, 이성신학과 철학을 대립시켜 계시의 세계로부터 인간의 이성을 통한 합리적인 세계로 독립하게 된다. 신은 창조주로서 존재할 뿐 자연의 인식은 인간의 이성을 통한 실험에 의해서 탐구하게 된다. 이것이 갈릴레오, 뉴턴에 의해서 계승된다.

2. 이슬람의 자연관

12세기에 이르러 이슬람 문명이 서구세계에 끼친 영향은 막대하다. 무엇보다도 기독교 세계에 희랍적 유산을 전해준 것은 말할 것도 없다. 특히 그들의 자연관은 기독교 지도자들에게 심대한 영향을 끼쳤다.

아라비아 사람들이 희랍 사람들과 다른 점은 희랍 사람들의 특징은 사변적이요, 관조를 즐길 뿐 실천과 수공은 노예들의 일이라고 천시하여 형이상의 학문을 그들의 자랑으로 삼았다. 그들의 사변적인 특징은 르네상스 이후 수학적인 방법으로 근대과학에 공헌하게 된다.

그런데 근대의 물리적인 실험방법은 어디서 온 것일까. 우리는 그 근원을 아라비아 사람들의 실천적 자연관에 돌릴 수밖에 길이 없다. 그들은 언제나 이론적인 학문과 더불어 측량기술, 응용역학, 의학, 연금술 등 실천과학에 중점을 두었다. 그들은 약물의 성분을 의학에 적용하여 약의 물질적 합성은 인간의 조작으로 가능하다고 보았다. 자연의 대상을 인간의 간섭과 조작으로 규정할 수 있다는 사고방식은 실험과학의 길을 열어놓게 된다. 아라비아 사람들의 실험 존중의 사상은 로저 베이컨에게 영향을 주고 그 후 과학의 조상이라 불리는 프랜시스 베이컨을 일으키게 된다.

동양인의 자연관

중국 사람들은 하늘(천天)이 사람과 자연을 지배한다고 생각했다. 하늘이 사람에게 복도 주고 화도 준다고 생각했다. 그리고 자연현상은 하늘의 뜻이 나타나는 것이다. 그런고로 제왕은 언제나 하늘 모습을 관측하여 하늘의 뜻을 헤아려 세상을 다스려야만 했다. 사람이 하늘의 지배를 받는 이상 사람들의 마음속에서도 하늘의 뜻을 헤아려 보아야 했다. 천변지재天變地災와 민심의 동향은 제왕에게 있어서는 간과할 수 없는 큰 계시였다. 그들은 하늘의 뜻을 알기 위하여 일월성신의 운행을 관찰하고 땅 위의 음양과 오행의 원리를 연구하였다. 그들은 자연의 변화를 음양의 변화라고 생각했다. 음양이기陰陽二氣의 자연변화의 법칙은 인간의 도덕적 품성에까지 적용되어 음양의 조화가 인간의 선이라고 생각되기도 했다.

그리고 자연의 원소를 오행五行이라 하여 쇠, 나무, 물, 불, 흙이라 생각하고, 이것을 본받아 그들은 음식에도 오미五味를 생각해서 시고, 짜고, 맵고, 쓰고, 달고를 연결시키고, 오색五色은 파랑, 노랑, 빨강, 하양, 검정이라 하고, 음악의 오성五聲과 기타 오장五臟, 오사五事, 오상五常, 오제五帝 등등 무엇이나 오행과 연결시켜 분류하는 버릇이 있었다. 그리고 자연의 모든 변화는 음양과 오행에 의하여 이루어지고 이것이 인간의 생사화복生死禍福에도 영향을 준다고 생각했다. 이러한 사고방식을 역리易理라고 한다.

중국 사람들은 우주의 생성을 무에서부터 생각했다. 처음에는 아무 형태도 없었다. 그런데 그것이 형태를 가지게 되면 우주가 되는데 우주에서 근본적인 기氣가 나오게 된다. 기는 가라앉아 굳어지면 땅이 되고, 가벼워서 올라가면 하늘이 된다. 이리하여 하늘땅이 이루어지면 천지의 기가 합하여 음양이 되고, 음양이 합하여 사계가 되고, 사계가 합하여 만물이 된다. 양의 열기는 뭉치어 불이 되고, 불의 정기는 태양이 되었다. 음의 한기는 뭉치어 물이 되고, 물의 정기는 달이 되었다. 그리고 일월의 기가 합하여 별들이 되었다. 이것이 회남자淮南子에 있는 유명한 우주생성론이다. 형태 없는 허虛에서 형형이 나타나고 기氣가 발생한다. 기가 활동하여 가벼운 것은 뜨고 무거운 것은 가라앉아 하늘땅이 되고 하늘땅에서 해달과 만물이 태어난다. 모든 것이 기의 작용이요, 우주에 가득 찬 것이 기의 활동이요, 그것이 세계를 창조해간다.

우주 가운데 사는 인간이 다른 만물보다 영특하여 하늘과 땅과 동등하다고 생각하여 천지인天地人 삼재三才라고 한 것은 유교의 전통이다. 그리고 동중서董仲舒 같은 이는, 천지는 대우주요, 인간은 소우주로서 자연을 관찰함은 인간을 아는 길이라고 주장했다. 그는 자연계와 인간계는 공통된 법칙이 작용한다고 주장한다. 왕충王充은 천지와 인간이 대응한다는 동중서의 견해에 반대하여 만물의 근본에는 기뿐이고 세계는 기계적으로 변화하여 인간은 어쩔 수 없는 숙명에 붙잡혀 있다고 주장한다.

송나라 때에 와서 기의 원리로서 이理를 생각하게 되었다. 천지만물을 만물답게 하는 것, 자연의 생성소멸을 일관하는 것이 이理다. 사람이 천지만물을 인식하고 이해할 수 있는 것은 역시 이理의 덕택이다. 주렴계는 이理를 태극이라고 하고, 주자는 태극은 천지만물의 이理라 했다. 천지에 관하여 말하면 천지 속에 태극이 있고, 만물에 대하여 말하면 만물 속에 태극이 있다고 말한다.

천지만물의 생성변화에 수數를 근본으로 생각한 사람은 소강절이다. 그는 자연의 변화와 역사의 발전을 모두 수에 의하여 설명하려고 하였다. 같은 시대에 육상산은 마음(심心)을 가지고 우주를 설명하려고 하였다. 우주는 내 마음이요, 내 마음은 곧 우주다 하는 유심론을 주장한다.

명나라의 왕양명은 마음의 본체를 양지良知라고 한다. 그것이 인간에 내재하는 천리天理다. 자연은 인간과 동질로서, 천지의 이기理氣는 인간의 양지良知 양능良能으로서 이기일원 즉 지행일치를 주장한다. 대체로 중국 사람들의 자연관은 이기일원론理氣一元論으로 낙착되는 것 같다.

샹카라

*인도 사람들은 신을 최고로 생각하지 않는다. 신 위에 브라만이 있다고 생각한다. 브라만이란 우주의 절대 원리다. 모든 신에 대한 예배는 종당 브라만에게로 돌아간다. 그런 의미에서 인도 사람들은 종교에 대해서 퍽 관대하다. 모든 종교는 브라만에 도달케 하는 것에 불과하기 때문이다.

인도에는 천태만상의 종교가 있다. 한없이 낮은 종교도 있고, 한없이 높은 종교도 있다. 그러나 그들에게는 그것이 문제가 아니다. 문제는 어떻게 하면 브라만에 도달하느냐 그것만이 그들에게 있어서 관심이 된다. 그런 의미에서 그들은 종교적이기 보다 철학적이라고 할 수 있을 것이다.

브라만은 단순한 우주의 원리가 아니다. 그것이 단순한 원리라면 사색과 명상으로 도달할 수도 있을 것이다. 그러나 그것은 단순한 지적인 요소가 아니다. 하나의 인격이다. 인격만도 아니다. 비인격도 포함한다. 그것은 모든 것이다. 유일자다. 전체자다.

*10호-15쪽

말로 할 수 없는 세계다. 아, 오, 하는 감탄사만이 인정된다면 그것을 '아옴'이라고 표시한다. 감탄사만 가지고도 안 된다. 그것은 나와 대립한 세계가 아니다. 나를 초월한 세계다. 그저 '아니다'라고 표현해볼까. 초월만 한 것도 아니다. 몰입된 세계라고 할까. 말로도, 행동으로도 표현할 수가 없는 세계, 의식을 넘어선 세계, 초의식의 세계, 그런 세계를 체험하고자 한다. 사람들은 그 세계를 한번 가져보고자 한다. 그 세계에 도달하는 방법, 그것은 인도 사람의 수만큼 많을 것이다. 이렇게 하면 된다는 사람도 있고, 저렇게 하면 된다는 사람도 있다.

그런 방법 가운데서 인도 사람이 제일 좋아하는 것이 요가다. 억지로 번역하면 심신통일, 혹은 정신통일이라고나 할까. 우파니샤드의 경전 가운데 『카다』라는 책이 있는데 그 책 6장 11절에는 확고하게 감각기관을 통제하는 것이 요가라고 했다. 그 결과 사람은 흩어져 있는 마음을 통일할 수 있다고 한다. 요새는 요가라 하면 무슨 미용체조 정도로 생각하기 쉬우나 본래는 엄격한 정신통일을 말한다.

요가란 '말에 자갈을 물리고 일 한다'는 뜻으로 감각기관을 제어하고 정신을 해방하여 종당은 브라만과 일치되는 경지에 도달하는 것이다. 우리들은 흔히 도 닦는다는 말로 쓴다. 도 닦는 것이 무엇인지는 모르지만 도를 닦은 사람은 도 닦기 전의 인간보다 한없이 큰 힘을 가지게 된다. 한 사람과도 싸울 수 없던 사람이 백 명을 이겨낼 수 있게 된다. 결국 소아小我가 대아大我가 되는 것이다. 현대인들은 학문을 통하여 자기를 발전시켜가지만 옛날 사람들은 고행이나 참선을 통해 자기의식을 확대시켜갔다. 처음에는 가지각색의 방법이 행하여졌으나 차차 참선과 호흡의 조절로 정리가 되어 기원전 5세기경에는 『요가수트라(요가 경전)』가 나타나 요가의 수도를 8단계로 정했다.

금계禁戒, 권계歡戒, 좌법坐法, 조식調息, 제감制感, 응념凝念, 선정禪定, 삼매三昧를 8단계라 한다(『요가수트라』 2장 29절).

1. 금계는 죽이지 말 것, 거짓말하지 말 것, 도둑질하지 말 것, 욕심내지 말 것, 가지지 말 것.
2. 권계는 청정淸淨, 지족知足, 고행苦行, 독경讀經, 기도祈禱.
3. 좌법은 힘을 빼고 대지와 하나가 되어 부동不動, 안락을 완성한다.
4. 조식은 혈액 순환을 부드럽게 하고 호흡의 흐름을 조절한다.
5. 제감은 감각기관이 멸하고 만다. 그 결과 대상과의 인연이 끊어지고 최고의 순종성을 차지하게 된다.
6. 응념은 마음이 가라앉아 아무것도 생각 안 하는 단계다.
7. 선정은 의식작용이 다른 의식작용에게 영향 받지 않고 변함없이 계속 흐르게 된다.
8. 삼매는 의식작용이 완전히 공空이 될 때 진리의 빛이 나타난다.

그들은 이렇게 표현한다.

"한 번만이 아니었지만 혼자 고요히 앉아서 자기 속에 나 자신을 상징하는 어떤 생각을 굴리고 있은즉, 나의 죽음의 한계가 무너지고 이름 없는 것 속에 들어가고 말았다. 마치 구름이 하늘에서 스러지고 말듯이. 그리고 내 발을 만져본즉 낯선 손발이었다. 내 것이 아니다. 그러나 아무 의심도 없었다. 깨끗하고 맑을 뿐이다. 다만 내가 사라짐으로 얻은 이러한 큰 생명은 내 생명에 비교해보면 불꽃이 튀는 태양이라고나 할까. 그것은 말로는 표현할 수 없다. 다만 우리들의 생명은 그림자 속의 또 그림자에 불과하다."

인도 사람들은 요가의 특징을 환희로 보았다. 우리들은 법열이란 말을 쓰고 있는데 어떤 스승은 이렇게 말한다.

"형제여, 제자가 덕의 생활을 살고 감각을 잘 지배할 수 있어 명확한 의식의 충만함을 얻으면 그는 정적靜寂한 장소를 구하여 살 것이다. 그는 가부좌로 앉아 몸을 꼿꼿이 하고 마음을 가라앉혀 고정시킬 것이다. 감각을 유혹하는 모든 인상을 멀리하고 추리와 반성을 통해서 제1의 법열로 들어간다."

그 속에는 환희와 행복이 충만하다. 그리고 추리와 반성이 가라앉으면 제자는 통일된 마음의 일체성과 내부의 평화를 성취하게 된다. 이것이 제2의 법열이다.

환희가 가라앉은 후에 제자들은 다시 깊은 고요함을 느끼게 되는데 이것이 제3의 법열이다.

그리고 더 나아가서 제자들이 고통과 쾌락을 내버렸을 때 그는 깨끗하고 맑은 마음으로 제4의 법열로 들어간다.

그리하여 마침내 최고 의식에 도달하게 된다. 최고 의식에 도달한 사람은 보통 사람이 가지지 못한 도력을 가지고 있다. 그 힘의 표현은 천태만상이다.

여기에 대표적인 요가 성자 샹카라의 이야기를 소개한다.

그는 788년 마라발의 바라문으로 태어났다. 그 후 성장해서 『베다』를 배워 브라만을 알게 되었다. 그는 어려서부터 이상하리만큼 직관력이 강했다. 어느 날 지나가던 성자가 샹카라를 보고 33세에 죽을 것을 예언하였다. 그 말을 듣고 그는 출가할 결심을 하였다. 어머니는 그에게 결혼하고 어린애를 낳은 후에 집을 떠나라고 부탁했다.

그런데 그날 그는 강에 갔다가 악어에게 발을 물렸다. 어머니는 하도 황급하여 악어가 자기 아들을 내놓으면 자기도 아들을 내보내겠다고 맹세하였다. 악어가 그의 발을 내놓았을 때에는 그는 이미 수많은 수도자 속에 자취를 감추고 말았다. 밥그릇을 차고 남루한 옷을 입고 거리와 들판을 헤매지만 그의 눈은 한없이 날카로웠다. 그는 끌리는 것처럼 어떤 굴로 들어갔다.

거기서 그는 성자 고빈다를 만났다. 그리고 그의 뒤를 따랐다. 그는 결국 네 가지를 알게 되었다. 지식은 브라만이다. 영혼은 브라만이다. 너도 그다. 나도 브라만이다. 그는 최고의 의식을 가질 수 있게 되었다. 그가 최고 의식의 황홀에서 지상 의식으로 돌아왔을 때 선생은 그에게 베나레스의 수도로 가서 신성한 축복을 받으라고 말했다. 젊은 샹카라는 평화와 힘의 빛에 넘쳐 인도 최고의 성지를 방문하기로 하였다. 거기서 가지가지 이상한 일이 일어났다.

그가 그의 제자를 갠지스 강 저편에서 발견했을 때 그는 오라고 손짓을 했다. 제자 파도마타다는 서슴지 않고 강물 위로 걸어오고 있었다. 그의 얼굴에는 아무 두려움도 없이. 그리고 그의 발자취에는 연꽃이 한 송이씩 피어 있었다. 그는 베나레스에서 세계적인 걸작 『베다』의 주석을 냈다. 「바가바드기타」의 주석도 썼다. 그 후 그는 베나레스를 떠나 만다나 미슈라는 학자와 만나게 되어 『베다』에 대하여 일대 논쟁을 벌이게 되었다. 결국 미슈라 아내의 심판으로 샹카라는 이기게 되었다.

이 부인은 인도에서 아테나로 알려진 사라스와티의 화신이라고 할 만큼 지혜와 미모로 이름난 여성이었다. 부인은 그에게 자기와 논쟁할 것을 제의하였다. 부인의 논봉은 날카로웠다. 샹카라에게도 모르는 것이 있었다. 그것은 땅 위의 사랑이요, 육체적인 사랑이다. 샹카라는 한 달 동안 유예猶豫를 구했다. 신처럼 깨끗한 자기의 육체를 하등 의식으로 더럽힐 수는 없었다. 그는 들로 나갔다. 그는 왕의 상여 행렬을 만났다. 그는 제자들에게 자기 육체를 위탁하고 아마라가왕의 시체로 들어갔다. 시체는 지상 최대의 영혼으로부터 빛과 영기를 얻어 죽음에서부터 소생하게 되었다. 왕후는 기쁨과 사랑으로 남편과 같이 지내게 된다. 샹카라는 육체적 사랑도 알게 되었다. 그는 그 부인의 물음도 대답할 수 있게 되었다. 그런데 왕후는 왕의 지혜와 지식에 놀라지 않을 수 없었다. 왕후는 곧 도시 주변의 모든 시체를 불사를 것을 명령하였다.

샹카라의 육체를 지키던 파도마타다와 다른 제자들은 당황하였다. 그들은 광대로 분장한 후 왕 앞에 나타나 말할 수 없이 고상한 노래로 왕의 귀를 즐겁게 해주었다. 왕은 그들의 정체를 알아차렸다. 그리고 그날 밤 왕은 깊은 잠에서 영원히 깨어나지 못했다.

제자들에게 지킴을 받던 샹카라는 오래간만에 다시 눈을 뜨게 되었다. 그는 카시밀의 사라스와티 여신의 사당에 도착하였다. 여신의 소리가 들려왔다. 너는 모르는 것이 없다. 그러나 여성을 품은 남성은 이 사당에 들어올 수 없다. 그는 아무 말 없이 사당으로 들어갔다.

그때 그는 33세였다. 이것이 그의 허락된 기간이다. 그는 의자에 앉은 채 육체를 떠나는 존재가 되었다. 그는 순수의지가 되어 이슈바라(인격신)의 세계에 도달하여 완전한 공처럼 충만한 행복으로 우주를 꿰뚫는 예지 속으로 들어갔다. 그는 지금도 존재한다. 그의 제자들은 『우파니샤드』, 『바가바드기타』를 읽으며 깨끗한 장소에 구멍을 파고 꽃으로 덮어서 무덤을 만들었다. 그 까닭은 이처럼 깨끗한 요기(요가 성자)의 육체를 불살라 성결하게 할 필요는 없다고 생각했기 때문이다.

그러면 샹카라 자신의 말을 하나 들어보자.

"어두운 데서 새끼줄(승繩)을 보면 그것이 뱀으로 보인다. 개인 영혼의 불행은 깨지 못한 탓으로 계속된다. 그러나 뱀의 환상이 친구의 가르침으로 소멸될 때 비로소 새끼줄만 남게 된다. 마찬가지로 우리들은 나 자신의 주主의 가르침에 의하여 나는 이미 개인 영혼이 아니고 진리를 깨달은 자로 불멸의 대아다. 나는 최고의 행복이다. 이런 사람은 누구나 행복 속에 산다. 그들은 이미 행복과 불행, 이득과 손실의 모든 상대를 벗어나서 영원히 순수한 나의, 혹은 내가 나라는 주아심主我心이 없고 언제나 만족하고 모든 사상에 침착하게, 그리고 모든 삶에 착실하게 살 수가 있다. 그것은 모든 환각을 벗어났기 때문이다."

서구 사람들은 아무런 의심 없이 샹카라의 이야기를 말하는 인도 사람들의 어리석음에 놀라지 않을 수 없음과 동시에 그들의 천진함에 더욱 놀라지 않을 수 없었다. 영국 관헌이 요기를 잡아서 탈혼의 사실을 물었을 때 그는 서슴지 않고 두 발을 내놓고 자기를 땅속에 거꾸로 묻은 후 2주일 동안 있다 파내달라고 하였다. 2주일 동안 보초를 세웠다가 땅속에서 그를 파보니 웃으며 눈을 뜨더라는 것이다. 이런 이야기는 인도 사람들에게는 조금도 이상할 것이 없다.

【오 – 늘】

▶ 5월 16일 이화의 신앙 강조 주간이 끝난 후 총결산을 하라는 부탁을 받았다. 믿음이란 한 번 자기를 초월하는 것이다. 아르키메데스가 자기에게 받침점을 주면 지렛대를 대고 지구를 움직이겠다고 한 것처럼, 믿음이란, 자기를 움직이고, 세상을 움직이기 위하여 자기와 세상 밖의 하나의 받침점을 가지는 일이다. 내 나라는 세상에 속해 있지 않다는 말도 같은 말일 것이다. 자기 밖의 하나의 받침점을 하나님이라고 하자. 결국 인간은 하나님을 믿지 않고는 아무런 일도 할 수가 없다. 받침점을 가지면 세상을 움직일 수 있는 힘이 나온다. 이 힘을 사랑이라고 한다. 사랑이란 남을 살려내는 것이다. 그러면 어떻게 믿음을 가질 수 있을까. 받침점을 어떻게 얻을 수 있을까. 이것이 우리의 욕구요, 바람이다. 나는 그 방법을 한문자로는 한 자로 쓸 수 있고, 우리말로는 석 자로 쓸 수 있고, 영어로는 일곱 자로 쓸 수 있다고 말했다. 그것이 무언인지.

▶ 5월 22일 6월부터는 『순수이성비판』을 해설하기로 하고, 9월부터는 칸트와 괴테의 종합이라고 하는 칼라일의 『의상철학』을 읽어가기로 했다. 그리고 사색에는 하이데거의 해설을 매달 실어서 1973년부터는 하이데거의 『존재와 시간』을 읽어가기로 했다. 강의는 쉽기는 쉬운데 무엇인지 자기

*10호-19쪽

것이 되지 않는다. 다만 한 페이지라도 읽어야 자기 것이 된다. 칼라일의 『의상철학』은 나도 열 번 이상 읽었다. 또 읽게 되어 퍽 다행이다. 100번 이상 읽었다는 사람도 수두룩하다. '영원한 부정'에서 '영원한 긍정'으로 가는 칼라일의 자서전이다. 사람은 역시 부정만 가지고는 안 된다. 긍정하는 데가 있어야 절대 안심이 된다.

▶ 5월 24일 숭전 대학에 가다. 율법에 대한 이야기를 했다. 국가의 기초가 법이요, 국가의식 없이 법은 아무 쓸데없다. 나라와 민족을 사랑하는 사람만이 법을 사랑하는 사람이다. 옛날 유대 사람들은 법을 꿀 송이보다 더 달다고 했다. 우리는 언제 법을 사랑하는 사람이 될까.

▶ 6월 5일 오늘 9호와 10호의 원고를 인쇄소로 보낸다. 방학 달에 부쳐줄 수가 없어 9호, 10호를 한꺼번에 냈다. 겨울 방학에 보냈더니 돌아오는 것이 너무도 많았다. 9월에 가서 11호를 낸다. 여름방학에는 『논어』를 읽어 갈까 한다. 해석보다도 읽는 데 주력한다.

노자 제10장

재영백載營魄하고 포일抱一하면 능무리호能無離乎아.

전기專氣하고 치유致柔하면 능히 여영아호如嬰兒乎아.

척제滌除하고 현람玄覽하면 능히 무자호無疵乎아.

애민愛民하고 치국治國하면 능히 무위호無爲乎아.

천문天門을 개합開闔하면 능히 무자호無雌乎아.

명백明白하고 사달四達하면 능히 무지호無知乎아.

생지生之하고 축지畜之하되 생이불유生而不有하고 위이불시爲而不恃하고 장이부재長而不宰하니 시위현덕是謂玄德이라.

늙은이 10월

여섯 빛 넋을 싣고 하나를 품 안은 것의 버러 떨어짐이 없는 수여. 김을 오로지고 아주 부드럽기에 애기 같을 수여.

치우고 씻어내어 감안히 보기에 트집 없을 수여.

씨알 사랑, 나라 다스림의 내가 한다 함 없을 수여.

하늘 궁을 열고 닫는 데 암 될 수여.

밝고 희어 네 갈래로 사모친데 내 앎이란 게 없을 수여.

낳고 키오라.

낳되 가지질 않고 하되 절 믿거라 않고 길다고 어른 노릇을 않느니 이 일러 감아한 속알.

유영모의 노자 해석

*푸른 나무가 대지에 뿌리를 박아야 튼튼하듯이 지각知覺으로 영위되는 모든 학문은 신앙으로 밑받침이 되어야 튼튼하다. 사자처럼 날쌔고, 낙타처럼 부드러우면 어린애와 같은 경지에 도달할 수 있지 않을까. 물처럼 씻고, 구름처럼 보면 거룩을 이루는 길이 아닐까. 불처럼 백성을 사랑하고, 나라를 다스림이 칭찬받을 일이 못되지. 하늘을 열고 닫는 바람처럼 시원하고 다부지게 일한다고 해서 잘했댈 것이 무엇 있으랴. 햇빛처럼 밝고 희게 만민을 깨우고 가르친다고 해서 알아줄 필요가 어디 있을까. 빛처럼 알고, 바람처럼 일하고, 불처럼 도와주고, 물처럼 씻어주고, 어린애처럼 순진하고, 나무처럼 푸른 것이 사람 아닐까.

　사람이 사람 된 것뿐인데 거기에 더하여 칭찬할 것도 없고, 깎아내려 탓할 것도 없다. 사람은 그대로 빛이요, 물이요, 나무다. 만물을 낳고 기르되 내 것이라고 가질 것도 없고, 잘했다고 뽐낼 것도 없고, 높다고 야단칠 것도 없다. 나무는 자라고, 어린애는 크고, 물은 흐르고, 불은 오르고, 바람은 불고, 해는 빛나고, 다 타고난 바탈대로 되어 가는데 무엇을 말하고, 무엇을 쓰랴. 하늘과 더불어 즐길 뿐이다.

김흥호 풀이

월간 사색 제10호
1971년 6월 15일 발행
2013년 6월 30일 재발행

---

*10호-20쪽

생각하는 사람의 벗이 될

1971년 9월
제 11 호

하나님은 어디나 평범한 곳에 계시다

*헤라클레이토스는, 인간은 인간인 한에 있어서 하나님의 이웃에 산다(에토스 안스로포 다이몬), 라는 유명한 말을 남겼다고 한다. 머리에 후광이 빛날 것을 예상하면서 그를 찾아간 귀족의 젊은이들이 가난한 시골 농부처럼 화롯가에 쭈그리고 앉아서 불을 쬐는 철인을 보고 크게 실망하여 발길을 돌리려 할 때 헤라클레이토스는 엄숙하게 여기도 하나님은 계시다고 말했다 한다. 가장 평범한 여기에도 하나님은 계시다는 것이다.

흔히 하나님은 안 계시는 곳이 없다고 한다. 그러나 눈먼 장

*11호-1쪽

님에게는 아름다운 경치가 무슨 소용이 있으랴. 눈뜬 사람에게만 하나님은 어디나 계신다. 하나님이 계신 곳은 어디나 평범하다. 비범한 곳에서 이상한 하나님을 찾으려는 사람은 아직도 눈이 먼 사람인지도 모른다.

옛날부터 도는 가까운 곳에 있다고 한다. 한 번 먹고, 한 번 자는 데 도의 오의가 있는 것 같다. 밥에 먹히는 것이 아니라 밥을 먹고, 잠에 빠지는 것이 아니라 잠을 자는 데 하나님의 이웃으로서 인간의 인간다움이 열리는 것 같다. 인간이 인간으로서 가장 평범하게 사는 것만이 인간으로서는 가장 비범한 신의 이웃이 되는 것이다. 하나님은 어디나 평범한 곳에 계시다. 인간이 인간이 될 때 신은 인간의 이웃이 된다.

'에토스 안스로포 다이몬'을 직역하면 '신은 인간의 집'이라고 한다. 물고기가 바다에 살듯이 인간은 신에 가까이 사는 것이 아니라 신 가운데 사는지도 모른다. 물속에서 물을 찾는 맹꽁이처럼 존재 속에서 존재를 찾는 존재자가 인간 존재로서의 현존재라고 한다. 하나님은 어디나 평범한 곳에 계신다. 평범하게 되는 것만이 현존재를 넘어서는 길인지도 모른다.

> 유영모의 말씀
>
> 새 달차자 하루이틀 캄캄간데 사흘바람
> 조금밭에 소금이고 사리바다 고기란다
> 하늘땅 사람숨 밝힘 보름보람 모름딕

*음력으로 새 달이 되면 하루 이틀은 캄캄한 밤이다. 사흘이 되면 초승달이 나타나기 시작하여 조금이 되어 소금을 굽고, 사리가 되면 고기를 잡아, 보름이 되어 달 밝은 밤에 노래를 부르고 춤을 춘다.

사람은 누구나 보름을 찾는다. 보름을 만나야 보람을 느낀다. 모든 문명이 보람을 찾는 일인지도 모른다. 바람직한 모습, 있어야 할 모습, 본래의 모습을 찾아보자는 것이 인류의 소원이다. 있어야 할 것이 있어야 하고, 이어야 할 것이 이어야 한다. 있어야 할 것이 없으면 허무요, 이어야 할 것이 아니면 허위다. 몸에 구멍이 뚫려, 있어야 할 것이 없어지고, 마음에 그늘져, 이어야 할 것이 가리어졌다. 몸의 구멍을 병이라고 하고, 마음의 그늘을 죄라고 한다.

유물론의 어두운 구름이 존재의 빛을 가리고, 기계관의 거대

---
*11호-2쪽

한 세력이 인간의 힘을 압도해버렸다. 인간은 하늘의 빛을 잃고, 땅의 힘을 잃어 고독한 병신과 죄인이 되어 다시 참을 찾는다. 새 달 찾아 하루 이틀, 캄캄하지만 그래도 사흘이 되면 실낱같은 진리의 초승달이 비춰온다. 물은 줄어 조금이 되어 고해의 소금을 구워 가노라면 또다시 사리의 물은 불어 생명의 물고기는 뛰게 마련이다.

하늘, 땅, 사람이 한통 되어 숨 쉬는 시원한 가을밤에 밝은 존재의 보름달이 보람 있게 떠오른다. 앎을 넘어서는 모름지기의 열어보임이 온 땅을 덮는다.

김흥호 풀이

간디

*석가 이래로 간디처럼 인도 사람들의 마음을 붙잡은 이는 없다. 그가 지나갈 때 사람들은 땅에 주저앉아 무릎을 꿇고 그의 발이나 옷자락에 손을 대기만 해도 정결함을 얻어 하나님께 가까워질 수 있는 축복에 젖는 것처럼 생각했다. 손으로 닿진 못했어도 멀리서 한번 그의 모습을 보기만 해도 사람들은 한없는 기쁨에 자족하였다. 간디가 한번 지나간다고 소문이 나면 몇 십만이라는 사람들이 정거장으로 혹은 강연회장으로 몰려들었다. 간디의 모습은 3백 년 동안 대영제국에 짓밟혀 시들었던 피곤한 사람들의 얼굴에 빛나는 생기를 회복시켜주었다.

간디가 몸에 걸친 것이라곤 아무것도 없었다. 아무것도 가지지 말자는 것이 그의 적극적인 생활철학이었다. 그에게서 받는 가장 강한 인상은 대중과 정신적으로 하나가 되어 있으며 인도뿐만 아니라 세계의 무산대중과 놀랄 만큼 호흡이 맞아 들어갔다는 것이다. 짓밟힌 대중을 끌어올리자는 그의 열정 앞에는 아

*11호-3쪽

무것도 문제가 되지 않았다. 그의 소원은 모든 사람들의 눈에서 눈물을 닦아내는 것이었다. 그의 머리로부터 무산대중이 한순간이나마 떠나본 일은 없었다.

그는 옥중에서도 물레질을 하면서 다만 한 자라도 실을 뽑아 가난한 대중을 입히고자 하였다. 헐벗고 굶주린 대중이 필요한 것이라면 무엇이나 그에게는 아름답게 보였다. 입에 풀칠하고 몸을 가릴 수 있는 최저의 생활이라도 스스로 보장할 수 있는 예지의 기술을 가르치기 위하여 민중과 통할 수 있는 말재간과 글솜씨를 갖기 원했다. 그러나 오랜 체험을 통해서 말과 글은 결국 인간의 이성을 만족시킬 뿐 인간의 깊은 마음까지는 도달할 수 없다는 것을 알게 되었다. 사람의 머리나 움직이는 이성적 호소는 아무런 쓸데도 없었다. 역시 사람을 뒤집어엎는 것은 그의 마음이 움직일 때요, 사람의 마음을 움직이는 것은 고난밖에 없다는 것을 알게 되었다.

그는 그의 생애에 있어서 두 번이나 결사적 단식을 감행하였다. 1932년 9월 인도에서 가장 천대받는 천민계급에 대한 영국 정부의 차별대우에 반대하여 그는 죽기를 각오하고 단식투쟁을 감행했으며, 1939년 3월 인민을 학대한 지방귀족에 반기를 들었을 때에도 단식을 감행하였다. 간디는 세 번이나 반영反英 운동을 지휘하였다. 그럴 때마다 간디는 깊은 단식으로 들어갔다. 단식인전생심소斷食人前生心消라는 말이 『바가바드기타』에 있다. 밥을 끊으면 날뛰는 마음이 가라앉는다는 것이다. 그는 단식 이후에 내심의 소리를 들었다. 그가 대중을 지도할 때에는 반드시 내심의 소리에 따라 인도하였다는 것이다.

간디가 제일 좋아한 경전은 바가바드기타였다. 간디는 매일 바가바드기타를 되풀이했다. 그가 가장 좋아한 것은 제2장이다. 인간은 인간이기 전에 보편적 실재라는 사상이다. 죽일 수 있다고 생각하는 것도 망상이요, 죽는다고 생각하는 것도 망념이다. 인간은 죽을 수 있는 존재가 아니다. 죽을 수 없다는 확신, 이것이 바가바드기타가 풍겨주는 묘음이다. 간디는 인간이 보편적 실재라는 것을 다른 인도 사람처럼 그저 믿은 것이 아니다. 간디는 신으로서의 인간 존재를, 자기 자신을 실험 재료로 삼아 증명하여 보여주었다.

간디도 젊어서는 청운의 큰 뜻을 품고 법률을 배우러 영국에도 갔다. 케임브리지의 캠퍼스에서 세계를 지배하는 교양도 쌓았다. 그는 영국 사람처럼 되기 위하여 높은 모자도 쓰고 일등차도 탔다. 그러나 간디의 피부색이 그것을 용납하지 않았다. 그는 일등 차표를 가지고도 짐짝이 가득 찬 화물차로 가야 했다. 그렇지 않으면 정거장으로 굴러 떨어져 추운 겨울밤을 외롭게 떨면서 새워야 했다. 오랫동안 그는 개가 고양이가 되려고 몸부림쳤다. 그러나 백인의 구둣발에 그것은 무참히도 짓밟히고 말았다. 한 가지 길만이 가능했다. 그것은 개는 개가 되는 길이다.

35세 되는 해 그는 다시 인도 사람이 되기로 결심하였다. 그는 인도 말을 배우고 인도의 고전을 읽기 시작했다. 그는 보기만 해도 더러움 탄다는 가장 낮은 천민들 가운데 진실이 있다는 것을 발견하고 소똥으로 가득 찬 시골의 비참한 빈민들의 눈초리 속에서 지혜의 빛을 찾아냈다. 그것은 사랑이 이성보다 강하다는 것이다.

간디는 아시아의 사랑과 진실이 서양의 이성과 폭력을 이길 수 있다는 확신을 가지고 '무저항저항'이라는 간디의 독특한 반항을 시작한다. 무저항저항이란 육체적, 물리적 힘의 사용을 정신적 혼의 힘으로 정복하는 것이다. 이 힘은 죽음을 비롯하여 아무것도 무서워하지 않는 용감한 힘이다. 비겁한 사람은 도저히 할 수 없는 힘이다. 간디는 무서운 혼의 힘을 가지고 인도 4억 인구의 가장 깊은 곳을 흔들어 놓았다. 무서운 폭풍이 인도를 휩싸버렸다. 그러나 무서운 폭풍이 나오는 그 근원은 끝없이 고요했다. 간디의 마음은 아무것에도 흔들림이 없었다. 인도 사람이 인도 사람 되는 노력만이 계속될 뿐이었다.

간디는 자기가 새로운 사상을 빚어내보려는 생각은 없었다. 다만 옛날부터 전해 내려오는 사상을 가장 참되게 파악하고 그것을, 자기를 통해서 실현해보려고 하였다. 옛날부터 내려오는 인도의 진실이 가장 진실하다는 것을 자기의 의식적인 실험을 통해서 증명하려고 노력하여 성공을 거둔 이가 간디라고 할 수 있다. 간디는 인도의 고대 사상 속에서 영원한 진실을 찾았다. 그것은 인도의 가장 낮은 계층이 믿고 있는 종교사상이다.

인도에는 신의 세계에 도달하는 세 가지 방법이 있었다. 진나

(지식)와 카르마(행동)와 박티(헌신)인데 진나와 카르마는 일반대중에게는 인연이 먼 것이었다. 진나에는 복잡한 철학과 신학이 형이상학적인 거미줄을 치고 있으며, 카르마도 고행과 요가의 심산절벽에 겹겹이 쌓여 있었다. 다만 소와 같이 의젓하고, 양과 같이 순진한 일반 대중은 하나님의 뜻에 순종하여 자기를 바치는 길밖에 더 참된 길을 발견할 수가 없었다. 고양이와 싸울 힘도 없고, 고양이 목에 방울을 매달 지혜도 없고, 다만 쥐약을 먹고 고양이에게 먹히어 고양이를 죽이는 길밖에 없었다. 간디가 먹은 쥐약은 영원한 진실이라는 것이다. 영원한 진실이란 하나님의 사랑이다. 이 사랑 때문에 간디는 죽었지만 이 사랑을 먹은, 간디의 피를 빨아먹은 대영 제국도 결국 인도에서 물러가고 말았다.

순종과 사랑의 실천을 골자로 하는 박티 종교는 지배되고, 억압되고, 착취되고, 짓밟힌 가난한 근로 대중 속으로 깊이 침투해 들어갔다. 그 수는 차차 늘어 하층 인도사회의 대다수가 속해 있었다. 그들은 비슈누(위대) 신을 신봉하기 때문에 비슈누 파라는 별명을 들었다.

간디가 자란 가정도 비슈누 파에 속해 있었다. 이 비슈누 파의 특색은 그들의 고유한 신관이다. 모든 사람이 지니고 있는 개인의 혼은 신의 창조가 아니라는 것이 그들의 신앙이다. 신의 창조가 아니고 그것은 신의 일부다. 인간의 혼은 신에 의지하지만 그것은 신과 똑같이 근원적인 것이요, 신과 공존하는 것이다. 그것은 인도의 특권층들이 자기들을 정통파라고 부르고, 지식과 행동을 강조하여, 인간이 할 수 있는 길은 다만 신이 어떤 분인지를 알 수 있는 것뿐이라고 하거나, 인간은 신에 도달하기 위하여 끝없는 고행을 계속해야 한다는 식의 신앙과는 아무런 관계가 없었다.

11세기 남쪽 인도에서 태어나 열심히 신의 사랑을 설한 라마누자의 말처럼 신은 모든 것 속에 숨어 있으며, 모든 사람은 신과 근원을 같이한다는 사상과, 19세기 라마크리슈나처럼 사람들을 사랑과 봉사의 정신으로 대하지 않으면 안 되며, 교리나 교의에 집착하는 것은 배고픈 사람에게 돌을 주는 것이나 마찬가지라고 한다든지, 20세기에 와서 박티 시인 타고르처럼 헌신의 노래를 불러 세계 문학에 불후의 명성을 올린 사랑의 영감은 간디에 와서 하나의 바다가 되어, 그 거센 물결은 인도 전체 민중의 강력한 신념이 되었다.

간디는 마하트마(위대한 혼)요, 비슈누의 화신化身이 되었고, 간디에 대한 신앙은 그대로 비슈누에 대한 신앙이 되어, 간디를 보고 손을 모으고 머리를 숙이면 간디의 말 한마디 한마디가 그대로 신의 명령으로 들리게 되었다. 이렇게 되기까지 그가 얼마나 인도 사람이 되려고 애태웠으며, 그가 얼마나 영원한 진실을 사모하였는지, 그의 피눈물 나는 생애의 하루하루가 박티에 의한 목샤(해탈)의 길이었다.

간디는 그의 사상을 묻는 사람들에게, 내가 무슨 새로운 사상이나 원리를 시작했다고 생각하면 안 된다. 오직 가장 오래 전부터 있었던 영원한 진실을 나의 생활과 문제에 맞추어간 것뿐이다라고 한다. 이 영원한 진실은 인도에서 가장 낮은 사람들이 이미 붙잡고 있던 신의 사랑으로서, 인도뿐만 아니라 온 세계에 널리 제시된 영원한 진실인 것이다.

그는 톨스토이를 좋아하여 그의 농장의 이름도 톨스토이 농장이라 하였고, 그의 복음의 핵심을 산상수훈에서 찾아 그의 비폭력 이론을 얻어 가졌다. 이 복음을 가지고 영국의 핵심을 찌름으로써 제국주의의 발톱을 인도에서 물러가게 만들었다.

사랑의 힘을 가지고 무산대중을 구원하고, 사랑의 힘을 가지고 인도를 구원했다. 하나님 나라는 네 안에 있다는 신념을 톨스토이를 통해서 배운 간디는 근대 물질문명에 대치될 참다운 문명은 사랑의 문명이라고 세계에 호소했다.

그는 서양문명을 한마디로 육체적 행복을 인생의 목적으로 삼는 문명이라고 단정한다. 이런 문명이 하는 일은 한 사람이 기계를 가지고 수천 명을 죽이는 일이다. 서양문명은 20세기에 쌓아올려진 악마의 문명이다. 권리만을 찾는 문명은 악마의 문명이요, 암흑의 문명이다. 참다운 문명은 권리를 찾는 문명이 아니라 의무를 찾는 문명이다. 남을 위하여 자기를 바치는 문명이다. 사람은 누구나 자기의 욕망과 심정 위에 통제를 가해야 한다. 그렇지 않으면 사람은 자기의 참된 모습을 알 수 없게 된다.

인도 말로 문명이란 말은 착한 행실이라는 뜻이다. 인도는 문명에 대해서 더 이상 말할 필요가 없다. 행복은 물질에 있는 것이 아니라 마음에 있다. 기계에 있는 것이 아니라 몸에 있다. 건강한 육체와 건강한 정신이 참다운 행복의 원천이다. 인도가 길러온 사랑의 문명은 불멸의 문명이다. 로마도 망하고, 희랍도 망했지만, 인도의 기초는 영원히 건전하다. 원자폭탄이 인도에 떨어져도 인도의 마음은 파괴될 수가 없을 것이다. 그는 원자탄보다도 바가바드기타의 힘이 더 세다고 말하면서 인간의 존엄은 이 세상의 어떤 것으로도 꺾을 수 없다는 것을 믿고, 동포의 총탄에 쓰러져 영원한 진실이 되었다.

계시와 개시

*하이데거에게 있어서 계시啓示와 개시開示는 신앙과 사유의 갈림길이다. 그러나 계시와 개시는 생의 근원적인 체험을 공통으로 가지고 있다. 생의 근원적인 체험이란 생의 아픔을 말한다. 성인이나 철인이나 그들의 밑바탕에는 일찍이 생의 아픔을 가졌었다. 그들은 나무에 달린 자요, 칼에 찔린 자다. 신神의 계시啓示라고 하건, 무無의 개시開示라고 하건 모두 화살에 맞은 자리요, 칼에 찔린 자리다. 생의 아픔을 경험하지 않고서는 신앙도 사색도 다 헛것이요, 그것이 종교건 철학이건 우리의 삶과는 아무런 관계가 없다. 아픔은 거짓일 수도 없고, 허무일 수도 없다. 칼에 맞은 사람처럼 사람은 그 혼에 상처를 가졌을 때 비로소 계시가 그려지고 개시가 물어진다.

    현대의 깊은 신학적 사상가요, 높은 사상적 신학자는 하이데거와 불트만이다. 그들 속에는 키르케고르처럼 혼의 상처를 입었었다. 그 상처로 무의 근원적인 개시가 있었고, 그 상처로 유의

*11호-7쪽

근원적인 계시가 있었다. 이 상처를 그들은 생의 근원적인 경험이라고 한다. 생의 근원적인 경험을 체험함이 없는, 생적 사실에 입각하지 않은 이성적인 사유와 형이상학적인 신학은 그들과 아무 상관이 없었다. 개시와 계시는 관념의 유희도 아니고, 교리의 체계화도 아니다. 계시와 개시는 피나는 생의 아픈 사실이다.

불트만은 신앙을 다음과 같이 적어간다.

"신앙은 인간에게서부터 일어날 수는 없다. 그것은 하나님의 심판과 하나님의 은총으로 주어지는 하나님의 말씀, 화살처럼 깊이 내 혼에 꽂힌 하나님의 말씀에 대해서 인간이 할 수 있는 유일한 응답이다. 진실로 신앙이란 오직 인간 안에서 이루어지는 신의 창조 외에 아무것도 아니다. 신앙이 인간 속에 실제로 살아 있을 때 신앙은 그 자신을 하나님 말씀 앞에 내맡긴다. 그리하여 신앙인은 하나님에 의하여 새로 지음을 받은 인간이요, 하나님에 의하여 맞아 죽었다가 다시 살아난 인간이요, 결코 자연적인 인간이 아니다. 신앙은 저절로 알아지는 자연적인 것이 아니라 하나의 기적이요, 신적인 사실이다."

이것이 불트만이 우리에게 보여주는 신앙의 내용이다. 불트만에게 있어서 신앙은 피나는 생의 사실이요, 결코 형이상학적인 사변이 아니었다.

하이데거도 처음에는 가톨릭 신학을 공부하고 있었다. 그때 하이데거에게 문제가 된 것은 하나님의 말씀에 복종하는 신앙과 가톨릭 신학 속에 깊이 뿌리박은 플라톤, 아리스토텔레스의 이성의 입장에 서는 희랍의 형이상학적인 사유와의 관계다. 그는 사변적인 신학적 사유로써는 하나님의 말씀은 들려지는 것보다도 도리어 들려지지 않게 한다는 그의 신학에 대한 통찰이 그로 하여금 신학을 떠나게 만들었다.

그가 신학을 떠났다고 해서 무신론자가 된 것은 물론 아니다. 하나님의 말씀에 복종하는 신학이라면 그가 신학을 포기할 이유가 없다. 그가 신학을 떠난 이유는 사이비한 신학을 버리고, 참다운 신학으로 가기 위한 준비였다. 그는 가장 가까운 길을 가기 위하여 가장 먼 길을 걷기로 하였다. 그 길은 생각하는 길이다. 이 생각하는 길로 들어가기 전에 그는 깊이 기독교 신앙 속에 숨어있는 근원적 생의 경험을 파고 들어간다.

형제들아, 그때와 그곳에 대하여는 지금 적어 보낼 필요가 없다. 너희들이 확실히 아는 것처럼 주의 날은 도적같이 온다는 바울의 말은, 시간은 객관적인 것이 아니라 근원적인 생의 체험이라는 것이다. 원시 기독교 신앙은 생을 객관화하지 않은 근원적인 사실 속에서 생을 경험하고 있었다.

그런데 어거스틴의 신학이 되면 이러한 산 경험이 신플라톤주의의 개념 때문에 흐려지고 만다. 더욱이 신을 최고선이라고 규정하여 "당신의 품에 안기기까지는 나의 마음에는 아무런 평안이 없습니다" 하고 고백하게 되면 그것은 벌써 원시 기독교의 신앙이 아니라 완전히 신플라톤주의로 화하고 만다. 더욱이 어거스틴이, 시간은 있기도 하고 없기도 한 것이라고 규정할 때에는 글자 그대로 아리스토텔레스의 사상이지 결코 기독교의 신앙은 아니다.

하이데거는 루터에도 반대하여 루터도 젊어서는 기독교의 신앙을 가졌으나 늙어서는 기독교를 버리고 전통에 희생이 되어 멜랑크톤과 같이 스콜라 신학자가 되었다고 말한다. 하이데거가 말하는 기독교의 신앙이란 신앙이 아니라 근원적인 생의 경험이라는 것이다. 이러한 생의 경험은 형이상학적 개념으로는 도저히 파악될 수 없다는 것이다.

그러면 하이데거가 바울이나 어거스틴이나 루터의 신앙적인 생의 근원적 경험에 공감하고 그것이 형이상학적인 사유로는 도저히 도달할 수 없는 생의 사실성이라는 것을 알면서 왜 기독교적인 입장을 버리고 철학의 길을 택했을까. 그것은 하이데거의 기독교 신앙에 대한 이해가 안식을 얻는 것이 아니라 기독교의 신앙을 생의 아픔으로 본 까닭이다.

바울이건, 어거스틴이건, 루터건, 키르케고르건 기독교 신앙의 산 증인들 가운데는 언제나 얼음장을 타고 가는 나그네처럼 그 속에는 깊은 생의 불안이 있었다. 바람에 펄럭거리는 촛불처럼 그들은 언제 꺼질지 모르는 죽음으로의 존재였다. 반석 위에 선 것이 아니었다. 키르케고르가 아브라함의 신앙을 분석하여 '전율과 공포'라고 하듯이 그들 속에는 깊은 생의 불안과 신에 대한 공포가 있었다. 이러한 생의 불안과 공포에 견디지 못하여 하나님 품의 안식을 바란다면 그것은 생의 죽음이요, 신앙의 타락이 될지언정 근원적인 생의 사실은 아니다. 만일 역사적 기독교가 초대교회의 생의 경험을 유지하지 못하고 세속적인 안일과 타협한다면 기독교 신앙은 속임수 이외에 아무것도 아니다. 신앙의 본질은 불안에 있다. 이 불안의 체험을 역사적인 기독교와는 다른 방법으로 철저하게 유지해보려는 데서 그가 전통적인 기독교의 입장을 떠나는 계기가 되었을 것이다.

그러면 하이데거는 철학에 대해서는 만족하였을까. 아니다. 하이데거가 신학을 떠나게 되는 이유는 기독교를 좀먹는 철학이 보기 싫어서 떠난 것이다. 하이데거의 원수는 기독교를 교리화한 희랍의 형이상학이다. 그런 의미에서 하이데거의 철학으로의 전향은 철학을 위해서가 아니라 철학과 싸우기 위해서다. 하이데거는 먼저 플라톤, 아리스토텔레스 이후의 제일 철학으로서, 형이상학의 중심을 이루었던 존재론을 검토하기 시작한다. 플라톤은 직접 눈앞에 보이는 것은 현상이요 실재는 아니라고 하여 유명한 동굴의 비유를 들었다. 이 세상의 모든 물건은 모두 담벼락에 던져진 그림자에 불과하다. 이 그림자를 던지고 있는 실재를 그는 이데아라고 하여 이 세상 밖에 있는 것으로 생각하였다. 아리스토텔레스는 이 세상만물을 자연적인 것, 움직이는 것, 감각된 것으로 보고 이것들을 움직이는 제일 원인을 찾았다. 그리하여 자연이 아닌, 감각이 없는, 움직이지 않는 제일 원인을 신이라고 하여 형상의 형상이라고 하였다. 플라톤이건 아리스토텔레스건 참으로 있는 것은 선의 이데아나 형상의 형상인 신이다. 이것이 플라톤 이후 헤겔까지의 서양의 형이상학을 일관하는 전통이었다.

하이데거는 전통적인 형이상학에 대하여 두 가지 점에서 반기를 든다. 첫째는 서양의 전통적인 형이상학은 자연적인 존재를 문제시했지만 역사적인 존재를 문제시하지 못했다는 것, 다시 말하면 자연적 존재를 취급해온 형이상학으로는 역사적인 존재로서의 인간은 도저히 이해할 수 없다는 것이다. 둘째로 플라톤의 이데아건, 아리스토텔레스의 형상이건 사물의 본질을 의미하는 한 그것은 보편적인 것이요, 영원한 것이요, 공통적인 것이기 때문에 그런 것을 가지고는 구체적이요, 시간적이요, 개성적인 인간이 가진 생의 사실을 도저히 파악할 수 없다는 것, 전통적인 모든 철학은 존재가 무엇이냐를 물었지, 어떻게 사는 것이 참 사는 것인가를 묻지 않았다. 하이데거가 문제 삼는 것은 '무엇'이 아니고 '어떻게'이다.

하이데거에게는 기독교적 신앙과 신학, 희랍적 사유와 형이상학에 대하여 정면으로 반대하고 들어갈 수밖에 없는 생의 근본적인 경험이 있었다. 그것을 그는 죽음으로의 존재에 있어서 시간의 근원적인 경험이라고 말한다. 그것은 간단히 무無의 근원적根源的 개시성開示性이라고도 한다. 이것은 불트만의 신神의 초월적超越的 계시성啓示性과 맞먹는 말이다. 무의 개시성이건, 신의 계시성이건, 인간적이면서 인간적인 것을 넘어선 세계라는 것은 확실하다. 그것은 인간의 사유와 지혜가 도달할 수 없는 세계다.

다만 공통되는 것은 인간적 생에 대하여 죽음을 선포하는 것뿐이다. 그것이 기독교적인 신앙이건, 철학적인 사유이건 근본적인 생의 체험에 있어서는 모두 이 생에 대한 죽음의 선언이다.

그들이 남겨 놓은 한 가지 가능성은 현애철수懸崖撒手하는 길뿐이다. 천인절벽千仞絶壁에서 눈을 감고 내리뛰는 것뿐이다. 신앙적인 안식도 아니고, 형이상학적인 체계도 아니다. 공포와 불안만이 생의 근원적 사실이다. 생의 본질이다. 불안이 없을 때 생도 없다. 사람들은 불안이 없는 생을 바란다. 마치 숨 안 쉬는 삶을 바라는 것이나 마찬가지다. 신의 계시라고 하건, 무의 개시라고 하건 모두 불안이라는 생의 근원적인 사실을 경험하는 일이다. 불안이라고 해도 좋고, 살았다고 해도 좋지만 머리카락도 벨 수 있는 날 센 칼날과 같은 것이다. 날이 서면 산 것이요, 날이 무디면 죽은 것이다.

복음서에 나타난 죽음을 불트만은 불안의 포기로 본다. 신을 선택한다는 것은 세상이 가지는 안전을 포기하는 것이다. 이 말은 기막힌 일이요, 거침돌이지만 그것만이 참다운 삶이요, 자기 자신의 가능성을 회복하는 일이요, 다시금 있어야 할 방식으로 있는 것이요, 또다시 장래를 가지는 일이다. 이러한 삶은 인간의 끝이기 때문에 이러한 생은 어떤 의미로도 결코 인간에 의하여 좌우될 수 없으며, 그것은 이 세상적인 현상이 아니고 오직 신과 그 계시자에게만 속해 있는 것이다.

믿음으로 산다는 말은 믿음 안에서만 산다는 말이요, 이 경우에 믿음이란 하나님의 말씀, 계시에만 복종하는 일이요, 결코 어떤 일정한 의미 내용을 이해하는 것이 아니다. 그것은 인간의 근본적인 존재방식, 즉 생의 근원적인 체험이다. 산다는 것은 아는 것도 아니고, 성공하는 것도 아니고, 출세하는 것도 아니다. 계시에 복종하는 것, 그것이 사는 것이다.

말할 것도 없이 하이데거의 물음의 입장도 이성의 입장에서 신앙을 거부하는 것도 아니고, 이성의 입장을 옹호하는 것도 아니다. 그것은 이성의 입장을 다시 묻는 이성 이전의 세계에 속하는 것이다. 신앙의 입장도, 이성의 입장도 넘어선, 그러면서 거기에서 이성과 신앙이 나오는 생, 생생한 생, 이 생에서 모든 것을 생각해가자는 것이 무의 개시요, 이 생을 그는 시간자체라고 부른다. 시간을 시간자체로부터 물어가는 길이 하이데거의 걸어가는 길이다.

근대의 자연관

*근대의 자연관은 한마디로 자연을 기계로 보는 생각과 자연이 진화한다는 생각, 이 두 가지 생각이 가장 두드러진 특징이라고 할 수 있다. 자연을 기계라고 생각하게 되는 이유는 16세기 들어서 산업이 발달되어 사람들이 자연을 본받아 기계를 많이 만들어 쓰게 되자, 사람들은 기계와 자연 속의 어떤 유사성을 생각하기 시작했다.

그러다가 자연도 기계라고 대담하게 주장한 이가 데카르트다. 데카르트는 자연에 대하여 세 가지를 주장하였다. 1. 자연은 기계다. 2. 자연은 입자粒子로 되어 있다. 3. 자연은 진화한다. 물론 이것은 고대 희랍의 이오니아 철학의 재생이지만 그보다 훨씬 구체적이다.

그는 말하기를 직공이 만든 기계는 조잡하여 파이프(관)나 나사가 눈에 보이지만, 신이 만든 자연은 세밀하여 그것들이 보이지 않는 것뿐이지 기계학의 규칙이 작용되기는 매일반이다. 기

*11호-11쪽

계학의 규칙은 기하학과 역학의 원리이기 때문에 인간이 자연을 인식할 수 있는 길은 이 두 가지로 충분하다. 이 두 원리는 연장과 운동인데 양적 물체가 역학의 법칙에 따라 다른 물체를 움직여 자리를 바꾸는 것이 자연변화의 기본형태다.

둘째로 데카르트는 우주의 원소를 입자로 생각한다. 태초에 신은 연장성 형태와 크기를 본질로 한 무한한 물질을 창조하고 운동을 시킨 후 관성의 법칙과 운동량 보존법칙을 정해주셨다. 그 후로 물질은 그 자신으로 변화 발전해간다. 물질은 운동으로 말미암아 무수한 조각으로 깨지고 서로 마찰하여 극히 작은 알이 되어 빛을 발하게 되는데 이것이 입자다. 입자는 크기와 운동과 질량 등 양적 특성만 가지고 입자들의 운동의 법칙을 수학적으로 규정할 수 있다.

셋째로 데카르트는 물질의 법칙을 식물이나 동물이나 인간에게까지 적용하여 우주의 진화를 생각했지만 그의 단명으로 그것을 마저 끝을 못 맺고 죽고 말았다.

데카르트의 생각을 좀 더 구체적으로 지질학이나 고대 생물학의 자료를 써서 자연의 진화발전을 논증하려고 한 사람이 라이프니츠다. 그는 지구의 형성진화를 이렇게 설명한다. 지구도 본래 태양인데 식어서 지구가 된다. 지각이란 태양의 흑점 같은 것이 지구의 전부를 뒤덮어 열이 안으로 들어가고 밖에 증기가 식어 바다가 되고, 반짝거리는 기본물질은 흙이 된 것이다. 지구 표면의 변화로 여러 가지 생물이 나타난 것은 화석을 통해서 알 수 있으며, 우주는 신의 완전성과 창조 의미를 통하여 영원히 무한한 진보가 계속될 것이며, 지금까지도 많은 변화와 발달을 거쳐서 이루어졌다고 말한다.

라이프니츠의 뒤를 이어 발전적 자연관을 지지한 이는 칸트다. 천체의 물질은 처음에는 혼돈이었다. 물질이 가진 힘은 끌어당기는 인력과 밀어제치는 척력(斥力)이다. 물질분포가 고르질 못하여 밀도에 차이가 생기며 밀도가 큰 물질은 강한 인력으로 입자를 당겨 중심물체를 만든다. 이것이 태양이다. 그런데 중심체로의 운동하는 도중 충돌해서 옆으로 튀어나간 입자는 중심체를 돌기는 하지만 충돌을 거듭함에 따라 차차 회전궤도가 정리되어 모든 것이 같은 방향으로 돌기 시작한다. 그리하여 돌아가는 물질 가운데 밀도가 큰 부분이 중심이 되어 인력으로 모여들면 그것이 혹성이 되어 지구가 생겨난다. 이런 과정이 혹성 주변에 생기면 위성이 되어 달이 생겨난다. 이런 식으로 태양계가 되고 은하계가 되기 때문에 모든 것은 어떤 중심을 돌게 될 것이다. 칸트의 생각을 받아 거대한 가스체의 성운이 뭉치어 많은 태양계가 생겼다고 라플라스가 성운설을 주장한다.

우주의 발전과 같이 생물의 발전을 라이프니츠가 말했지만 칸트도 그의 『판단력비판』에서 생물의 발전을 주장한다. 비교해부학의 도움으로 생물의 위대한 창조의 자취를 더듬어본즉 거기에는 하나의 체계가 있음을 알게 된다. 모든 생물의 형태의 유사점은 모든 상이점에도 불구하고 하나의 공통적 원형에서 생산된 것 같은 모습을 보여준다. 그런 의미에서 어떤 근본적인 공통 모태로부터 생성된 것이라는 강한 추측을 할 수 있다. 인간으로부터 원시동물로, 그리고 원시식물로, 그리고 최초의 자연물질로, 라는 계열이 되는데 자연의 기교는 단순한 물질과 힘으로부터 기계적 법칙에 의하여 나타나는 것 같다. 혼돈된 상태로부터 성립된 지구의 모태는 처음에는 자연으로 하여금 그렇게 큰 합목적이 아닌 형태의 생물을 낳게 하고 또 이들로부터 생산의 장소와 상호의 관계에 더 잘 순응하여 발달할 수 있는 다른 것들을 생산한다. 그 결과 생산하는 모태는 화석이 되고, 생산된 것은 더욱 풍부하게 다양성을 띄우게 된다.

칸트의 사상은 셸링이나 헤겔의 발전사상에도 영향을 끼치지만 이러한 생물진화론은 라마르크나 다윈을 통하여 하나의 진화론으로 완성되게 된다. 우주나 생물이 진화한다는 생각은 실재의 본성은 가만있는 것이 아니라 변화 발전한다는 진화론의 구체적인 표현이라고 할 수 있다.

이러한 진화론을 힘 있게 부르짖은 이는 셸링이다. 신은 시간을 초월하고, 자연을 초월한 절대자가 아니다. 모든 완전성을 포함한 최고 완전자로서 모든 만물에 숨어있다. 만일 그것이 나타나 있다면 그것은 모든 완전성을 다 드러냈기 때문에 창조의 근거가 될 수 없다. 그런고로 태초에 있었던 신은 아직 피어나지 않은 신이고, 마지막에 나타나는 신은 피어난 신이다. 신은 끝없이 발전하고 열려간다.

이러한 진화사상은 우리들이 날마다 보는 것과 과학이 보여주는 현실세계와 조금도 모순되지 않는다. 그 세계에서는 낮은 것으로부터 높은 것으로, 거짓으로부터 참으로 발전해간다. 어린애는 어른이 되고, 무식한 사람은 아는 사람이 된다. 자연자체가 빈약하고 혼란된 물질로부터 보다 더 완전하고, 보다 더 훌륭하게 형성된 상태로 올라가고 있다는 것은 말할 것도 없다. 참된 철학과 과학은 구체적이요, 산 학문이라야 한다. 이런 학문의 전진발전은 대상 자체의 전진발전과 일치하여야 한다. 철학의 올바른 방법은 올라가는 것이요, 떨어지는 것이 아니다.
　그런고로 발전의 공리는 이렇게 말할 수 있다. 발전의 원리는 언제나 필연적으로 발전된 사실보다 낮다. 발전의 원리는 발전된 것의 기관이요, 조건으로 쓰여지기 때문에 발전의 원리는 발전된 것을 자기 위에 세우고 이것을 보다 높은 것으로 인식하고 거기에 순종한다. 이러한 진화사상은 스펜서, 베르그송, 알렉산더, 화이트헤드 그리고 퍼스나 듀이에도 나타난다.
　퍼스는 생물과 인간에 주목하여, 모든 생물은 어디서나 자라고 더욱 복잡해진다는 사실을 인정하고, 성장과 다양성을 자연에 있어서 어디서나 찾아볼 수 있는 성질로 생각한다. 물리학의 갑이 을이 되고, 을이 갑이 될 수 있다는 가역적 법칙인 에너지(역力) 불멸의 원리를 완전히 거부하는 것은 아니지만 뉴턴이 주장한 가역성에 대하여 의심을 품기 시작하였다.
　일은 마찰에 의하여 완전히 열로 바뀌지만 열은 자기의 힘으로 완전히 일로 변할 수가 없다는 열역학의 제이 법칙 같은, 바뀌지 않는다는 현상(비가역성)에 눈뜨기 시작하였다. 갑이 을은 되지만 을은 갑이 잘 안 되려고 하는 성질이 이 땅위에 있는, 거의 모든 물체에서 나타나기 시작했다. 대부분의 현상이 비가역적이다. 탄생 성장과 같은 생물현상뿐만 아니라 마찰 같은 운동, 기타 거의 모든 것이 비가역성을 나타내는데 이런 현상은 바꿀 수 있는 법칙으로는 도저히 설명되지 않는다.

여기에 퍼스는 대담하게도 법칙성에서 하나의 예외적인 것으로 비법칙성을 규정하는 것이 아니라 그 반대로 비법칙성으로부터 규칙성을 규정해야 한다는 정반대의 입장을 택하게 된다. 그는 말하기를, 진화의 원동력은 자연 속에 내재하는 것이며 그 본질로부터 자연 속에는 우연하게도 자발적으로 여러 가지 다양한 변화와 이상이 일어나게 마련이다. 이러한 것이 쌓여서 성장과 진화가 되고, 끝으로 법칙도 나타나게 된다고 한다.

법칙이라고 하는 것은 개체가 그 자신에게 붙인 하나의 습관이라고 해도 좋다. 그리고 소위 뒤집을 수 있는 가역적 법칙이란, 개체가 하나의 틀에 박혀 움직이게 된 후에 나타나는 하나의 양상이다. 법칙은 개체의 유전적 특성이요, 개체가 자기를 제어하는 작용이다. 진화의 과정이란 모두 거꾸로 올라갈 수 없는 비가역적인 것으로 이것은 우연과 확률을 통해서만 이해될 수 있다. 그리고 물리학의 기본법칙과 같은 가역적 법칙도 비가역적인 현상이 퇴화 고정된 형태라고 생각되기 때문에 통계적으로 해석이 되어야 한다.

퍼스의 이러한 진화사상은 근본적인 것이요, 진보적인 것으로 화석이 된 뉴턴의 세계상이나 기계론적 자연관으로부터 완전히 떠난 새로운 사상이라고 할 수 있다. 진화라는 생각과 거의 같은 생각이 발전이라는 생각이다. 엥겔스 같은 사람은 다윈의 진화론을 발전이론이라고 했다.

우주의 진화, 생물의 진화라고 할 때에 철학에서는 더 넓은 의미로 발전이라는 개념을 쓰고 있다. 진화가 사회에 적용되면 사회진화라고 하지 않고 사회발전이라고 한다. 헤겔은, 존재의 운동은 가능태可能態로부터 현실태現實態로 발전한다는 아리스토텔레스의 발전 사상을 변증법이란 개념으로 파악하여 그 본질을 절대 정신이라고 했다. 그것을 마르크스는 운동하는 물질로 바꾸어 놓아 유물변증법을 확립하여 유물사관으로 끌고간다. 그리고 엥겔스는 물질이란 의식을 포함하는 성질 관계의 총체로서 존재하는 사물, 즉 현실세계 전체라는 것이다.

이것은 물질 일원론을 내세우기 위하여 파르메니데스 이래 오랫동안 분리되었던 물질과 운동을 합쳐놓음으로써 고대 이오니아의 자연철학을 되살리게 된다. 신과 인간을 다 포함하는 살아있는 자연 대신에 사회와 역사와 계급과 인과와 사유와 의식과 물질과 존재일체를 포함하는 현실적 세계를 운동하는 물질로 보자는 것이다. 그들은 물질을 하나의 객체로 보는 것이 아니다. 물질을 주체로 본다. 물질은 영원히 변화하면서 그 변화를 통해서 자기를 보존하며 현상 성질관계의 모든 질적 다양성을 그 자신 안에 통일하고, 그 자신의 본성을 개시開示해가며 발전해가는 절대자이다. 이러한 움직이는 물질은 질적으로도 한없이 풍부하고, 양적으로도 한없는 깊이를 가지고 있다. 이것은 영원히 발전하고 있으며 통일되어 있다. 통일성과 불멸성과 무한성을 물질의 본질로 보자는 것이 마르크스의 물질 일원론인데 희랍 자연관의 근대적 재생이라고 할 수 있다.

논어 학이

*자왈子曰, 학이시습지學而時習之 불역열호不亦說乎. 유붕有朋 자원방래自遠方來 불역낙호不亦樂乎. 인人 부지이불온不知而不慍 불역군자호不亦君子乎.(1절) 선생님의 말씀을 듣고, 두고두고 생각하고 또 생각하면 어떤 때 가서 탁 터지는 때가 있다. 그때는 선생님의 뜻을 안 것도 아니고, 내 뜻을 안 것도 아니고, 이것을 초월한 하늘의 뜻을 알게 마련이다. 그때의 기쁨이란 말할 수 없을 것이다. 세상에 자기를 정말로 알아주는 사람이란 참 많지 않다. 그런데 나를 정말 알아주는 사람이 있어 거리를 불문하고 찾아 왔다면 그렇게 즐거운 일이 어디 있을까. 그리고 정말 일하는 사람이란 남에게서 칭찬받기는 참 쉽지 않다. 시대보다 앞선 사람은 언제나 사람들로부터 미움을 사게 마련이다. 사람들이 자기를 몰라준다고 해서 화를 낸다면 아직 세상을 안 사람이라곤 할 수 없지 않을까.

『논어』 1편을 보통 〈학이學而〉편이라고 하는데 그 마지막 절

*11호-15쪽

(16절)에는 자왈子曰 불환不患 인지불기지人之不己知, 환患 부지인야不知人也라는 말이 있다. 공자는 사람들이 자기를 알아주지 않는 것에 대해서는 조금도 걱정하지 않는다. 그것보다는 내가 남을 이해하지 못하는 것을 더 염려할 뿐이라고 한다. 그리고 공자는 글을 아는 사람보다는 길(도道)을 아는 사람을 더 존경한다고 했다.

자왈子曰, 군자君子 식食 무구포無求飽, 거居 무구안無求安. 민어사이신어언敏於事而慎於言, 취유도이정언就有道而正焉, 가위호학야이의可謂好學也已矣.(14절) 잘 먹고 잘사는 것보다 일을 바로 잡고, 말을 조심하며, 언제나 스승을 좇아 자기를 바로 잡는 사람이 정말 배우기를 좋아하는 사람이라고 할 수 있을 것이다.

자공왈子貢曰, 빈이무첨貧而無諂 부이무교富而無驕 하여何如. 자왈子曰, 가야可也. 미약빈이락도未若貧而樂道 부이호례자야富而好禮者也. 자공왈子貢曰, 시운詩云 여절여차如切如磋 여탁여마如琢如磨 기사지위여其斯之謂與. 자왈子曰, 사야賜也. 시가여언시이의始可與言詩已矣. 고저왕이告諸往而 지래자知來者.(15절) 자공이 묻기를, 선생님, 가난해도 부자에게 아첨하지 않고, 부해도 가난한 사람에게 교만하지 않으면 어떨까요. 공자가 말하기를, 그렇지. 그러나 가난하면 도道를 즐겨 가난을 초월하고, 부하면 일을 좋아하여 부를 초월하는 것만 같지 못하다. 자공이 감탄하여 그런 사람은 시에 있는 것처럼 끊고 쓸고 쪼고 갈아 만든 좋은 예술품처럼 원시原始를 벗어난 문화인을 말하는 것이 아닐까요. 공자도 자공의 총명을 기뻐하여 너도 이제는 시를 이해하리만큼 컸구나. 하나를 말하면 둘을 알아차리게 되었으니.

유자왈有子曰, 신신 근어의近於義 언가복야言可復也. 공恭 근어례近於禮 원遠 치욕야恥辱也. 인因 불실기친不失其親 역가종야亦可宗也.(13절) 유자도 말하기를, 말은 바로 하여 믿음직하고, 사람은 겸손할수록 망신하는 일이 없고, 남에게 친절할수록 무시되지 않는다.

유자왈有子曰, 예지용禮之用 화위귀和爲貴. 선왕지도先王之道 사위미斯爲美 소대유지小大由之. 유소불행有所不行, 지知 화이화和而和, 불不 이례以禮 절지節之, 역불가행야亦不可行也.(12절) 유자가 말하기를, 딱딱한 예禮와 부드러운 화和는 같이 쓰여져야 귀한 것이 된다. 성현들도 그것을 참 아름답게 생각해서 큰 것, 작은 것을 모두 다 예화禮和로 조화시켰다. 그런데 세상 일이 잘 안 되는 것은 부드러운 것에 치우쳐 딱딱한 예로 조절하지 않아서 그렇게 되는 것이 아닐까.

증자왈曾子曰, 신종추원愼終追遠, 민덕귀후의民德歸厚矣.(9절) 증자 말씀대로 어른들의 뜻을 계승하고 그들의 먼 생각을 본받으면 백성들은 저절로 잘살게 되겠지.

자금子禽 문어자공왈問於子貢曰, 부자지어시방야夫子至於是邦也, 필문기정必聞其政 구지여求之與. 억抑 여지여與之與. 자공왈子貢曰, 부자온양공검양이득지夫子溫良恭儉讓以得之, 부자지구지야夫子之求之也, 기저이호其諸異乎 인지구지여人之求之與.(10절) 어떤 때 자금이 자공에게 묻기를 공자는 어디를 가도 군왕들이 결국 공자의 의견을 듣게 되는데 공자가 그런 기회를 만드는 것인가, 군왕 측에서 그런 기회를 제공하는 것인가. 자공이 말하기를 공자가 만드는 것도 아니고, 군왕이 제공하는 것도 아니고, 선생님의 태도가 하도 너그러워서 계획한 바는 없어도 저절로 그런 식이 되고 만다. 그런 것이 공자가 다른 사람과 다른 점이라고 할까.

자왈子曰, 군자부중즉불위君子不重則不威, 학즉불고學則不固. 주충신主忠信, 무우無友 불여기자不如己者, 과즉물탄개過則勿憚改.(8절) 공자의 말씀대로 사람이란 경솔하면 남에게 얕보이게 되고, 무식하면 고루해진다. 그런고로 깊이가 있고 무게가 있어야지. 그러려면 언제나 자기보다 난 사람과 사귀어야 한다. 그리고 부족한 점은 자꾸 고쳐가야지.

자하왈子夏曰, 현현역색賢賢易色, 사부모능갈기력事父母能竭其力, 사군능치기신事君能致其身, 여붕우교언이유신與朋友交言而有信, 수왈미학雖曰未學, 오필위지학의吾必謂之學矣.(7절) 자하도 말하기를, 이성異性보다도 스승을 더 사랑해야지. 집을 위해 힘쓰고, 나라를 위해 몸을 바치고, 사회를 위해 말씀을 내놓으면 남은 무엇이라고 하든 나는 이런 사람이야말로 스승이 될 자격이 있다고 생각한다.

자왈子曰, 교언영색선의인巧言令色鮮矣仁.(3절) 말만 잘하고 모양만 내는 사람치고 사람 같은 걸 보지 못했다.

증자왈曾子曰, 오픔 일삼성오신日三省吾身. 위인爲人 모이불충호謀而不忠乎. 여붕우교이불신호與朋友交而不信乎. 전불습호傳不習乎.(4절) 증자도, 나는 밤낮 자신을 반성해본다. 남에 대해서 언제나 진실했는가. 친구에게 언제나 진실했는가. 선생님께 진실했는가.

자왈子曰, 도道 천승지국千乘之國, 경사이신敬事而信, 절용이애인節用而愛人, 사민이시使民以時.(5절) 사람이란 웬만한 나라를 맡기면 일을 꾸며 해낼 수 있는 힘이 있어야 하고, 국비는 아끼고, 민도는 높이고, 백성들을 괴롭히지 말아야지.

자왈子曰, 제자입즉효弟子入則孝, 출즉제出則悌, 근이신謹而信, 범애중이친인汎愛衆而親仁. 행유여력즉이학문行有餘力則以學文.(6절) 집안에서는 부모에게 효도하고, 나라에 나가서는 임금에게 공손하여 일을 삼가서 실수 없이 하고, 모든 백성을 잘살게 하여 임금을 사랑하게 하고, 그리고 짬짬이 공부하여 시대에 뒤떨어지지 않게 해야지.

유자왈有子曰, 기위인야효제이其爲人也孝悌而 호범상자선의好犯上者鮮矣. 불호범상이不好犯上而 호작란자미지유야好作亂者未之有也. 군자무본君子務本 본입이도생本立而道生. 효제야자孝悌也者, 기위인지본여其爲仁之本與.(2절) 유자도 말하기를, 사람됨이 겸손하여 부모에게 효하고, 나라에 충하는 사람치고 윗사람을 무시한다거나 사회를 파괴한다는 것은 있을 수 없다. 군자는 언제나 가정과 나라와 사회와의 관계를 바로잡는 것을 인간의 가장 중요한 것으로 생각하여 이 관계를 바로잡는 데 힘을 썼다. 이 관계만 바로 되면 세상에는 아무 일이 없을 것이다.

자왈子曰, 부재관기지父在觀其志, 부몰관기행父沒觀其行. 삼년무개어부지도三年無改於父之道 가위효의可謂孝矣.(11절) 공자도 그 시작을 집안에 둔다. 우선 부모와의 관계를 바로잡아 살아계실 때는 그 뜻을 알아차리고, 세상을 떠나면 그 소원을 알아차려서 아버지의 뜻을 이루어감이 집안과의 관계를 바로잡는 일이다.

논어를 되는 대로 한번 읽어본다. 맨 처음이 〈학이學而〉편이다. 공자는 배우기를 좋아한 사람이니 〈학이〉편이 머리에 놓여있다. 공자가 배운다고 한 것은 글을 배운다는 것이 아니다. 사람됨을 배우는 것이다. 공자는 사람을 사회와 따로 떼어서 생각하지 않는다. 언제나 집안과 나라와 사회와 연결된 사람이다. 적어도 집을 위하여, 나라를 위하여, 사회를 위하여 몸과 마음을 바치는 사람이 산 사람이다.

공자는 꿈에도 주공周公을 그리워한 사람이다. 자기가 사랑하는 나라를 주공의 제도와 문화로써 적시어보자는 것이다. 때는 군웅이 할거하는 춘추전국시대에 이름난 무장武將의 아들로서 출세할 수 있는 길은 얼마든지 있었다. 그러나 공자는 자기를 생각하기 전에 먼저 나라와 사회를 생각했다. 어진 나라와 바른 사회 없이 사람은 사람일 수가 없었다. 어진 나라, 바른 사회의 본보기를 공자는 주나라에서 보았으며, 주공은 주나라를 낳은 창조적인 인물이요, 자기가 속해있는 노나라의 시조이기도 하였다. 공자는 주공을 사모하고 자기도 주공이 될 것을 꿈꾸었다. 그는 새 나라를 내놓을 수 있는 어질고 바른 사람이 되려고 애를 썼다. 그가 배우기를 힘쓰고 익히기를 힘쓴 것은 주공이다.

주공을 가슴에 품고 사는 공자에게는 하늘밖에 공자를 알아줄 사람이 없었다. 그는 말년에 나를 알아줄 이는 하늘밖에 없을 것이라고 하였다. 주공이 공자에게 가르친 것은 하늘과의 관계를 바로 잡고, 사람과의 관계를 바로 잡으라는 것이다. 하늘과의 관계를 예배禮拜라고 하고, 사람과의 관계를 예절禮節이라고 하여 공자는 주공의 사상을 예禮라는 한 자로 붙잡고, 자기를 이기고 예로 돌아갈 것(극기복례克己復禮)을 인생의 목적으로 생각했다.

공자는 체구가 보통 사람보다 훨씬 뛰어나게 크고 건장한 사람이다. 무사로 태어난 그의 정신 속에 한번 주공의 정신이 둥지를 튼 후부터는 예를 완성하기 위하여 글을 읽고 노래를 불렀다. 그러면서도 나라를 바로 잡기 위해서 언제나 칼을 버리지 않았다. 공자의 제자 중에는 문사文士도 많았지만 무사武士도 떠나지 않았다. 공자는 물론 문무를 초월한 사람이다. 공자를 가장 깊이 이해한 사람은 안자顔子였다. 공자는 집을, 나라를, 사회를 떠날 수가 없었다.

제2편에는 효도가 나오고, 정치가 나오고, 종교가 나오고 그 밑받침으로 수신이 나온다. 마구 섞여있는 것 같아도 다 속으로 연결되어 있다. 수신修身 제가齊家 치국治國 평천하平天下라고 하지만 공자는 나라와 사회 없이는 아무런 생의 의의를 발견할 수 없는 사람이었다.

어질고(인仁) 바르게(의義)는 맹자에게 와서 더욱 강조가 된다. 어질다는 말은 익었다는 말인 듯하다. 어진 사람만이 능히 사람을 고와할 수도 있고, 미워할 수도 있다고 공자는 말한다. 어진 사람만이 사람을 살릴 수도 있고, 죽일 수도 있다. 자기를 이기고 예禮에 돌아온 것을 어질다고 한다. 어질다고 하는 것은 무엇인지? 그것은 나라와 함께 호흡하고, 사회와 함께 숨 쉬는 것인지도 모른다.

【오 - 늘】

▶ 6월 25일 국군묘지에 갔다. 수많은 비석들이 그날의 쓰라림을 말해주고 있었다. 백만의 피를 뿌리면서도 더러운 오랑캐의 발자취를 씻어버리지 못하였다. 개인의 자유가 한없이 소중하다는 것을 알기 위해서 우리가 치른 희생은 너무나 컸다. 그러나 이 희생을 헛되이 하지 않기 위해서 우리가 겪어야 할 고난은 아직도 멀었다.

▶ 6월 28일 시험 일색이다. 교실도, 마당도, 운동장도 모두 시험이다. 인생이 시험인 듯하다. 한 끼를 먹어도 시험이요, 하룻밤을 지내도 시험이다. 깨어도 시험이요, 걸어도 시험이다. 사람이 몸과 마음을 가지고 있는 동안은 모두 시험이다. 심신탈락진心身脫落盡 유유일진실唯有一眞實이라고 한다. 인생을 졸업하기 전까지는 시험이 있게 마련이다. 공자는 언제나 자기를 이기고 큰 날을 기다리라고 한다. 졸업이 있기까지 계속 시험을 쳐가는 수밖에 길이 없다.

▶ 7월 4일 석 달 동안 계속된 집짓는 일이 일단락 되어 집들이를 하였다. 수많은 노력이 시멘트와 더불어 뭉쳐 들어갔다. 나라를 세우는 노력도 쉬운 일이 아니겠지만 사람은 누구나 자기의 전공을 가지고 집을 지어간다. 음악가는 음악의 집을 짓고, 사상가는 사상의 집을 짓고, 정치가는 정치의 집을 짓고, 사업가는 사업의 집을 짓는다. 큰집(대가大家)을

*11호-19쪽

짓는 이도 있고, 작은 집을 짓는 이도 있다. 하이데거는 말씀은 존재의 집이라고 하지만 글은 인간의 집인지도 모른다. 공자의 집은 논어요, 예수의 집은 복음이요, 노자의 집은 노자다. 노자를 읽는다는 것은 노자의 집을 찾아가서 노자와 만나는 일이다. 오늘도 노자의 집을 두드려 보았지만 그의 집은 언제나 너그럽고 여유가 있다.

▶ 7월 14일 처음으로 『논어』 읽기를 시작하였다. 60명가량의 회원이 모였다. 『논어』는 읽기 전과 읽은 후가 달라져야 한다고 한다. 방학 중에 『논어』를 끝낼 작정으로 한 주간에 두 번씩 읽는 시간을 가지기로 하였다. 무더운 여름날에 학생들을 붙잡아 매서 안됐지만 공자의 말씀에 더위는 가실지도 모른다.

▶ 7월 22일 가정대학 학생들과 한라산에 간다. 6·25때 제주도로 피난 가서 2년을 있으면서도 한라산을 보기만 했지 오를 생각은 못했다. 그때에는 공비가 산을 점령하고 있었다. 밤마다 산에서 불을 질렀다. 그들이 살아 있다는 표적이었다. 이번에는 우리가 올라가서 불을 질러볼까 한다. 그렇다고 한라산이 활화산이 되지는 않겠지만 한라산은 1950미터가 된다. 피난 가서 보니 그해도 1950년이었다.

노자 제11장   늙은이 11월

삼십폭三十輻이	설흔 낯 살대기
공일곡共一轂하니,	한 수레 통에 몰렸으니,
당기무當其無가	수레의 쓸 수 있음은
유차지용有車之用이라.	그 없는 구석이 맞아서라.
연식埏埴으로	진흙을 빚어서
이위기以爲器하니,	그릇을 만드는데,
당기무當其無가	그릇의 쓸 수 있음은
유기지용有器之用이라.	그 없는 구석이 맞아서라.
착호유鑿戶牖하여	창을 내고 문을 뚫어서
이위실以爲室하니,	집을 짓는데,
당기무當其無가	집의 쓸 수 있음은
유실지용有室之用이라.	그 없는 구석이 맞아서라.
고故로 유지有之 이위리以爲利는	므로 있는 것이 좀이 되는 건
무지無之 이위용以爲用이라.	없는 것을 씀으로서라.

유영모의 노자 해석

*수레바퀴의 중심은 허공이요, 움직이는 것의 복판은 움직이지 않는 것이다. 마음은 언제나 텅 비어 만물을 포섭하고, 마음은 흔들림 없이 만물을 움직인다. 하늘보다 넓은 마음, 땅보다 두터운 마음. 마음은 하늘과 통하여 도가 되고, 마음은 땅과 통하여 덕이 된다. 그릇이나 방도 빈 데가 있어 쓸모가 있다. 마음이 가난한 자가 복이 있다는 말은 너무도 당연하다.

소강절邵康節의 시에 심안신자안心安身自安 신안실자관身安室自寬이라는 구절이 있다. 마음이 편해야 몸이 편하고, 몸이 편해야 방안이 너그럽다고 한다. 바다라는 대자연 속에 인생이라는 일엽편주가 떠 있다. 잠속에 꿈이 있듯이 대자연이란 무의 잠속에 인생이라는 유의 꿈을 꾼다. 자연은 인생을 지배하려고 들지 않는다. 인생의 꿈을 그대로 있게끔 하는데 자연의 너그러움이 있다. 자연의 너그러움을 무無라는 한마디로 표현해 두자.

노자를 특히 좋아한다는 하이데거는, 2천 년 서양의 철학사는 존재망각의 역사라고 단정하고 존재를 묻는 참된 사유는 그 시원적인 빈곤상태로 돌아가야 한다고 역설한다. 그는 말하기를, 노자와 더불어 문자의 검약을 배워야 하며, 사유가 시와 일치되는 원시적 벌판에서 마치 기도를 올리듯 경건한 마음으로 존재의 은총에 힘입을 때를 기다려야 한다고 한다.

김흥호 풀이

*11호-20쪽

월간 사색 제11호
1971년 9월 1일 발행
2013년 9월 1일 재발행

생각하는 사람의 벗이 될

1971년 10월
제 12 호

나는 불, 너는 기름

*사람은 한번은 자기 육신에 대하여 마치 그것이 돌이나 나무인 것처럼 '나는 정신이요, 너는 물질이다'라고 외치는 때가 있어야 한다. 인간은 정신이다. 그런데 정신이란 무엇일까. 정신이란 나다. 정신이 나라면 나는 무엇일까. 나란 하나의 관계다. 이러한 관계는 거저 유지되는 것이 아니다. 이러한 관계를 유지하기 위하여 밤낮을 가리지 않고 노력할 때에만 그 관계는 유지되는 것이다. 그런고로 이런 관계는 이런 관계를 유지하기 위하여 노력하는, 그런 관계만이 산 관계라 할 수 있다. 이러한 관계는 언제나 그 관계에게

*12호-1쪽

어디서나 관계하는, 그런 관계다. 하나의 관계, 그 관계 자체에게 관계하는 관계, 이것이 정신이다. 그리고 이 관계를 지키기 위해서 계속 애쓰는 그러한 정신, 그것이 깬 정신이다. 깬 정신, 그것이 나다. 깬 정신만이 그 관계를 지키기 위하여 그 관계와 비상한 관계를 가지기 때문이다. 이 관계는 흔히 약속이나 계약으로 표시되기 때문에 약속의 이행, 계약의 실천, 이것이 관계의 세계다. 행의 세계, 이것이 나의 세계요, 정신의 세계다.

칸트는 이러한 나를 실천이성이라고 하지만 키르케고르는 주체성이라고 한다. 주체성은 행에서 이루어지고, 정신은 약속을 지키는 데서 더욱 깨어난다. 깬 정신, 그것이 나다. 난 정신, 넌 육체. 천지가 창조되어 하늘땅이 갈리듯이 정신과 육체가 기름과 불처럼 갈라질 때 정신도 살고, 육체도 산다. 불이 기름 속에 거꾸러지면 불은 꺼진다. 심지를 바로 세워 마음과 뜻을 굳게 하여 기름 위에 우뚝 설(입지立志) 때 불은 붙게 마련이다. 이 고디(정貞)를 유지할 때만 나는 불이요, 정신이다. 나는 불, 너는 기름. 기름 없이 불은 없지만 기름에 빠지면 불은 꺼지게 마련이다.

> 유영모의 말씀
>
> 이 빈탕 한데 우리 아바 마음 아바 아바지 뜻
> 맨 처음 이름 있 우리 아바 한알 한우님 앓
> 갸룩한 한알 뜻 뜻뜻 야웨여 아멘

빈탕(허공虛空) 하늘은 아버지의 마음이요, 한데 큰 땅은 아버지의 뜻이고, 곧은 사람은 아버지의 아들이다. 아들을 위하여 옛날부터 일러 내려오는 말씀이 있다. 이를 속담이라고 하건, 격언이라고 하건, 금언이라고 하건, 경전이라고 하건, 하여튼 태초에 말씀이 있었다고 해두자.

옛날부터 일러 내려오는 한알 말씀은 땅에 떨어지는 법이 없다고 한다. 땅에 떨어지고 말았으면 오늘까지 일러 내려올 수도 없었을 것이다. 땅에 떨어지지 않는 말씀이기에 영원한 말씀이요, 하늘의 말씀이요, 참된 말씀이다. 말씀은 하나님과 같이 있었다고 한다. 같이 계신 말씀이기에 하나님을 알 수 있을 것이다.

옛날부터 일러 내려오는 말씀대로 살면 구원을 얻는다고 한다. 구원이라고 말할 때는 영원한 생명과 같은 말이요, 생명의 영원을 생각할 때는 시간을 초월한 신의 세계를 생각하지 않을 수

*12호-2쪽

가 없다. 영원한 생명은 신의 편에 선 생명이요, 세상에 끌려 구부러지지 않는 생명이다. 정의의 생명이요, 곧디 곧은 생명이요, 말씀이 곧 하나님이 된 생명이다. 갸륵한 한알 뜻 이루어 뜻뜻하게 하면 온 천하가 아버지께로 돌아간다.

우리는 모름을 디디고 한알 가는 길 따라 꼭 믿고 걸어감이 모름딕이 갈 길이다. 한알 품은 어미닭은 야웨고 야웨여, 아무것도 못 먹고 맨 뼈만 남았다. 며칠이 지나가면 새소리가 들릴 건가.

김흥호 풀이

현대의 자연관

*르네상스 이후 뉴턴의 만유인력의 법칙이 모든 물체를 지배하는 것으로 생각되어 뉴턴의 과학은 근대의 자연관에 절대적인 영향을 끼쳤다. 칸트가 뉴턴의 충실한 제자였다는 것은 누구나 다 아는 사실이다.

그런데 20세기에 들어서자 아인슈타인의 상대성 원리는 뉴턴의 원리를 과거의 것으로 만들고 말았다. 그뿐만 아니라 근대 자연의 기본 물질인 원자는 그 절대성을 더 이상 유지할 수 없게 되었다. 그 이유는 원자보다 더 근본적인 물체가 발견되었기 때문이다. 그것은 전자다. 이 전자의 운동은 우리의 눈으로 보이는 물체와는 전혀 다른 식으로 움직인다.

사람이 집안에 들어갈 때에는 한 사람이 두 문으로 같은 시간에 들어갈 수는 없다. 그러나 전자는 한 개의 전자가 동시에 두 문으로 들어갈 수가 있다. 전자는 우리의 상식으로는 도저히 이해할 수 없는 운동을 하고 있다는 것이 밝혀졌다. 이것이 전자

*12호-3쪽

의 입자성粒子性과 파동성波動性이다.

　19세기까지 기계문명의 기초가 되어온 뉴턴의 역학과 법칙이 적용되는 세계는 우주의 전부가 아니라 극히 제한된 세계에만 해당된다는 것을 알게 되었다. 뉴턴의 역학을 기초로 한 기계론적 자연관이 무너지기 시작하였다. 이것이 근대가 지나가고 새로운 현대의 먼동이 트는 계기가 된다. 뉴턴의 역학이 성립되지 않는 세계의 발견, 즉 아인슈타인의 원리가 성립되는 새로운 세계의 발견, 이것이 현대 사람들이 가지는 새로운 자연관이라고 할 수 있을 것이다.

　옛날 데모크리토스가 원자론을 주장할 때 원자, 즉 아톰이란 말은 나눌 수 없다는 말이었다. 20세기에 와서 원자는 원자핵과 전자로 갈라지고, 원자를 구성하고 있는 입자粒子들을 소립자素粒子라고 부르지만 소립자 속에는 또 무엇이 있는지 아직 현대인에게는 알려지지 않고 있다. 아마 그것은 미래인에게 주어질 세계인지 모른다. 하여튼 지금까지 우리들이 볼 수 있는 물체나 천체에서 지배적이던 뉴턴의 원리는 소립자의 세계에서는 맥을 못 추고, 양자역학量子力學의 새 법칙이 작용하고 있다.

　근대 이후 지배적이었던, 자연을 세분하여 그 속에 들어가 다른 부문의 연구와는 거의 독립된 채 좁고 깊게 파고 들어간다는 자연에 대한 연구태도는 거의 사라져 버렸다. 현대에 와서는 거대한 자본과 거대한 조직과 거대한 장치를 가지고 협동하는 방법을 쓰기 시작했다. 물리학과 화학이 협력하고, 화학과 생물학이 협력하여 각 학문의 분야별로 막아 놓았던 국경선이 차차 희박해지고 학문의 세계성, 공동성을 띠기 시작하였다. 국가를 중심했던 근대학문이 세계를 중심하는 현대학문으로 그 축을 옮기고 있는 것이 20세기 학문의 동향인 것 같다. 인문과학과 사회과학과 자연과학이 점차로 접근하려는 태세로 나가는 것 같다.

지금까지 시간·공간·인간을 따로 따로 나누어 생각하던 것이 시간·공간을 통째로 생각하기 시작했다. 아인슈타인의 상대성 원리를 근거하여 영국의 알렉산더나 화이트헤드 같은 사람들이 새로운 자연관을 주장한다. 아인슈타인은 앞으로는 공간만이라든가, 시간만이라는 것은 생각할 수 없다고 한다. 그런 것들은 모두 그림자처럼 사라지고 말 것이다. 있는 것은 다만 이 두 가지가 합쳐진 것만이 독립하여 존재할 수 있다고 말한다. 알렉산더도 시간·공간의 합일체를 그대로 예지라고 하였다. 예는 여기라는 공간이요, 지는 지금이라는 시간이다. 예지는 시공의 합일체요, 화이트헤드가 말하는 무한한 창조력이다. 그는 신까지도 포함하여 모든 만물의 모태를 예지라고 한다. 이 예지는 모든 것의 모든 것이요, 근거의 근거이다. 시간 없는 공간도 없고, 공간 없는 시간도 없다. 시간은 공간의 마음이요, 공간은 시간의 몸이다. 예지 속에 영원한 창조가 시작된다. 처음에는 물질이, 그다음에는 생명이, 그리고 정신이, 끝으로 신이 나타난다. 신은 신이 되려는 영원한 충동을 지닌 무한한 우주다. 신비한 자연, 이것이 현대인의 자연이다.

아인슈타인이 우주의 시간·공간 구조와 물질분포와는 직접적인 관계가 있을 것이라고 말한 이후 물질의 운동은 현대에 와서 생명의 원형으로 연결되고 있으며 생물체를 구성하고 있는 물질과 무생물체의 물질이 어떻게 연결되었는지를 찾는 것이 생물학적 관심의 중심이 되고 있다. 아인슈타인이 멀리 떨어진 성운星雲에서 오는 빛의 분석을 통해서 멀리 있는 성운이 더 멀어져가고 있는 것을 보고 우주가 팽창해가고 있다고 말했지만 자연의 변화 발전은 앞으로 인류에게 더 새로운 세계를 마련해줄지도 모른다.

물리학이 소립자素粒子의 개념에 도달한 것은 1932년 하이젠베르크가 원자핵의 모형을 정립했을 때이다. 원자는 전자電子와 전자장電磁場으로서의 광자光子, 그리고 핵을 구성하고 있는 양자陽子와 중성자中性子라는 네 가지 소립자素粒子로 구성되어 있다. 이 입자들의 고유한 질량質量을 100만 전자볼트 단위로 표시하면 양자가 938.25, 중성자가 939.55임에 비하여 전자는 0.51, 광자는 0이다. 그런고로 원자의 질량은 거의 원자핵이 가지고 있고, 원자핵의 주위를 양자역학量子力學의 법칙에 의하여 전자들이 뛰어다니고 있다고 생각된다.

중성자의 발견은 방사선放射線을 해명하는 데 절대적인 도움을 주게 되었다. 자연계에는 방사선 원소가 있어 알파선, 베타선, 감마선을 방사하고 있는데 알파선은 양자 2개, 중성자 2개의 헬륨 원자핵과 같은 것이고, 베타선은 전자의 흐름이요, 감마선은 광자다. 그런데 문제는 원자핵에서 어떻게 베타선의 전자가 나오는가 하는 것이다. 결국 하이젠베르크는 중성자가 전자를 방출하여 양자가 된다는 이론을 내세움으로써 소립자가 서로 바뀐다는 상호전환성相互轉換性을 주장한다. 소립자는 상호작용을 통하여 자신의 물리적 성질을 나타내고 있다는 것을 알게 되었다. 비록 개개의 입자가 하나의 성질이라고 할지라도 그것과 다른 입자의 상호관계로 말미암아 나타나는 것으로써 하나의 소립자의 성질은 다른 소립자들의 작용에 의하여 그 속성이 규정된다고 할 수 있다. 그런고로 개개의 소립자의 성질과 소립자간의 상호작용은 결코 따로 생각할 수가 없다. 물질을 떠나서 운동은 없고, 운동을 떠나서 물질은 없다. 물질의 공간성과 운동의 시간성은 따로 생각할 수가 없다.

상대성 원리에 의하여 에테르의 물질성이 부정된 이후 시간·공간의 통일성이 새롭게 인정되기 시작하였다. 원자가 물리학의 대상이 된 이후에 화학과의 거리도 급속도로 단축되어 갔다. 물리학의 연구가 소립자론으로 발전되자 원자계原子系의 물질을 대상으로 하는 물성물리학 즉 화학물리학이 일어나 운동의 양적量的 측면과 아울러 질적質的 측면이 문제되기 시작했다. 지금까지의 물리적 법칙은 수학적 표현을 중요시했다. 따라서 외면적인 법칙은 알았지만 내면적인 법칙은 알 수가 없었다.

그런데 질적 인식의 긍정은 새로운 법칙의 발견을 내다보게 하였다. 소립자와 같은 적은 세계에 대한 생각도 달라졌지만 우주와 같은 큰 세계에 대한 연구도 급속도로 전진했다. 특히 전파電波 관측의 발전은 전파천문학을 낳게 하여 은하계의 가스물질의 물리상태가 밝혀지기 시작하고 특히 우주선의 연구는 은하계의 구조와 진화를 인식하는 데 중요한 계기가 되었다.

그밖에 로켓, 인공위성, 200인치 반사망원경의 직접관측도 우리 주변의 공간 이해에 많은 도움을 주고 있다. 우주물리학의 다방면의 연구는 항성恒星 진화의 단계를 밝혔고 은하핵銀河核 활동의 관측과 은하계보다 더 멀리 있다는 준성準星의 발견은 우주와 준성에 대한 일반상대론, 중성자 발생의 소립자론, 백색왜성白色矮星, 중성자성中性子星에 대한 물성론과 연결되어 우주물리학과 기초물리학은 더욱 긴밀한 연결을 갖게 되었다.

항성진화론의 발전으로 원시태양原始太陽의 상태를 알게 되었다. 현재 알려진 항성의 진화는 먼저 적당한 조건 밑에서 기체는 그 집단 자신이 가지는 중력에 의하여 수축되기 시작하여 자기의 중력으로 속박된 하나의 물리적 체계를 이룬다. 이것이 항성의 탄생이다. 중력重力수축으로 중력 에너지는 개방되어 그 일부는 폭사輻射의 형식으로 계系 밖에 흘러나와 별로서 빛나기 시작한다. 개방된 에너지의 다른 부분은 내부 에너지가 되어 항성 중심부의 온도를 높여 준다. 중심의 온도가 약 2천만 도에 달하면 수소가 헬륨으로 전화하는 열핵熱核반응이 일어나 핵에너지를 발생하여 내부의 고온기체의 압력이 중력과 균형이 잡히면 별은 안정된 상태에 들어간다.

태양도 이 단계에 속한다. 수소가 연소되면 중심부에 헬륨이 생겨 그 양이 별의 전 질량의 1할 정도가 되면 중심 부분은 다시 중력수축을 일으켜 외층이 확대되고 반경이 길어진다. 그와 동시에 표면의 온도가 내려가고, 별은 붉은 별로 진화한다. 헬륨으로 된 중심부의 온도가 약 2억 도가 되면 헬륨이 탄소로 전화하는 열핵반응이 시작되어 항성의 반지름은 또다시 적어지고 표면온도는 높아진다.

그 후 탄소연소반응, 네온연소반응 등 열핵융합반응과 중심부의 중력수축의 반복으로 항성의 내부구조는 그때그때의 반응으로 생긴 원자핵原子核의 층이 쌓여지고 중심부분은 가장 안정된 철鐵의 원자핵으로 전화되어간다. 중심부의 온도가 약 60억도, 비중 약 1천만이 되면 철이 다시 헬륨으로 전화하는 흡열반응이 생겨 중심부분이 함몰하면 외층부는 급격히 수축되어 폭발할 때 중성자포획반응中性子捕獲反應으로 초우라늄 원소까지의 중원소重元素가 한꺼번에 형성되어 이러한 중원소를 포함하는 별의 외층은 별과 별 사이의 공간으로 방출된다. 이렇게 방출된 중원소를 포함하는 별 사이의 기체로부터 또다시 다음 세대의 항성이 탄생한다. 항성의 종족의 차이는 별의 세대의 차이다.

이처럼 항성은 내부에서 행해지는 핵반응과 중력을 중요원인으로 하여 진화하는데 항성의 진화에 따라 항성내부에서는 가장 단순한 원자핵을 가진 수소로부터 출발하여 보다 더 복잡한 원자핵이 형성되어간다. 즉 대우주의 항성의 진화와 소우주의 원소의 진화는 서로 손을 잡고 발전해간다. 이리하여 우주는 더 높은 차원의 세계를 가지게 될 것이고, 이러한 계층의 구조법칙, 진화의 새로운 원리를 찾아가는 것이 앞으로 물리학의 과제일 것이요, 이러한 탐구와 아울러 새로운 자연관이 전개될 것이다.

하이데거

*산의 언덕에서 밭을 갈고 있는 한 농부가 있었다. 이 산을 찾아가는 사람들은 한없이 산의 아름다움을 찬양하지만 산에 사는 농부는 산의 아름다움을 보려고도 하지 않는다. 왜냐하면 그는 산과 같이 살고 있으며 그는 벌써 산이 되고 말았기 때문에 자연을 하나의 아름다운 경치로 감상하며 자연의 가치를 떨어뜨릴 수는 없었기 때문이다. 그는 이미 자연이 그대로 자기임을 믿고 있었다.

침엽수가 우거진 검은 숲(슈바르츠바르트)은 하이데거가 평생 찾은 존재의 빛이 비치는 곳이요, 검은 숲 가운데 오두막집에서 『존재와 시간』을 비롯해서 많은 글을 쓰며 그는 지금도 살고 있다. 그가 어렸을 때 자란 메스키르히에는 성곽과 밀밭, 목장을 지나 언덕을 넘고 숲을 건너 다시 마을로 돌아오는 좁다란 오솔길이 있었다. 봄에는 푸릇푸릇 밀이 자라고, 여름에는 이름 모를 꽃들이 길가에 만발했다. 아침에는 종달새가 높이 뜨고, 저녁에는

*12호-7쪽

알프스의 먼 산들이 숲속으로 자취를 감추었다. 아이들은 언제나 이 길에서 뛰어놀고, 저녁이면 나무꾼들이 장작을 지고 돌아온다. 하이데거가 걸은 길은 언제나 이 길이었다. 청년시대도 가끔 이 길을 걸었고 길을 걷다가는 전나무 그늘에 앉아서 위대한 사상가들의 책을 읽기도 하고, 사색에 잠기기도 하였다. 남의 책을 읽을 때나, 자기의 사색에 잠길 때나 그를 인도해준 것은 그가 어렸을 때 걸은 이 산길이었다. 이 길에서 하이데거가 종이배를 띄우며 놀던 어린 시절부터 어렴풋하게 들려온 것은 가는 존재의 숨은 소리였다. 철을 따라 바뀌는 풍경 속에서도 어렴풋이 보이는 좁은 산길은 언제나 존재의 진리를 말해주고 있었다.

아버지는 나무통을 만드는 직공이요, 어머니와 더불어 깊은 신앙을 가진 분이었다. 그가 14세에 8년제인 보덴 호숫가의 아름다운 중고등학교를 가게 된 것은 아버지가 돌보는 마르틴 성당 신부님의 주선이었다. 20세에 프라이부르크 대학에 들어갔다. 프라이부르크는 바덴주가 자랑하는 가장 경치 좋은 검은 숲(슈바르츠바르트)이 있는 산기슭에 있었다. 그 후 그는 마르부르크 대학에 근무한 6년을 제외하고는 한평생을 검은 숲에서 살게 된다.

대학에 들어가서는 신부가 되기 위하여 신학을 공부하고 있었다. 그러나 22세 때 또다시 고향의 산길을 걸으면서 그는 점점 철학으로, 수학으로, 자연과학으로 쏠리기 시작하다가 브렌타노의 작품이 결정적으로 그를 철학으로 몰아넣었다. 그때 프라이부르크에는 리케르트가 중심이 되어 신칸트학파의 요새를 이루고 있었다. 리케르트의 지도로 1914년 제1차 세계대전이 나던 25세에 판단론에 관한 학위논문을 내고 그다음 여름에는 둔스 스코투스의 범주론을 가지고 교수자격 시험에 통과하여 처음으로 철학 강사에 오른다. 세계대전이 퍼져가는 1916년에 리케르트의 후임으로 후설이 오게 된다. 신칸트학파에 반대하여 본질직관을 부르짖는 현상학파다. 그는 하이데거로 하여금 새로운 철학의 길을 걷게 한다.

그 후 11년간 후설의 영향 밑에서 침묵의 시대가 지나간다. 결국 1927년 그는 후설에게 바치는 책으로 『존재와 시간』이라는 세기적인 작품을 내놓게 된다. 『존재와 시간』이 나오는 이 시기는 독일국가로서 가장 진통이 큰 때였다. 독일뿐만 아니라 전 유럽이 몹시 큰 상처를 입은 때다. 6,000만 명이 동원되어 900만 명이 죽었고, 200만 명이 부상을 입었다. 그 외에 기근과 장티푸스, 학살 등으로 900만의 일반 시민이 쓰러졌다. 전비戰費 3,300억 불, 물적 손해 1,800억 불, 이리하여 나라들의 4분의 1이 없어지고 말았다.

이와 같은 대소모전은 과학기술때문이었다. 과학기술은 새로운 대량살륙의 무기를 만들어주었다. 전쟁은 옛날처럼 영웅들의 명예를 건 인격전이 아니었다. 사람은 하나의 흙덩이처럼 물량전이 되어버렸다. 전쟁의 아픔은 국민생활 전체에 침투되었다. 세금은 폭등하여 소득의 4분의 1이 되고, 물가는 3배로 오르고, 인플레는 1불에 4마르크 하던 것이 전후 1924년에는 1불이 25억 2

천만 마르크가 되고, 우표 한 장에 5천만 마르크를 붙여야 했다.

유럽은 그 사유의 중심에서 자기를 자기로 인정할 수도 없고, 자기가 자기를 느낄 수도 없게 되었다. 오랫동안 그들이 의지했던 가치질서가 송두리째 무너지고, 위기와 불안만이 그들의 마음 속으로 파고 들어갔다. 처처에서 폭동이 일어나고 좌우의 충돌이 피로 물들었다. 야스퍼스는 이 시대의 위기와 불안을 『현대의 정신상황』이라는 책에 기록해 놓았다. 슈펭글러의 『서양문명의 몰락』이 나오고, 제국주의 전쟁의 비판이 나타나기 시작하였다.

이때 하이데거에게 가장 큰 자극을 준 것은 키르케고르였다. 키르케고르의 영향은 하이데거뿐이 아니었다. 마르셀은 『형이상학 일기』를 쓰고 있었고, 야스퍼스는 『세계관의 심리학』을 썼고, 바르트는 『로마서 강해』를 내고, 1926년 8월 8일 하이데거는 검은 숲 산장에서 『존재와 시간』을 썼다. 완성되어 27년 봄에 발간되었다. 이 책 때문에 하이데거는 일약 세계적인 철학자가 되어 1930년과 1933년에 두 번씩이나 베를린 대학에서 초청이 왔다.

그러나 하이데거는 베를린의 호화로움보다도 검은 숲의 자연이 더 좋았다. 도회지 사람들은 시골 풍경을 그저 즐기고 관찰하는 데 불과하다. 하이데거는 그런 사람들을 멸시했다. 세계적인 도시 베를린은 그에게 있어서 존재를 망각한 현대 문명의 상징으로 밖에 보이지 않았다. 그는 단호히 거부하고 검은 숲 가까이에서 여생을 보내기로 했다. 1933년에는 모교인 프라이부르크 대학의 총장까지 된다.

이때에 독일을 다시 안정으로 이끌어간 것은 히틀러의 나치스였다. 하이데거는 대학의 사명을 사회참여로 보아 위기에 처한 민족의 운명을 방관시할 수 없었다. 나치스는 반자본, 반공산을 국시로 하여 독일의 중산계급을 배경으로 하고 있었다. 그들은 대자본가인 유대사람들에게 반기를 들면서 사유재산과 기업에 반대하는 공산주의에도 반대했다. 나치스는 농민층을 보호하고 베르사이유 조약을 파기했다. 독일민족의 해방을 선언하고 질서회복에 적극 노력하였다. 유니폼을 입고 질서정연하게 거리를 걷는 히틀러 청년단은 독일의 장래를 상징하는 듯 퍽 믿음직하게 보였다.

그러나 1933년 히틀러가 정권을 장악하자 국회는 해산되고 반대파는 숙청되고 무서운 사상의 통제가 시작되었다. 마르크스와 프로이트는 말할 것도 없고 하이네만, 브레히트, 츠바이크의 책이 불살라지고 괴테나 니체의 책까지도 파기되어갔다. 아인슈타인이나 토마스 만이 망명하고 야스퍼스는 추방됐다. 하이데거도 일 년이 못 가 총장직을 그만두고 다시 산장에 들어가 또다시 희미한 산길을 걷게 된다. 그는 횔덜린의 시에 도취되어 시인의 가는 길을 걸어간다. 1938년에 히틀러는 오스트리아로 진주하고, 체코를 병합하고, 그다음 해에는 폴란드로 진군한다. 9월 3일 폴란드와 동맹관계를 맺고 있던 영국과 프랑스가 선전포고를 하고 1945년 5월 5일 베를린까지 쫓긴 나치스가 항복하고, 8월 15일은 독일과 동맹했던 일본이 항복하여 제2차 대전이 끝난다.

이러한 격동기에도 하이데거는 검은 숲 도나우 산장에서 신비한 존재의 산길을 걷는 사색의 길을 끊지 않았다. 전후 나치스 협력 이유로 대학에서 추방된 후에도 검은 숲 산장은 더욱 그를 아늑하게 품어주었다. 1953년 추방 해제 후에 가끔 프라이부르크 대학에 내려가 교수들과 상급생을 상대로 강의하는 때도 있었지만 대부분의 시간을 고요한 산장에서 사색의 희미한 길을 걷고 있었다. 오늘도 늙은 하이데거는 무엇을 사색하고 있을까.

　하이데거가 자라난 20세기 초는 근대와 현대가 전환되는 격심한 변동기였다. 그때에 조성된 위기의식은 반세기가 지나서 20세기가 그치려고 하는 오늘에 이르기까지 가실 줄을 모르고 있다. 현대의 위기는 어디에서 기인한 것일까. 16세기에 시작된 과학의 발전과 생산기술 혁명은 19세기 후반기에 와서 인류생활 전체로 침투하기 시작했다. 생산부분만 아니라 정치, 경제, 사회, 문화, 어디서나 과학적으로 사고하고, 기술적으로 처리하게 되었다. 생활은 유족해지고, 살림은 즐거워졌다. 그러나 이와 동시에 두 번씩이나 세계전쟁을 치르게 되었다.

　세계는 또다시 더 큰 전쟁을 향하여 달리고 있는 것 같다. 지구는 작은 흙덩이로 움츠러들고 있으며, 인간은 대중이 되어 아무 개성이 없는 잡초처럼 흙 위에 자라서 유행의 바람이 불 때마다 이리 쏠리고 저리 쏠리고 있다. 옛날 울창하던 검은 숲의 나무는 다 없어지고, 다만 평균화되고, 물량화되고, 소외된 인간만이 더욱 작아져서 마치 그늘진 곳에 자란 이끼처럼 말초신경의 자극으로써 생의 주체를 회복한 것 같은 망상을 하고 있다.

인간을 구해준다고 생각했던 거대한 기계문명이, 결국 입을 벌리고 인류의 모든 종족을 휩쓸어 삼키려고 할 때, 이 문명의 근원지인 유럽에서 괴물의 정체를 밝혀보자는 눈초리가 여기저기서 빛나기 시작했다. 하이데거는 이 괴물의 정체를 주관주의라고 한다. 주관주의란 모든 것을 객관화하지 않고는 못 견디는 과학적인 이성을 말한다. 주관은 언제나 인식될 것을 자기와는 단절된 것으로 생각하고 자기의 틀 속에 집어넣어 무엇이나 죽여버린다.

서양문명, 과학문명, 기술문명은 전쟁문명, 권력문명, 살인문명이 되고 말았다. 자기만 사람이라고 하고 남을 짐승처럼 대하는 주관주의, 남을 죽이려다가 자기네들끼리 죽이는 제국주의가 되었다. 하이데거는 서양문명의 살인성을 이성의 철학에서 보고 데카르트의 "나는 생각한다. 고로 나는 있다"의 이성주의는 근세에 와서 구체화된 악마라고 생각한다.

그런고로 하이데거의 철학은 자기가 사는 현대와 이 현대를 생산하는 유럽의 정신사에 대한 깊은 통찰과 비판이라고 할 수 있다. 하이데거가 공격하는 주관주의, 내가 제일이라는 사상, 사람이 제일이라는 사상은 근대를 지배하고 특징짓는 사상으로서 현대의 기술문명에 이르러 그 꼭대기에 올랐다고 볼 수 있다.

주관주의는 근대뿐만이 아니다. 플라톤, 아리스토텔레스의 철학이 탄생할 때 벌써 싹이 텄고, 그 후 2천여 년을 유럽의 사상과 문명을 지배해온 것이다. 유럽의 역사는 나의 근거인 우리를 잊어버린 역사요, 정신의 고향인 존재를 잊어버리고 존재를 떠나버린 역사다. 현대는 고향을 잃은 사람들이 어두운 세계의 밤을 지나 존재의 빛이 하늘을 붉히는 새벽의 먼동을 기다리고 있는 시대다. 이때 하이데거는 하늘에 올라가서 불을 훔쳐내는 프로메테우스처럼 플라톤, 아리스토텔레스 이전의 철인 아낙시만드로스, 파르메니데스, 헤라클레이토스와 같은 존재의 철인들에게 올라가 존재의 개시開示를 받아가지고 과학기술을 구가하는 현대에 대하여 냉엄하게 대결하며 용감하게 덤벼든다. 곰팡이가 쓴 것 같은 '존재'라는 문제를 내걸어 현대와 대결하며, 현대를 넘어서는 새로운 길을 제시하고 있다. 비록 어려워서 좀처럼 가까이 하기 어려운 사상이지만 현대철학에 있어서 제일 높은 봉우리라는 것은 온 세상 사람들이 다 인정하게 되었다.

    현대가 막다른 골목에 부딪혀 모든 사람이 앓고 있는 것만은 세 살 난 아이도 느끼는 사실이다. 현대 사람들은 거대한 기구 속에서 꼼짝달싹도 못하게 되어버려 삶의 자유를 잃고 말았다. 자기를 잃은 현대인은 그것을 이제는 당연한 진리처럼 믿고 있다. 자기를 잃은 인간이 달나라에 도착하면 자기를 찾을 수 있을 것인가. 현대가 빠져있는 암흑은 과학기술의 부수적 결과라기보다는 과학기술의 본질 속에 그 근본 병통이 있다고 본다. 그런 고로 현대를 넘어서기 위해서는 행동과 기술보다도 현대인의 머릿속에 깊이 뿌리박고 있는 이성의 우위성에 대하여 깊은 의심을 품고, 이성적 사색을 넘어서는 근원적 사색, 주관과 객관이 갈라지기 이전의 근본적 사색으로 올라가서 존재의 바위틈에서 나오는 샘물을 퍼마셔야 인류의 살 길은 열릴 것 같다. 하이데거가 의도하는 것은 적어도 우리에게 지금까지의 사색보다도 한걸음 더 깊은 무엇을 암시해준다.

 1946년 그는 「인간을 넘어서」라는 논문에서 인간의 본질은 존재의 빛을 받는 데 있다고 갈파한다. 인간의 일은 존재의 명령에 의하여 결정된다. 그런고로 인간성을 확보하기 위해서는 존재의 빛을 받아야 한다. 지금까지의 인간성은 이와 반대의 길을 걸어왔다. 인간성을 문제 삼은 인본주의는 인간성을 단순히 존재자存在者의 차원에서 규정했지, 존재의 진리, 즉 존재의 빛을 묻지 않았다. 그런 의미에서 인본주의는 존재를 망각한 인간 중심주의요, 주관주의에 불과하다. 그렇기 때문에 먼저 인본주의를 넘어서야 한다고 그는 말한다. 인본주의를 넘어서기 위해서 그는 플라톤, 아리스토텔레스 이전의 철인들의 사색으로 올라간다. 하이데거는 말씀을 존재의 집이라고 하는데 존재의 뜻이 들어있는 말씀은 플라톤 이전의 고대 희랍의 말씀뿐이고, 그 이후의 말들은 사람의 뜻을 전달하는 개념화된 말이기 때문에 그런 말은 아무런 뜻이 들어있지 않다고 한다.

 현대에 있어서 존재의 집이라고 할 수 있는 말은 몇몇 사람의 시를 통하여 얽혀진 말씀이다. 횔덜린이나 릴케의 시를 통하여 그는 존재의 영감을 느낀다고 하였다. 그는 앞으로의 철학은 철학이 아니라 시상詩想으로 표현되어야 한다고 한다. 시적인 표현의 아름다움은 말할 것도 없지만 그러한 철학은 한없이 깊은 뜻을 지니게 된다. 하이데거는 존재의 집인 말씀을 존재의 빛으로 되새겨본다. 존재의 빛은 인간만 비치는 것이 아니라 모든 만물을 비치고 있다. 세계란 존재의 빛, 존재의 열림을 의미한다.

하이데거는 1956년의 「존재 문제에 관해서」라는 논문에서 존재를 천지신명天地神明이라고 부르기도 한다. 명明이란 죽음을 묻는 인간을 말한다. 하이데거는 하늘과 땅과 신들과 사람을 분열되지 않은 근원적인 통일로서의 자연으로 본다. 하늘이란 태양의 운행, 달의 삭만, 반짝이는 별들, 낮의 빛, 밤의 어두움, 기후의 변천 등을 말하며, 땅이란 꽃이 피고, 열매 맺고, 바위가 솟고, 샘물이 터지고, 식물이 나고, 동물이 뛰는 일체를 말한다.

신이란 모든 신령한 것, 그리고 사람이란 죽음이라는 것이 문제되는 존재다. 죽음이란 그저 죽는 것이 아니다. 값있게 죽을 수 있는 죽음만이 참 죽음이다. 이러한 죽음은 땅위, 하늘 아래, 신 앞에 언제나 떳떳한 인간만이 능히 죽음다운 죽음을 죽어갈 수 있다. 하늘을 나타내는 시간, 땅을 나타내는 공간, 신을 나타내는 인간, 사람을 나타내는 세간은 언제나 하나로 묶여 있다. 하나를 들면 다른 것도 꺼묻혀 나온다. 시간은 인간이요, 공간은 세간이요, 하나가 있는 곳에 셋은 언제나 반영되어 있다. 이 네 가지가 서로 비치고 뛰어노는 곳을 세계라고 한다.

여기에 다리가 하나 강물 위에 걸려 있다고 하자. 다리는 가

법고 힘 있게 물위에 걸려 있다. 다리는 이편저편을 연결시켜 주는 것뿐만 아니라 두 언덕을 뚜렷하게 나타나게 하기도 한다. 두 언덕뿐만 아니라 그 부근의 모든 풍경을 끌어 모으기도 한다. 그런 의미에서 다리는 땅을 배경으로 하고 있다. 다리는 그 밑에 강물을 지나가게 한다. 바람이 없는 날은 고요히 흘러가지만 폭풍이 불고 눈비가 칠 때에는 미친 강물이 다리를 넘어뜨린다. 다리는 모든 기후의 변화에 자기 자신을 맡기고 있다. 그런 의미에서 다리는 하늘과도 연결되어 바람뿐 아니라 빛에 타고 달빛에 젖어 별과 같이 반짝인다. 다리는 또한 물위에 걸려 있으며 죽음을 묻는 존재에게 길을 열어주고 있다. 이런 의미에서 사람과 연결되어 있다. 사람은 이 다리를 건너면서 일상의 불행을 넘어서서 신적인 영원성 앞에 인간의 근원적인 아픔을 나타내게 한다. 인간은 언제나 최후의 다리 위에 다가선 것을 느끼게 된다. 이런 의미에서 다리는 신적인 것과도 연결되어 있다. 다리뿐만 아니다. 무엇이나 이 네 가지의 모임이다. 존재는 존재자를 존재케 할 뿐만 아니라 하나로 뭉치게 한다. 뭉친 것은 결국 존재요, 만물은 존재의 유희라고 할 수 있을 것이다.

   장미꽃 한 송이가 피어 있다. 아무 이유 없이 그저 핀다. 사람들이 자기를 보든, 보지 않든 그것은 문제가 안 된다. 장미는 존재하기 위하여 자기 자신을 꾸밀 필요가 없다. 장미에게는 이런 꾸민 자기가 존재하는 근거를 밝힐 이유가 없다. 장미는 아무 이유 없이 피어있다. 이유란 주관이 객관에게 주는 근거를 말한다.

장미에는 주관도 객관도 없다. 존재자는 그저 있기 때문에 있다. 등산가에게 산에 왜 올라가는가 하고 물었다. 산이 거기 있으니까 올라간다고 한다. 인간은 무슨 이유가 있어서 사는 것이 아니다. 그저 살고 있다. 하이데거의 인생의 근거는 존재뿐이다. 무엇을 위해 사는 것이 아니다. 삶이기 때문에 사는 것뿐이다. 그런고로 존재 자체는 그 이상 더 자기 자신을 근거 지을 아무 근거도 없다. 존재는 심연이요, 근거가 없다. 그런 의미에서 존재는 무다. 장미는 핀다. 이유 없이 핀다. 피는 자체가 피는 이유요 근거다. 아무 이유 없이 피어나는 이 출현을 하이데거는 존재의 유희라고 표현한다. 인간도 한 포기의 꽃이다. 그런 의미에서 인간도 존재의 유희다.

하이데거는 인간을 '현존재'라고 말한다. '현'은 존재의 피어남을 의미한다. 존재의 피어남이란 존재가 밝아지는 것이요, 인간은 존재가 밝아지는 터이기도 하다. 하이데거가 인간을 특히 죽음을 묻는 존재자로서 하늘과 땅과 신들과 대등하게 취급하는 이유는 인간도 하나의 존재자로서 나무나 돌이나 새와 마찬가지로 존재전체에 속해 있고, 세계 안에 하나이지만 그러나 인간만이 존재와 통할 수 있고, 존재를 물을 수 있고, 존재에 응답할 수 있는 말씀이라는 것이다.

로고스라는 말씀은 본래 존재라는 뜻을 포함하고 있다. 존재는 인간에게 묻고, 말하고, 요구하고, 명령함으로써 비로소 존재하고 존속되며 인간도 존재에게 응답함으로써 존재하고 존속된다. 인간은 존재에게 양도되고, 존재는 인간에게 양도됨으로써 서로 참다운 자기가 될 수 있다. 하이데거는, 인간의 본질은 존재와 통하는 것이요, 인간의 자유는 아집을 버리고 존재의 빛 속에, 존재의 진리 속에 나서는 것이다. 그런 의미에서 인간의 현존재를 실존이라고 부르기도 한다.

자유란 인간의 속성이 아니라 자유가 인간을 소유하고 있고, 인간은 존재자 전체에게 연결되어 역사를 가지게 되는 것이다. 말씀도 인간의 소유가 아니라 인간이 말씀의 소유요, 인간이 말하는 것이 아니라 말씀이 말한다. 물을 마신 고기가 아니라 물속에서 뛰는 고기처럼, 말씀 속에서 뛰는 인간, 이것이 현존재다. 말씀이야말로 존재의 열림이요, 세계의 열림이요, 존재와 인간이 접촉되는 곳이다. 말씀을 통해서 존재가 인간에게 말하고, 인간이 그것을 듣고 응답하고 서로 귀속되고 양도될 때 존재와 인간은 말씀으로 하나가 되고, 각각 자기의 고유성을 획득하고, 각기 자기가 된다. 그런 의미에서 말씀은 존재의 집이다.

말씀의 깊이가 참으로 드러나는 것은 시詩에 있어서다. 존재의 빛이 나타나는 말씀의 세계가 시다. 존재의 집인 말씀 속에서 인간이 사는 것, 그것이 시상詩想이다. 시를 짓는 것이 그대로 존재의 집에 사는 것이요, 존재에 대한 응답이다. 근원적인 사색은 시상과 마찬가지다. 존재가 하는 사색이요, 존재에 대한 사색이다. 존재의 사색은 인간이 제멋대로 할 수 있는 것이 아니다. 존재의 소리를 들음으로 말미암아 사색한다. 영감 없이는 사색이 없다. 그런고로 영감이 사라진 현대에는 사색이 있을 수 없는 것이다. 존재는 사색에서 말씀이 되고, 말씀은 사색을 통해서 존재를 드러낸다. 존재의 파수병, 이것이 시인과 철인의 직책이다.

현대 사람들은 사색하는 것이 아니라 미워하고 있다. 주관으로서의 인간이 세상에 있는 만물을 객관화하여 주관, 객관이란 관계를 만들고, 존재자와 존재자의 관계를 만들어 일체를 죽여버리고 만다. 서양문명은 남만 죽이는 것이 아니라 자기도 죽여버리는 전쟁문명이요, 살인문명이다. 존재와 존재자와의 차이는 없어지고 마치 존재자가 존재인 것처럼 행세한다. 주관주의는 완전히 존재망각의 사상이다. 현대인은 존재망각의 한가운데 살고 있다. 빈탕, 한데서 떨고 있다. 고향을 떠나고 집을 잃은 가없은 나그네가 되었다. 인간은 걷잡을 수 없는 위기의식에 빠져 넓은 길을 걸어가는 미혹에 빠져 있다. 그 길은 결국 파멸로 가는 길이다. 평균화, 대중화, 기계화가 결국 인류를 삼켜버리려 하고 있다.

하이데거가 우리에게 보여 주는 길은 좁은 존재의 산길이다. 보일락말락한 산길이지만 고요히 가라앉아 기다리며 걸어갈 때 역시 존재의 진리는 보인다고 한다. 하이데거는 마치 시인처럼 이 땅위에 살면서 존재의 새로운 역사를 쓰기 시작한다. 존재 망각의 역사로부터 존재의 종말론을 쓰기 시작한다. 제일 처음에 있던 존재의 진리가 가장 위험한 끝날에 다시 나타난다. 진리의 먼동이 터오고 있다. 첫 새벽을 알리는 우렁찬 닭소리, 그것이 하이데거의 『존재와 시간』이다.

논어 위정

*자왈子曰, 위정이덕爲政以德 비여譬如 북신거기소이北辰居其所 而 중성공지衆星共之.(1절) 정치란 바로만 되면 북극성을 중심해서 북두칠성이 돌아가듯이 질서정연한 사회가 될 터인데.

자왈子曰, 도지이정道之以政 제지이형齊之以刑 민면이民免而 무치無恥. 도지이덕道之以德 제지이례齊之以禮 유치차격有恥且格.(3절) 임금이 정치적으로 술책을 쓰고, 형벌을 가지고 몰아넣으면 백성들은 백성들대로 계략을 써서 걸리지만 않으면 부끄러운 일을 거침없이 해낸다. 역시 사람은 진정으로 대해주고, 사람답게 대접하면 도리어 부끄러워 할 줄 알고 스스로 자기를 바로잡게 된다. 이런 것을 덕치德治라고 한다.

애공문왈哀公問曰, 하위즉何爲則 민복民服. 공자대왈孔子對曰, 거직擧直 조저왕즉錯諸枉則 민복民服 거왕擧枉 조저직즉錯諸直則 민불복民不服.(19절) 애공이 어떻게 하면 백성들이 고분고분해질까 하고 물었다. 공자는 바른 사람을 구부러진 사람 위에 놓으면 백성

*12호-15쪽

이 좋아할 것이고, 구부러진 사람을 바른 사람 위에 놓으면 백성이 싫어할 것이다, 라고 대답했다.

계강자문季康子問, 사민使民 경충이권敬忠以勸 여지하如之何. 자왈子曰, 임지이장즉臨之以莊則 경敬 효자즉효孝慈則 충忠 거선이擧善 이 교불능즉敎不能則 권勸.(20절) 계강자가, 어떻게 하면 백성들이 임금을 존경하고, 나라에 충성하고, 맡은 바 일에 헌신하게 할 수 있을까 하고 물었다. 공자는, 왕이 백성들에게 점잖게 대하면 백성들도 왕을 존경할 것이고, 왕이 백성들을 자식처럼 사랑하면 백성들도 나라를 위해 충성을 다할 것이고, 왕이 인재를 등용하여 부족한 사람들을 돌보게 하면 백성들도 고마워서 최선을 다할 것이다, 라고 대답했다.

혹위공자왈或謂孔子曰, 자해불위정子奚不爲政. 자왈子曰, 서운書云 효호孝乎. 유효惟孝 우우형제友于兄弟 시어유정施於有政. 시역위정야是亦爲政也. 해기위奚其爲 위정야爲政也.(21절) 어떤 사람이 공자께, 당신은 왜 정치에 가담하지 않느냐고 물었다. 공자는 서경에, 진정으로 효도하고 형제를 사랑하면 정치적 감화는 크다고 했으니 집에서도 나라를 다스릴 수가 있다. 어찌 새삼스레 정부에 가담해야 정치를 한다고 할 수 있겠나. 정치는 형식에 있는 것이 아니고 진실에 있는 것이다, 라고 했다.

자왈子曰, 인이무신人而無信 부지기가야不知其可也. 대차무예大車無輗 소차무월小車無軏 기하이행지재其何以行之哉.(22절) 만일 사람에게 진실이 없다면 그것은 무엇에 쓰나. 마치 멍에 없는 수레와 같아서 도저히 끌고 갈 수 없는 것처럼 믿을 수 없는 사람은 같이 살 수가 없을 것이다.

자장문子張問, 십세가지야十世可知也. 자왈子曰, 은殷 인어하례因於夏禮 소손익所損益 가지야可知也. 주周 인어은례因於殷禮 소손익 가지야所損益可知也. 기혹계주자其或繼周者 수백세역가지야雖百世亦可知也.(23절) 자장이 묻기를, 앞날을 내다볼 수 있을까요. 공자는 은나라는 하대의 문명을 계승하여 발전되고, 주는 은의 문명을 계승하여 발전되었으니 두 시대의 역사의 발전된 모습을 알면 앞으로 주의 문명을 계승해서 발전시키는 새로운 문명의 모습도 알 수 있겠지, 라고 대답했다.

공자는 한걸음 더 깊이 나라의 근거가 되는 가정문제에 들어가서 가장 근본적인 효에 대해서 이렇게 대답했다.

맹의자孟懿子 문효問孝 자왈子曰, 무위無違. 번지樊遲 어御 자고지왈告之曰, 맹손문효어아孟孫問孝於我 아대왈我對曰, 무위無違. 번지왈樊遲曰, 하위야何謂也. 자왈子曰, 생生 사지이례事之以禮 사死 장지이례葬之以禮 제지이례祭之以禮.(5절) 맹의자가 효의 뜻을 물었다. 공자 대답하기를, 도리에 어긋나면 안 되지, 라고 했다. 번지가 차를 운전할 때 공자가 "맹손이 효가 무어냐고 묻더군. 그래서 내가 도리에 어긋나면 안 된다고 했지" 하고 말하니, 번지가 그 도리가 무엇이냐고 물었다. 공자가 말하기를 한마디로 예라고 하는 것인데 부모가 살았을 때는 산 부모를 섬기는 예절이 있을 것이고, 죽으면 죽은 부모를 섬기는 예절이 있을 거야, 라고 대답했다.

맹무백문효孟武伯問孝 자왈子曰, 부모父母 유唯 기질지우其疾之憂.(6절) 맹무백이 효를 물으니 공자는 몸이 튼튼한 것이 효지. 부모는 자식들의 질병을 제일 걱정하거든 하고 대답했다.

자유문효子游問孝. 자왈子曰, 금지효자今之孝者 시위능양是謂能養 지어견마개능유양至於犬馬皆能有養 불경不敬 하이별호何以別乎.(7절) 자유가 효를 물었을 때에도, 요즈음 사람들의 효란 부모를 먹이면 되는 줄 아는데 그거야 개나 말은 안 먹이나. 부모를 개나 말처럼 대접해서야 되겠어. 마음으로 부모를 존경하는 데가 있어야지. 존경하는 데가 없으면 짐승 취급과 다른 것이 무엇이랴.

자하문효子夏問孝. 자왈子曰, 색난色難. 유사有事 제자복기로弟子服其勞 유주식有酒食 선생찬先生饌 증시曾是 이위효호以爲孝乎.(8절) 자하가 효를 물었을 때에도 공자는, 마음속으로 효성이 충만하여 부모에 대한 사랑이 얼굴에까지 나타나 언제나 기쁜 얼굴로 부모를 대하게까지 되어야지. 부모의 일을 도와주고 먹을 것이 있으면 갖다 바치는 것쯤이야 머슴인들 못하랴. 그런 정도로 효라고 할 수야 없지.

그다음 제자들은 군자라고 하려면 어느 정도의 인간이 되어야 하는지를 물었다.

자왈子曰, 군자불기君子不器.(12절) 군자는 남에게 쓰여지는 그릇 같은 한정된 인간이 아니라 남을 포섭할 수 있는 폭넓은 주체성을 가져야 한다.

자공문군자子貢問君子. 자왈子曰, 선행기언이先行其言而 후종지後從之.(13절) 자공이 군자를 물었을 때에는 군자란 먼저 해놓고 말은 나중에 붙이는 사람이지, 말을 앞세우는 사람이 아니다.

자왈子曰, 군자君子 주이불비周而不比 소인小人 비이불주比而不周.(14절) 어떤 때 공자는 군자에 대하여 이런 말을 하였다. 군자의 사귐이란 어떤가. 깊이 통하는 데가 있는 것이지, 서로 친한 것만이 아니야. 소인의 사귐이란 가까운 것 같은데 한없이 멀거든.

자왈子曰 시기소이視其所以 관기소유觀其所由 찰기소안察其所安 인언수재人焉廋哉.(10절) 그 사람이 군자인지 소인인지는 생의 목적(안安)과 생의 수단(유由)과 생의 동기(이以)를 보면 곧 드러난다. 남을 위하면 군자요, 자기를 위하면 소인이지.

자왈子曰, 학이불사즉망學而不思則罔 사이불학즉태思而不學則殆.(15절) 군자란 깊은 데가 있어야 한다. 배우고서는 깊이 생각해야지, 생각이 부족하면 아는 것들이 서로 연결이 안 되고, 생각만 하고 배우지 않으면 발전이 없어 시들고 말겠지. 생각은 뿌리 같고, 배움은 가지 같은 것이지.

자왈子曰, 공호이단攻乎異端 사해야이의斯害也已矣.(16절) 쓸데없이 자기와 의견이 다른 사람을 비난만 하는 것은 생각이 부족한 탓이니 자기에게 해로울 뿐이다.

자장子張 학우록學于祿 자왈子曰, 다문궐의多聞闕疑 신언기여즉

과우愼言其餘則寡尤. 다견궐태多見闕殆 신행기여즉과회愼行其餘則寡悔. 언과우言寡尤 행과회行寡悔 녹재기중의祿在其中矣.(18절) 자장이 출세하는 비결을 묻자 공자는 배워야 한다고 대답한다. 많이 들어서 의심되는 것이 없고, 삼가서 확실한 것만 말하면 별로 실수가 없을 것이다. 많이 보아서 부족함이 없게 하고, 전체적인 관련을 알고 일을 해가면 별로 잘못하는 것이 없을 것이다. 말에 실수가 없고, 일에 잘못이 없으면 출세야 뻔한 일이지. 결국 사람은 배워야 발전한다.

자왈子曰, 유由 회여誨汝 지지호知之乎. 지지위지지知之爲知之 부지위부지不知爲不知 시지야是知也.(17절) 그런고로 공자 말씀이, 자로야, 내가 너에게 정말 안다는 것이 무엇인지 가르쳐줄까? 아는 것은 안다고 하고, 모르는 것은 모른다고 하는 진리에 대한 솔직과 담백, 이런 태도를 가질 수 있게 되어야 알 것을 알 수 있는 사람이 될 거야.

자왈子曰, 오여회吾與回 언종일言終日 불위不違 여우如愚 퇴이성기사退而省其私 역족이발亦足以發. 회야불우回也不愚.(9절) 그런데 안회는 진리를 깨달은 사람이어서 나와 같이 앉아서 하루 종일 지내도 별로 나에게 거슬리는 것이 없어, 얼핏 보면 우직한 것 같기도 하지만 집에 가서 사는 것을 보면 정말 배울만한 데가 있거든. 진리를 깨달은 사람 아니고는 어찌 그럴 수가 있나. 회는 홀껍데기가 아니야.

자왈子曰, 오吾 십유오이十有五而 지우학志于學 삼십이입三十

而立 사십이불혹四十而不惑 오십이지천명五十而知天命 육십이이순六十而耳順 칠십이종심소욕七十而從心所欲 불유구不踰矩.(4절) 공자는 열다섯에 진리를 사모하여 삼십에 깨달았다. 사십에 행으로 들어가고, 오십에 자기의 사명을 알게 되었다. 육십에 말없는 소리를 듣게 되고, 칠십에는 마음대로 해도 진리를 벗어나는 일이 없게 되었다.

자왈子曰, 온고이지신溫故而知新 가이위사의可以爲師矣.(11절) 찌개를 데우면 새 맛이 나듯이 고전을 되씹으면 새로운 사상이 솟아나온다. 이런 사람이 되어야 스승이라고 할 수 있겠지.

자왈子曰, 시삼백詩三百 일언이폐지一言以蔽之 왈曰 사무사思無邪.(2절) 시 삼백 편을 읽고 노는 것은 생각의 순진함이다. 모든 고전에서 새로운 사상을 얻게 되는 것은 고전을 읽으면 우리의 생각이 순화되어 새로운 영감을 얻을 수 있게 만들어주는 까닭이지.

자왈子曰, 비기귀이제지非其鬼而祭之 첨야諂也. 견의불위見義不爲 무용야無勇也.(24절) 참 하나님도 아닌 것을 숭배하는 것은 미신에 빠진 거야. 그런 미신에서는 용기가 나올 수 없지. 그런고로 아무리 옳은 것을 보아도 할 수 있는 결단이 안 나오지. 역시 힘은 참다운 신앙을 가져야지. 참다운 신앙이란, 진리와 하나 되는 신앙이지. 진리를 깨닫는 것과 하나님을 믿는다는 것이 하나가 되어야지. 그래야 참 신앙일 게다.

공자는 진리를 깨달았던 사람인 것 같다. 공자의 말들이 어찌면 그렇게 순진할까. 마치 어린애의 말과 별로 다를 바가 없다. 논어야말로 일언이폐지一言以蔽之 왈曰 사무사思無邪다. 어쩌면 이렇게 깊은 말을 이렇듯 천연덕스럽게 시치미를 떼고 깊은 줄도 모르게 하고 있을까. 공자에게야 깊은 말이 될 이치가 없다. 우리가 보니 깊지. 공자에게는 깊은 것도, 얕은 것도 없었을 것이다. 무엇인지 공자는 옛사람 같은 기분이 들지 않는다. 우리에게 가장 가까운 사람 같다. 정자程子는, 처음에 논어를 읽었을 때는 아무것도 느끼지 못하였다고 했다. 그런데 얼마 후에 몇 줄을 알게 되면서 참 좋다하고, 후에는 논어의 깊이를 알게 되자 손이 춤추고 발이 들떠 가만히 있을 수가 없었고, 기쁨이 북받쳐 오름을 금할 길이 없었다는 것이다.

【오 - 늘】

- ▶ 7월 22일 호남선을 타고 밤새도록 잤다. 앉아서 자는 잠이 좀처럼 고단을 풀어주지 못한다. 아침이 밝아 호남을 바라보니 호남은 그대로 물 천지다. 오랜 비에 논밭이 떠서 수많은 농민들이 길가에 서있다.

- ▶ 7월 23일 조그만 배를 타고 바다를 건넜다. 배 칸에는 구멍 하나 없어 그 바람 속에도 바람 한 점 구경 못하고 찌는 무더위가 뱃속까지 모두 끓어 올라온다. 단테의 지옥편을 연상하면서 20세기를 건너간다.

- ▶ 7월 24일 아침에 애들이 떠드는 소리에 잠이 깼다. 모기에 물린 곳이 수백 곳이다. 옷을 입고 자도 모기를 막을 수는 없었다. 비가 안 와서 제주는 하늘만 쳐다보고 있다. 농작물은 말라서 풀도 안 난다. 사막을 건너는 셈치고 한라산 밑을 걸어간다. 탐라계곡에는 물이 말라 콜라병 한 병에 십오 원을 받고 물을 팔고 있었다. 적십자 대피소에서 하룻밤을 잤다. 밤하늘의 별들이 우리를 지켜주었다.

- ▶ 7월 24일 점심때가 지나 용진각에 도착했다. 처음으로 물을 보았다. 세수를 하고 양치를 하고 밥을 지어 요기를 하고 비를 맞으며 정상에 올라간다. 삼각봉과 왕관봉을 뒤에 두고 눈앞에 설악을 연상케 하는 절경이 펼쳐진다. 고산식물이 우거진 한라의 유곡幽谷이다. 숨 가쁜 몇 시간을 걸어

간다. 안개 속에 백록담이 가로 누워있다. 삼신산에 불로초를 캐러 온 사람들이 여기서 흰 사슴을 만났을 옛날을 회상한다. 백록담에 내려가 물에 손을 담가본다. 바람이 하도 세서 천막을 칠 수가 없다. 초겨울의 추위다. 비를 맞으며 정상에 모여섰다. 아무것도 보지 못한 채 남쪽 석벽을 밧줄을 타고 내려온다. 비는 내리고 밤은 어두워진다. 500기암이 서있다는 능선도 우리 전등 빛에는 그 일면을 드러내는 것뿐이다. 한걸음 한걸음을 조심해가면서 약학대학이 묵고 있는 영실대피소에 도착하였을 때는 밤 11시가 지났었다. 어떻게 긴장했던지 다리가 뻣뻣해지는 것 같았다.

▶ 7월 25일 원시림을 헤치고 4, 50리를 걸어 내려간다. 원시림이라고 해도 굵은 나무는 없는 것 같다. 나무에 기근이 든 이 나라에서 처음으로 나무사이를 지나가 본다. 바다가 멀리 보이는 산기슭까지 내려와 하룻밤을 잔다.

▶ 7월 26일 서귀포에서 폭포와 밀감 밭을 보고 함덕 해수욕장으로 간다. 해수욕장에도 물은 귀하고 햇볕은 뜨겁다. 세 시간밖에 몸을 내놓지 않았는데도 등이 몹시 따갑다.

▶ 7월 30일 길이 20리가 된다는 만장굴, 용두암, 민속박물관, 삼성혈을 돌아보며 제주와 친해진다.

노자 제12장 　　　　　늙은이 12월

오색五色이 영수 인목人目을 맹
盲케 하고, 오음五音이 영수 인
이人耳를 농聾케 하고, 오미五味
가 영수 인구人口를 상爽케 하고,
치빙전렵馳騁畋獵이 영수 인심人
心을 발광發狂케 하고, 난득지화
難得之貨가 영수 인행人行을 방妨
케 한다. 시이是以로 성인聖人은
위복爲腹하지 불위목不爲目한다.
고故로 거피去彼하고 취차取此한
다.

다섯 빛깔이 사람 눈을 멀게, 다
섯 소리가 사람 귀를 먹게, 다섯
맛이 사람 입(맛)을 틀리게, 몰
려 달리는 산양질이 사람 마음
을 미치게, 흔찮은 쓸몬이 사람
을 못되게 가게 하오라.
이래서 씻어난 이는 배(원통) 때
문이지, 눈(끗) 때문이 아니오
라.
므로 이를 집고 저를 버리오라.

　　　　　　　　유영모의 노자 해석

　*울긋불긋한 여러 빛깔이 도리어 사람의 눈을 멀게 하여 참
빛을 못 보게 하고, 낮고 속된 음악이 사람 귀를 멀게 하여 참 음
악을 즐기지 못하게 하고, 달고 매운 조미료가 사람의 입맛을 마
비시켜 참맛을 모르게 하고, 몰려다니는 사냥질과 호기심이 사
람의 마음을 들뜨게 하여 미쳐 날뛰게 하고, 얻기 어려운 보화가

*12호-20쪽

사람의 마음을 어둡게 하여 사람의 행실을 못되게 한다. 그런고로 성인은 근원적인 밑배를 위하고, 말단적인 안목을 자극하지 않는다. 언제나 뿌리에 살고, 가지에 살지 않는다. 노자는 마음이 배 밑에 있다고 한다. 장자는 마음이 발바닥에 있다고도 한다. 그러나 마음은 깊은 땅속에 있다. 마음은 한없이 가라앉아서 배 밑으로, 발밑으로, 땅속으로, 적어도 지구의 중심으로, 더 깊이는 태양의 중심, 더 깊이 은하계의 중심, 더 깊이 우주의 중심, 더 깊이 조물주의 중심에까지 갖다 놓아야 한다. 그리하여 내 마음은 없고, 하늘의 마음이 내 마음이 될 때 비로소 사람은 이 세상 만물을 바로 볼 수 있는 눈과 바로 들을 수 있는 귀와 바로 먹을 수 있는 입과 바로 살 수 있는 마음과 바로 죽을 수 있는 몸을 가지게 될 것이다.

 배를 위하지, 눈을 위하지 않는다는 말은 참 좋은 말이다. 역시 통째로 사는 사람 아니곤 할 수 없는 말이다. 사람의 단편 밖에는 보이지 않는 시대에 통째로 사는 사람이 한없이 그립다. 역시 통째로 살려면 존재에 대한 용기가 필요하다. 눈을 딱 감고 절벽을 내려 뛰는 현애철수懸崖撒手의 용기가 필요하다. 인간은 한번 사선을 넘어설 때 비로소 배를 위하고, 눈을 위하지 않는 사람이 될 수 있을 것이다.   김흥호 풀이

월간 사색 제12호
1971년 10월 1일 발행
2013년 10월 1일 재발행

편집후기

현재鉉齋 김흥호 선생님께서 소천하신 지 올해로 10년이 되었다. 이번에 월간 『사색』 첫 1년 본(1호~12호)을 출간하여 선생님의 추모 10주기에 바친다.

현재鉉齋 선생님께서는 평생 학생들과 대중들에게 강의를 하시면서 "나는 지금 여러분에게 강의를 하고 있지만 사실은 우리나라의 100년 후를 위해서 하는 것이다"라고 늘 말씀하셨다.
선생님의 기록물들은 하나의 역사다. 지행일치로 살아간 사람에게는 그의 생애가 곧 사상이다. 선생님의 생애가 곧 사상이고 역사다. 이 책은 그 사상과 역사를 말해줄 것이다.

『사색』 1호의 권두언에서 선생님께서는 소크라테스의 말을 인용하셨다. "저는 이를테면 등에와 같습니다." 선생님께서는 우리가 깨어있도록 소크라테스처럼 등에의 역할을 하셨다. 선생님의 많은 강의록과 함께 이 12년 동안의 저작은 우리를 생각할 줄 아는 민족이 되도록 하는, 등에의 끊임없는 쏘아댐이었다. 이 쏘아댐은 스승께서는 십자가였고, 우리에게는 사랑이었다.

이 『사색』지가 모든 이에게, 이 나라에게 등에가 되기를 바란다.

2022년 3월
월간사색출판위원회

생각하는 사람의 벗이 될

思 索

지은이 | 김흥호
발행인 | 임우식
기획 편집 | 이경희 · 임우식

1판 1쇄 발행 | 2022년 5월 20일

발행처 | 사색 출판사
전화 | 010-4226-0926 팩스 02-6442-9873
홈페이지 | www.hyunjae.org
이메일 | gabeim@hanmail.net
인쇄 | !nDefine

Copyright ⓒ 김흥호 2022, Printed in Korea.
값 18,000원

ISBN 978-89-93994-29-2   03100

*저자와의 협의에 따라 인지는 생략합니다.
*잘못된 책은 바꿔드립니다.